JN441673

증보판

국어음운론

이 기 문
김 진 우 공저
이 상 억

學 硏 社

머 리 말

이 책은 국어 음운론에 관한 저자들의 학문적 견해를 밝히려는 본격적인 학술서라기보다, 대학 학부나 대학원에서 '국어 음운론'이라는 강의 시간을 통하여 가르치기에 적합한 내용들을 담고 있는 교과서라 해야겠다. 따라서 이 책 속에는 음운론 내지 음성학의 일반 이론에 대한 해설이 국어 자료 자체의 양보다 더 많이 바탕에 깔려 있다. 이것은 평소 일반 이론의 이해 없이 개별 언어 연구가 원활히 될 수 없다는 저자들의 소신이 반영된 결과다.

이 책 속에서 음성학을 꽤 자세히 다루고 있는 이유는, 음성학이 음운론과 밀접한 관계에 있는 분야일 뿐더러, 국어 음성학만의 적절한 교재가 없다는 현실을 감안한 때문이다. 각 학교 교과 과정의 편제에 따라, 음성학 강의가 별도로 있는 경우는 이 책 중의 음성학 부분들만 따로 떼어서 가르칠 수 있겠고, 또 음운론 강의만 개설되는 학교에서는 음성학 부분, 특히 음향 음성학 부분 같은 것은 건너 뛰고, 음운론 부분들에 치중하는 것이 좋겠다.

이 책의 내용은, 국내외 음성학과 음운론 연구의 개괄적 약사에 이어, 음성학과 음소에 대한 두 장을 따로 두었다. 그 뒤 각 장의 배열은 학문 자체의 역사적 발전 순서를 따라, 구조주의 시대의 기술 음운론 · 생성 음운론(특히 최근의 복선 음운론까지)의 차례로 다루었다. 그리고 역사 음운론에 관한 내용들은 위의 이론들보다 먼저 연구되었지만, 최근에 다시 생성 음운론의 영향을 입었으므로, 맨 마지막 장에 음과 규칙의 통시적 변화(약간의 공시례도 포함)를 다루는 자리에 함께 묶었다. 이러한 순차적 배열로서 음운론의 이론적 발달 과정을 체계 있게 이해시켜, 착실한 연구의 기초를 쌓아 나갈 수 있도록 하였다.

강의의 진도는 반드시 앞의 순서를 따를 필요는 없고, 제 1 장 ~ 제 3 장 내지 제 4 장까지 자습 부분으로 하여 제 4 장 내지 제 5 장부터 강의를 시작할 수도 있겠다. 또한, 제 7 장 제 1 절을 마친 뒤 제 8 장 제 1 절 ~ 제 2 절을 먼저 다루고, 나머지를 순서대로 학습해 나가도 좋을 것이다.

1984 년 2 월 29 일

증보판에 붙여

'국어 음운론' 강의에 적합한 교재가 많지 않았던 시기에 꽤 널리 쓰여 온 이 교재가 '80 년대 이후의 새 방법론들'을 추가해야 할 만큼 세월이 흘렀다. 이번에 90 년대의 '최적성 이론'까지를 간략히 소개해 놓았지만 또 주요한 새 이론들이 나오면 더 증보를 해 나가야 할 것이다. 이번 기회에 종전에 자세히 다루지 못했던 국어 자료 부분도 보강하여 '국어의 이음 일람표'와 '음변화 현상 목록'도 부록으로 붙였다. 본문을 읽는 동안이나 다 읽은 뒤에 참조해 보기 편리할 것이다. 책 끝의 '논저 목록'도 지난 15 년 간 발표된 중요한 논저를 일부 추가하였으나 분량상 모든 저자를 다 소개하지는 못했으므로 혹시 누락된 것들도 더 찾아서 참조하기를 바란다.

1999 년 12 월 31 일

저 자

차　례

제 1 장　서　론

제 2 장　음성학 약사

제 3 장　음운론 약사

제 4 장　음성학

제 5 장 음 소

제 6 장 기술 음운론(구조주의 음운론)

제 7 장 생성 음운론

제 8 장 역사 음운론

제 1 장
서 론

말은 소리와 뜻의 체계적인 상응 관계로 이루어져 있다. 그러니까 국어학도는 어떠한 소리들이 말에 쓰이고 이 소리들이 어떤 조직을 이루고 있으며, 어떤 제약의 지배를 받는가 하는 것 등을 연구해 보지 않고는 언어를 연구할 수가 없다.

국어학도 크게 보면 언어학의 일부다. 그러니까 국어학도도 국어의 소리의 조직과 체계 및 여러 가지 음운 현상을 살펴보아야 한다. 이것이 국어 음운론이다.

국어 음운론이 일반 음운론을 떠나 존재할 수 없으므로, 이 책에서는 일반 음운론의 내용을 소개하면서 국어 음운론의 여러 문제들을 동시에 다루겠다.

1. 음운론의 언어학상 위치

음운론은 의미론 및 문장론과 함께 共時言語學의 3대 분야를 이룬다. Chomsky의 초기 생성 문법론에서는, 문장론의 심층 구조가 의미론의 입력(input)이 되며, 문장론의 표면 구조가 음운론의 입력이 된다. 이를 도시하면 다음 (1)과 같다.

(1)

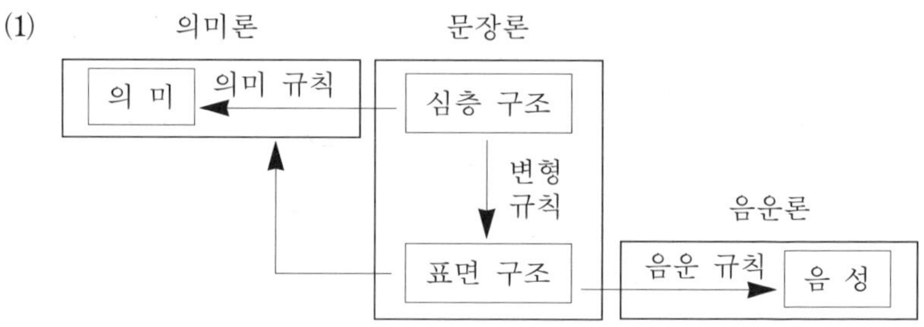

여기서는 문장론을 논할 자리가 못 되지만, 그리고 문장론의 이론도 많이 바뀌었지만, 초기의 변형 생성 문법 이론에 의해 간단히 설명하자면, 변형 규칙의 주요한 기능은 심층 구조의 단위를 이동시키거나 삽입 또는 탈락시키는 데 있다. 예를 들어, 다음의 (2)에 있는 문장들은 이동 변형 규칙으로, (3)에 있는 문장들은 탈락 변형 규칙으로, 같은 심층 구조에서 유도된 다른 표면 구조들이다.

(2) a. 경찰이 도둑을 잡았다. (능동)
b. 도둑이 경찰에게 잡혔다. (피동)

(3) a. 철수는 버스로 서울에 가고 순자는 기차로 서울에 갔다.
b. 철수는 버스로 서울에 가고 순자는 기차로 갔다. ('서울에' 탈락)
c. 철수는 버스로 순자는 기차로 서울에 갔다. ('서울에 갔는데' 탈락)

이 예들에서 우리가 얼른 알 수 있는 것은, (2)의 두 문장과 (3)의 세 문장이 표면 형태가 달라 그 발음들이 다르나, 그 뜻만은 같다는 사실이다. 즉, 변형 규칙은 基底形의 구조에 변화를 줄 뿐(그래서 "변형" 규칙이라 한다.) 그 의미에는 아무런 영향을 끼치지 않는다. 이렇게 볼 때, 의미를 심층 구조에서 유도하고 발음은 표면 구조에서 유도함은 당연한 일이다. 만약, 반대로 표면 구조에서 의미를 유도하고 심층 구조에서 발음을 유도한다고 생각해 보면, (1)과 같은 문법의 모델의 당위성이 더 명확해질 것이다. 예를 들어 (3)b에서, "철수가 서울에 갔다."(과거, 즉 미래인 "철수는 버스로 서울에 가고 순자는 기차로 갈 것이다."와 비교)는 의미와 "순자도 서울에(부산이나 대전으로가 아니고) 갔다."는 의미를 표면형으로 찾아볼 수 없다.

또, 심층 구조에서 발음을 유도한다고 가정해 보면, 나중에 이동되거나 탈락될 단어들의 발음을 그래도 유도해 보는 불필요한 기능을 문법에 주게 된다. 이것은 마치 양재사가 옷을 만드는데, 한 부분의 옷 조각이 나중에 버려질 것임을 알면서도, 바느질과 다리미질 등을 끝까지 한 뒤에 잘라 버리는 것과 마찬가지다.

2. 음운론과 음성학

음운론의 연구를 하여 나가기 위해서는 음성학적 지식이 기초가 된다. (1)에서 보았듯이, 우리가 언어 활동의 최종 소산물로서 접하는 실체는 발음, 즉 음성 자체이므로, 음운론이란 부문은 결국 통사 구조에서 음성을 유도해 내기 위한 중간의 機制라고 말해도 좋은 것이다. 그리고 음성 자체만을 연구 대상으로 하는 분야를 특별히 음성학이란 독립된 부문으로 연구하는 것이다. 같은 식으로 말하면, 음운 현상만을 연구 대상으로 하는 분야를 음운론이라고 규정하게 된다. 음운 현상 등에 대해서는 뒤의 제 5 장 이후부터 더 자세히 논할 것이다.

역사적으로 고찰해 보면, 음성학은 오랜 전통 속에 오늘날까지 연구되어 오고 있으며, 음운론은 20세기에 들어와서야 비로소 형성되었다. 그 자세한 역사에 대해서는 제2장과 제3장에 소개가 될 것이다.

음성학과 음운론은 모두 말의 소리를 대상으로 연구하는 분야들이지만, 음성의 자질에 대한 관점은 판이하다. 즉, 음성학은 어떤 발음이 음성 기관의 어디서 어떻게 나고 어떻게 공기 속을 지나는가 하는 모든 **음성적 자질**(sound feature)을 차별 없이 모두 동등하게 중시하지만, 음운론은 주로 그런 자질들 가운데 의미를 변별시키는 기능을 가지는 **변별적 자질**(distinctive feature)을 주목하므로, 모든 음성적 자질들이 동등한 가치를 가지지는 못한다. 다만, 감정의 표현을 위해 장단·강약 등의 음성적 자질이(의미 분화에는 아무 영향 없이) 이용되기도 하므로, 이를 **표현적 자질**(expressive feature)이라고 하여, 음운론의 연구 대상으로 삼을 수도 있다. Trubetzkoy 같은 학자는 이런 분야는 '音의 文體論'(phonostylistics)으로 독립시켜 음운론의 고유한 영역에는 포함시키지 말자고도 한다.

한편, 어떤 언어에서 각 단어의 제1음절에 강세가 놓여(강세 자체가 의미 분화나 감정 표현에 관계되지는 않아도) 단어의 경계를 규칙적으로 알려 줄 때가 있다. 그리고 많은 언어에서 말끝이 내려가면 끝남을, 올라가면 물음을 나타낸다. 이 강세나 高低라는 음성적 자질을 **형상적 자질**(configurational feature)이라 하며, 의미 단위에 관계되는 점이 변별적 자질과 비슷하므로, 그 언어의 음운론에서 다룰 수도 있다.

앞서 음운론에서 의미를 변별시키는 기능을 고려한다는 말은 의미에 대한 조직적 연구가 아니라, 어떤 발음의 차이로 인해서 의미가 대립되느냐 아니냐 하는 분간의 기준으로 고려하는 정도면 족하다는 것이다. 음운론은 바로 이러한 대립의 상관적 체계를 구조적으로 파악하는 방법론으로 발달되어 온 것이다. 그에 반해, 음성학은 개개 음성의 자질이나 그 연결 현상을 파악하는 데 주목적이 있을 뿐, 각 음성들의 상호 관계를 구조적으로 체계화해 보려는 학문은 아닌 것이다.

그러나 음운론의 연구를 위해서는 무엇보다도 음성에 대한 파악과 숙달이 기초가 되므로, 음성학은 흔히 음운론을 위한 예비 교과로 인정하여 왔다. 음성의 고찰에서 음소(phoneme)가 설정되고 결국 음운 체계가 형성되게 마련이기 때문인 것이다.

참고

Ⅰ. 2절, '표현적 자질'과 '형상적 자질'에 대해서는 Jakobson, Fant & Halle(1951) pp. 14~15 참조. 또, Jakobson & Halle (1956) p. 9도 참조.

연습문제

A. 다음의 경우들이 변별적 자질, 형상적 자질, 표현적 자질 중의 어느 것에 해당하는지 구별하여, 각각 '변', '형', '표'로 ( ) 속에 답하라.

1. ( ) '달, 딸, 탈'은 국어에서 대립되는 단어들이다.
2. ( ) '온 누리', '긴 여행'에서 첫 음절 모음을 길게 내서 강조할 경우가 있다.
3. ( ) 콧소리로만 어조를 읊다가 끝을 높이면 보통 의문의 어감이 난다.
4. ( ) pig와 big이 영어에서는 첫소리로 의미의 차이를 일으킨다.
5. ( ) 스와힐리 · 폴란드어에서는 각 어말에서 2번째 음절에, 프랑스어에서는 구의 마지막 음절에 강세가 규칙적으로 떨어진다.

제 2 장
음성학 약사

1. 인도의 음성학

언어음의 연구는 이미 고대에 발달되었다. 특히, 고대 인도인은 음성학의 창시자로 간주되고 있다. 그들은 언어음의 산출에 관여하는 음성 기관의 운동에 대하여 매우 자세한 연구를 하였다. 그리하여 그들은 조음점(point of articulation)과 조음 방식(mode of articulation)의 두 기준에 의해 음의 분류를 행했던 바, 이는 본질적으로 현대 음성학이 이룬 그것과 다름없는 것이다. B.C. 4세기경에 Pāṇini가 남긴 Sanskrit 문법은 오늘날의 생성 음운론에도 영향을 끼친 음운론서로 꼽히고 있다. 이 인도의 음성학은 동서양의 음성학의 연원이 되었다. 그것이 동으로 중국에 들어와 韻學을 성립시켰고, 다시 우리 나라에 들어왔던 것이다. 세종 당년은 이 東漸한 인도 음성학이 고도의 발달을 보인 시대로서 훈민정음은 바로 그 소산이었다. 牙·舌·脣·齒·喉라든가 全淸·次淸·全濁 등의 술어는 원천적으로 인도 음성학에서 끼쳐 내려온 영향이라고 할 수 있다. 한편, 고대 인도의 음성학이 19세기의 서양에도 소개되어 현대 음성학을 발달시켰다.

2. 그리스의 언어음 연구

고대 그리스에 있어서도 언어음에 대한 연구가 행해졌다. 그리스인의 연구는 음향적 인상에 기초를 둔 것으로 생리적(physiological)인 인도인의 연구와 대조적이었다.

주지하는 바와 같이, 모음(Gr. phônêeis, Lat. vocalis)과 자음(Gr. symphona, Lat. consonantia)의 구별은 그리스인에서 시작된 것인 바, 모음은 혼자서, 또는 다른 음과 결합해서 음절을 이룰 수 있고, 자음은 모음의 도움을 기다려서 비로소 음절을 이룰 수 있는 음을 가리켰던 것이다. 모음·자음에 대한 이런 설명은 B. C. 2세기의 알렉산드리아 학파 Dionysius Thrax에서 이미 볼 수 있다.

3. 비교 문법과 음성 기술

언어음 연구의 신기원은 19세기의 유럽에서 이루어졌다. 고대 범어(Sanskrit)의 연구와 그의 유럽 제어와의 친족 관계(genetic relationship)의 발견은 비교 문법(comparative grammar)을 발달시켰으며, 이에 따라 고대 인도의 음성학 저술들이 소개되기 시작했다. 그러나 19세기 전반에 있어서 초기 비교 언어학자들은 아직 그리스 음성학에 집착되어 있었다. 그러던 것이 비교 문법의 발전에 따라 음성 기술의 더욱 큰 정밀성이 요구되면서, 조음의 생리적 과정을 자세하게 연구했던 인도 음성학이 주목받게 되었다.

4. 근대 음성학

음성학이 급속도로 발전한 것은 19세기 후반에 들어서의 일이다. 이 때의 생리학자(E. W. von Brücke, J. N. Czermak), 물리학자(H. L. F. von Helmholtz) 등에 의하여 근대 음성학이 성립되었는데, 이 시대의 음성학은 주로 음성의 생리학적 연구였다.

동시에 음성학에 관한 Sievers(1876)나 Sweet(1877)의 명저가 나왔다. 1886년에 국제 음성학 협회(L'Association Internationale de Phonétique)가 창립되었고, 1896년에 파리에 Collège de France 음성학 실험실이 생겼으며 우수한 음성학자들이 배출되었다. 20세기 초에는 J.-P. Rousselot에 의해서 이른바 실험 음성학이 이루어졌다. 그리고 20세기 중엽에 들어와서 음향 음성학이 출범되어 많은 촉망을 받고 있다.

5. 현대 음성학

그리하여 현대 음성학은 생리 음성학(physiological phonetics), 즉 조음 음성학(articulatory 또는 motor phonetics)과 음향 음성학(acoustic phonetics)으로 나뉘어 발전되어 왔다. 전자는 음성 산출에 있어서의 생리적·조음적인 면을 연구하며, 후자는 음성의 물리적 속성을 연구하는 것이다.

전세기 이래의 음성학은 주로 생리 음성학이었으므로, 언어음의 조음적 분류가 오늘날 전통적인 내용으로 되어 있다. 이것은 Sievers,

Sweet 및 Passy 등에 의해 이루어진 고전 음성학의 유산이다. 이 분류에 있어서는 모음이나 자음이 형성될 때 관여하는 음성 기관의 운동에 기준이 있는 것이다. 전술한 대가들은 조음 사실에 대하여 자못 정확한 지식을 가지고 있었으나, 오늘날 보면 역시 粗略한 것이었다. 그리하여 생리 음성학의 현대적 제반 방법은 이 고전 음성학에 의해 수립된 체계를 많이 수정하였다.

일례를 들면, 현대적 방법(방사선·X-ray 사진 등)은 조음이 전에 생각했던 것처럼 그렇게 고정적이 아니라는 사실을 분명히 하였다. 어떤 음의 특징으로서 음성 기관의 일정한 위치를 말하는 것은 옳지 못하다는 것이 증명된다. 즉, 동일한 음향적 효과는 여러 가지 상이한 방법으로 산출될 수 있음이 알려진 것이다. 이른바 代償(compensation)이라 하는 것인데, 가령 입술을 둥글게(圓脣化) 함으로써 비원순음 [e]를 원순음 [ϕ]로 변화시킬 수 있으나, 입술을 그대로 두고 혀를 조금 뒤로 끌어당겨도 동일한 효과를 얻을 수 있는 것이다.

근래 전자 음향학(electro-acoustics)의 응용에 의해 현저한 발전을 보인 음향 음성학은 위에 기술한 약점을 가진 조음적 분류에 대하여 언어음의 음향적 구조(acoustic structure)에 의한 분류를 수립하기에 이르렀다(Jakobson, Fant & Halle, 1951). 후자가 우수하다 하더라도, 조음적 분류가 완전히 그 가치를 잃는 것은 아니므로, 이 두 가지 분류가 다 고려되어야 할 경우도 많은 것이다.

최근 청취상의 문제, 청신경 등의 연구를 깊이 하여 청음 음성학(auditory phonetics)도 대두되어 있다. 의학과 심리학 등의 분야와 협동하여 인지 과학적 연구도 시도할 수 있는 음성학의 새로운 영역이다.

6. 국어 음성학의 연구

훈민정음이 발음 기관의 상형으로 이루어졌다는 사실은, 당대의 음성학적인 관찰이 상당한 수준에 있었음을 입증하는 것이다. 그리고 자음의 분류에 있어서도 牙·舌·脣·齒·喉와 全淸·次淸·全濁·不淸不濁 등의 개념이 설정된 것은, 아마도 인도에 연원을 둔 중국 운학의 음성학적 인식 체계를 잘 소화한 결과일 것이다.

이 상태가 이렇다 할 발전 없이 19세기까지 연맥을 이어 왔다. 주시경의 '音學'에서 보면 서구 음성학의 모음과 자음의 구별을 새로이 받아들였을 뿐, 자음의 분류는 전통적인 것을 그대로 답습하였다. 주시경은 사실상 독자적으로 음성학적 연구를 행하였는 바, 그 일례로 국어의 'ㅊ, ㅋ, ㅌ, ㅍ' 등이 'ㅈ, ㄱ, ㄷ, ㅂ'과 'ㅎ'의 결합이라는 그의 주장을 들 수 있다. 그러나 그는 모음에서 '애, 에, 외' 등이 단모음임을 인식하기에는 이르지 못했었다. 이 인식은 서구 음성학이 수용된 뒤에야 이루어질 수 있었다.

1970년대까지의 국어 음성학을 되돌아보면, 주로 우리 나라 밖에서 이루어져 왔음을 볼 수 있다. 국내 학자의 업적들도 있었으나, 대부분 외국에서 연구된 것들이다. 음성학 연구가 국내에는 없는 정밀한 기계에 의존하게 된 것이 그 주된 이유라 할 수 있다. 당시 음향분석기(spectrograph)조차 좋은 것이 없었고, 動態口蓋圖(dynamic palatography), 언어 합성기(speech synthesizer) 내지 聲道模型은 전혀 없는 실정이었다.

그러나 컴퓨터가 일반화된 1980년대 후반 이후 음향 분석기의 기능을 보통 개인용 컴퓨터에서 소프트웨어를 써서 갖출 수 있게 되었다. 그리고 언어 합성의 기술도 현실화되어 자연 음성에 가깝게 개발되어 오고 있으나, 언어 이해의 또 한 면인 음성 인식(speech recognition)은 아직 만족할 만한 수준에 이르지는 못하고 있다. 인간의 육성을 기계로 인식시키는 일은 여러 가지 변수를 고려해야 하는 난점이 많다. 이러한 음성의 음향학적 연구는 외국어에서 이룬 성과를 그냥 그대로 다 쓸 수도 없어, 반드시 국어의 경우에 고려해야 할 특성에 대한 연구를 우리 힘으로 착실히 해야 하는 분야이다(제 4 장 끝 참고).

참고

Ⅱ. 1 절, 인도의 음성학은 W. S. Allen(1953)을 참조.

Ⅱ. 4 절, 19 세기 말의 음성학 명저로는, Sievers(1885), Sweet (1877) 등을 참조. 또, 첫 실험 음성학의 저서로는, Rousselot (1901～1908) 참조.

Ⅱ. 6 절, 국어 음성학에 관한 연구로 小倉進平(1923), 金善琪(1938), 鄭寅燮(1973), 김영송(1975), 이현복(1980), 김승곤(1983), 이상억 편(1987), 이호영(1996) 등과 연구사로는 고도홍(1992), 이상억(1993) 등 참조. 국외에서 발표된 업적으로 Han(1963, 1964), Han and Weitzman(1965, 1967, 1970), Han & Ross(1968), 梅田博之 梅田規子(1965), 김진우(1965, 1970 a), Kagaya(1971, 1974), Abberton(1972), Hardcastle (1973), 김공언(1974, 1975), Hirose, Lee & Ushijima(1974), 손 한(1976), Debrock(1977), Sawashima et al. (1980), 지민제(1982), Iverson(1983), 구희산(1986), 김대원(1987), 고도홍(1988), 양병곤(1990), 이숙향(1994), 전선아(1996) 등등의 스펙트러그램 및 현대 음성학 기구들에 의한 연구들이 주목된다.

연습문제

A. 훈민정음의 '牙·舌·脣·齒·喉' 및 '全淸·次淸·全濁·不淸不濁' 등이 어떤 점에서 인도 음성학의 영향이라 지적할 수 있는가?

B. 현대 음성학의 연구 영역을 다음 그림의 ( ) 속에 맞게 표시하여 보라(제 4 장 '음성학' 첫머리도 참조).

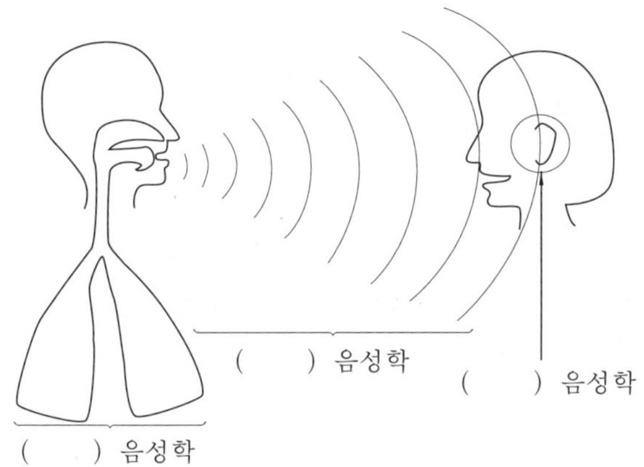

제 3 장
음운론 약사

1. 음운론의 태동

19세기 말경에 고전 음성학이 그 발달의 절정에 달했을 때, 언어음에는 음성학적 연구가 아무리 발달하더라도 그것만으로는 밝힐 수 없는 일면이 있다는 사실이 어렴풋이나마 인식되기 시작했다. 이러한 일면, 이것은 그 때까지 인식되지 않은 더욱 중요한 면이지만, 이런 면을 밝히기 위해 음운론(phonology)이 발달되었다. 현대 음운론이 성립된 것은 1920년대라 할 수 있으나, 이런 연구의 가능성은 이보다 앞서 드러났었다.

음성의 차이에는 어떤 언어에 있어서 의미의 구별을 나타내는 데 이용되는 것과 그렇지 않은 것이 있다. 음성의 차이에 이 두 종류의 구별을 세울 필요가 있다는 것을 처음으로 논한 사람은 J. Winteler (1876)다. 그러나 Winteler는 아직 언어음의 學이 두 개의 學으로 나누어져야 한다는 결론에는 도달치 못했고, 이보다 조금 뒤 H. Sweet (1877)도 이와 비슷한 견해를 표명했으니, 그의 유명한 정밀 표기 (narrow notation)와 간략 표기(broad notation)의 구별에도 나타나 있다.

또, Passy(1890)도 음소와 같은 존재에 대한 자각을 엿보였다.

2. 초기의 음운론 학자들

언어음의 연구에 있어서 생리적·물리적 현상으로서 연구하느냐, 언어적 현상으로서, 즉 언어 사회 내에서 상호 이해의 목적을 위하여 사용되는 음성 현상으로서 연구하느냐에 따라 판이한 두 학과가 필요하다는 것을 처음으로 언급한 사람은 J. Baudouin de Courtenay이라고 할 수 있다. 그는 'phonème'이란 말을 처음으로 정하고 그것을 대상으로 하는 과학을, 음(son)을 대상으로 하는 종래의 음성학과 구별할 것을 주장했다. 그는 음소(phonème)를 음성의 心理的 對當者(équivalents psychologiques des sons)라고 정의하고, 더 나아가 음성의 과학은 생리 음성학(physiophonétique)이라 하고, 음소의 과학은 심리 음성학(psychophonétique)이라 하여, 순수하게 심리적 관점에 서 있었던 것이다. 그는 음성과 음소의 구별에는 명석한 인식을 가지고 있었으나, 이 구별이 구체적 언어의 연구에 있어서 일으킬만한 혁명에는 미치지 못했었고, 아직 기능의 관점이나 음성 체계의 개념에도 이르지 못했었다. 어쨌든, 그의 학설은 1차 대전 전에는 서구 학계에 거의 아무 반향도 일으키지 못했다. 음성과 음소의 근본적 차이에 대한 인식이 언어학자들 사이에 퍼지기 시작한 것은 1920년대이다. 여러 학자들이 독자적으로 이에 이르르고 있는 것이다.

E. Sapir(1925)의 음성 구조형(sound pattern)의 사상은 B. de Courtenay와는 아무런 관계 없이 세워진 것이다. Sapir(1933)에서 어떤 음이 그 언어의 전체 구조 속에서 다른 음과 맺게 되는 심리적 거리에 따라

파악되는 점에서, '기능적으로 의의가 있는 단위'라고 정의한 phoneme이란 술어는 뒤에 일반화된 음소의 뜻과는 좀 다르다. 그러나 음성적 환경에 따른 variation이란 개념은 요즘의 異音과 결국 합치된다. 그러므로 가히 Sapir(1925)로부터 미국 언어학이, 특히 음운 규칙에 대한 연구가 시작되었다고 말할 수 있는 것이다.

3. 프라그 학파 이후의 음운론

1928년 Hague에서 개최된 제1차 국제 언어학자 대회(Premier Congrès International de Linguists)에서 N. S. Trubetzkoy, R. Jakobson, S. Karcevskij의 세 언어학자가 음운 체계의 연구에 관한 건의안을 제출한 것이 당시 국제적으로 큰 반향을 일으켰다. 그들은 음성과 음소, 음성학과 음운론의 峻別을 강조했으니, 특히 음운 체계의 구조적 법칙에 대한 연구와 이런 법칙을 음운 기술에 있어서 뿐 아니라, 그들의 역사적 진화의 연구에도 적용해야 할 필요성을 역설했던 것이다.

이 대회에서 얻은 성공에 고무되어, 1926년에 이미 창립된 프라그 언어학파는 활발한 활동을 개시하여 Travaux du Cercle Linguistique de Prague의 첫 권을 1929년에 간행하기 시작하였으며, 그 이듬해인 1930년에는 국제 음운론 대회(Réunion phonologique internationale)를 소집하여, 음운론 술어 통일 소안(Projet de terminologie phonologique standardisée, TCLP v. 4)이 제출되었다. 그 뒤 2차 대전까지 현대 음운론은 주로 이 Prague학파에 의해 발달되었던 것이다. TCLP의 제8권으로 나온 N. S. Trubetzkoy(1939)의 음운론은 이 학파를 대표하는 이론이다.

이 학파의 이론에 의하면, 다 같이 음 현상을 다루는 것이기는 하나, 음성학과 음운론은 엄격히 구별되어야 하는 두 과학이다. Trubetzkoy는 일찍이 다음과 같이 쓴 일이 있다.

> "무엇보다도 먼저 우리의 주의를 끄는 것은 음운론과 음성학의 큰 차이다. 현대의 음운론은 이 근본적 차이를 잘 인식하고 있으며, 이것을 강조하여 마지않는다. 음성학은 인간의 언어음의 자료적 요인(음성에 대응하는 공기의 진동이거나, 음성을 산출하는 기관의 위치 및 운동이거나)을 연구하는 것을 사명으로 한다. 이에 반하여, 음운론이 연구하려는 것은 음성이 아니요 음소이다.
>
> 음성학자는 보통 사람들이 자기의 母語를 말할 때 전혀 고려하지 않는 음성의 차이까지를 발견하려고 노력한다. 그러나 음운론 학자는 그 자기의 모어에서 주의하지 않으면 안 될 차이만을 연구한다. 왜냐하면, 이 차이야말로 단어 및 음의 의미를 분화하는 역할을 하기 때문이다. 음성학자는 비유해 말하면 기계의 움직임을 연구할 때처럼 발성 기관 구조의 통합을, 그 움직임을 크고 작은 것 남김없이 연구하려 한다. 이에 반하여, 음운학자는 一言語集團의 언어 의식에 통하고 주어진 언어의 단어의 형식(significant)을 구성하는 변별적(시차적 distinctive) 음성 관념의 내용을 연구한다. 대체로 말하면, 음성학은 어떤 언어를 말할 때 실제 발음된 것(ce qu'on prononce en réalité)을 연구하며, 음운론은 발음된다고 상상되는 것(ce qu'on s'imagine prononcer)을 연구한다."

이 글은 1933년에 있어서의 Trubetzkoy의 사상을 보여 주는 것인바, 우리는 그에게서 아직 B. de Courtenay 이래의 심리적 관점과 음소의 변별적 기능의 관점이 뒤섞여 있음을 본다. 이에 대하여, 1930년에 기초한 표준화된 음운론 술어 통일 초안(Projet de terminologie)에서는 음운론과 음성학을 정리하면서, 일절의 심리적 관점을 보여 주지 않고 오직 기능적 관점만을 보여 주고 있는 것은 재미있는 일이다.

요컨대, 프라그 학파에서 음성학과 음운론의 근본적 차이는 언어의 연구에 있어서 그 기능을 고려에 넣는가 안 넣는가를 말하는 것이다. 그리고 음운론만이 언어학에 속하며 음성학은 한 보조 과학이라는 것이 그들의 생각이었다.

Trubetzkoy의 이론은 1939년까지 상당한 발전을 보였다. 특히, 음소를 음적 의도(intention phonique)라고 정의했던 자기의 잘못을 인정하고, 음소의 정의에서 심리학에 의존하는 것을 부인하고, 언어 의식에 관련되는 것을 피해야 한다고 했다. 그리하여 음소는 오로지 언어에 있어서의 그 기능으로서만 만족스럽게 정의될 수 있다고 했다 (Trubetzkoy(1939 : 37~41)). 그러나 음성학은 자연 과학이라고 보는 그의 주장은 변함 없는 듯 싶다(p. 3). 언어음에 있어서 어떤 차이는 의미를 구별하는 데 중요하지만, 어떤 차이는 중요하지 않다. 이것은 그 차이가 변별적 기능(distinctive function)을 가지고 있느냐 없느냐가 중요하다. 이 변별적 기능을 가진 음적 단위(phoneme)들은 대립(opposition)을 이루고 있다. 음운 체계(phonological system)란 다름아닌 음운론적 대립의 총체를 말한다. 프라그 학파의 음운론은 이리하여 언어음의 '기능 · 대립 · 체계' 등이라는 중요한 개념들을 확립했던 것이다.

Trubetzkoy(1939)가 주로 음운 체계의 중요한 대립들을 다루며, 이런 점에서 共時音韻論의 기초를 놓았다고 할 수 있다면, Jakobson은 그의 음운 체계의 변화에 대한 연구로 通時音韻論의 기초를 놓았다고 할 수 있다.

언어음의 변화에 관한 연구는 19세기에 실증적으로 이루어졌고, 그 변화가 맹목적인 법칙에 의해서 일어난다고 주장한 것은 少壯 문법학자(Junggrammatiker)들이다. 이 시대에 있어서는 오로지 음성학적인 연구 관점뿐이요, 음운론적 관점이 시작되지 않았으며, 또 하나하나의 변화를 분리해서 다루었을 뿐, 체계적인 관점이 결여되어 있었다. 여기서 진정한 歷史音韻論을 수립한 이가 Jakobson이었다. 이미 1928년에 개최된 제1차 국제 언어학자 대회에 내놓은 건의안에 통시 음운론의 중요한 원리가 제시되어 있는 바, Jakobson(1929)은 이 새로운 원리를 처음으로 어떤 한 언어군(슬라브 제어)에 적용한 것이었다. 이것은 음운사 연구에 기능적 구조주의를 도입하여 전체와의 관련에서 부분을 다룬 것이다.

2차 대전 이후, 언어학 전반, 특히 음운론의 발전은 현저하였다. 그리하여 음운론은 언어학에 있어서 가장 잘 연구된 분야가 되었다. 오늘날 음운론은 **공시 음운론**(記述 음운론)과 **통시 음운론**(역사 음운론)의 두 국면을 가지고 있다. 전자가 하는 가장 주요한 과업은 어떤 언어에서의 음운론적 단위를 결정하고 그 음운적 체계의 대립을 연구하는 것이다. 후자는 음운 체계의 역사적 발달(進化)과 그것을 지배하는 법칙을 연구한다. 전자에서는 주로 프라그 학파 이후 미국 학자들에 의해 방법론이 정리되었고, 후자는 프랑스의 A. Martinet 등의 연구에 의하여 그 연구가 심화되었다.

Saussure(1916) 이래, **구조주의**(structuralism) 언어학의 경향에 속하는 학파로서, 음소를 대립의 체계 속에서 기능적 관점으로 파악하려는 프라그 학파 이외에도, 코펜하겐 중심의 **言理學**(glossematics)과 미국의 구조주의를 들 수 있다. 특히, 미국의 Bloomfield(1933)는 卽物主義(physicalism)에 입각하여 엄격한 과학적 방법으로 언어 분석의 기법을 확립하려 하였다. 그러나 Chomsky(1957)의 변형 문법이란 언어학상의 혁명에 발맞추어서 Halle와 Kiparsky 등에 의해 형성된, **생성 음운론**(generative phonology)에서는 다시 Sapir의 심리적 현실성(psychological reality)을 옹호하여 음소를 물리적으로만 규정하려던 구조주의의 태도가 옳지 않다는 견해를 보이고 있다.

제6장 기술 음운론에서는 프라그 학파와 미국 구조주의 음운론을 자세히 소개하고, 제7장 생성 음운론에서는 複線音韻論에서 最適性理論까지를 역시 소개하기로 한다. 다만, 이 책에서는 Sydney Lamb (1966)의 成層音韻論(stratificational phonology), David Stampe(1973)의 자연 음운론(natural phonology), 그리고 J. M. Anderson 外(1985, 1987)의 종속 음운론(dependent phonology) 등까지는 너무 자세해지므로 소개하지 않기로 한다.

4. 국어 음운론의 연구

15세기 중엽에 세종과 그의 둘레에 있었던 학자들은 매우 높은 수준의 음운 이론을 발전시켰었다. 이것은 중국 운학의 영향 밑에서 자란 것이었지만, 모방의 영역을 훨씬 벗어난 놀라운 창조적 정신을 보여 주었었다. '훈민정음'은 다름아닌 이 음운 연구의 한 성과였던 것이다. 15세기의 우리 나라 학자들이 발전시킨 이론에서 가장 기본적인 것은 음절의 三分法(初聲, 中聲, 終聲)이었다. 이것은 중국 운학의 二分法(聲母와 韻母)의 전통을 비판 수정한 것으로, '훈민정음'이 그처럼 훌륭한 문자 체계일 수 있던 것은, 이 삼분법의 기초 위에서 이루어졌기 때문이었다. 종성을 위하여 따로 문자를 만들지 않고, '終聲復用初聲'이라 하여 초성과 종성을 동일시한 것이라든지, 종성으로 'ㅿ, ㅈ, ㅊ' 등을 쓸 수도 있으나, 'ㄱ, ㆁ, ㄷ, ㄴ, ㅂ, ㅁ, ㅅ, ㄹ'의 8자로 국한시킬 수 있다고 한 것과 같은 것은, 현대 음운론이 발전시킨 분석 이론을 방불케 하는 깊은 이론적 뒷받침이 당시에 있었음을 보여 준다. 이러한 그들의 이론과 방법은 '훈민정음'(1446)이란 책 속에, 특히 그 '解例' 속에 집약되어 있다.

우리 나라에 있어서의 음운론 연구는 크게 역사적 연구와 현대 국어의 연구로 나누어 볼 수 있다. 역사적 연구는 훈민정음 체계의 연구에서 시작되었다. 일찍이 19세기 말엽에 주시경이 'ᆞ'의 음가에 대하여 연구한 이래, 이 모음의 音價論은 오랫동안 국어 음운론의 가장 중요한 주제가 되어 왔으며, 이 밖에도 'ᅀ, ᄫ' 등 이른바 소실 문자들의 음가론이 큰 비중을 차지하여 왔다. 주시경(1906, 1908)이나, 최현배(1929, 1941) 등으로 이어진 이 음가론은 해방 뒤에도 계속되었다.

이숭녕(1940, 1949b 등)에서 비로소 음운론의 방법론에 대한 자각 위에 우리 音韻史를 연구하기에 이르렀다. 이들 업적에는 19세기 이래 서구에서 발달한 역사 언어학과 상술한 프라그 학파의 영향이 뚜렷해졌다. 1960년대에 들어서도 국어 음운론은 역사적 연구에 치우쳐 있었다. 이 무렵부터 이 연구에 구조적 관점이 더욱 깊이 배어 들게 되었음을 볼 수 있다. 그러다가 1960년대 후반부터 생성 음운론의 영향이 다시 배어들기 시작하였고, 1970년대에 들어서 국어 음운사 연구는 그 면목을 새로이 하기에 이르렀다.

이 역사적 연구의 주된 관심은 중세 국어(그 중에도 주로 15세기 중엽 훈민정음이 창제된 뒤, 이 문자로 기록된 문헌들이 보여 주는 국어)와 이로부터 현대 국어에 이르는 변화들에 쏠려 왔으나, 차차 그 관심은 훈민정음 이전의 국어에 대해서도 확대되었다.

현대 국어 음운론에 관한 연구는 주시경(1914)에 의하여 그 기반이 구축되었다. 주시경은 종래 문법가로 널리 알려졌으나, 그는 전 생애를 통하여 '音學'에 깊은 관심을 가지고 있었다. 특히, 그가 세운 '本音' 이론은 생성 음운론(제7장 참조)의 기저형(underlying form)을 방불케 하는 독창적 이론으로 높이 평가된다. '한글 맞춤법 통일안'(1933)은 주시경이 주장한 원리 위에서 그의 제자들이 완성한 업적이었다. 다만, 이 '통일안'의 원리에 대한 이론적 체계화가 더 이루어지지 못한 것은 유감스러운 일이었다.

1950년대에 들어 미국의 記述言語學의 방법으로 현대 국어의 음운 체계가 연구되기 시작하였고, 1960년대 후반에 들어서면서 생성 음운론의 이론에 영향을 입은 논문이 나타나기 시작한 뒤, 1970년대 중반 이후 이에 전적으로 입각한 여러 연구들이 나타나게 되었다. 생성 음운론에 의해서는 초기에는 통시적 연구들이 많았으나 차츰 현대 국어에 대한 공시적 연구가 생성 음운론에서 큰 비중을 차지하게 되었다.

현대어에 대한 공시적 연구의 확고한 토대 위에서 역사적 연구가 올바로 이루어질 수 있는 것이요, 또 현대어에 대한 연구는 역사적 연구로부터 유익한 도움을 받을 수 있으므로, 이들의 균형된 발달이 절실히 요망된다.

아울러 현재 국어 음운론 학계에서 해결해야 할 문제는 해외에서 음운론의 현대 이론은 깊이 공부한, 주로 외국어 전공으로 시작했던 음운론 전공자들은 이론에 밝은 논문들을 써서 과거에 주목하지 못했던 문제점에 대해 새로운 통찰을 하지만 역시 국어 자료에 대한 정보가 부족한 면이 많다. 반면 국내에서 국어학만 전공한 음운론 학자들은 현대 이론에 대해 피상적인 이해만 하거나 백안시하는 태도로 통찰력 있는 해외 훈련 학자들의 논문에서 유익한 면을 살펴 보지 못하고 있는 형편이다. 이런 양상으로 평행선을 걷는다면 현대적 국어 음운론의 균형된 발달은 어려울 것이다. 서로 상대측의 강점을 알아내서 보완하는 협동 자세가 필요하다.

참고

Ⅲ. 1절, Winteler(1876) 참조.

Ⅲ. 2절, Courtenay에 대해서는 Trubetzkoy(1949 : 41f.) 및 Stankiewicz(1972) 참조. 또, Sapir의 phonetic pattern 또는 sound pattern에 대해서는 Sapir(1921, 1925)를 참조.

Ⅲ. 3절, Jakobson(1928), Trubetzkoy(1933, 1939) 등 참조. 기능적 관점의 이해를 위해서는 Martinet(1962) 참조. 통시 음운론의 기초적 업적으로는 Jakobson(1929, 1931) 참조. 소장문법학자의 대표적 논저로는 Paul(1880), Brugmann & Delbrück(1886~1900) 등 참조.

Ⅲ. 4절, 국어 음운론에 관한 연구는 본문에 언급한 것들 외에도 중요한 것들이 너무 많아 여기 다 열거하기 어렵다. 다만, 단행본 형태로 출판된 논저만을 보이면, 李崇寧(1955, 1960), 李基文(1961, 1972 a, b), 許雄(1965, 1985), 조승복(1967), 金完鎭(1971, 1972 c, 1996), 鄭然粲(1974, 1976, 1997), 文洋秀(1974), 田相範(1975 a), 김영기(1975 b), 李秉建(1976, 1995), 金手坤(1976 a), 李庸宰(1978), Ramsey(1978), 李相億(1978, 1984), 李秉根(1979), 鄭國(1980), 崔明玉(1982, 1998 a, b), 박종희(1983), 최태영(1983), 김차균(1983, 1988), 김영배(1984), 김영석(1985), 안상철(1985), 최전승(1986), 김종미(1986), 도수희(1987), 김기호(1987), 손형숙(1987), 박덕수(1987), 김진우(1988), 김경란(1988), 소강춘(1989), 강옥미(1989), 김선희(1990), 김형엽(1990), 유영미(1990), 김영만(1991), 정영희(1991), 강용순(1991), J. R. P. King(1991), 백두현(1991), 송철의(1992), 박(유)혜배(1992), 이기정(1992), 이진성(1992), 김종실(1992), 이정원(1993), 이용성(1993), 오정

란(1993), 김주원(1993), 이신숙(1994), 곽충구(1994), 초미희(1994), 정승철(1995), 박창원(1996), 배주채(1996) 등이 있다. 위의 여러 논저들은 개설류도 있지만, 그 이외에는 각 주제의 문제점들을 새롭게 제기하고 있는 점에서 주목할 것이 많다.

연습문제

A. Trubetzkoy(1939 : 296)는 한국어의 음운 체계에도 많은 관심을 가졌다. 특히, E. D. Polivanov의 "Zur Frage der Betonungsfunktionen" TCLP VI, 80f.를 인용하여, "한국어는 각 단어의 末音節에 강세를 준다. 다만, 문장의 마지막 단어일 경우는 그 첫 음절에 강세를 둔다."고 하였다. 이러한 관찰이 과연 올바른 것인지 잘 생각해 보고, 또 만약 한국어에 이와 비슷한 현상이 있다면, 1장에서의 '형상적 자질'과 관련하여 논해 보라.

B. Sapir(1925)를 읽고 그의 음성 구조형(sound pattern)이라는 개념을 파악하라. 또, Sapir(1921 : 54~56)의 phonetic pattern, 즉 음성 구조형에 대한 설명도 함께 참조하고, 왜 음운의 심리적 실재성(psychological reality)을 Sapir(1933)에서 주장하게 되었는지 알아보라.

덧붙여서, 만약 그가 실제 조사에서 甲이란 사람의 ㅂ, ㅍ, ㅃ 발음에 대해, 乙이란 사람의 $ㅂ_1$, $ㅍ_1$, $ㅃ_1$의 음성학적 거리가 다음과 같이 측정되었을 때, 이 자료를 어떻게 해석하였을까 생각해 보라.

甲 : ㅂ　　　　ㅍ　　　　ㅃ

乙 : $ㅂ_1$　$ㅍ_1$　　　$ㅃ_1$

제 4 장
음 성 학

1. 음성학의 영역

말소리를 듣고 글로 옮겨 적는 일은 모국어라면 훈련이 되어 있어서 쉽겠지만, 외국어라면 그 소리를 잘 파악하기가 어렵다. 그래서, 어떤 발음 가령 영어의 [ð]를 가르칠 때 혀를 위 아랫니 사이에 살짝 넣고 숨을 내보내되, 성대를 울리라고 하며 확인을 위해 목에 손을 얹고 진동되는가 느껴보도록 시킨다. 이 같은 문제 등을 좀더 과학적으로 해결하려는 분야가 언어의 음(sound)을 연구하는 음성학(phonetics)이다. 음성학은 그 영역에 따라 세 분야로 나눌 수 있다. 첫째 우리의 음성 기관(organs of speech)이 말소리를 調音(articulation)하는 방법과 위치에 따라 음의 산출(production) 영역을 다루는 **조음 음성학**(articulatory phonetics), 둘째 화자(speaker)의 입 밖으로부터 청자(hearer)의 귓전까지 공기 속을 지나는 음파의 음향적 특성을, 즉 음의 전달(transmission)을 다루는 **음향 음성학**(acoustic phonetics), 셋째 귓속에 느껴진 말소리의 청각적 효과를 연구하기 위해 음의 청취(reception) 작용을 다루는 **청음 음성학**(auditory phonetics)들이 있다. 이들은 발달의 정도가 각각 달라서 위에 소개한 순서대로 그 발달의 수준과 깊이가 낮고 얕아진다. 음향 음성학은 2차 대전 이후 전자 공학 및 물리학의 발달에 힘입어 그 연구가 꽤 활발해졌고, 청음 음성학은 최근 신경 관계 의학 및 생리학의 발전에 따라 주목을 받기 시작하였다.

다른 분야도 마찬가지지만, 음성학은 그 연구 대상의 범위에 따라 개별 음성학(individual phonetics)과 일반 음성학(general phonetics)으로 나눌 수 있다. 각각 한국어·영어 등 각 특정 언어를 대상으로 하는 것과 세계 언어에 일반적으로 다 해당되는 사항을 연구하는 것이다. 여기서는 국어 음운론의 기초적 지식이 될 일반 음성학의 윤곽을 소개하되, 예는 주로 국어를 중심으로 하여 그 밖의 언어에서도 필요에 따라 인용을 하겠다.

2. 음성의 분류

대부분의 학문이 분류(classification, taxonomy)로 시작된다. 동물학과 식물학에서 계, 문, 강, 부, 목, 과, 속, 종 등의 갈래가 있는 것이 그 한 예다. 분류에는 그 기준과 단위가 필요하다. 화학에서 이 단위는 원소이고 물리학에서는 원자이다. 그러면 언어의 원소는 무엇인가? 한눈에 우리는 이것이 말소리임을 알 수가 있다. 단어들이 말소리의 집합으로 이루어지고 있기 때문이다.

이러한 말소리들이 무엇을 기준으로 분류되는가 하는 것을 보기 전에, 말소리들을 분류할 필요가 있는가 하는 것부터 살펴 볼 필요가 있다. 이론적으로 보아, 우리는 말소리들에다가 임의적인 번호를 부여할 수도 있다. 마치, 운동 선수들에게 번호를 부여하듯이, 각 소리들 간에 특별한 관계가 없이 그냥 번호를 붙여 나갈 수도 있다. 그러나 이런 식의 분류가 합당치 않음을 우리는 곧 알 수가 있다. 말소리들이 각기 독립적으로 존재하고 있는 것이 아니라, 그 사이에 어떤 유기적인 관계가 있기 때문이다. 예를 들면, 국어에서 성대의 진동이 없는 소리인 무성음 ㄱ[k]는 유성음(모음, 유성 자음 등) 사이에서 유성음 [g]로 변한다.

(1) 가을[kaɨl]　　　초가을[č^{h}ogaɨl]

그러나 이 현상은 '초가을'이라는 단어에만 나타나는 특유한 사실이 아니라, 이른바 기본적인 平音의 파열음 [p, t, k]과 파찰음 [č]에 모두 공통된 사실인 것이다.

(2) 봄[pom]　　　초봄[č^{h}obom]
저녁[čəɲək]　　　초저녁[č^{h}oǰəɲək]
동(冬) [toŋ]　　　초동(初冬) [č^{h}odoŋ]

이러한 현상이 이른바 激音과 硬音에는 일어나지 않는다.

(3) 추(秋) [č^{h}u]　　　초추(初秋) [č^{h}oč^{h}u]
꼬리[k^{ʔ}ori]　　　쇠꼬리[sφk^{ʔ}ori]

언어학이 학문이라면 이렇게 같이 행동하는 말소리들을 하나로 묶어 어떤 이름을 이 무리에 부여해 주어야 한다. 말소리들의 체계적인 분류 없이 이것은 불가능하다.

그러면, 어떤 기준으로 말소리들이 분류되는가? 이론적으로는 소리의 음향학적 자질을 기준으로 분류할 수도 있고, 소리의 청각적 인상을 기준으로 분류할 수도 있으나, 전통적이고 또 실제로 효과적인 분류는 소리의 조음 위치와 방법—즉 말소리가 어디서 발성되는가—에 따르는 것이었다. 많은 음운 변화가 인접한 소리들의 조음 방식의 차이에서 오는 충돌에 기인하므로, 조음 방법에 의한 분류는 실로 타당한 것이며, 또 필요한 것이기도 하다. 제 7 장에서, 최근 생성 음운론에서 쓰이고 있는 변별적 자질에 의한 분류 방법의 특징과 그 타당성을 소개하겠지만, 우선 여기서는 조음 음성학에 의한 말소리의 분류를 소개한다.

3. 조음 음성학

오랜 전통으로 가장 확립된 분야는 역시 해부학 및 생리학과 관계있는 조음 음성학으로서, 보통 음성학이라 하면 이 영역을 가리키기가 일쑤다. 간단한 기구나 실험으로도 비교적 용이하게 관찰이 되는 부분이므로 활발히 연구가 된 것이다.

조음 음성학뿐만 아니라 언어학 일반으로 볼 때도, 우리의 말소리는 개별적인 음의 연속체이며, 체계적으로 분절화(segmentalization) 할 수 있다고 가정하는 것이 꼭 필요하다. 가령, '꽃'이라 말할 때 ㄲ, ㅗ, ㅊ이란 각개 음들의 연속으로 분해해서 인식하는 작용이 일어났다고 보는 것이다. 이 때 ㄲ발음이 사람에 따라 또는 같은 사람도 그때 그때에 따라 좀더 강해지거나 약해지거나 하는데, 이런 언어 운용상의 차이는 무시할 수밖에 없다. 다시 말해, 매번 어떤 음을 똑같이 반복 재생한다는 것은 불가능하므로, 무한한 수의 다양한 음이 이론상으로는 가능하지만, 실제로는 제한된 수의 조음적 특징들만 인정하여도 대부분의 언어음을 파악할 수 있다.

말소리의 생산은 신체의 일부에만 관여한다. 근육 작용을 지배하는 중추신경을 제외하면, 말소리는 대개 허파가 뿜는 공기가 밖으로 나갈 때, 성대와 口腔 및 鼻腔에서 여러 가지 조정을 받음으로써 생겨난다. 이 기류(air-stream)의 조정은 절대로 필요한 것이어서, 이것 없는 기류는 단순한 호흡에 불과하다. 누구나 말을 하면서 잠깐 살펴보면, 말을 할 때 입술, 혀, 성대 등의 움직임을 쉽게 알 수가 있다. 이것들은 허파에서 나오는 공기의 흐름을 조정하는 판막(valve) 같은 역할을 하고 있다. 이러한 현상을 우리는 수류를 막아 댐(dam)을 쌓는 것에 비유할 수 있다. 댐을 어디에 쌓고, 쌓은 후 수문을 얼마만큼 열어 놓느냐 하는 것에 따라 수위와 수량이 결정된다. 마찬가지로, 허파에서 나오는 기류를 어디에서 막고 얼마만큼 막는가에 따라 말소리가 달라진다. 공기의 흐름이 저지당하는 곳을 **조음 위치**(place of articulation)라 하고, 저지의 큰가 작은가를 **조음 방법**(manner of articulation)이라 한다. 하위 분류(subclassification)가 또 있지만, 말소리들은 대체로 이 조음 위치와 방법의 두 기준으로 분류될 수 있다.

그러면, 조음적 특징을 조성하는 우리의 음성 기관에 대해 순서대로 살펴보기로 한다. 폐에서 내쉬는 숨, 즉 呼氣(egressive air)는 기관지를 통해 연골로 된 원통형인 **후두**(larynx)에 다다르며, 그 속에 있는 한 쌍의 얇고 질긴 막으로 된 **성대**(vocal folds, 보통 cords라 하지만 줄(絃) 모양은 아니다.)를 통과하게 된다. 이 때 후두까지를 **기류**(air-stream) 과정, 성대에서의 단계를 **발성**(phonation) 과정이라고 한다. 한편, 성대의 두 막 사이를 **聲門**(glottis)이라고 부르며, 그 밑을 聲門

下域(subglottal), 그 위를 聲門上域(supraglottal)이라고 한다.

다음, 성대로부터 입술까지의 약 17cm(성인 남자의 경우)에 달하는 ㄱ자의 공간과 콧속 공간을 포괄하여 **聲道** 또는 **音聲導管**(vocal tract)이라 하며, 이 부분이 어떤 형상을 취하느냐에 따라 소리가 많이 달라진다. 특히, ㄱ자 꼴로 된 점은 인간 특유의 것이며, 다른 동물은 대개 一자 꼴로 된 관이어서 다양한 조음을 할 수 없다.

기류 과정에 대하여 성문하역에만 국한하는 위의 정의와는 별도로, 구강까지 관련시켜 기류 기제(air-stream mechanism)를 다음과 같이 4

표 4-1. 주요 기류 과정

기 류	방 향	要說	정지음의 특정 명칭	예	성 대
폐 (pulmonic)	호 기 (egressive)	호흡 관계 근육의 통제 속에 허파의 공기가 밀려 나옴.	파열음 (plosive)	p t k b d g	無聲 또는 有聲
聲門 (glottalic)	호 기	닫혀진 성문의 상향 운동으로 인두의 공기가 압축됨.	방출음 (ejective)	p' t' k'	無聲
聲門	흡 기 (ingressive)	진동하는 성문의 하향 운동, 폐호기도 관여될 수 있음.	入破音 (implosive)	ɓ ɗ ɠ	폐호기로 인해 有聲
軟口蓋 (velaric)	흡 기	혀의 후향 및 하향 운동에 의해 입안 공기가 희박해짐.	흡착음 (click)	ʇ ʖ ʗ	폐호기와 어울림

종류로 나누는 분류도 있다(Ladefoged(1982 : 127) 참조).

3.1. 조음 위치

이론적으로는 음성 도관의 아무 곳에서나 기류를 폐쇄하거나 방해할 수 있는 무한한 가능성이 있지만, 인간의 신경과 근육 조직이 아주 세밀한 차이를 늘 구별해서 행동할 수 있게 할 수 없을 뿐만 아니라, 또 설사 혀가 1mm의 조음 위치의 차이를 착오 없이 수행할 수 있다 하더라도, 청각적으로는 아무런 차이도 나타내 주지 않으므로, 실제로 언어에서 쓰이는 조음 위치는 약 열 가지 정도이다(뒤의 그림 4-3 참조).

음성 도관 가운데서도 목젖(口蓋垂 uvula) 뒷부분에 코로 통하는 길이 막히는 口蓋帆閉鎖(velic closure)가 일어나면 콧속 공간인 비강(nasal cavity)으로는 공기가 가지 않고 입속 공간인 구강(oral cavity)으로 공기가 빠진다. 반대로, 입천장 뒤쪽의 말랑말랑한 부분이 혀 뒤쪽과 서로 접근하여 軟口蓋閉鎖(velar closure)가 일어나면 공기는 구강으로는 못 가고 비강으로만 빠진다. 이렇게 구강과 비강 가운데 어느 쪽으로 공기가 흐르는가를 결정짓는 것이 口鼻過程(oro-nasal process)이며, 비강을 뺀 나머지 음성 도관, 즉 인두(pharynx)의 공간 부분과 구강 부분에서 일어나는 것이 조음 과정(articulatory process)이다. 언어음을 산출해 내는 데는 앞서 설명한 기류 과정과 발성 과정, 그리고 지금 설명한 구비 과정과 조음 과정의 4과정이 필요하다. 그러면, 다음에 음성 기관의 단면도를 보면서 한 부분씩 살펴 나가되, 주로 발성 과정과 조음 과정을 논하겠다.

다음 페이지의 그림 4-1에서 보인 각 부분의 명칭 가운데는 실제

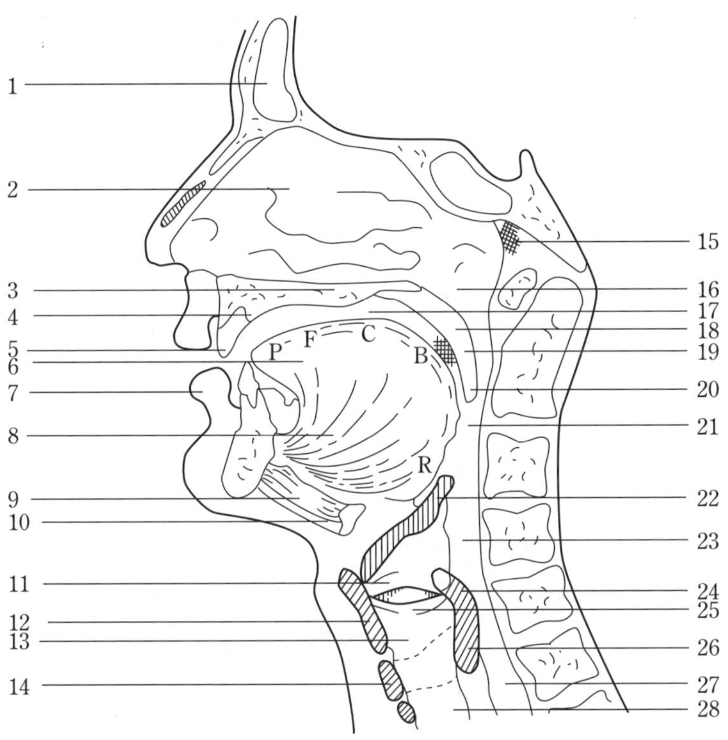

1-frontal sinus
2-nasal cavity
3-hard palate
4-gum (alveolar) ridge/teethridge
5-teeth (upper)
6-tongue : point of tongue (tip, apex)
blade of tongue (lamina)
front of tongue
center of tongue } (dorsum)
back of tongue
root of tongue (radix)
7-lips (lower)
8-genioglossus muscle
9-geniohyoid muscle
10-hyoid bone
11-ventricular fold
12-thyroid cartilage (Adam's apple)

13-larynx cavity
14-cricoid cartilage (in front)
15-tonsils
16-nasal pharynx
17-oral cavity
18-soft palate (velum)
19-velic
20-uvula
21-oral (wall of) pharynx
22-epiglottis
23-laryngeal pharynx
24-arythenoids
25-vocal fold
26-cricoid cartilage
27-oesophagus (gullet)
28-trachea (wind pipe)

그림 4-1. 음성 기관 단면도

로 음성 산출에 직접 관계되지 않는 것들도 포함되어 있다. 가령, 1, 15, 27 등이 그런 예로서 그 위치만 참고로 하면 족할 것이다. 또, 이 용어들의 번역은 본문에서 필요한 곳에 원어와 함께 보일 것이므로, 여기서는 열거하지 않기로 한다.

3.2. 발성 과정

성대에 의한 발성 과정은 다음 그림 4-2와 같이, (a) 꼭 닫혀 있어서 공기가 통과를 못하는 상태, (b) 접근되어 긴장한 성대의 갑상 연골(thyroid)쪽 일부에서 진동을 일으키며 공기가 빠져 나가는 아주 낮은 소리인 喉頭化音(laryngealized 또는 creaky voice)의 상태, (c) 접근 긴장된 한 쌍의 막 사이 전체에서 공기가 진동을 일으키며 지나가는 **유성음**(voiced sound)의 상태, (d) 속삭이거나(whispering) 중얼거릴 때(murmured), 파열 연골(arytenoid) 부분의 성문은 열려 있고 갑상 연골 부분의 성대만 진동하는 소위 氣息音(breathy voice)의 상태, (e) 정상 호흡의 상태, 또는 약간의 공기가 성대를 천천히 진동시키면서 중얼거리는 듯한 소리인 [h]를 내는 (d)와 다른 종류의 기식음(breathy voice 또는 murmur)의 상태, 또는 전혀 성대를 진동시키지 않는 **무성 마찰음**(voiceless fricative)이나 **무기 정지음**(unaspirated stop)의 상태, (f) 들이쉬는 심호흡의 상태, 또는 강한 **유기음**(aspirated)의 상태 등등으

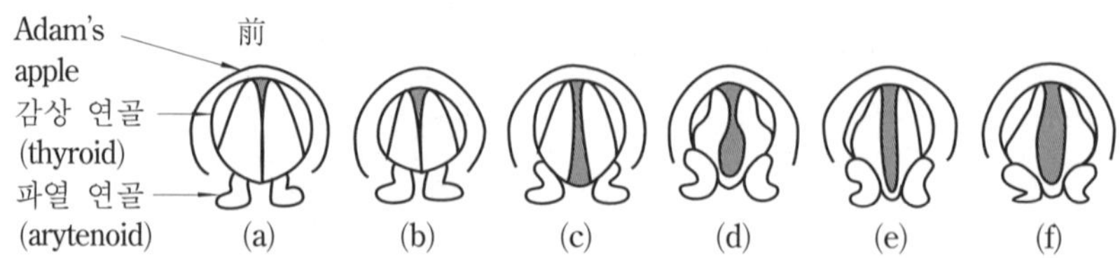

그림 4-2. 성 대

로 나눌 수 있다.

3.3. 조음 과정

구강 속에서는 혀와 입천장이 서로 접촉하는 부분을 달리하여 다양한 소리를 만들어 낸다. 혀는 language란 영어가 라틴어의 lingua ('혀'의 뜻)에서 온 것을 보아도 아주 주요한 조음 기관임을 알 수 있다. 혀의 앞쪽 끝을 舌尖(tongue tip, point of tongue, apex), 그 바로 뒷부분을 舌端(blade of tongue), 설단을 포함하거나 또는 그 뒤로부터 중앙 부분까지를 前舌(front of tongue), 중앙 부분부터 뒤쪽으로 둥글게 꺾어지는 부분까지를 後舌(back of tongue), 완전히 세로로 선 혀뿌리 부분을 舌根(tongue root)이라 한다. 덧붙여서, 설첨과 설단 부분을 이용해서 내는 소리를 각각 설첨음(apical), 설단음(laminal)이라고 하며, 그 뒷부분(설근은 제외)을 이용한 舌背音(dorsal)도 있다.

입천장은 윗 앞니 바로 뒤쪽의 도톰한 부분을 齒莖(alveolar ridge) 또는 齒槽라 부르고, 그 뒤의 입천장을 혀로 훑어 볼 때 딱딱하게 뼈가 느껴지는 부분을 경구개(hard palate)라 하며, 더 뒤로 딱딱한 느낌이 없이 근육으로 된 부분을 연구개(soft palate, velum)라 한다. 이 밖에 윗니, 아랫니와 윗입술(upper lip), 아랫입술(lower lip)이 조음에 크게 작용한다.

보통 자연스럽게 입을 다물면, 설단은 치경 부분과, 전설은 경구개와, 후설은 연구개와 맞놓인다. 설근은 인두 부분의 앞벽을 이루며 특수한 언어에서만 조음에 동원된다. 이 때 아랫턱에 붙은 **조음체**(articulator)들은 능동적으로 움직여 윗턱에 고정된 **조음점**과 여러 가지 조합을 이룰 수 있다. 가령, 설단은 아래·윗니 사이, 윗니 뒤,

치경 또는 그보다 좀 뒤와 경구개에 각각 접촉하여 치간음(interdental), 치음(dental), 치경음(alveolar), 후치경음(postalveolar : 이 속에서 捲舌音(retroflex)과 구개 치경음(palatoalveolar)을 구별할 수 있다.) 등을 만들어 낼 수 있고, 아랫입술도 윗입술과 兩脣音(bilabial)을 만들 뿐 아니라 윗니와 脣齒音(labiodental)도 이룬다. 이같이, 조음체와 조음점이 접촉되는 조합 관계를 나타내는 말이 바로 **조음 위치**라는 술어다. 이 때 '순치음'의 경우처럼 조음체를 먼저 언급하는 것이 관례다.

위에 이미 말한 바처럼, 입술과 목젖과 성대를 제외하면, 기류의 폐쇄는 대체로 혀가 위로 올라가 입천장과 맞닿거나 닿지 않더라도 거의 닿을 정도로 기류의 통로를 좁힘으로써 이루어진다. 이 때, 한 줄의 예외를 빼면, 최단거리에 있는 입천장 부분과 연결된다. 다시 말하면, 입천장의 어느 위치에 혀의 어느 부분이 와서 닿았거나 거의 닿았다면, 그 혀의 부분은 입천장 위치에서 가장 가까운 거리에 있는 부분이라는 말이다. 즉, 혀끝이 연구개와 접촉한다든가 혀뿌리가 치경과 접촉하기는 극히 어려울 뿐더러, 서로 가깝지 않기 때문에 말소리의 산출에는 쓰이지 않는다. 이 '최단거리의 원칙'으로 인해, 조음 위치를 명명할 때 입천장 부분만을 명시하면 된다. 그림 4-3은 구강을 반원으로 보고, 열 가지 조음 위치를 '최단거리 원칙'에 따라 직선으로 표시한 것이다. 예외는 점선으로 표시했다.

순치음을 빼놓으면 조음 위치들이 '최단거리 원칙'에 의하여 조성됨을 알 수 있다. 또, 하나의 예외로 Hindi어계에 많이 쓰이는 반전음 또는 권설음(retroflex)이 있는데, 이는 혀끝을 뒤로 젖히면서 ⑤의 위치에 갖다 놓아 내는 소리들이다. [ṭ, ḍ, ṇ, ṣ, ẓ, ṛ] 또는 [ʈ, ɖ, ɳ, ʂ, ʐ, ɽ]로 표시한다.

여기서 몇 가지 주목할 사항들이 있다.

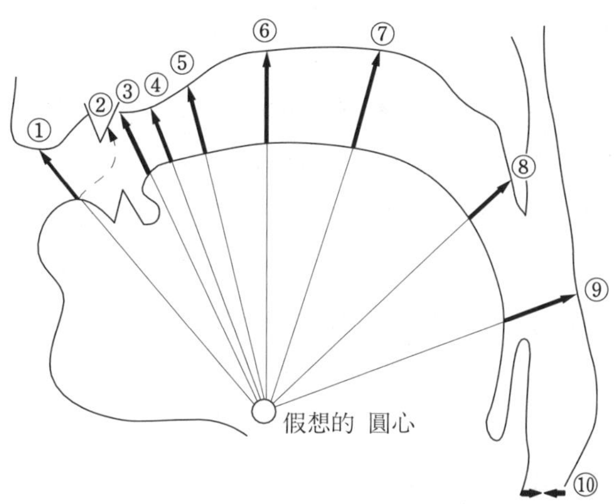

① 양순음(bilabial) : [p, b, m] [ㅂ, ㅍ, ㅁ]
② 순치음(labio-dental) : [f, v]
③ 치음(dental) : [θ, ð]
④ 치경음(alveolar) : [t, d, n, s, r] [ㄷ, ㅌ, ㄴ, ㅅ, ㄹ]
⑤ 구개 치경음(palato-alveolar) : [tʃ, dʒ, ʃ, ʒ] [ㅈ, ㅊ]
⑥ 경구개음(palatal) : [ç, j]
⑦ 연구개음(velar) : [k, g, ŋ] [ㄱ, ㅋ, ㅇ]
⑧ 구개화음(unular) : [q, G]
⑨ 인두음(pharyngeal) : [ħ,]
⑩ 성문음(glottal) : [h, ʔ] [ㅎ]

그림 4-3. 조음 위치에 의한 음성 분류

(i) 국어 자음에는 ②, ③, ⑥, ⑧, ⑨의 조음 위치가 없다. 이 열 자리의 조음 위치를 모두 쓰는 언어는 실상 거의 없다. 대개는 ①과 ②에서 하나, ③과 ④에서 하나, ⑤와 ⑥에서 하나, ⑦과 ⑧에서 하나, 그리고 ⑨와 ⑩에서 하나를 쓰는 것이 보통이다.

(ii) 국어의 [ㄷ, ㅌ, ㄴ] 소리들을 치경음보다 치음으로 발음하는

사람들이 많다. 사실상, 그림 4-3에서 보인 바 같은 조음 기관의 구분은 대략적인 것이지 정밀한 것이 아니다. 즉, 해부학적으로 자연적인 구분이 있는 것이 아니라 편리를 위한 구분일 뿐이다.

(iii) [h, ㅎ]을 편의상 성문음이라 하였지만, 실상 기류의 장애는 후행하는 모음의 위치에서 나타난다. 그래서 /hu/는 대개 [Φu] 또는 [fu]로 발음된다(예 : fuji-color를 발음할 때. 또한 /hi/는 [çi] 또는 [fi]로 나타내기 쉽다. 방언에서의 '힘→심' 참고.) 위에서 보였듯이, 음소들은 / / 속에, 음성들은 [ ] 속에 넣어 적는 것이 관례다.

3.4. 조음 방식

조음 위치와 함께 중요한 것이 조음 방식(manner of articulation)이다. 같은 조음체와 조음점을 가지고도 접촉하는 정도에 따라 소리가 썩 달라질 수 있기 때문이다. 구강의 어느 부분에서 공기의 통과를 잠시 폐쇄시켰다가 파열시키는 정지음(stop, 또는 파열음 plosive나 폐쇄음 occlusive), 위와 똑같지만 공기가 비강으로도 빠지게 허용하는 비음(nasal), 구강의 어느 부분을 좁혀 그 사이로 공기가 마찰되며 지나가는 마찰음(fricative), 파열음과 마찰음의 단계를 연이어 가지는 파찰음(affricate), 혀 한쪽이나 양쪽으로만 공기가 지나가도록 하거나, 혀끝을 떨거나 두들겨 내는 유음(liquid)이 있다. 한편, 성대 진동을 거쳐 나온 뒤 아무데도 장애를 받지 않고 지나며, 구강과 비강의 공명만을 이용하는 **공명음**(또는 樂音 sonorant) 속에는 비음·유음·반모음(semivowel) 및 모음이 포함된다. 반대되는 술어로는 어떤 장애를 받는 음들을 **장애음**(또는 저해음 obstruent)이라 하며, 이 속에는 앞서 말한 파열음·마찰음·파찰음들이 포함된다.

3.5. 자 음

파열음 : 구강과 비강을 완전히 막아 공기가 아무데로도 새지 못하게 하여, 조음점 뒤에 압력이 형성되도록 하였다가 파열시키는 소리이다. 파열음에는 다시 성대 진동을 곁들이는가의 여부에 따라 유성과 무성 파열음 ; 후두 부분이 긴장되었는가의 여부에 따라 **경음**(또는 된소리 tense or glottalized sound)과 평음(lax sound) ; h 소리 즉 기식(aspiration)을 동반했는가의 여부에 따라 **유기음**(또는 격음 aspirated sound)과 무기음의 대립이 존재한다. 보통, 양순음 [p], 치음 [t], 연구개음 [k] 등의 셋을 가진 언어가 흔하다. 국어의 파열음 등에 관해서는 뒤에 다시 자세한 설명을 하겠다.

앞서 언급한 입파음(implosive) [ɓ], 후두화음(laryngealized) [b̰], 기식음(murmured, breathy voice) [b̤], 방출음(ejective) [p'] 등은 모두 조음 방식에 있어서 정지음이다.

마찰음 : 구강 어느 지점을 아주 좁혀 마치 창틈으로 공기가 지날 때 같이 마찰시키는 소리다. 유음과 함께 **지속음**(continuant)의 대표적인 예다. 유성과 무성 마찰음의 대립이 있고, 국어의 경우 [s]에 대해 경음과 평음의 대립도 있다. 가장 흔한 마찰음은 치경음 [s]며, 순치음 [f]가 그 다음이다. 마찰음은 그 조음 위치가 뒤에 보일 표 4-2에서와 같이, 제일 다양하게 구분되어 그 종류가 파열음보다도 많다. 그 가운데 귀에 더욱 거슬리게 들리는 噪音(strident)은 [f, s, š, χ]들이고, 그렇지 않은 것은 [Φ, θ, ç, x]들이다. 한편, 음향적 에너지가 더 많아 [f, v, θ, ð]들보다 더 크고 높은 소리로 들리는 마찰음 [s, z, ʃ, ʒ]를 齒擦音(sibilant)이라고도 한다. 영어나 독일어는

이러한 마찰음들을 많이 가진 언어로서, 우리가 학습할 때 가장 틀리기 쉬운 발음이다. 영어의 th란 철자는 [θ]나 [ð] 발음을 나타내며, 이들은 사람에 따라 치간음이나 치음의 방식으로 발음된다. 국어의 'ㅅ'도 실제로 [i], [y] 모음 앞에서는 [š](또는 [ʃ])로 발음된다. 영어에는 [š]음 외에도 그 유성음 짝인 [ž](또는 [ʒ])가 드물게 존재한다. 실제로, 영어의 [š], [z]는 강하게 원순화되고, [s], [z]는 약하게 원순화되어 실현되는 것이 보통이다.

파찰음 : 처음에는 폐쇄로 공기를 압축했다가, 파열음처럼 일시에 터뜨리는 것이 아니라, 서서히 마찰을 일으키며 내놓는 소리다. 파찰음은 나타나지 않는 언어가 꽤 많고, 나타난다면 구개 치경음(palatoalveolar)의 [č](또는 [tʃ])와 [ǰ](또는 [dʒ])만인 경우가 흔하다. 국어의 ㅈ은 이 [č]이며(유성음 사이에서는 [ǰ]이 된다.), 한편 경음(ㅉ)과 유기음(ㅊ)이 존재한다.

파열음 등에 대한 실험 : 여기에서 국어의 파열음·파찰음에 대해서 평음·경음·격음의 세 가지씩이(마찰음은 평음·경음 두 가지만) 존재한다고 보는 종래의 분류를 새로이 관찰해 보겠다. 이 세 갈래로 상관된 체계는 우선 유기화의 정도에 따라 나눠 보면 다음과 같다.

(4) a. 경음 p' t' č' k' s'(=pˀ) …… 비유기화(unaspirated)
b. 평음 p t č k s …… 약한 유기화(slightly aspirated)
c. 격음 p^h t^h $č^h$ k^h(=p‘) …… 강한 유기화(heavily aspirated)

위와 같은 음들은 어떤 모음 앞에 붙여 발음할 때, 가령 p+a에서 Skaličková(1960)는 자음의 후속 모음과의 연결(linking) 정도에 따라 나누었고, Lisker와 Abramson(1964)은 성문이 닫혀져 있는 시간의 차이, 즉 기식(aspiration)의 길이로 구분했다. 후자의 방법을 다시 말하면, 폐쇄음 등에서 숨을 파열 또는 개방(release)하는 순간과 후속 모음을 발음하기 위해 성대 진동을 시작하는 순간 사이의 시간을 재어서 세 가지로 나눈 것이다. 김진우(1965)은 이에서 한 걸음 더 나아가, 기식의 길이 차에 의한 유·무성성(voicing)만이 아니라, 긴장성(tensity)도 국어와 같은 三肢的(또는 삼항적)인 자음 체계를 나누는 데 독자적으로 필요한 자질임을 주장하였다. 김진우(1970)에서는 파열 순간까지 성문을 얼만큼 여는가 하는 크기에 따라 구별할 것을 주장하였다.

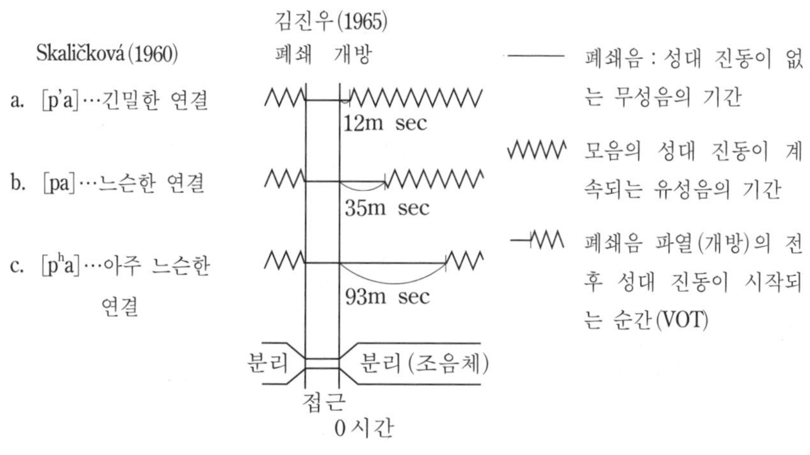

그림 4-4a. 경음 · 평음 · 격음의 대비

그림 4-4a에서 볼 수 있듯이, VOT(voice onset time)이 격음에 있어서는 가장 긴 90 millisecond(1/1000초) 정도까지 늦어져 유성화 지연(voicing lag)이 일어나고 있는데, 이것은 성대 사이의 간격이 그만큼 가장 멀리 떨어졌었기 때문이라고 Kim(1970)은 설명하는 것이다. 한편, Kagaya(1974)의 실험에 의하면, VOT가 경음 15ms, 평음 60ms, 격음 160ms 평균으로 측정되어 그림 4-4의 수치와는 다르지만, 그

비율은 대체로 1 : 4 : 10 가량을 유지하고 있다.

덧붙여서, 국어 이외의 언어에서 나타나는 파열음의 VOT를 더 보이면 다음과 같다. 이 그림 4-4b는 앞의 그림 4-4a의 위쪽에 얹어 놓고 보면 계속적인 관계를 볼 수 있게 될 것이다.

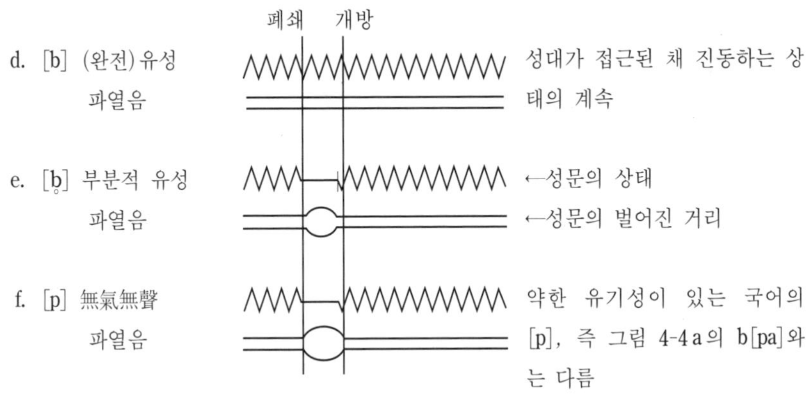

그림 4-4b. 유성 · 무성 파열음의 대비

그림 4-4의 a, b를 합쳐서 VOT에 따라 여러 언어음을 한 연속체로 늘어놓으면 다음과 같이 정리될 수 있다.

	국 어	영 어	프랑스어	타이어
[b] 완전 유성음		어두/b/	/b/	/b/
[b̥] 부분 유성음				
[p] 無氣 무성음		어두 s 뒤/p/	/p/	/p/
[p'] 無氣 무성음	ㅃ	강세 있는 어두/p/		
[p] 弱有氣 무성음	ㅂ			
[pʰ] 强有氣 무성음	ㅍ			/pʰ/

비 음 : 폐쇄음과 같은 조음 방식이나 구개범 폐쇄를 하지 않고 공기가 비강으로 빠져 나가게 하는 소리다. 따라서 비강 폐쇄음(nasal stop)이라는 이름으로도 불리는 것이다. 양순음 [m], 치음 [n]은 대부분의 언어에 나타나고, 국어의 '냐, 녀, 뇨, 뉴, 니' 등에서 들리는 구개 치경음 [ň](또는 [ɲ])나 연구개음 [ŋ]도 흔하다. 鼻母音도 있으며 다음 절에서 설명할 것이다.

유 음 : 폐쇄음에서와 같이, 혀가 완전히 입천장에 닿아 구강 중앙부를 폐쇄하지만, 한쪽이나 양쪽을 터서 공기가 빠져 나가도록 하는 소리가 舌側音(lateral)이다. 설측음을 가진 거의 모든 언어가 치음 [l]을 가졌고, 약간은 경구개음 [ʎ]을 더 가졌다. 설측음이 아닌 유음에는, 설첨을 떨어 치경에 여러 번 대었다 뗐다 하는 顫動音(trill of rolled) [r], 단지 한 번만 두들긴 뒤 떼는 彈舌音(flap or tap) [ɾ](또는 [D])이 있다. 또한, 목젖(懸壅垂 uvular)을 떨어서 내는 전동음 [R]도 있다. 국어의 'ㄹ'은 모음 앞에는 [ɾ], 다른 위치에서는 [l]로 발음된다.

반모음 : 모음의 성격과 비슷한 자음으로서 일명 滑音(또는 과도음, 전이음 glide)이라고도 한다. 다음 절에서 설명할 高母音(high vowel)과 비슷한 혀 모양을 취하나 입천장에 더 가깝게 좁히므로 자음이 되어 버리는 것이다. 흔히, 고모음 [i]에 대해 경구개의 前舌非圓脣(front unrounded) 반모음 [j](또는 미국학자 식으로 [y]), 고모음 [u]에 대해 脣軟口蓋(labio-velar)의 後舌圓脣(back rounded) 반모음 [w]가 있고, 프랑스어에는 고모음 [ü]([y]로도 표기)에 대해 전설 원순 반모음 [ɥ](또는 [ẅ])도 있다.

[w, j, l, h]등을 접근음(approximant)이라고 묶어 불러서 두 조음체가 접근하되, 기류의 동요가 없이 발음되는 소리들을 가리키기도 한다.

자음의 다른 분류 : 이상 여러 종류의 자음들을 크게 두 가지로 분류할 수 있다. 숨이 계속되는 한 그 소리를 계속 낼 수 있는 **지속음**에 마찰음 · 유음 · 반모음들이 포함되고, 한 순간에 파열이 일어나는 **순간음**(momental)에 파열음 · 파찰음 · 비음 등이 포함된다.

또한, 자음을 크게 두 가지로 분류하는 다른 방법으로 3.4절에서 보였듯이, 공명음과 장애음이 있다. 공명음은 후두의 성대를 진동시켜 만든 소리가 구강 속에서 마찰이 없이, 구강 또는 비강이나 혹은 양 통로를 함께 자유로이 통과하며 공명을 일으킬 때 나며, 비음 · 유음 · 반모음(그리고 다음 절에 언급할 '모음'도 포함) 등이다. 장애음은 폐쇄나 마찰 또는 양쪽 다 일으켜서 공기의 흐름을 자유롭지 못하게 할 때 나며, 폐쇄음 · 마찰음 · 파찰음 등이다.

이중 조음 · 동시 조음 · 이차적 조음 : 자음에 관한 설명은 끝내기 전에 이중 조음(double articulation)에 대해 표 4-2를 참조하며 언급하겠다. 두 조음 위치가 관여되는 조음, 즉 순-연구개음(labio-velar 또는 labial velar)의 경우처럼, 입술을 쓰면서 동시에 연구개도 움직이는 조음법을 이중 조음이라고 할 수 있다.

한편, 비슷하지만 이와 구별되는 동시 조음(coarticulation)에 대해서도 언급하겠다. 이는 [ki]와 [ku]란 발음을 할 때, 각각 [ki]의 [k]는 [i]의 영향으로 이미 연구개 앞쪽으로 끌려 발음되고, [ku]의 [k]는 [u]의 영향으로 이미 연구개 뒤쪽으로 끌려 발음되는 현상이다. 다시 말하면, 어떤 소리를 내는 데 꼭 필요한 조음체는 본래의 목표 위치(target position)를 향하는 한편, 이 어떤 소리에는 꼭 필요하지 않지만, 인접음을 내는 데는 주요한 또 다른 조음체를 이미 알맞은 위치로 거의 동시에 이동해 감으로써 그 앞뒤에 오는 인접음과 연접하여 내기 편하도록 조음하는 현상이다.

표 4-2. 자음표—주로 국제 음성 부호(International Phonetic Alphabet)에 의거

Place of Articulation / Manner of Ariticulation		Bilabial	Labiodental	Dental		(Apico) alveolar	Post-alveolar		Alveo (lo) -palatal	Palatal	(Dorso) velar	Uvular	Pharyngeal	Glottal	Labio-velar	Pharyngealized
				Interdental	(Apico) dental		Retroflex	Palato-alveolar								
STOP (PLOSIVE)	vl.	p			t̪	t	ʈ	(ţ)	t^{y}	c	k	q		ʔ	k͡p	ṭ
	vd.	b			d̪	d	ɖ	(ḑ)	d^{y}	ɟ	g	G			g͡b	ḍ
NASAL	vl.	m̥				n̥			ñ̥		ŋ̥					
	vd.	m	ɱ		n̪	n	ɳ	(ŋ)	ñ	ɲ	ŋ	N			ŋ͡m	
(CENTRAL) FRICATIVE	vl.	Φ	f	θ		s	ʂ	ʃ	ɕ	ç	x	χ	ħ	h	ʍ	ṣ
	vd.	β	v	ð		z	ʐ	ʒ	ʑ	j	ɣ	ʁ	ʕ	ɦ	w^	ẓ
AFFRICATE	vl.	p^{Φ}	p^{f}			t^{s}			t͡ʃ							
	vd.	b^{β}	b^{v}			d^{z}			d͡ʒ							
LATERAL	vl.					l̥										
	vd.					l	ɭ			ʎ	(ɫ)					
ROLLED (TRILL)	vl.					r̥										
	vd.					r			ř			ʀ				
FLAPPED (TAP)	vl.															
	vd.					ɾ	ɽ					ʀ				
SEMIVOWEL & FRICTIONLESS	vl.	ʍ														
CONTINUANT (APPROXIMANT)	vd.	wɥ	ʋ			ɹ	ɹ̣			j(ɥ)	(w)ɰ	ʁ			w	
LATERAL FRICATIVE					.	ɬ ɮ										
ROLLED FRICATIVE (vd.)						ɾ										
LATERAL AFFRICATE						t^{l} d^{l}										
ASPIRATED STOP (vl.)		p^{h}				t^{h}			$\check{c}^{h}$		k^{h}					
GLOTTALIZED STOP (EJECTIVE) (vl.)		p'				t' s'			č'		k'					
IMPLOSIVE (vd.)		ɓ				ɗ					ɠ					
LABIALIZED STOP		p^{w} b^{w}				t^{w} d^{w}					k^{w} g^{w}					

표 4-3. 국어의 이음 일람표 - 주로 이호영(1996)에 의거

환경 자음	ㅣ, j 앞 (설측음, 비음은 ㅈ, ㅊ, ㅉ 앞도)	ㅜ, ㅗ, ㅚ, w 앞	ㅟ, ɥ 앞	그 밖의 모음 앞	어말, 동위치 파열음 앞	ㅎ 이외 타 조음 위치의 장애음 앞	동 위치 비음 뒤	유성음 사이 (같은 어절 안)
양순 파열음	비 b̥^{j}/p^{j} 피 p^{hj} 뻐 p^{ʔj}	불 b̥^{w}/p^{w} 풀 p^{hw} 뿔 p^{ʔw}	뷰 b̥^{ɥ}/p^{ɥ} 표 p^{hɥ} 뾰 p^{ʔɥ}	베 b̥/p 파 p^{h} 빠 p^{ʔ}	십(분) p⌝ 앞(발) p⌝ ——	밥통 p 짚신 p ——	납부 ^{n}b̥/^{n}p 심판 ^{n}p^{h} 심보 ^{n}p^{ʔ}	단비 b —— ——
치조 파열음	디 d̥^{j}/t^{j} 티 t^{hj} 띠 t^{ʔj}	독 d̥^{w}/t^{w} 통 t^{hw} 똥 t^{ʔw}	뒤 d̥^{ɥ}/t^{ɥ} 튀 t^{hɥ} 뛰 t^{ʔɥ}	데 d̥/t 테 t^{h} 때 t^{ʔ}	걷(다) t⌝ 같(다) t⌝ ——	걷고 t 같고 t ——	간단 ^{n}d̥/^{n}t 순탄 ^{n}t^{h} 손때 ^{n}t^{ʔ}	살다 d —— ——
연구개 파열음	기 ɟ̊/k^{j} 키 c^{h} 끼 c^{ʔ}	공 g̊^{w}/k^{w} 콩 k^{hw} 꾀 k^{ʔw}	귀 ɟ̊^{ɥ}/k^{ɥ} 퀴 c^{hɥ} 뀌 c^{ʔɥ}	게 g̊/k 캐 k^{h} 깨 k^{ʔ}	속(과) k⌝ 부엌(과) k⌝ 밖(과) k⌝	속도 k 부엌도 k 밖도 k	상가 ^{n}g̊/^{n}k 땅콩 ^{n}k^{h} 땅거미 ^{n}k^{ʔ}	날개 g —— ——
경구개 파찰음		조, 쥐 d̥ʒ/tʃ 초, 취 tʃ^{h} 쪼, 쮜 tʃ^{ʔ}		자 d̥ʑ/tɕ 차 tɕ^{h} 짜 tɕ^{ʔ}			산장 ^{n}d̥ʑ/^{n}tɕ 산채 ^{n}tɕ^{h} 산자락 ^{n}tɕ^{ʔ}	상자 dʑ/dʒ —— ——
치조 마찰음	시 ɕ 씨 ɕ^{ʔ}	소 s^{w} 쏘 s^{ʔw}	쉬 ʃ 쒸 ʃ^{ʔ}	새 s 싸 s^{ʔ}				경상도 s/z ——
성문 마찰음	히 ç	후 ʍ	휘 ç^{w}	해 h				토함산 h/ɦ
치조 탄설음	우리 ɾ^{j}	노루 ɾ^{w}	서류 ɾ^{ɥ}	나라 ɾ				결혼 ɾ^{ɦ}
치조 설측음[1)]	살림 l^{j}/ʎ	만루 l^{w}	연료 l^{ɥ}/ʎ^{w}	신라 l				
양순비음	미 m^{j}	무 m^{w}	뮈 m^{ɥ}	마 m				
치조비음	니 n^{j}/ɲ	누 n^{w}	뉘 n^{ɥ}/ɲ^{w}	나 n				
연구개 비음	상인 ŋ^{j}	강우 ŋ^{w}	방위 ŋ^{ɥ}	애 ŋ				
경구개 반모음		용 ɥ(←j)		야 j				
양순연구개 반모음	위 ɥ(←w)			와 w				
연구개 반모음	의 ɰ							

환경 자음	모음사이 [수의적]	과장된 발음 [수의적]	경구개 파찰음 앞	ㄹ 뒤	ㅡ 앞	ㅏ, ㅓ 뒤	ㅎ 앞 (ㅎ이 약하게 발음될 때)	ㅍ, ㅌ, ㅋ, ㅊ, ㅅ, ㅆ ㅎ 뒤
양순 파열음	부부 β/b —— ——							
치조 파열음	오다 ð/d̪ —— ——		걷지 t̠˺ 같지 t̠˺ ——	알다 ^{l}d 실태 $^{l}t^{h}$ 갈대 $^{l}t^{ʔ}$				
연구개 파열음	아가 ɣ/g —— ——	관 q, 광 G	속조차 c˺ 부엌조차 c˺ 밖조차 c˺			학 q˺ —— ——		
경구개 파찰음	아줌마 ʑ/dʑ —— ——			갈증 $^{l}dʑ$ 갈채 $^{l}tɕ^{h}$ 팔찌 $^{l}tɕ^{ʔ}$				
치조 마찰음								
성문 마찰음		회의, 이후 Φ			흙 x			
치조 탄설음								
치조 설측음								
양순비음							남해 $m^{ɦ}$	
치조비음							만화 $n^{ɦ}$	
연구개 비음						상 N	영혼 $ŋ^{ɦ}$	
경구개 반모음								평 ç, 효 $ç^{w}$
양순연구개 반모음								활 ʍ, 튀 $ç^{w}$
연구개 반모음								

1) 모든 설측음은 ㄹ 뒤라는 환경이 전제되며, 특히 'ㅣ, j 앞'이란 환경은 'ㅈ, ㅊ, ㅉ 앞에서'라는 환경과 함께 [l^{j}/ʎ]로 발음된다.

또한, 咽頭音化(pharyngealization)에서처럼, 가령 [l]이라는 1차적 조음(primary articulation)에 인두모음 [a]의 특색을 가미하는 식의 2차적 조음(secondary articulation)을 동시 조음과는 구별해야 한다. 인두음화는 [.]나 [~]로 나타내며, 연구개음화(velarization)는 [ᶬ]나 인두음화처럼 ~를 중간에 넣어 [ɫ]로 표시하기도 한다. 脣音化(labialization)는 [ʷ] 또는 [ʷ]로, 경구개음화(palatalization)는 [˙] 또는 [ʸ]나 [ʲ]로 나타내거나 [ƫ]에서처럼 j를 작게 덧붙이기도 한다. (경구개음화라는 용어는 경우에 따라 위와 같이 정지된 '상태'인 2차적 조음으로서가 아니라, 1차적 조음 자체가 경구개로 옮겨져 발음되는 변화의 '과정' 자체를 가리킬 때도 쓰인다. 국어에서 ㅣ 앞에서 ㄷ, ㅌ→ㅈ, ㅊ으로 되는 현상을 경구개음화라고 하는 용법이 바로 그것이다.)

이상 순음화·경구개음화·연구개음화·인두음화에서 공통적인 점은 모음의 성격을 가진 발음을 가미하는 것인데, 그 모음을 완전히 발음하는 상태보다는 덜 좁히는 정도에서 그 모음의 색채만을 더하는(coloring) 것이다. 이 가운데 경구개음화·연구개음화·인두음화는 서로 한꺼번에 나타날 수 없으나, 순음화는 다른 것들에 중복해서 나타날 수 있고, 또 비음화도 그러하다. 그러므로 연구개음화·순음화·비음화가 한꺼번에 일어난 [l] 소리가 있을 수 있다.

한편, 위와 같은 의미의 2차적 조음이란 범주에 포함시키는 것은 아니지만, 기호를 쓰는 방법이 비슷한 것들로서, 비음화(nasalization)는 [˜]로 나타내며, 권설음화(retroflexion)는 [ʳ] 또는 [ɳ]에서처럼 ɩ를 덧붙이거나, 인두음화처럼 [.]로 표시하기도 한다.

기타 조음 방식과 표기 기호들 : 참고로 다른 기호들도 몇 가지 소개하면, 약간 무성음(voiceless)의 색채를 띤 유성음 [b̥], [d̥], [g̊], [n̥], [l̥] 같이, 음절을 이룰 수 있는(즉 成節的 syllabic) 자음은 [m̩], [n̩], [l̩]로 나타낸다. 한편, 유기화(aspirated)는 [‘] 또는 [ʰ]로, 경음화(glottalized) 또는 후두음화(larynealized)를 [’]나 성문 파열음(glottal stop) [ˀ]을 올려 써서 [pˀ, ˀp]로 표시한다. 또한, [’]는 성문 폐쇄와 함께 성문 상역 어딘가를 함께 폐쇄했다가 그 압축된 숨을 내쉬는 방출음(ejective)의 표시로도 쓰인다. 이에 반대되는 것에, 폐쇄를 개방하면서 흡기(ingressive air)를 들이쉬고 성문을 내려 진동시키는 소위 흡입 정지음(suction stop), 즉 입파음(implosive)이 있다(4장 표 4-1 및 표 4-2[ɓ, ɗ, ɠ] 참조). 그런데 한국어는 음절말에서 파열음들은 물론이고 파찰음과 마찰음들 뒤에 자음으로 시작되는 음절이 오거나 또는 아무것도 뒤따르지 않을 때는, 파열 또는 개방(releasing)을 시키지 않는 현상이 있어서, 흔히 내파음(영어로 ‘implosive’라 하는 경우가 많은데, 위의 입파음과 구별하기 위해 ‘unrelaeased’라고 부르는 것이 더 좋겠고, 번역도 불파음 또는 비파음이라고 할 수도 있겠다.)이라고 하며 [p˺, t˺, k˺]로 나타낸다. 내파음은 입파음처럼 흡기를 이용하지 않고, 보통 흔한 언어음을 발음하듯이 호기를 쓰는 점이 다르므로, 혼동하지 말아야 한다.

파열음에는 보통 폐에서 공기가 나오는(pulmonic egressive) 것을 이용하는 음과, 앞서 말한 방출음과 입파음, 그리고 한 가지 더 덧붙이면, 혀차는 소리 즉 흡착음(click)이 있다. 입 안 연구개 부위에서 공기가 빨려 들어갈 때(velaric ingressive), 혀가 뒤쪽 밑으로 움직이는 동작에 의해 공기가 희박해지면서 내는 소리, 쉽게 말해 ‘쯧쯧’ 같은 발음이다. [ʇ, ʖ, ʗ] 같은 기호로 표시한다(제4장 표 4-1 및 표 4-2 참조).

이상에 보인 기호들과 IPA의 1996년 개정 부호들을 사용하여 국어에 나타날 수 있는 자음의 이음들을 그 환경에 따라 정리하면 표 4-3과 같이 될 것이다(이호영 1996, 허 웅 1985 참조).

3.6. 모 음

모음의 조음 위치나 방식을 설명하기는 자음의 경우보다 특징적인 구별이 적어서 좀 막연하다. 혀의 높이(tongue height)에 따라서 입천장과의 간격(aperture)이 달라지고, 간격이 생기는 위치도 혀의 전후 이동에 따라 달라진다. 달리 말하면, 혀의 위치(tongue position)에 따라, 또 입을 벌리는 차이, 즉 開口度(degree of opening)에 따라서 간격이 달라지며, 입술을 오므리는 여부에 따라 圓脣性(rounding)도 결정된다.

모음을 내는 방식은 위와 같이 일정한 모양을 취한 혀와 입천장 사이로 공기를 마찰 없이 통과시켜 입술로 빠져 나가게 함으로써 구강(또는 비강)에서 공명이 되도록 하는 것이다. 비강까지 공명시키는 모음은 비모음(nasal vowel)이라 하며 [ã]로 표시한다. 모음은 대부분 유성음이나 드물게 무성음으로 실현되어 [e̥] 같이 나타낸다. 한편, 인두음화(pharynegealized)된 모음은 [o̥]로 나타낸다.

기본 모음 : 흔히 모음 사각도라고 일컫는 그림 4-5는 바로 입 안에서 경구개와 연구개 부분에 걸쳐 놓일 수 있는 2차원적 공간인 것이다.

그림 4-5는 원래 영국의 음성학자 Daniel Jones가 기본 모음 체계(cardinal vowel system)를 제안하면서, 제1차 기본 모음으로 [i, e, ɛ, a, ɑ, ɔ, o, u]의 8모음을 설정하고, 제2차 기본 모음으로 [y, ϕ, œ, Œ, ɒ, ʌ, ɣ, ɯ]의 8모음을 세웠다. 제1차 기본 모음은 경구개와의 사이에서 나는 前舌(front)의 모음일 경우 모두 평순(또는 비원순 unrounded) 모음이고, 연구개와의 사이에서 나는 後舌(back) 모음

표 4-4. THE INTERNATIONAL PHONETIC ALPHABET (revised to 1993, corrected 1996)

CONSONANTS (PULMONIC)

	Bilabial	Labiodental	Dental	Alveolar	Postalveolar	Retroflex	Palatal	Velar	Uvular	Pharyngeal	Glottal
Plosive	p b			t d		ʈ ɖ	c ɟ	k g	q ɢ		ʔ
Nasal	m	ɱ		n		ɳ	ɲ	ŋ	ɴ		
Trill	ʙ			r					ʀ		
Tap or Flap				ɾ		ɽ					
Fricative	ɸ β	f v	θ ð	s z	ʃ ʒ	ʂ ʐ	ç ʝ	x ɣ	χ ʁ	ħ ʕ	h ɦ
Lateral fricative				ɬ ɮ							
Approximant		ʋ		ɹ		ɻ	j	ɰ			
Lateral approximant				l		ɭ	ʎ	ʟ			

Where symbols appear in pairs, the one to the right represents a voiced consonant. Shaded areas denote articulations judged impossible.

CONSONANTS (NON-PULMONIC)

Clicks		Voiced implosives		Ejectives	
ʘ	Bilabial	ɓ	Bilabial	ʼ	Examples:
ǀ	Dental	ɗ	Dental/alveolar	pʼ	Bilabial
ǃ	(Post)alveolar	ʄ	Palatal	tʼ	Dental/alveolar
ǂ	Palatoalveolar	ɠ	Velar	kʼ	Velar
ǁ	Alveolar lateral	ʛ	Uvular	sʼ	Alveolar fricative

VOWELS

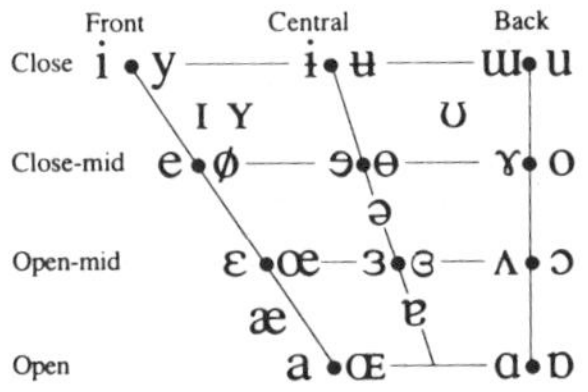

	Front	Central	Back
Close	i • y	ɨ • ʉ	ɯ • u
	ɪ ʏ		ʊ
Close-mid	e • ø	ɘ • ɵ	ɤ • o
		ə	
Open-mid	ɛ • œ	ɜ • ɞ	ʌ • ɔ
	æ	ɐ	
Open	a • ɶ		ɑ • ɒ

Where symbols appear in pairs, the one to the right represents a rounded vowel.

OTHER SYMBOLS

- ʍ Voiceless labial-velar fricative
- w Voiced labial-velar approximant
- ɥ Voiced labial-palatal approximant
- ʜ Voiceless epiglottal fricative
- ʢ Voiced epiglottal fricative
- ʡ Epiglottal plosive
- ɕ ʑ Alveolo-palatal fricatives
- ɺ Alveolar lateral flap
- ɧ Simultaneous ʃ and x

Affricates and double articulations can be represented by two symbols joined by a tie bar if necessary.

k͡p t͜s

DIACRITICS

Diacritics may be placed above a symbol with a descender, e.g. ŋ̊

̥	Voiceless	n̥ d̥	̤	Breathy voiced	b̤ a̤	̪	Dental	t̪ d̪
̬	Voiced	s̬ t̬	̰	Creaky voiced	b̰ a̰	̺	Apical	t̺ d̺
ʰ	Aspirated	tʰ dʰ	̼	Linguolabial	t̼ d̼	̻	Laminal	t̻ d̻
̹	More rounded	ɔ̹	ʷ	Labialized	tʷ dʷ	̃	Nasalized	ẽ
̜	Less rounded	ɔ̜	ʲ	Palatalized	tʲ dʲ	ⁿ	Nasal release	dⁿ
̟	Advanced	u̟	ˠ	Velarized	tˠ dˠ	ˡ	Lateral release	dˡ
̠	Retracted	e̠	ˤ	Pharyngealized	tˤ dˤ	̚	No audible release	d̚
̈	Centralized	ë	̴	Velarized or pharyngealized	ɫ			
̽	Mid-centralized	e̽	̝	Raised	e̝		(ɹ̝ = voiced alveolar fricative)	
̩	Syllabic	n̩	̞	Lowered	e̞		(β̞ = voiced bilabial approximant)	
̯	Non-syllabic	e̯	̘	Advanced Tongue Root	e̘			
˞	Rhoticity	ɚ a˞	̙	Retracted Tongue Root	e̙			

SUPRASEGMENTALS

- ˈ Primary stress
- ˌ Secondary stress ˌfoʊnəˈtɪʃən
- ː Long eː
- ˑ Half-long eˑ
- ̆ Extra-short ĕ
- | Minor (foot) group
- ‖ Major (intonation) group
- . Syllable break ɹi.ækt
- ‿ Linking (absence of a break)

TONES AND WORD ACCENTS

LEVEL			CONTOUR		
e̋ or	˥	Extra high	ě or	˩˥	Rising
é	˦	High	ê	˥˩	Falling
ē	˧	Mid	e᷄	˦˥	High rising
è	˨	Low	e᷅	˩˨	Low rising
ȅ	˩	Extra low	e᷈	˧˦˧	Rising-falling
ꜜ		Downstep	↗		Global rise
ꜛ		Upstep	↘		Global fall

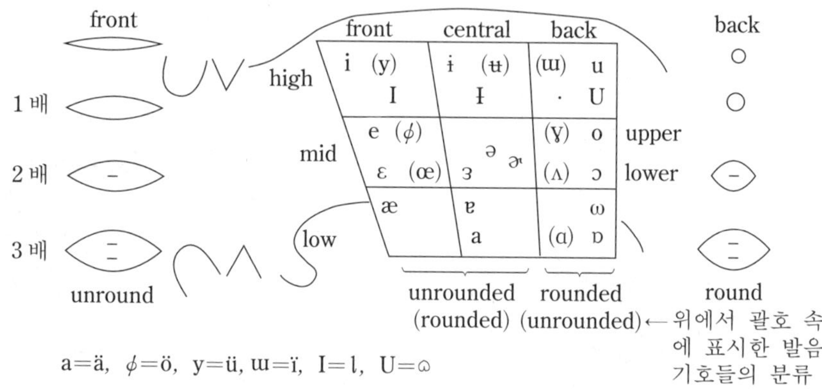

그림 4-5. 모음도와 입술 모양

일 경우 [ɑ] 하나를 제외하고는 모두 원순(rounded) 모음이다. 제1차 기본 모음이 많은 언어에 흔히 나타나는 것들인데 반해, 제2차 기본 모음은 좀 덜 쓰이는 것들이다. 전설 원순(front rounded) 모음으로서 [y, ϕ, œ] 세 음과 가장 큰 개구도의 자리에 [Œ]로 표시했지만, [a]에 대한 원순 모음 [Œ]는 불가능한 것은 아니라도 실제로 [œ]와 구별지어 쓰이는 언어는 없다. 후설 평순(back unrounded) 모음인 [ɯ, ɤ, ʌ]와 후설 원순 모음인 [ɒ]는 드물게 쓰인다. 특히, [a]는 위 그림에서 中舌(central) 모음처럼 표시하였으나, 사각도의 밑 부분은 좁아지고 있으므로, 실제로 [a]가 발음되는 위치는 전설 부분에까지 그 영역이 넓게 걸치는 것이 보통이다. 사실, 국제 음성 부호에서는 [a]를 중설 모음의 위치에 표시하고 있으나, Jones는 이 음을 전설 모음으로 설정하고 있다.

한편, 그림 4-5의 좌우 끝에 그렸듯이 입술 모양에 따라 평순과 원순을 구별할 뿐 아니라, 두 입술 사이의 간격에 따라 개구도를 측정할 수 있다. 대체로, 위에서부터 [i, y, ɨ, u] 등은 입술을 살짝 벌리는 정도이고, [e, ϕ, o]는 두 입술 사이에 손가락 하나가 들어갈 정도이며, [ɛ, œ, ɔ]는 둘 정도이고, [a, ɑ]는 셋 정도의 개구도다. 이들을 각각 **고·중·저모음**(high, mid, or low vowel) 또는 閉·半閉 또는 半開·開母音(close, half-close, half-open, or open vowel)이라 부른다. 개구도를 세 단계만이 아니라 4, 5단계로 나누는 학자도 있다.

모음의 실제 발음: 위의 모음 사각도를 통한 前後高低 모음의 위치 설정은 반드시 그 지점에서만 그 소리가 난다기 보다는 그 언저리 일대에서는 각기 조금씩 위치가 달라도 그 모음으로 들릴 수 있는 소리들을 대표한다고 보는 것이 좋다. 사실, 우리가 발음할 때마다 매번 정말 똑같은 위치에서 할 수는 없는 것이다.

서울말, 즉 표준어의 모음 사각도에 이같이 그 조음 영역의 일대를 표시해서 나타내면 다음과 같이 될 것이다(cf. 이현복 1971, 梅田博之 1983).

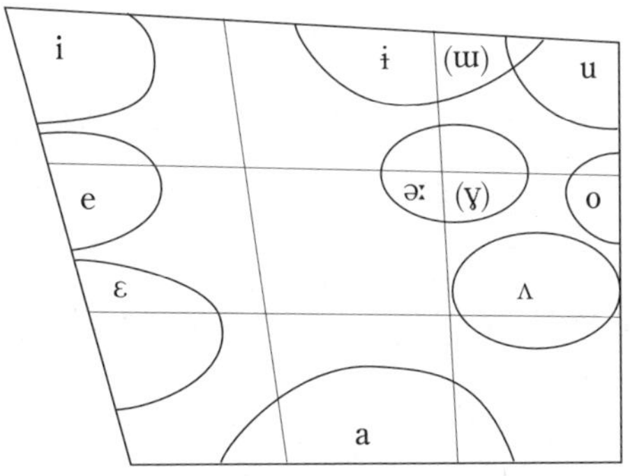

그림 4-6. 국어 모음 사각도

앞의 그림은 40대 이상인 서울 토박이의 말을 기준으로 한 것이며, 그보다 젊은 층은 'ㅔ'[e]와 'ㅐ'[ɛ]의 구별이 없어졌고, 'ㅓ'가 길게 날 때의 소리인 [əː](또는 [ɣː]로 볼 수도 있다.)와 짧게 날 때의 소리인 [ʌ](원순 [ɔ]로 쓰는 학자도 있음)의 두 가지가 구별되지 못하고 [ʌ]로 단일화되었다. 'ㅡ'는 중설 모음 [ɨ]로 기록하는 일이 많으나, 실제 후설 모음 [ɯ]로 실현되기도 한다.

이중 모음 : 반모음들이 모음 앞뒤에 연결되어 이중모음(diphthong)을 구성할 수 있다. '앞에 오는 반모음'(入過渡 on-glide)과 모음을 묶어 한 단위의 이중 모음으로 인정해야 하는 경우는 국어에서 '오리'[ori]에 대해 '요리'[jori]가 대립되는 것과 같은 예들이다. 스페인어의 siento[sjɛnto] 'I feel'의 이중 모음도 sentir[sɛntir] 'to feel'의 단모음과 서로 맞바뀔 수 있으므로 한 단위의 이중 모음으로 처리한다. 이 경우를 특히 상승 이중 모음(rising diphthong)이라 한다. 그러나 영어에서는 위와 비슷한 yes[jes, jɛːs] 같은 경우를 이중 모음으로 치지 않고, you[ju] 같은 경우만 상승 이중 모음으로 간주한다. 반면에, 모음과 그 '뒤에 오는 반모음'(出過渡 off-glide)은 묶어서 soy나 sow의 발음을 [sɔj]와 [sow]로 보아 한 단위의 이중 모음으로 처리하는 것이 관례다. 이 경우는 특히 하강 이중 모음(falling diphthong)이라 한다. 결국, 어떤 언어에서 반모음과 모음, 또는 모음과 반모음의 연결을 그냥 복합음으로 보느냐, 한 단위가 된 이중 모음으로 보느냐는 그 언어의 구조에 달린 문제로서, 음운론(제7장)과 깊이 관계되는 영역이다.

3.7. 운율적 자질 및 음절

이제까지는 분절음(segmental sound)에 대한 소개였으나, 그 분절음, 즉 모음과 자음이 모여 **음절**(syllable)을 이룰 때, 특히 그 음절이나 단어에 관련되어 나타나는 **운율적 자질**(prosodic feature) 또는 초분절적 자질(suprasegmental feature)에 대해서도 알아 두어야겠다. 운율적 자질로서는 강약(loudness)·고저(pitch)·장단(length)이 있고, 음절과 休止(pause) 또는 경계(boundary)에 대해서도 함께 다루어 보겠다.

강약 또는 강세(stress)는 음향 물리적으로는 음파의 진폭(amplitude)이 크고 작음에 비례하는 것인데, 강세를 받는 모음은 보통 높고 길게 발음되는 것이 특징이다. 영어에서 permit가 [pə́ːrmit]로 발음될 때는 명사며, [pəːrmít]로 발음될 때는 동사가 된다. 또한, blackbird를 한 복합어로 발음할 때는 첫 음절에 강세가, black bird라는 명사구로 발음할 때는 둘째 단어에 강세가 놓인다. 위와 같이, 다른 음성적 조건들은 같으면서 강세가 놓이는 위치만의 차이로 구별되는 것을 보면, 영어의 강세는 변별적 기능을 가진 것이다. 이 기능에 대해서는 제7장에서 더 언급할 것이다. 그러나 국어 표준어 속에서는 이러한 강약 현상이 변별적 기능을 가진다고 뚜렷이 지적할 수는 없다.

고저는 성대의 진동수, 즉 음파의 주파수(frequency)가 많고 적음에 비례한다. 중국 및 동남아, 아프리카, 미국, 인디언 등의 언어에서는 각 음절 또는 형태소가 특정한 높낮이, 즉 高(high), 低(low), 昇(rising), 降(falling) 등을 가지고 구별된다. 이같이, **성조**(tone)로써 최소한의 변별적 차이를 가져오는 언어들을 성조 언어라 한다. 중국어(현대 北京官話)에서는 높낮이를 1~5단계로 나누어 다음과 같이 구별한다.

(5)

발음	의미	고저		성조명
ma1	媽(어머니)	55		上平聲
ma2	痲(삼)	35		下平聲
ma3	馬(말)	214		上聲
ma4	罵(꾸짖다)	51		去聲

국어에도 중세 국어에는 성조 현상이 보였고, 현대 경상 · 함경 방언에는 아직도 고저 액센트(pitch-accent) 체계가 남아 있다. 고저 액센트는 일정한 고저의 음조형, 예컨대 低高調란 일정한 음조형이 1 또는 2 이상의 음절 위에 단위의 길이에 상관없이 배당되는 것으로서, 각 음절마다 고유한 성조를 가지는 성조 언어와는 구별된다.

한편, 대부분의 언어에서 음절보다 더 큰 단위, 즉 구절이나 문장 전체에 걸쳐 일어나는 고저의 차이를 억양 또는 어조(intonation)라 하여 통사론적 대립을 이루는 요소로 파악된다. 다음 문장에서 끝 부분의 어조를 달리함으로써 서술 · 의문 · 명령 · 권유의 대립을 보일 수 있다.

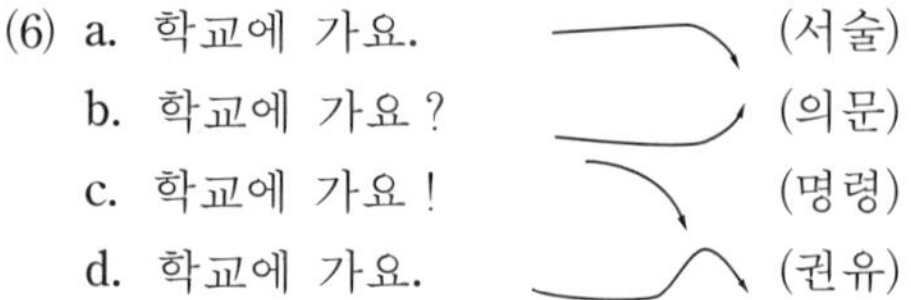

또한, 다음 어구들에서도 어조로 대립을 이룸을 볼 수 있다.

(7)

a. light housekeeper (가벼운 가정부)

b. lighthouse keeper (등대지기)

c. light housekeeper (집안일을 적게 하는 사람)

장단은 청각적으로 소리가 들리는 지속(duration) 시간에 비례한다. 나이가 많은 층이 쓰는 표준 국어의 다음 예들에서 장단은 변별적인 기능(즉 음운론적 기능)을 발휘하고 있어, 각기 다른 형태소로 구별하는 기준이 된다.

(8) a. 눈[nun] '眼' : [nu:n] '雪'
b. 갈다[kalda] '換' : [ka:lda] '磨'

위와 같이, 음운론적인 기능을 가진 장단의 예는 라틴어에서도 porta의 a가 단음이면 단수 주격, 장음이면 단수 탈격인 사실에서도 지적될 수 있다. 음성학적으로 엄밀히 말하자면 장모음은 두 개의 동일한 단모음의 연속과 구별되고, 또 자음에 있어서도 특례적인 장자음에 대해 중복 자음(geminated consonants)을 구별시켜 쓸 수 있으나 보통 구별하지 않고 같은 것들로 간주한다. 이탈리아어에서 단자음 nono(아홉째)는 중복 자음 nonno(할아버지)와 구별된다. 영어에서는 중복 자음이 이탈리아처럼 단일 형태소 내부가 아니라, 단어 경계를 건너지를 때만 일어난다(예 : unknown['ʌn'noʊn]). 프랑스어의 égoïste의 g는 중간에 음절 경계가 있어 장자음이 된다고 한다.

한편, 위와 달리 음운론적인 변별적 기능은 없어도 일정한 음성적 환경에 따라 예측할 수 있는 경우가 있다. 영어에서 유성 자음 앞에서는 모음의 길이가 길어지는 일반적 경향이 바로 그런 예다.

(9)

a. see	[si:]	0.317sec				
b. seed	[si:d]	0.252sec		f. lid	[lid]	0.135sec
c. seen	[si:n]	0.199sec		g. sin	[sin]	0.077sec
d. seat	[si:t]	0.124sec		h. sit	[sit]	0.085sec
e. seat(ing)	[si:t(iŋ)]	0.087sec		i. sit(ing)	[sit(iŋ)]	0.052sec

위의 표를 잘 살펴보면, d, e, h, i 같이 무성 자음 앞에서는 모음이 짧게 측정되었다. 한 가지 더 언급해야 될 점은, e의 장모음은 h의 단모음과 거의 비슷하고, d와 e의 장모음은 f의 단모음보다 오히려 짧다. 그러나 장단의 대비는 이렇게 뒤에 오는 자음의 성격이 다른 것끼리 하지 말고 동일한 환경끼리 놓아, 예컨대 위 (9)의 좌우 칸을 대비의 짝으로 삼아 왼편 장모음들이 바른편 단모음들에 비해 두 배 정도의 길이를 가진 점에 주목해야 한다.

결국, 위의 사실은 소리의 장단이 상대적인 개념이라는 점을 말해준다. 몇 초 이상 계속되어야 장음이고 그 이하면 단음이라고 규정할 수 있는 것이 아니고, 그 주위의 다른 소리에 상대적으로 영향을 받는 것이다. 이 사실은 강약과 고저에 있어서도 마찬가지다. 가령, 경상 방언에 '말'이라고 단독으로 발음하면 그 높낮이를 잘 판단할 수 없으나, '말-이, 말-을' 등으로 다른 말을 붙여 발음해 보면 高中일 때 '馬', 中中일 때 '斗', 低中이면 '語'의 뜻이 분명해진다.

음 절 : 다음은 음절에 대한 음성학적 정의를 소개하겠다. 음절은 음운론적 단위로도 정의되고 있어서(제7장 참조), 엄밀히 말하자면 여기서는 음성적 음절(phonetic syllable)만을 다루려는 것이다. 우선, 음향학적으로 청자의 귀에 도달되는 에너지의 양, 즉 음향의 강도에 따라 Jespersen은 可聽度(sonority)를 다음 (10)과 같이 규정했고, 조음 음성학적으로 입을 벌리는 정도에 따라 Saussure는 개구도(aperture)를 다음 (11)과 같이 설정했다.

(10) 1. p t k f s ç x
2. b d g
3. v z ɣ
4. m n ŋ l

(11) 0. p b t d k g
1. f v θ ð s z ʃ ʒ ç j x ɣ
2. m n ŋ
3. l r

5. r
6. y u i
7. ϕ o e
8. ɔ æ ɑ

4. i u y
5. e o ϕ
6. ɑ

세부적인 문제점들을 생략하고 원칙적인 정의만 언급하자면, 음절은 가청도가 높은 모음이나 또는 비음이나 유음 등의 **성절적**(syllabic) 자음을 음절의 정점(peak) 또는 **음절핵**(syllabic nucleus)으로 하고, 그 앞에 **頭子音**(onset)과, 그 뒤에 **末子音**(coda)은 가청도가 낮은 자음을 취함으로써 이루어진다. 또, 다른 음절의 정의는 Saussure가 외파음과 내파음, Grammont이 漸強音(phonème croissant)과 漸弱音(phonème décroissant)이란 술어로서 다음 (12)와 같이 음절의 경계를 보임으로써 시도되었다.

(12) a. [$\overset{<}{\text{b}}$ $\overset{>}{\text{ɔ}}$ $\overset{<}{\text{t}}$ $\overset{>}{\text{l}}$]
  / \ / \
b. [$\overset{<}{\text{g}}$ $\overset{<}{\text{r}}$ $\overset{>}{\text{o}}$ $\overset{>}{\text{u}}$]
  / / \ \
cf. 외파음<내파음>
점강음/ 점약음\

위 (12)에서 음절이란 단위는 ><나 \/가 이루어지는 곳을 기준으로 나눠는 것이다. 점강음은 외파음(released) [$\overset{<}{\text{p}}$] 같이 발음이 지속될수록 점점 강한 긴장이 생기고, 점약음은 내파음(unreleased) [$\overset{>}{\text{p}}$] 또는 [p˺] 같이 이미 최고조에 달해 있던 발음의 긴장이 이완되어 약해지는 것으로, 한 음절은 점강음으로 시작하여 점약음으로 끝난다고 할 수 있다.

음성적 음절에 대한 또 하나의 정의는 운동 이론(motor theory)의 관점에서, 각 음절은 胸廓脈動(chest pulse)으로 음성 기관의 긴장을 한 번 일으킬 때마다 일어난다고 보는 것이다. 그러나 이는 옳지 않음이 밝혀졌다.

한편, 이러한 음성적 음절에 대해, 각 언어의 음운 체계에 따라 규정하는 음운적 음절(phonological syllable)을 설정할 수 있다. 이에 대해서는 제 7 장에서 논하겠다.

경 계 : 음절을 나눌 때 관련되는 것으로 휴지나 여러 가지 경계가 있다. 가령, bedroom이란 단어를 '침대를 두는 공간'이라는 의미로 발음할 때는 [bɛd$ruwm]으로 되나($는 음절 경계 syllable boundary), '침실'이 라는 의미로는 [bɛ$druwm] 또는 [bɛ$ǰruwm]으로 된다고 한다. 아마 처음 발음은 bed#room(#는 단어 경계 word boundary)으로 미약한 휴지가 사이에 있으나, 나중 것은 bed+room(+는 형태소 경계 morpheme boundary)으로 거의 휴지가 사이에 없는 연접이다. 경계의 문제는 이 밖에도 복합어, 특히 한자어 등의 여러 가지 경우가 아직 충분히 더 연구되어야 할 실정이다.

4. 음향 음성학

음 파 : 음성도 물리적 현상이기 때문에 파동론(wave theory)에 기초하여 음성을 음파(sound wave)로 분석해내는 음향 음성학이 필요하며, 이것은 또한 실험 음성학(experimental phonetics)의 주요 분야를 이루고 있는 것이다. 음파란 공기를 이루고 있는 입자들의 순간적인 유동이 전파(promulgation)되는, 일종의 물결치는 듯한 현상을 말한다. 즉, 공기의 진동을 일으키는 근원체, 가령 성대나 악기에 가장 가까이 있는 공기 입자 A가 그 바로 옆에 있는 입자 B를 밀어 압축하고(따라서 원래 입자 A가 있던 자리는 희박해졌다가 A가 돌아와 원상 복구가 되고),

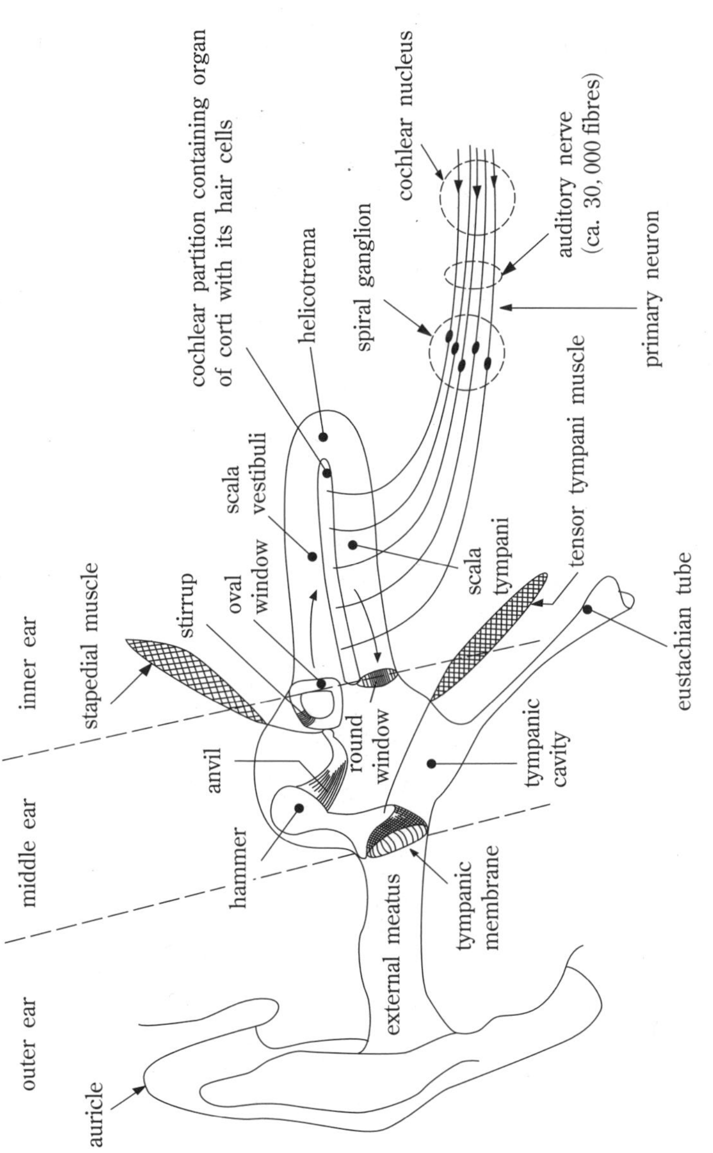

그림 4-7. 귀와 청각 신경의 개략도

다시 입자 B는 그 옆의 입자 C를 미는 연쇄적인 좌우 유동 운동으로 압축 상태(compression)와 희박 상태(rarefaction)가 교체 반복되는 현상이 음파다.

이러한 음파의 현상을 좀더 실감 있게 느끼기 위해서는 우리의 귓속 구조를 가지고 설명하는 것도 도움이 된다. 귀의 구조는 그림 4-7과 같이 外耳(outer ear)를 통해 공기의 압력이 中耳(middle ear)의 고막(eardrum 또는 tympanic membrane)에 전달되면, 세 개의 작은 뼈로 이어진 골연쇄(bone chain)를 눌러 內耳(inner ear)에 담겨진 액체를 움직여, 그 진동의 자극이 청각 신경을 통해 뇌에 전달된다. 압력이 전달된 뒤 낮아지면 고막 등도 원상태로 환원된다.

소리(sound)란, 이와 같이 청각 기관을 통해 청각 신경을 자극하는 공기의 진동이며, 그 진동 현상을 연구하는 분야가 음향 음성학이고, 그것이 청각 기관에 받아들여진 이후의 과정을 연구하는 분야가 청음 음성학인 것이다.

음파 현상은 다음 그림 4-8처럼 공기의 압력을 수직의 축에, 시간의 경과를 수평의 축에 표시하는 것이 관례다.

그림 4-8은 대기의 압력은 고려에 넣지 않고 편의적으로 그린 것

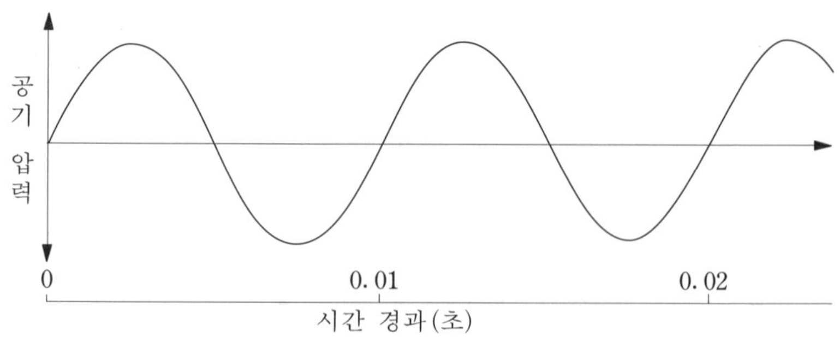

그림 4-8. 음파 A

이나, 이러한 개념도만 보아도 소리의 진동 상태가 다름에 따라 음파의 형태가 달라질 것은 자명하다. 이 때 어떤 음파의 형태를 **파형**(wave form)이라 하며, 그것을 결정짓는 요소로는 앞서 3.7에서 말한 강약과 고저가 주요한 구실을 한다.

강약과 고저 : 이미 언급한 바처럼 음의 강약은 음파의 진폭이 높고 낮음에 좌우되고, 음의 고저는 1초 동안에 일정한 파형이 진동하는 주기(cycle)의 횟수, 즉 주파수의 많고 적음에 비례된다. 주기를 알아내는 손쉬운 방법은 파형이 수평축을 오르락내리락하면서 일정한 모양을 보이고, 다시 같은 모양이 반복되려 하는 시점의 직전까지를 끊어 보면 된다. 그림 4-8에 보인 음파 A에 대해 진폭이 반이며 주파수도 반만큼 적은 음파 B를 보이면 그림 4-9와 같이 된다.

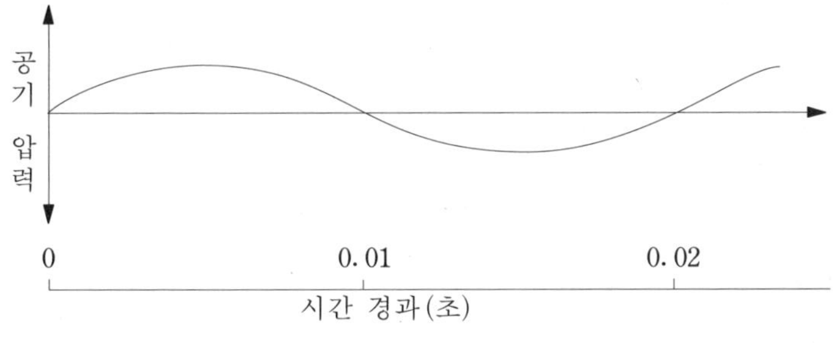

그림 4-9. 음파 B

음파 A는 진폭의 높낮이가 음파 B에 비해 두 배일 뿐 아니라, 주파수도 음파 A가 1/100초 동안에 한 주기의 진동이 일어났으므로 초당으로 환산하면 100cps(cycles per second)가 되지만, 음파 B는 2/100초 동안에 한 주기가 진행되었으므로 50cps인 것이다. 그러면, 음파 A와 B를 합성하여 제3의 파형을 얻을 수 있는데, 이것을 음파 C라 하고, 그림 4-10과 같이 그릴 수 있을 것이다.

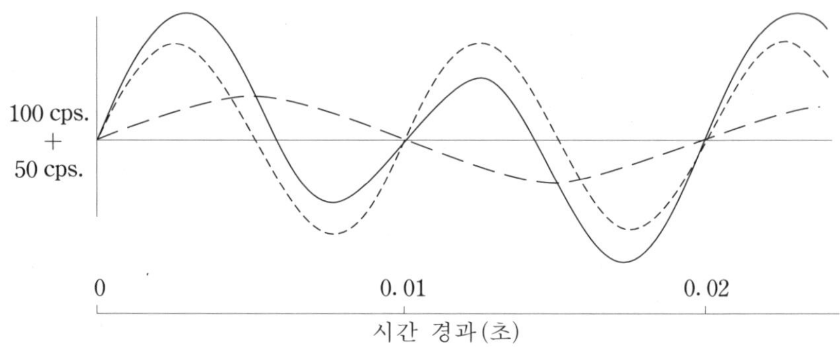

그림 4-10. 음파 C (복합파 : 50+100 cps.)

음질 및 파형 분석 : 이제까지 보인 음파 A와 B는 수학적으로 가장 간결히 표시할 수 있는 正弦波(sine wave)로서 가장 간단한 파형을 보인다. 그러나 음파 C는 A와 B가 종합된 결과이므로 좀더 복잡한 파형, 즉 복합파(complex wave)를 이루며, 우리가 실제로 접하는 음들은 대부분 복합파들이다. 음파 C보다 더 복잡한 파형을 보이자면, 다음 그림 4-11과 같이 될 것이다.

그림 4-11에서 100, 200, 300 cps의 세 음파를 주의 깊게 관찰해 보면, 0에서 똑같이 시작하지 않고 각기 다른 시점에서 시작하였으므로, 이 복합파의 각 구성 성분을 이루는 세 성분파들의 위상(phase)이 다르다고 할 수 있다. 여기서 홍미 있는 사실은, 위상의 차이로 파형이 달라지더라도 사람의 귀는 각각 똑같은 성분파를 가진 합성파는 다 같은 음으로 듣는다. 즉, 100, 200, 300 cps의 세 성분파가 0에서 동시에 ↗ 방향으로 시작되는 음파와 위의 음파 D는 같은 음으로 듣게 되는데, 그 이유는 우리의 귀가 파형에 관계없이 복합파를 각각의 성분파로 분석해서 듣는 까닭이다. 한편, 복합파를 몇

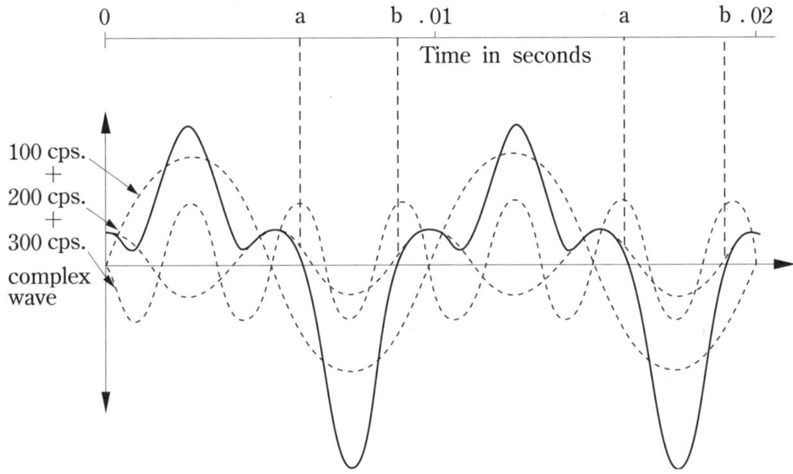

그림 4-11. 음파 D (복합파 : 100+200+300 cps.)

개의 정현파의 합성으로 보고 성분 분석하는 방법을 체계적으로 규명한 Fourier라는 수학자가 있어서, 이러한 과정을 Fourier 분석이라고 부른다.

위에서 예로 든 두 가지 복합파, 즉 음파 C와 D에서 그 주기를 결정해 보는 일은 흥미로운 사실을 밝혀 준다. 50cps 주기인 음파 C는 100cps와 50cps의 합성이며, 100cps인 음파 D는 100, 200, 300cps의 합성이다. 여기서 복합파의 주파수는 그 구성 성분이 되는 정현파 가운데 가장 낮은 주파임을 알 수 있고, 그것을 **기본 주파수** (fundamental frequency)라 한다. 이러한 基音(fundamental tone)이 아닌 그 밖의 성분파들을 **上音** 또는 **倍音**(overtone)이라 하며, 그 중에도 위의 예에서와 같이 정수배의 주파수를 가진 성분음을 조화 배음 (harmonic) 또는 좁은 의미의 배음이라고 한다.

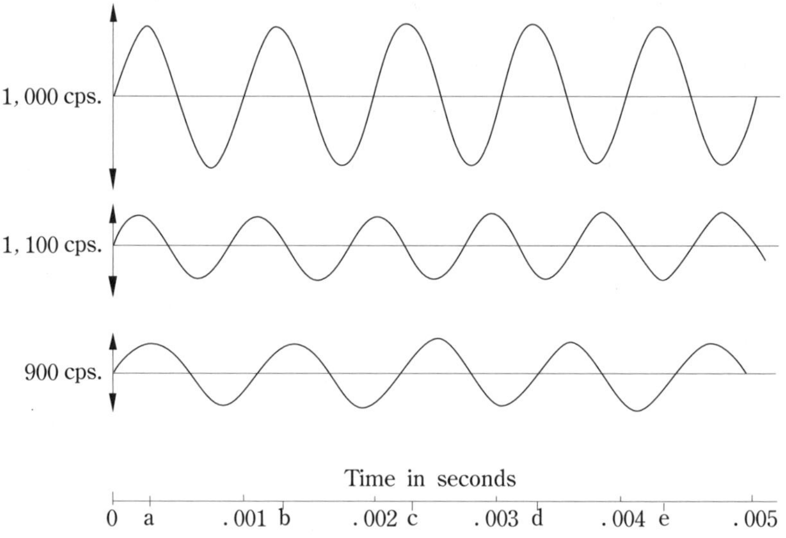

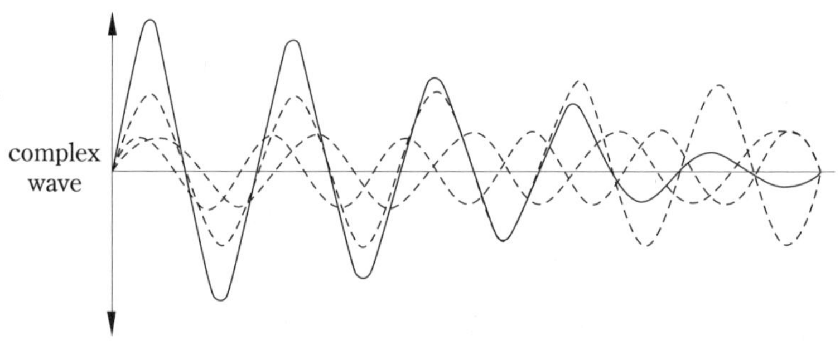

그림 4-12. 음파 E (복합파 : 900+1000+1100 cps.)

이상에서 언급한 복합파는 일정한 주기에 따라 반복되는 주기 복합파(periodic complex wave)인 데 반해, 복합파이면서도 비주기파(non-repetitive wave)가 있다. 즉, 그림 4-12 에서처럼 900, 1,000, 1,100cps 의 인접한 세 가지 주파수의 음을 합성하면, 앞뒤를 생략하고 여기

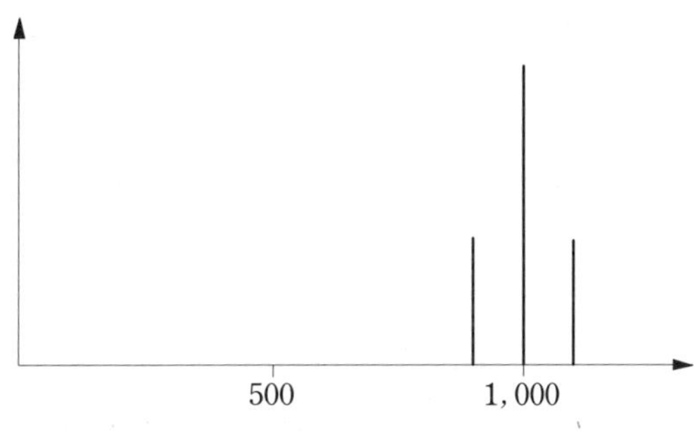

그림 4-13. 복합파 스펙트럼

보인 부분에 한해서는, 감폭 또는 점감(damping)되는 파형을 드러낸다. 이와 같은 비주기적 복합파는 결국 그림 4-13에 나타낸 바와 같이, 진폭과 주파수가 다른 세 가지 종류의 성분파로 분석될 수 있다. 실제로 비주기파는 무수한 성분파의 복합이지만, 여기서는 설명의 편의상 세 가지 성분파만을 언급한다. 그림 4-13에서와 같이, 선분으로 성분파의 주파수 대역(band)과 그 위치에서의 진폭을 선분의 길이로 표시한 것을 스펙트럼(spectrum)이라고 한다. 음향 음성학의 중요 대상이라 할 음질(quality)은 바로 이 스펙트럼의 주파수 분포와 성분 주파수 간의 상대적 진폭차에 좌우되는 것이다.

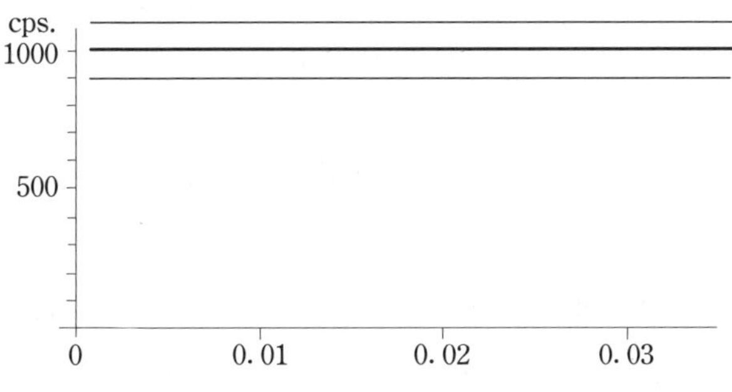

그림 4-14. 스펙트러그램(개략도)

공 명 : 1940년대에 발명된 음향 음성학의 주요 실험 기구로 **스펙트럼 분석기**(sound spectrograph)가 있는데, 간단히 설명하면 소리를 전기 에너지의 강약으로 바꾸어 탄소가 섞인 종이 위에 주파수 대역에 따라 검게 태워 표시하도록 고안한 전자 기계다. 개략적으로 그림 4-14에 보인 바와 같이, 음파 E는 1,000 cps에서의 진폭이 가장 크므로 더 검게, 그 배음들은 그보다 흐리게 표시된 것이다. 이 때 에너지가 밀집된 주파수 대역을 가리켜 **포먼트**(formant)란 용어를 쓰며, 그 단위는 물론 cps란 주파수의 단위를 쓴다. 한 복합파의 포먼트는 여러 개가 있을 수 있는데, 제1과 제2포먼트가 가장 중요시된다. 이렇게 어떤 소리의 특정 주파수 대역을 알아낼 수 있는 기본 원리는 악기에서 활용되고 있는 **공명**(resonance) 현상, 즉 어느 물체가 다른 물체의 진동에서 에너지를 얻어 따라서 진동하는 현상과 관계가 있다. 어느 공명체가 그것이 가지는 주파수의 특성에 따라 어떤 주파수의 음은 전달시키고, 어떤 주파수는 통과시키기 않는 작용을 할 때 이를 음향 여과기(acoustic filter)라 한다. **스펙트러그래프**도 이런 장치가 전자적으로 복합된 일종인 것이다. 그런데 실제 언어음의 스펙트럼을 기록한 **스펙트러그램**(spectrogram)의 실례를 보면, 앞서의 개략도보다 훨씬 복잡한 형태로 나타난다. 그림 4-15는 I can see you [ai kæn si: ju:]라는 문장을 보통 말하는 속도로 녹음해서 음향 분석 실험을 한 것이다.

위에서 구부러진 검은 띠로 나타난 스펙트럼, 특히 제1, 제2포먼트의 분포는 모음의 음질을 구별하는 데 아주 중요한 지표(cue)가 되는 사실을 알아차릴 수 있다. 일반적으로, 포먼트의 분포 형상은 조음 기관의 상태와 긴밀한 관계가 있어서, 음성 도관 중의 최대 마찰점의 위치와 그 단면적, 입술의 위치에 따라 달라진다. [a, i, æ, u]

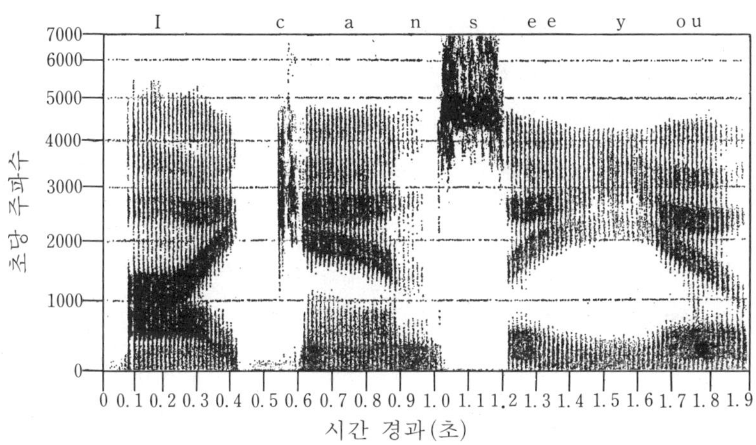

그림 4-15. 스펙트러그램의 실례

등 여러 종류의 모음에 따라 두 가지 포먼트의 주파수 대역이 다른 점을 잘 살펴 보아 두자.

한편, [k, n, s] 등의 자음은 뚜렷한 포먼트의 주파수 대역이 보이지 않고 검은 부분이 흩어져 있다. 이것은 모음들이 그 주기를 밝힐 수 있는 주기적 음파(periodic wave)인 데 반해, 자음들은 대개 그 주기를 밝힐 수 없는 복잡한 **난잡파**(random wave)이기 때문이다. 난잡파의 실례는 그림 4-16에서 보인 [s]의 파형과 같다.

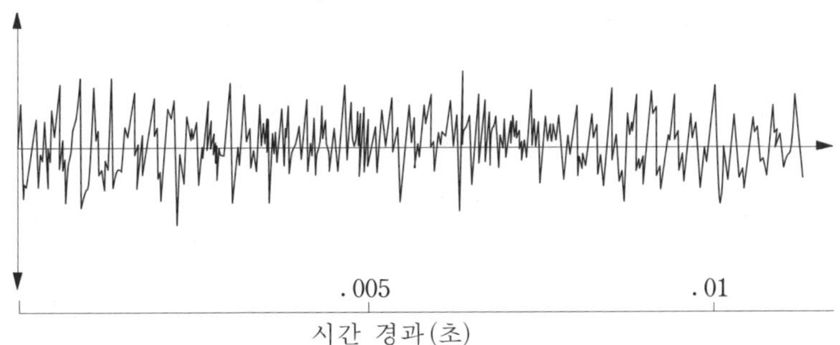

그림 4-16. 난잡파[s]

난잡파는 앞서 그림 4-12에서 보인 비주기파나 마찬가지로 반복되는 파형을 찾아보기 어렵다. 모음이 주기적 음파라고 해서 실제 발음에서 반드시 일정한 주기를 무한히 반복하는 것은 아니고, 점감 현상을 보이면서 음성 도관 속의 공기를 공명시키다가, 비주기파처럼 차차 사라져 버리는 것이 보통이다.

그림 4-15를 다시 잘 관찰하면, I와 can 사이를 제외하고는 모든 분절음 사이에 뚜렷한 경계가 없이, 공백이 없는 소리의 흐름이 진행되는 연속체(continuum)임을 알 수 있다. 사실, 우리가 이 장 첫머리에서 음을 개별적 단위로 분절화할 수 있다는 가정을 세우고 출발한 것은, 스펙트러그램을 놓고 볼 때 記述과 인식의 편의상 취해진 방법임을 알 수 있다. 우리가 이미 알고 있는 그 언어에 대한 지식의 도움 없이는 분절화하기 어려운 것이다.

한편, 스펙트러그램이란 음향 분석 사진이 보여 주는 흥미 있는 점은, 어른과 어린이는 음성 도관의 길이가 다르므로, 음성의 고저도 달라서 주파수 대역이 다른 곳에 포먼트가 나타나게 되지만, 그 포먼트들이 전체적으로 취하는 무늬(pattern)는 대개 같다는 사실이다. 따라서 사람마다 특유한 지문이 있듯이, 성문(voiceprint)이라는 유형적 분류가 어느 정도 가능하여 범죄 수사에 결정적 증거는 못 되더라도 방증 자료로는 쓰일 수 있고, 또 정신 이상자에 특수하게 나타나는 성문이 있어, 그 치료에 援用할 수 있는 길도 모색되고 있다.

음향 음성학을 소개하면서 주로 음향 분석기만을 소개하였으나, 그 밖의 실험 기구들도 많다. 특히, 근래에 시험 개발 단계에 있는 것들로서, 스펙트러그램 자체를 읽어서 역으로 소리를 만들어 내는 장치 내지는 타자기, 건반을 두드리면 문자가 아니라 음성으로 들려 줄 수 있는 음성 타자기(voice typewriter), 또는 인공적으로 음성 도관과 같은 효과를 내는 전자 장치를 만들어 인간 음성 같은 소리를 내는 언어 합성기(speech synthesizer), 한편 인간 언어를 직접 인식(speech recognition)하여 받아 쓸 수 있는 기계, 광학적(optical)으로 문자를 직접 읽어낼 수 있는 기계나 더 나아가 말하는 컴퓨터(talk-back computer) 등도 시도되고 있어, 일반적 목적뿐 아니라 맹인·농아자를 위해서도 응용 가치가 광범위해지고 있다. 일반적으로, 언어를 합성해 내는 편보다는 언어를 인식 해득해 내는 편이 더 어렵다. 가령, 스펙트러그램을 읽어 내는 일만 해도 그 성문의 해독은 고도로 훈련된 분석자로서도 쉬운 일은 아니다. 그러나 일단 분석된 음향적 요소(acoustic component)를 가지고 다시 원래의 소리를 합성해 내려는 시도는 어느 정도 성공을 거두고 있는 셈이다.

참고

Ⅳ. 1절, 음성학에 대한 서설 중에 사전으로는 일본 음성학회(1976) 및 Crystal(1980), Trask(1996), 일반 이론서로서는 우선 Jones(1918), Pike(1943), Abercrombie(1967), Jones & Laver 편(1973), Singh & Singh(1976), Catford(1977), Clark & Yallop(1995), Hardcastle & Laver(1997) 정도를 참조.
그 밖의 중요한 저서도 아래에 소개되어 있음.

Ⅳ. 3절, 조음 음성학에 관해서는 IPA(1949), Heffner(1950), Malmberg(1954), Denes & Pinson(1963), Mol(1963, 1970), Ladefoged(1971, 1975), 정인섭(1973), 김승곤(1983) 등을 참조.

Ⅳ. 3.5절, 자음에 대해서는 위의 책들 외에 Schane(1973), Wardnaugh(1972), 이호영(1996), 그리고 파열음·파찰음의 유기성(aspiration)에 대해서는 Skaličkavá(1960), Lisker & Abramson(1964), Kim(1965, 1970)을 참조.

Ⅳ. 3.6절, 모음에 관해서는 1절에 쓰인 책들 외에 Jones

(1950, 1960)의 기본 모음에 대한 논의를 참조. 이현복(1971)도 참조.

Ⅳ. 3.7절, 운율적 자질과 음절도 주로 위의 책들 외에 Hyman(1975), 허 웅(1965) 참조. 모음의 길이 측정은 Jones(1950)에서 인용. 음성학적 음절은 Jespersen(1913), Saussure(1916), Grammont(1933)을 참조.

Ⅳ. 3.4절, 음향 음성학은 주로 Ladefoged(1962), Denes & Pinson(1963), Ladefoged(1967), Lieberman(1977), 그리고 Fromkin & Rodman(1974), Elgin(1973) 등도 참조. 김한곤(1968 a, b), 김영송(1975), 梅田博之(1983), 구희산(1986), 김대원(1987), 고도홍(1988), 양병곤(1990), 이숙향(1994), 전선아(1996) 등 2장 끝 〈참고〉도 참조.

음성학에 관한 제반 정보를 보여 주는 웹 사이트로 Ladefoged 교수가 마련해 놓은 http : //www. humnet. ucla. edu/linguistics/VowelsandConsonants/contents. htm을 보라.

연습문제

A. 다음 (　　)를 적당한 말로 메워라.

1. 발음 기관의 생리적인 면을 연구하는 (　)과 음파의 물리적인 면을 실험 연구하는 (　)이 있다.
2. 호흡 작용은 공기가 드나들어 이루어지며, 그 중 (　)을 쉴 때 조음 작용이 주로 일어나며, (　)을 쉴 때는 혀 차는 소리 등이 일어난다.
3. 음파의 진폭은 음의 (　)에 관계되고, 진동수, 즉 주파수는 음의 (　)에 관계되며, 지속되는 시간의 길이는 음의 (　)에 관계된다.

B. 다음 기술에서 틀린 곳을 고쳐라.

1. 음성 도관(vocal tract)에는 폐, 기관지, 후두(성대), 인두, 비강, 구강이 포함된다.
2. 순치음(labio-dental)은 윗입술과 아랫니를 접촉시켜 내는 소리다.
3. 파찰음은 마찰음으로 시작하여 파열음으로 끝나는 소리다.
4. 비음은 연구개(soft palate)와 목젖을 위로 올려 코로 통하는 숨길을 막아서 내는 소리다.

C. 다음 그림 4-17에 표시한 조음 위치의 숫자대로 그림 4-18의 밑줄 친 곳에 적당한 명칭을 써 넣은 뒤, 다음 물음에 대하여 답하라.

그림 4-18은 자음 분류에 필요한 중요 술어들을 나열한 것이다. 편의상 접근음(approximant)이라는 Ladefoged의 용어를 섞어 썼는데, 이것은 모든 모음 [j, l, w, ɹ]등을 포함하며, 조음 기관의 한 쪽이 다른 쪽에 접근은 하

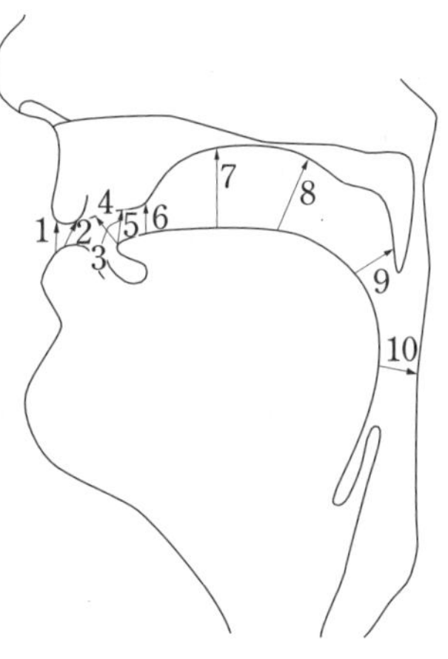

그림 4-17. 조음 위치

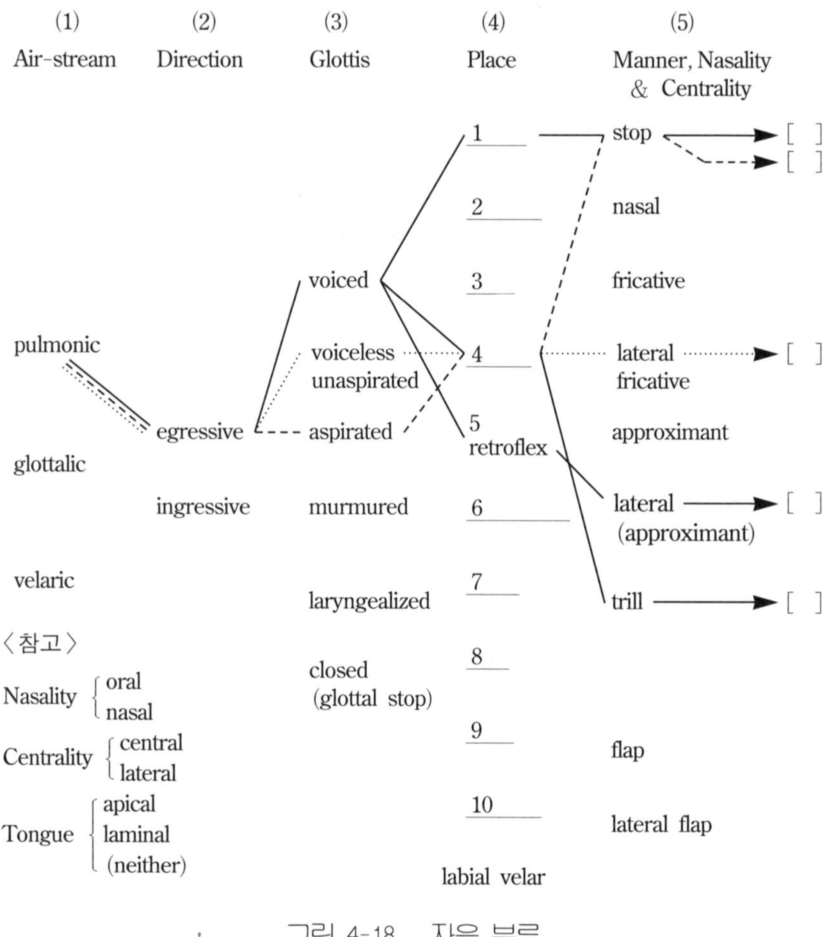

그림 4-18. 자음 분류

되, 공기의 흐름이 거세지지 않을 정도로 접근되는 상태를 말한다.

1. 우선 왼쪽부터 같은 모양으로 표시된 줄을 따라 바른쪽 끝의 [ ]에 어떤 음이 실현될 것인지 써 넣어라.
2. 위와 같은 식으로 줄을 그어 아래의 소리가 날 수 있는 조합을 다섯 칸에서 골라라.

a. [ɡ] b. [ɲ] c. [f] d. [ʒ] e. [ʕ]
f. [R] g. [t̪] h. [j] i. [ɽ] j. [m̥]

3. 위와 같이 줄을 긋되 실제로 존재할 수 없는 조합을 세 종류만 다섯 칸에 걸쳐 골라 보라(표 4-2의 공백을 참조).

D. 그림 4-19에서 빈 [ ] 속에 적당한 발음 기호를 적어 넣어라. 그리고 실선과 점선으로 나타낸 두 발음 상태의 차이를 설명하라. 두 발음을 더 간단한 도형으로 나타내면 다음과 같다. 역시 [ ]를 채우라.

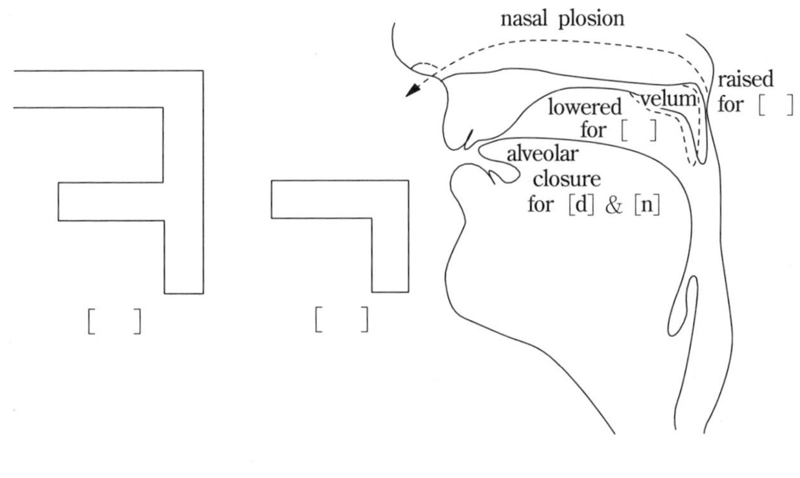

그림 4-19. 파열음

위와 같은 방식으로 나타낸 다음 도형은 각각 무슨 발음을 나타내는지 [ ] 속에 적어 넣어라.

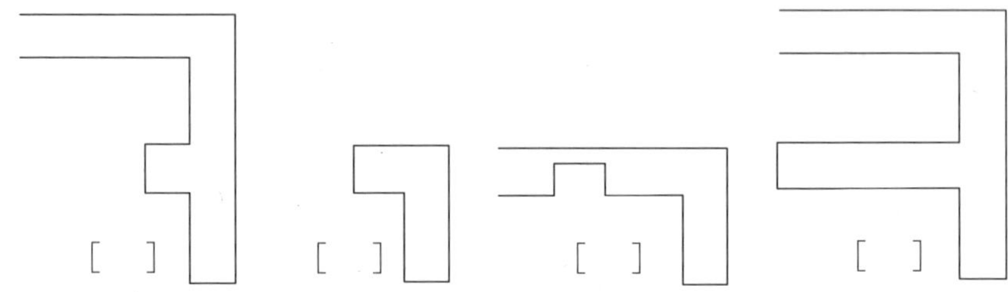

E. 다음에 보이는 실험 결과는 본문 (9)와 똑같은 방식으로 얻은 것이다. 본문을 참조하며 이 결과를 그 아래에 제시한 각도에서 논평하라.

1. bee [bi:]	0.47sec				
2. bead [bi:d]	0.325	5. bid [bid]	0.15		
3. bean [bi:n]	0.304	6. bin [bin]	0.11		
4. beat [bi:t]	0.147	7. bit [bit]	0.068		

(a) 모음 뒤에 유성과 무성 자음이 뒤따름에 따라 각각 어떻게 다른 양상을 보이는가?

(b) 장모음과 단모음들을 상호 비교하여 그들 중의 특이한 현상을 지적하라.

F. 100, 200, 300 cps의 세 가지 음파를 0에서 동시에 ↗(+) 방향으로 시작되는 위상을 가지도록 그려라. 그리고 세 성분파를 합성시켜서 얻은 한 개의 복합파를 그림 4-11의 음파 D와 비교하여 보라.

G. 그림 4-12에서 보인 900, 1,000, 1,100cps의 복합파(음파 E)를 4배 정도(2/100초)까지 연장하여 그려 보라. 그 결과에서 음파 E가 차지하는 부분을 지적하고, 실제로 위의 세 성분파만을 복합한 것

은 진정한 감폭 현상으로 끝나는 것이 아님을 입증하라. 또한, 진정한 감폭 현상을 보이려면 성분파의 수가 어떠해야 할 것인가에 대해서도 논하라.

제 5 장
음 소

앞의 제4장에서 다룬 내용은 언어에 쓰이는 음은 어떻게 조음되며, 그 음향적 특성은 무엇인가를 알아보는 음성학에 관한 것이었으나, 본 제5장부터는 그러한 구체적 음들이 화자들의 머리 속에 어떠한 구조로 인식되고 있으며, 그것이 달라짐에 따라 어떠한 규칙이 필요한가를 알아보는 음운론에 관한 내용이다.

음운론에 있어서 가장 중요한 것은 우선 음운론적 단위를 결정하는 일이다. 음성학과 음운론의 경계선을 결정함에 있어서도 음성학의 단위인 음(sound)과 일반적으로 音素(또는 음운 phoneme)라 불리어 온 단위와의 관계를 밝히는 일이 무엇보다 중요하다. (보통 음은 [ ] 속에, 음소는 / / 속에 표시한다.) 여기서 'phoneme'이란 무엇이냐 하는 문제가 제기되는 것이다.

phoneme이란 말은 여러 시대에 따라 다른 의미를 가지고 사용되고 있다. 일반적으로 초창기나 그 뒤의 유럽 구조주의 및 최근의 생성 음운론에서는, 자음이나 모음과 같은 분절음(segmental)인 단위들과, 또한 강세, 장단, 성조와 같은 초분절음(suprasegmental)인 단위들을 합쳐 음소라 하고, 그 학문을 음운론(phonology)이라 불러 왔다. 한편, 같은 구조주의 시대라도 미국 학자들만은 이 음소의 學을 음소론(phonemics)이라고 지칭하였다.

이에 대하여, 분절적인 것만을 음소라 하고 이것과 초분절적 단위들을 엄격히 구별하기를 주장하는 학자들이 있다. 가령, A. Martinet (1960)는 음소의 學을 음소론(phonématique)이라 하고, 초분절적인 단위들의 學을 운율론(prosodie)이라 하며, 이 운율론에 속하는 단위들은 韻素(prosodème)라 부른다. 이 경우에는 음운론(phonologie)이 음소론과 운율론을 동시에 가리키는 술어로 쓰여야 할 것이다.

더 나아가, 운율적 사실은 음운의 층위(level)에서는 전혀 단위로 인정하지 않으려는 이도 있다. 이 책에서는 일반적 정의를 좇아 분절적·초분절적 단위를 다 포함한 넓은 의미로서 음소란 용어를 사용하기로 한다.

음소의 정의는 음운론이 시작된 당초부터 그 중심 과제가 되어 온 만큼, 여러 가지 설이 있어 왔으나 크게는 외적 접근 방법(outer approach)과 내적 접근 방법(inner approach)이 있다. 언어 속에 변별적 자질과 그 묶음(bundle)을 인정하여, 음소를 내면적으로 정의하려는 내적 접근 방법은, 음소를 외면적으로 정의하려던 재래의 외적 접근 방법이 부닥치지 않을 수 없었던 난관을 극복할 수 있다는 점에서, 오늘날 가장 만족할 만한 것으로 생각되고 있다.

1. 외적 접근 방법

이것은 하나하나의 음소를 그 이상 더 작은 계기적(successive)인 단위로 쪼갤 수 없는 최소의 단위로 보아, 그것을 외면적으로 정의하려는 입장을 말한다.

1.1. 심리적 견해(the mentalistic view)

심리주의자(mentalist)의 이 견해는 Baudouin de Courtenay에 소급하며, Sapir(1925)를 거쳐 지금도 일부에 있어서 행하여지고 있는 주장이다. Courtenay에 의하면, 보통 발음되는 동안 진행되는 모든 사상이 다 '마음의 세계'에 반영되는 것은 아니다. 음의 일시적인 또는 환경적인 변이는 항구적인 것이 아니며, 따라서 음소에서 제외되어야 한다고 그는 주장하였다. 그리하여 모든 일시적인 또는 환경적인 변이를 가지지 않은 음성의 심적 영상(mental image)을 그는 음소라 하였다. 이 견해는, 요컨대 모든 가변적 요소는 외적인 음성 세계에 귀속시키고, 불변적 요소만을 내적인 음소의 세계에 귀속시키는 것이다. 달리 말하면, 음소를 화자의 의도나 청자의 인상, 혹은 이 둘을 겸한 심리적 실재로 파악하려는 것이다.

이 견해는 몇 가지 결점을 가지고 있다. 첫째, 음성의 불변적 요소만이 유달리 심적 대당자를 가지고 있다고 생각하기는 어렵다. 둘째, 이 견해에 의하면 인간의 마음에 의존하여 음소를 결정할 수밖에 없는데, 마음이란 과학적으로 다루기 어려운 것이고, 또 동일 사회의 성원들이라고 해서 모두 같은 마음을 가지고 있다고는 하기 어렵다. 따라서 이 같은 심리적 실재론은 주관적인 언어 연구 방법으로 흐르기 쉽다.

이런 이유로 심리주의(mentalism)의 경향에 반대하는 기계주의(mechanism) 또는 즉물주의(physicalism)의 입장이 대두되어 Bloomfield(1933) 이후 음소를 물리적 실재로 파악하고자 하였다. Bloomfield와 그 후계자들은 객관적 관찰을 중시하는 행태주의(behaviorism)의 영향을 입어 1930~1950년대에 미국의 언어학을 지배하였다. Trubetzkoy (1939)도 음소의 정의에서 심리를 배제하자는 점에 동조하고 있다.

그러나 1960년대 이후 생성 음운론(제 7 장)이 등장하면서 Sapir의 심리적 견해가 다시 주목을 끌게 되었다. Chomsky & Halle(1968)에서도 [ŋ]을 Sapir식으로 /ng/처럼 분석하여 화자의 심리적 바탕을 중시하고 있다.

1.2. 동류적 견해(the generic view)

이것은 Daniel Jones의 음성학적 방법에 의해서 대표되는 것이다. 그는 음소를 **音聲的 相似性**(phonetic similarity)에 의해서 서로 관계를 맺고 있는 음의 가족(family or class)으로 보는 것이다. 그는 여기에 한 음소에 속하는 소리는 상호 배타적(mutually exclusive) 위치, 즉 한 소리가 다른 소리와 같은 음성적 문맥(phonetic context)에 있는 단어 속에서는 나타나지 않는다는 조건을 추가하였다.

그러나 이러한 Jones(1950 : 10)의 정의의 약점은 '성질상 관계가 있다'(related in character)는 막연한 말을 사용하고 있는 점이다. 이런 약점에도 불구하고 이 정의는 실제적인 음소 분석(phonemic analysis)에 있어 편리하여 널리 사용되고 있다.

미국 학자 중에는 어두의 h와 어말의 ŋ이 서로 배타적이며 상보적인 분포에 나타나므로, 한 음소로 볼 수 있다는 극단적 견해를 내놓은 사람도 있다. 그러나 이렇게 나타나는 환경(environment, 영국 학자들은 문맥 context라 함.)의 차이만 고려해서는 안 되고, 서로 묶일 수 있는 성질상의 상관성 유무를 보아야 하는 것이라는 Jones의 정의에 따르면 위의 견해는 옳지 못한 것이다.

1.3. 대수적 견해(the algebraic view)

이 견해는 코펜하겐 학파(Cercle Linguistique de Copenhague)의 Louis Hjelmslev(1943)에 의해서 주창된 言理學(glossematics)의 견해이다. 그는 언어학은 자연적인 명칭이 아니라, 자의적인 명칭을 가진 단위들로서 작용하는 언어의 대수학이 되어야 하며, 특히 언어의 음성면(expression plane)의 연구는 음성학적 전제에 의뢰함이 없이 연구되어야 한다고 주장한다. 그리하여 이 주장은 음과 음소, 더 나아가 음성학과 음운론의 최대한의 분리를 꾀하고 있다. 그의 방법은 우선 하나의 言述(또는 발화 utterance)을 그 직접 구성 요소(immediate constituent)로 분할하고, 다시 그 구성 요소를 또 구성 요소로 분할하여, 그 이상 더 분할할 수 없는 최종 구성 요소에 도달하기까지 이 분할을 계속하는 것이다. 이 분할 불가능한 궁극적 요소가 음소이다. 이 경우 이것이 그 이상 더 분할될 수 있는가, 없는가의 판정은 그 요소의 일부가 다른 것과 치환(commutation)될 수 있는가, 없는가로 판별된다.

그러나 경험적 상관자와는 관계 없이 어떤 언어의 텍스트에 나타난 단순한 분포의 분석에 의하여, 궁극적인 요소로 분해하려는 모험은 성공하기 어려울 것이다. 가령, /uk/과 /ku/의 두 음 연속의 단순한 분석은 첫 예의 첫 분절(segment)과 둘째 예의 둘째 분절의 동일성에 대한 아무런 시사도 주지 않는다. 이 동일성을 확인하려면, 어두의 u와 어말의 u의 공통적인 음의 특성을 고려에 넣지 않고는 불가능한 것이다.

2. 내적 접근 방법

이것은 음소를 동시적(simultaneous)으로 일어나는 변별적 자질의 묶음(bundle of distinctive features)으로 정의하려는 것이다. 즉, 각 언어음에는 동시적인 변별적 자질이 포함되어 있으며, 한 음소에 속하는 음들은 동일한 변별적 자질을 공통적으로 가졌다고 생각하는 것이다. 이런 견해는 특히 Roman Jakobson에 의해서 1930년대 초부터 전개되어 왔고, Bloomfield(1933 : 79)도 이와 동일한 견해를 말해 왔다. Trubetzkoy(1939)에서 음소를 그 이상 더 작은 계기적인 음운론적 단위로 분석하게 하는 것을 불가능케 하는 음운론적 단위라고 하고, 다시 음소는 음운론적으로 변별적인 자질들을 합한 것이라고 말할 수 있다라고 한 것은 Jakobson의 영향이다. 요컨대, 이 접근은 음소를 그 내재적인 특성에 의하여 정의하는 것이므로, 그것은 외적으로 정의하려는 모든 관점이 필연적으로 가지게 되는 난관을 가지지 않는다.

'변별적 자질'이란 한 언어 형식을 다른 형식과 다만 그것에 의해서 구별케 하는 음의 특징을 말한다. 가령, 국어의 물(水), 불(火)을 구별시켜 주는 鼻音性(nasality), 또 불(火), 풀(草)을 구별시켜 주는 유기성(aspiration) 등은 변별적 자질이다. 이리하여, 가령 국어의 /ㅂ/은 ① 兩脣性(ㄷ, ㄱ에 대하여), ② 非有氣性(ㅍ에 대하여), ③ 非鼻音性(ㅁ에 대하여), ④ 非聲門化性(ㅃ에 대하여), ⑤ 폐쇄성(마찰성에 대하여) 등의 변별적 자질의 묶음이다.

어떤 언어의 음소 체계든지 한정된 수효의 변별적 자질에 의해 이루어진다고 보는 이 내적 접근 방법의, 앞에서 말한 외적 접근 방법에 대한 우위성은 여러 가지로 인정된다. 첫째, 언어의 음소의 수보다 변별적 자질의 수는 일반적으로 매우 적다. 이런 소수의 궁극적 단위를 가지고 하는 작업은 그만큼 용이하다. 둘째, Jones는 '성질상 관계 있는 음들'(sounds which are related in character)이라고밖에 할 수 없었던 것인데, 그 대신에 '공통적인 변별적 자질을 가진 음들'이란 말을 씀으로써 외적 접근 방법이 가지는 근본적 결함을 제거할 수 있다. 셋째, 이러한 궁극적 실재체(ultimate entity)의 인식은 음운론적 대립의 성격과 음운 체계에 대한 진정한 이해를 가능케 한다. 가령, 대립되는 음소들의 親疎 정도는 대립에 관계되는 변별적 자질의 수가 몇 가지냐에 비례하여 측정될 수 있다.

최초에 Jakobson 등(1951)은 세계 언어에서 사용되는 변별적 자질을 12개의 이원적 대립(binary opposition)으로 보았다. 이원적이란 것은 어떤 변별적 자질이 있고(+), 없고(−)에 따라 두 갈래의 대립으로 나뉘기 때문이다. 그리고 변별적 자질의 수효는 그 뒤의 연구로 자꾸 늘어나서 20여 가지를 헤아리게 되었다. 그 자세한 내용에 대해서는 제7장 생성 음운론에서 논할 것이다. 생성 음운론에서는 음소의 정의 자체에 신경을 쓰지 않고, 바로 변별적 자질의 토대 위에서 작업을 행하여 많은 성과를 올리고 있는 것이다.

참고

Ⅴ. 이 장의 전체적인 윤곽은 Jakobson & Halle(1956)를 따름.

본문 중에 소개된 Jones(1950), Hjelmslev(1943), Bloomfield(1933), Trubetzkoy(1939) 등의 음소에 대한 정의 외에 다음도 참조. Sapir(1921, 1925), Twaddell(1935), Pike(1947), Harris(1947), Bloch(1948), Hockett(1955, 1958), Martinet(1960).

연습문제

A. 다음 괄호 속에 알맞은 학자의 이름을 기입하라.

미국의 ( )는 음소를 심리적 실재로 파악하였고, 그러한 초기의 심리주의(mentalism)의 경향은, 행동주의(behaviorism) 심리학의 영향을 받은 ( )에 와서야 물리적 또는 음성적 실재로 파악하는 기계주의(mechanism)로 바뀌었다. 1930년대의 이 경향을 따라 ( )도 심리적인 관점에 반대하였다. 영국의 ( )도 이에서 더 나아가 자연 과학적인 음성학에 바탕을 두고 물리적 존재로 음소를 보았다고 할 수 있지만, 미국의 ( )만큼 행동의 객관적 관찰에 의한 방법론을 주장하지 못하고, 다분히 주관적 판단이 개재될 동류성에 의한 정의를 내렸다. 그러나 이 동류적 견해가 한편으로는, 변별적 대립의 기능에 의해 음소를 파악하려했던 ( )의 관점과 통하는 점도 있는 사실은 흥미롭다. 그러나 역시 변별적 자질에 대한 견해는 ( )가 제창하고 ( ) 등이 동조했지만, 그 이론을 집대성한 학자로는 ( )를 지적해야 할 것이다.

한편, 심리적이건 자연 과학(음성학)적이건 ( )와 ( )는 음소를 실재하는 대상으로 본 데 반하여, 심리적, 자연 과학적 관점을 극구 반박하고, 또한 구체적, 음성적 자질보다는 추상적 허구(abstractional fiction)로 음소를 정의한 Twaddell이나 체계적 대립 관계의 묶음이란 공식의 형식(form)에 치우친 ( )가 있어, 즉 실재론(realism)과 형식론(formalism)의 대립이 엿보인다.

B. 심리주의자들에 의하면 다음 그림의 ( ) 속에 무엇을 써 넣어야 하겠는가?

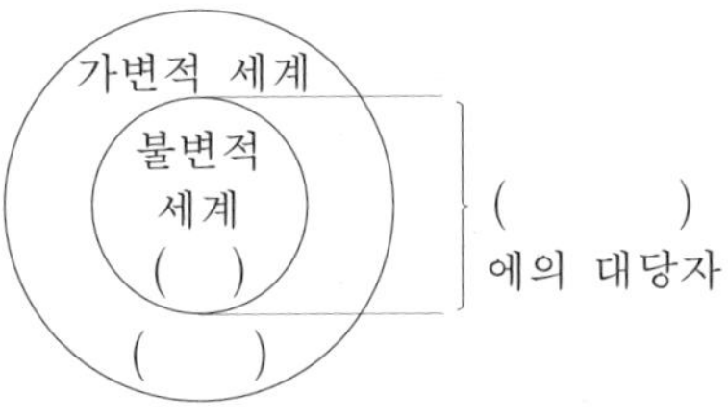

C. 세종의 훈민정음 창제는 현대 언어학의 이론으로 보아도 음절 구조와 음운 체계를 완전히 파악하여 실행했던 작업으로 높이 평가될 수 있다. 이런 평가가 왜 가능한지 다음과 같은 관점에서 부연해 보라.

1. 중국 韻學에서 한 자음(음절)을 字母(聲母)와 韻母로 이분해서 논해 온 종래의 방법을 취하지 않고, 이와 전혀 다른 초성, 중성, 종성의 삼분체계를 마련하였다. 이 삼분법은 현대 언어학 이론으로 보아 어떠한가?
2. 그들은 삼분법에 그치지 않고 '終聲復用初聲'이라 하여 초성과 종성의 동일성을 확인하였다. 이 태도는 음운 분석의 수준으로 보아 어떤 평가를 내릴 수 있는가? 이 평가에서 특히 中聲 등의 聲이 음소와 같은 개념이었을까를 고려해 보라.

제 6 장
기술 음운론(구조주의 음운론)

이 장에서는 주어진 언어 자료의 구조를 일관성 있고 간결하게, 또 史的 고려가 없이 분석 기술하는 記述音韻論(descriptive phonology)의 방법론에 관하여, 주로 프라그 학파와 미국 구조주의 음운론의 고전적 이론들을 중심으로 자세히 소개하겠다.

1. 음운 분석

음운학자의 최초의 임무는 연구하는 언어의 음운론적 분석을 행하는 일이다. 이를 위해서 그는 그 언어의 최대한의 음 자료를 모아서 그것을 정리하지 않으면 안 된다. 그리하여 그 언어의 음소를 결정하고 그 목록을 작성해야 한다.

언어학자가 실제로 어떤 언어의 음소를 결정하는 데 사용하는 방법도 음소의 정의가 여러 가지 있는 것처럼 여러 가지가 있다. 심리적 견해를 가진 학자들은 言衆의 언어 의식에 존재하는 音聲意圖에 의존하는 것이다. 즉, 그 언중들이 어떤 음들을 같다고 느끼고 어떤 음들은 다르다고 느끼느냐에 따라 음소를 결정하게 되는 것이다. 그러나 대부분의 현대 학자들은 이보다 더 엄밀한 객관적 방법으로 작업하기를 원하고 있다.

근래 가장 일반적으로 사용되고 있는 방법은 ① 주로 기능(function)에 의존하는 것과 ② 주로 분포(distribution)에 의존하는 두 가지가 있다. 물론, 이 중에 어느 하나만 사용하는 언어학자는 드물고 정도의 차이는 있지만 아울러 쓰는 것이 보통이다. 기능에 의존하는 방법은 "동일한 환경에서 A와 B가 대립되어 의미의 분화를 초래할 때는 A와 B는 한 음소에 속할 수 없다."는 기능적 원리에 입각하고 있다. 이 방법에는 소위 치환 시험(commutation test)을 행하는 것이 첩경이다. 예를 들면, 국어의 달(月)과 날(日)을 보면 [t] : [n]의 대립이 별개의 단어를 이루게 하고 있다. 이 밖에도 국어에는 어두음만을 제외하면 '달'과 동일한 단어들(갈, 말, 발, 살 등)이 많이 있다. 이와 같은 단어들의 짝을 최소 대립쌍(minimal pairs)이라 한다. 한편, 국어에는 '대, 내, 배, 패, 매' 등등의 최소의 짝도 존재한다. 따라서 이들의 어두음들은 각각 별개의 어두음이라 할 수 있다. 그런데 여기서 문제되는 것은 위의 두 계열(series)에서 '달'과 '대', '날'과 '내'의 어두음의 동일성을 어떻게 증명하는가가 문제이다. 이 동일성은 그들이 동일한 변별적 특징의 묶음이라는 것의 확인으로서만 만족스럽게 되는 것이다.

분포에 주로 의존하는 방법은 특히 미국 학자들에 의해서 사용되어 왔다. 이 방법에 있어서는 그 언어에서 사용되는 모든 언어음에 대하여, 즉 분절(segment)에 대하여 그것이 나타나는 모든 환경을 조사하면, 이것이 그 분절의 분포다. 이 분포의 조사는 도표(chart)로 행하는 것이 좋다. 즉, 양 축을 마련하고 분절과 환경으로 나누어서 검토해 간다. 가령, 국어에서 /p/는 語頭에서 [p](바지), 語中에서는 [b](아버지), 語末에서는 [p˥](집)으로 된다. 한편, /pʰ/는 어두와 어중에서 모두 [pʰ](파리, 거푸)이나, 어말에서는 [p˥](앞)다. 이를 도표로 보이면 다음과 같다.

표 6-1. 국어 파열음의 상보적 분포

분절 \ 환경	어두	어중	어말	
p	∨			} ㅂ (p, b, p˥)
b		∨		
p˥			∨	} ㅍ (p˥, pʰ)
pʰ	∨	∨		

이 분포 조사가 완성되면 우리는 어떤 분절들이 **상보적 분포**(complementary distribution)에 있는가를 검토할 수 있다. 즉, 어떤 한 분절음이 나타나는 환경(또는 위치)에서는 절대로 겹쳐서 나타나지 않는 **배타적 분포**(exclusive distribution)의 분절음들이 어떤 것들인가를 알 수 있다. 이 방법의 원리는 상보적(또는 배타적) 분포에 있는 분절음들만이 한 음소로 묶일 수 있다는 것이다. 바꾸어 말하면, 한 음소가 나타나는 환경에 따라서 여러 형태로 무의식적(자동적)인 변이를 보인 것을 **異音**(allophone)이라 하며, 그들은 상보적 분포에 있다는 것이다.

가령, 국어의 [p]와 [b]를 보면 이들은 상보적 분포에 있기 때문에 한 음소로 묶일 수 있다. 그러나 상보적 분포에 있는 모든 분절이 다 한 음소로 묶일 수는 없다. 가령, 국어의 [p]는 [b]뿐 아니라, [d], [g]와도 상보적 분포에 있으며, 또 한편 [b]는 [p]뿐 아니라, [t], [k]와도 상보적 분포에 있다. 그런데 [p]와 [b]의 짝이 그 중 한 음소로 묶일 수 있는 의심스런 짝(suspicious pair)이다. 이를 확인하기 위해 이 발음으로 대립되는 국어에서의 최소 대립쌍을 찾아보면 역시 안 나타난다.

한편, 표 6-1에서 [p˺]는 ㅂ과 ㅍ의 어말 위치에 다 나타나므로, 두 음소에 관여된다는 뜻에서 소위 **복식 상보적 분포**(multiple complementation)가 되었다고 할 수 있다(Hockett 1955). 이 [p˺]를 음소 분석에서 처리하는 방법은 ㅂ과 ㅍ 중 어느 쪽에 더 동일하거나 가까우냐 등을 따져야 하는데, 硬音性(fortis)이나 유기성(aspiration)보다는 역시 軟音性(lenis)을 가진 점이 ㅂ과 가까우므로 ㅂ에 붙여 두는 것이 좋겠다.

여기서 어느 분절들을 한 음소로 묶어야 하는가 아닌가는 어떤 기준이 있어야 한다. 이 기준으로서 과거에 가장 일반화되어 있는 것은 음성적 상사성(phonetic similarity)이라 할 수 있으나 이것만으로는 불충분한 것이다. Hockett(1955, 1958)는 이것 이외에 同型性(pattern congruity 또는 neatness of pattern)과 경제성(principle of economy)을 기준으로 들었다. 동형성이란 동일한 부류의 음소라면 동일한 수의 異音(allophone)을 가져야 균형을 취한 형이라는 따위의 기준이며, 경제성은 국어에서 ㅂ보다 ㅍ의 빈도가 적으니 ㅍ을 두 개의 음소로 나누어, 즉 再音素化(rephonemicization, 뒤에 설명)하여 ㅂ과 ㅎ의 결합으로 처리하는 것이 경제적이라는 따위의 내용이다. 어떤 언어의 음소 수를 적게 정할수록 경제적일 것은 자명하다. 그 밖에도 여러 가지 방법이 발달되었는데, Harris(1951, 1960)는 의미(meaning)에는 의존치 않고 분포에만 의존하는 음운 분석의 방법을 발달시키고 있다.

상술한 기능과 분포의 두 방법에서 근본적 차이는 의미를 고려에 넣느냐 않느냐에 있다. 의미는 매우 규정키 어려운 것이어서 이것을 음소 분석 전반에서 敬遠하고자 하는 것은 이해할 수 있는 태도이나, 의미는 언어의 불가결한 일면이므로 이것을 배제한 언어 분석이 완전할 수는 없을 것이다. 또, 그것을 배제함으로써 매우 복잡한 방법을 초래하는 것은 환영할 일이 아니다. 의미를 참고함으로써 언어 분석을 더욱 용이하게 할 수 있는 면이 있다면 그것을 이용하는 편이 더 좋은 것이다. 최근의 생성 음운론에 있어서는 음소 자체의 정의 같은 것에 얽매이지 않을 뿐 아니라, 뒤 3.3절에서 말할 '층위의 혼동'이란 금기도 파기함으로써 의미라는 정보도 충분히 활용하고 있다.

2. 초분절 음소와 운소

음운론에서 취급되는 모든 단위를 음소란 단일한 이름으로 부르는 것은 미국 언어학의 일반적인 습관이다. 이것은 "음소의 순서는 계기적이거나 동시적"("The order of phonemes is either successive or simultaneous." Bloch, 1948)이라는 정의에 입각하고 있으며, 그 중에서 계기적인 것은 **분절 음소**(segmental, linear, primary phonemes)에 속한다 하고, 그 밖에 동시적인 것은 **초분절 음소**(suprasegmental, secondary phonemes)라 하는데, 이 후자에는 일반적으로 강세(stress) 또는 고저, 장단, 연접(juncture), 억양(intonation) 등이 포함된다.

일반적으로 **강세**의 기능은 제한되어 있다. 언어의 음적 요소의 기능에 있어서 가장 중요한 것은 변별적 기능이다. 어떤 음 연쇄에 있어서, 그것이 어떤 기호를 다른 모든 기호와 구별시켜 주는 기능을 말한다. 그러나 우리는 그 이외에 Martinet(1960)가 말한 대조적 기능(contrastive function)이라는 기능도 생각할 수 있다. 이것은 어떤 발화

(utterance)에 포함된 단위들을 분석시켜 주는 기능을 가지며, 제1장에서 말한 형상적 자질이나 마찬가지인 것이다. 영어의 어두에서는 /h/는 변별적 기능을 가지고 있지만(hill : ill, hill : till), 그 밖에 발음되지 않는 h, 즉 night에서 h는 대조적 기능을 가지고 있다. 강세는 때로는 영어의 경우처럼 변별적 기능을 가지지만, 일반적으로는 여러 언어에서 매우 규칙적으로 일정한 위치에 나타나기 때문에 대조적 기능(또는 형상적 자질의 역할)밖에 가지지 않는다. 국어에서는 강세가 있다면 대개 규칙적으로 어두에 온다고 볼 수 있다.

이에 대하여 高低는 명백한 변별적 기능(distinctive function)을 가진다. 여러 성조 언어(tone language)에서 나타나는 것을 보면 平板調(level-pitch, register system)와 昇降調(gliding-pitch, contour system)의 두 가지가 있다(Pike 1948). 실제에 있어서는 이 두 체계를 겸한 언어가 존재하지만, 이것은 분석에 의하여 어느 한 체계에 귀속시키는 것이 가능한 경우가 많다. 15세기 국어의 성조 체계도 상성은 평성(低)과 거성(高)의 복합으로 분석되므로, 결국 저조와 고조의 두 성조만 있는 평판조로 보아야 한다.

연접이라는 것은 어떤 언어의 음들 사이의 이행(transition)의 방식을 말한다. 휴지(pause) 뒤에 발음되는 첫 음이나 휴지 앞에 발음되는 마지막 음은 조음상 여러 가지 특징을 가지는 것으로서 開連接(open juncture)이라 한다. 휴지로부터 한 발화(utterance)의 첫 분절음(segment)에로의 이행이나, 마지막 음으로부터 휴지에로의 이행은 외적 개연접(external open juncture)이라 한다. 그런데 이러한 개연접의 특징들은 휴지의 앞이나 뒤에서뿐만 아니라, 어떤 발화의 내부에서도 나타날 수 있다. night rate와 nitrate의 차이는 전자가 night와 rate 사이에 개연접의 특징을 보여주는 데 반하여, 후자는 그것을 보여주지 않는 데 있다. /nait-reit/, /naitreit/. Grade A/greid-ei/와 Gray day/grei-dei/는 개연접의 위치가 다르다. 이런 발화 내의 개연접을 내적 개연접(internal open juncture)이라 한다. 이에 대하여, 아무런 개연접의 특징도 보여주지 않는 한 음으로부터 다른 음에의 이행을 閉連接(close juncture)이라 하는데, 이는 지극히 일반적인 사실이므로 이것은 음소로 인정하지 않는다. 일반적으로는 내적 개연접만을 음소로 인정한다.

미국 학자들이 계기적(분절적)인 것과 동시적(초분절적)인 것을 모두 음소라 보는 데 대하여, 이를 구별하여 계기적인 것만을 음소라 하는 태도가 유럽 학자들 사이에 널리 퍼져 있다. 이런 태도에서는 당연히 음운론 안에 음소를 논하는 부분, 즉 음소론(phonématique)과, 운소(prosodème)를 논하는 운율론(prosodie)을 둔다. 그러나 유럽식의 운소의 내용과 미국류의 초분절 음소의 내용은 완전히 일치하지는 않는다. 개인에 따라 다르나, 일반적으로 유럽식의 운소는 연접과 억양을 포함하지 않는다.

3. 음운 분석에 있어서의 몇 문제

3.1. 2방향 유일성(biuniqueness)

흔히, 이 조건을 'once a phoneme, always a phoneme'이라고 설명한다. 어떤 주어진 환경에 나타나는 어떤 음에는 오직 한 음소가 대응해야 하고, 또 어떤 한 음소에는 오직 한 음이 대응해야 한다는 것을 의미한다. 쉽게 말하면, 동일한 음은 언제나 동일하게 분석되어야 한다는 것이다. 그리고 'once a phoneme, always a phoneme'이란 어떤 한 음이 어떤 환경에서 어떤 음소로 결정되면, 그것은 모든 환경에서 역시 그 음소로 결정되어야 한다는 것을 의미한다. 따라서 어떤 음도 어떤 환경에서는 음소의 자격을 가지고 어떤 다른 환경에서 이 자격을 상실한다는 것도 있을 수 없다는 것이다. 이런 원칙들은 미국 학자들 사이에 관습화되어 온 것으로 아직도 이에 대한 집착이 강하나, 여러 언어의 음운 기술에서 쌓은 경험은 이것이 너무 공식주의적임을 깨닫게 한다. 동일한 음이 두 음소로 처리될 수도 있으니, 어떤 한 언어에서 그 역도 또한 가능한 것이다. 가령, 덴마크어에서는 [d]음은 강세가 있는 어두의 강 위치(strong position)에서는 /d/음소의 異音이지만, 약 위치(weak position)에서는 /t/음소의 이음이 된다.

(1)	strong	weak
/t/	[t]	[d]
/d/	[d]	[ð]

3.2. 중화(neutralization), 원음소(archiphoneme)

변별적으로 기능하던 두 음소가 그 기능을 상실하는 현상을 중화라 하고, 그런 위치를 중화 위치라 할 수 있다. 그리고 이 두 음소에 공통된 변별적 자질의 총체를 원음소라 하며, 이 중화 위치에서 두 음소의 어느 쪽과도 똑같게 나타나지 않는 제3의 소리를 원음소의 실현이라 한다. 이 때 음소의 수가 둘 이상일 경우도 가능한데, 가령 국어 어말에서 ㄷ, ㅅ, ㅈ, ㅊ, ㅌ, ㅎ, ㅆ 등이 [t˺]란 불파음으로만 나타나는 중화 작용을 볼 수 있다. 이 개념들은 프라그 학파에서 처음 세웠으나, 미국의 구조 언어학자들은 반대하여 '복식 상보 배치'로 보려는 경향이었고, 과거의 유럽 학자들에서나 현재의 생성 음운론자들에 의해 재론되고 있는 쟁점이다. 후술할 '음운 체계' 중 '可中和對立'항에서와 제 7 장 '생성 음운론' 중 '규칙순과 기저형' 부분 등에서 자세한 내용을 소개하겠다.

3.3. 층위의 혼동(mixing of levels)

언어는 무분별한 자료 덩이(mass of data)라 보기보다, 하나 이상의 체계(system)로 나누어 볼 수 있는 자료의 복합체(complex of data)라고 보는 것이 타당함은, 현대 언어학에서 일반적으로 인정되고 있다. 즉, 언어는 하나의 체계이며 그것은 또 몇 개의 하위 체계(subsystem)로 이루어져 있다고 보는 것이다. 즉, '체계의 체계'(system of systems)인 것이다. 그리하여 언어에는 음운론적 체계(phonological system), 형태론적 체계(morphological system ; structure of words), 통사론적 체계(syntactic system ; structure of sentences) 등이 있다. 그런데 이들 체계가 어떻게 관련되는가에 관해서는 언어학자 간에 날카로운 의견차가 있으나, 그것은 언어 분석의 실제 방법에도 반영된다. 이 중에 가장 뚜렷한 견해는 Pike(1958)가 제 8 차 국제 언어학자 대회에서 '음운론과 형태론과 통사론의 상호 침투'에 대하여 말한 바 ⓐ 구획(compartmentalization), ⓑ 추출(abstraction), ⓒ 통합(integration)이다. ⓐ에서는 언어가 구조의 층위(levels of structure)로 되어 있어서, 이 층위들은 이론상 서로 판이하다고 보는 견해이다. 이 층위들은 복잡성에서 보아 '상향적'이어서 맨 밑에 음운론, 그 위에 형태론, 그 위에 다시 통사론이 있다고 본다. 그리하여 이들은 각 층위를 분리된 구획(separate compartment)에서 다루어야 한다고 본다. 층위의 혼동은 비과학적인 결과를 초래한다고 보므로 음운 분석은 다른 두 상부 층위(higher level)와는 아무런 관계없이 행해져야 한다고 말한다. 이것은 Bloch & Trager(1942), Harris(1951) 및 Hockett(1942) 등 미국 학자들에서 볼 수 있는 견해이다. 다음 ⓑ는 상술한 견해와는 정반대 되는 것으로, 언어의 자료(data)는 언어학자에 의해서 구조화(structured)되는 것이므로, 그는 그가 마음대로 선택하는 어느 지점에서나 그의 추상화를 시작할 수 있다는 것이다. 그 추상화는 어느 층위에서나 다 이루어질 수 있으나, 그 추출의 층위는 음소·형태소·문장으로 구획하는 순서(sequence)를 가지는 것이 아니고, 출발점으로서 어느 단위거나 수립할 수 있고, 그를 위해 필요한 모든 자료가 원용될 수 있다는 것이다. 이것은 런던 대학의 Firth(1957)와 그의 제자들의 견해이다(Palmer 1968). 이들은 실제로 단어(word) 또는 그들이 조각(piece)이라고 부르는 것으로부터 시작하는 것이 보통인데, 이를 다룸에 있어 그들은 그것의 문법적 특징만을 말하는 것이 아니라, 그 음운론적 특징도 말하고 있다. 이리하여 이 방법은 언어에는 원래 체계가 서 있지 않다는 전제 밑에, 음운 기술을 꼭 해야 한다는 제약조차 없이, 체계를 세워 가는 언어학자에게 큰 자유를 준다. 물론, 전술한 두 견해도 각각 음운론적, 형태론적, 통사론적 자료 사이에 각각 어느 정도의 통합을 행한다. ⓐ는 하부 층위(lower level)와의 관련에서 상부 층위를 기술함으로써, ⓑ는 가능한 한 많은 각도에서 어떤 문제를 다룸으로써 통합을 행한다. 그러나 ⓒ의 견해는 한 체계와 다른 체계의 상호 의존적 관계를 명백히 내건다. 이 견해는 자료가 구조화되어 있다고 보고, 언어학자는 구조를 발견하기를 원하여 그의 기술을 구조 자체에 접근시키려고 노력하나, 그들의 기술은 실제에 있어서는 크게 차이가 난다. 왜냐하면, 다면적인 기술만이 한 구조의 모든 면을 드러낼 수 있기 때문이며, 따라서 ⓐ, ⓑ와 같은 현행의 이론이나 방법은 어떤 한 체계가 기술을 완전히 행하는데 부적당하다. 그리고 ⓒ의 견해에 의하면 어떤 한 체계는 어떤 단위(unit)로 구성되어 있는 바, 이 단위는 그 체계의 다른 단위와의 관계에서 정의될 수 있는 것이라 한다. 그러므로 처음 정의될 수 있고 그보다 상부 층위의 단위의 정의에 이용될 수 있는 최하 층위(lowest level)의 단위란 없는 것이다. 음소란 형태소와의 관계에서만 정의될 수 있다는 것이다.

3.4. 재음소화(rephonemicization)

미국 학자들은 음소화(phonemicization)에 뒤이어 이른바 재음소화의 필요성을 말하고 있다. 이것은 요컨대 매우 제한된 분포를 가진 음소들의 분포를 조정하는 절차를 말한다. 이것은 어떤 음을 두 요소로 쪼개어 이미 그 언어에 존재하는 다른 음소들에 귀속시킴으로써 이루어진다. Harris는 그 일례로 church의 어말 자음을 들고 있다. 그는 이 [tʃ]를 /č/로 하지 않고, /t/와 /š/로 하면 영어의 음소는 한 개 줄고 이미 존재하는 음소의 분포는 는다고 한다. 즉, /t/는 /#__šV/에서 나타나고 /š/는 /#t__V/에서 나타난다. 이 방법을 국어에 적용한다면 그 파찰음, 경음과 유기음을 없앨 수가 있어 경제적인 면이 있다. 그러나 이 방법은 상술한 바와 같은 득이 있는 반면에 손실도 있다. 가령, 영어에서 /č/라고 보았을 때는 # 뒤에, 정지음(stop, /p, t, k, b, d, g/), 마찰음(spirant, /f, v, θ, ð, s, z, š, ž/)의 연결(sequence)인 #pf- 같은 것이 없다고 일률적으로 기술할 수 있으나, church의 /tš/나 judge의 /dž/에서의 마찰음의 /š, ž/는 예외로 기술되어야 할 것이다. 이리하여 재음소화의 득실에 대해서는 구조주의 학자들 사이에 논의가 거듭되었었으나, 음운 분석을 어느 정도까지 해야 하느냐 하는 문제는 쉽게 결정을 보지 못하고 있었다.

4. 음운 체계

4.1. 대립(opposition)

어떤 한 언어의 음운 체계란 음운론적 대립의 총체를 말한다. 우리는 음운론에 있어서 주된 역할이 음소 자체에 있는 것이 아니라, 변별적 대립(distinctive opposition)에 있다는 사실을 잊어서는 안 된다. 하나의 음소는 이러한 대립의 체계 내에서만 그 가치를 가질 수 있는 것이다. 따라서 음운 체계를 파악하기 위해서는 음운론적 대립의 여러 가지 유형(type)을 연구하지 않으면 안 된다.

하나의 대립이 성립하려면, 그 대립의 양 항(terms)이 서로를 구별시켜 주는 특징과 동시에, 서로의 공통적 특징도 가지고 있지 않으면 안 된다. 이런 공통적 특징을 가지고 있지 않는 어떤 두 물건은 서로 대립할 수 없다. 어떤 대립의 양 항이 가지고 있는 공통적 특징이 동일 체계 내의 어떤 두 항에만 존재하고 아무 다른 두 항에도 존재하지 않을 때 양면 대립(bilateral opposition)이라고 하며, 이에 대해 그런 공통적 특징이 동일 체계의 다른 대립항들에도 존재할 때 이것을 다면 대립(multilateral opposition)이라고 한다. 가령, 독일어의 /t/와 /d/의 대립은 양면적(bilateral)이다. 왜냐하면, 독일어의 음운 체계에서 /t/와 /d/만이 치음의 정지음(dental stop)이기 때문이다. 이에 대해, 독일어의 /d/와 /b/의 대립은 다면적(multilateral)이다. 왜냐하면, 이 두 음소의 공통적 특징(voiced, stop)은 /g/에 있어서도 발견되기 때문이다. 양면 대립과 다면 대립의 차이를 로마자 알파벳을 예로 들어 설명하면, E와 F는 전체 대문자 가운데 오직 이 둘만이 한 획의 차이로 구별되니 양면 대립이고, P와 R은 이 둘의 공통 부분인 P를 B에서도 찾을 수 있으니 다면 대립의 관계인 것이다. 어떤 음운 체계에 있어서나 다면 대립이 양면 대립보다 수적으로 많다. 독일어의 예를 들면 20자음이 있어 대립이 190종이나 가능한데, 이 중 양면 대립은 13개(7%)뿐이고, 93%는 다면 대립이다.

한편, 양면 대립과 다면 대립의 구별보다 더 중요한 대립으로서 비례 대립(proportional opposition)과 고립 대립(isolated opposition)이 있다. 어떤 한 대립의 양 항 사이의 관계가 동일 체계의 다른 대립의 양 항 사이의 관계와 동일할 때 이 대립은 비례적이라 한다. 가령, 독일어의 /p/:/b/는 비례적이다. 이 p와 b 간의 관계는 /t/:/d/, /k/:/g/에서도 발견되기 때문이다. 이리하여, 독일어에는 다음과 같은 대립들이 있다.

(2) /p/:/b/ 양면적, 비례적
/r/:/l/ 양면적, 고립적
/p/:/t/ 다면적, 비례적

양 항의 관계가 동일한 모든 비례 대립은 하나의 비례식(proportion)으로 연결될 수 있다(예 : p : t=b : d=m : n, p : b=t : d=k : g). 하나의 음소가 여러 비례 대립에 나타나는 경우에는 그 여러 비례식이 서로 교차된다. 하나의 음운 체계는 이렇게 서로 교차되는 비례식들에 의해 요약될 수 있을 것이다. 독일어의 자음 체계에서는 한편에서는 p : t=b : d=m : n, 다른 편에서는 p : b=t : d=k : g 또는 b : m=d : n=g : ŋ의 관계가 있어서 이들은 두 사슬의 형식으로 나타낼 수 있는 교차를 형성한다.

지금까지 논한 대립들은, 즉 어떤 음운 체계를 밝혀 주는 것으로 매우 중요하다. 음운론적 대립의 이 4종의 분류는 그 언어의 음소들의 전체와의 관련에서 이루어진다. 그러나 음운론적 대립의 유형들은 그 전 체계를 고려함이 없이, 다만 그 대립의 양 항 사이에 존재하는 순수한 논리적 관계에 의해서 구별할 수 있다. 우리는 여기서 다음의 3종의 분류를 생각할 수 있다.

① 유무 대립(privative opp.) : 이것은 어떤 대립항의 하나는 징표(mark)의 존재에 의하여, 다른 하나는 그 징표의 결여에 의하여 특징지어지는 대립을 말한다. 그래서 징표를 가진 항을 유표항(marked term), 가지지 않은 항을 무표항(unmarked term)이라 한다. 국어에서 /p/ : /p^h/의 대립은 /p^h/가 유기 자질을 더 가진 항으로서 가지지 않은 /p/와 대립된다. 이 대립은 현대의 이원적(binary) 음운론에서 매우 중요한 개념이다.

② 점층 대립(gradual opp.) : 이것은 대립의 양 항이 동일한 특징의 상이한 정도를 보여 줌을 말한다. 가령, 모음의 間隙度의 차이에 의한 대립, /u/ : /o/, /i/ : /e/이라든가, 성조의 고저의 차이에 의한 대립 등을 들 수 있다. 이 대립은 수적으로 많지 않다.

③ 등치 대립(equipollent opp.) : 이것은 대립의 양 항이 동등한 것을 말한다. 가령, 국어의 /ㄱ/ : /ㄷ/의 두 음소는 유무나 정도의 차에 의한 대립이 아니며, 동등한 가치를 가지면서 대립되는 항이다. 이 대립은 어떤 음운 체계에서나 그 수가 가장 많다.

다음으로, 음운론적 대립은 그들의 변별력의 多寡에 의해서 분류할 수 있다. 위 분류들에 있어서는 음소들의 단어 또는 형태 형성에 있어서의 기능 발휘의 정도는 생각하지 않는다. 그러나 어떤 언어에 있어서 여러 대립의 기능은 매우 다양하다. 그리하여 모든 위치에서 변별적 기능을 행하는 대립은 항구(불변) 대립(constant opp.)이라고 할 수 있다. 가령, 덴마크어에서 /æ/와 /e/의 대립은 생각할 수 있는 모든 위치에서 유지되므로 이것은 항구 대립이라 한다. 이에 대해 프랑스어의 /e/ : /ε/의 대립은 語末開音節에서만 대립된다(dé[de] : dais[dε]). 다른 위치에서는 개음절이라면 /ε/, 폐음절이라면 /e/로만 나타난다. 이처럼 어말 개음절이 아닌 위치에서는 /ε/와 /e/의 대립이 중화(neutralized)되었다고 한다. 이렇게 일부 위치에는 중화되는 대립을 可中化對立(neutralizable opp.)이라 한다. 중화가 일어나는 위치를 중화 위치, 대립이 그 가치를 유지하는 위치를 변별 위치라 한다. 중화가 일어날 때는 대립의 항이 그 특수한 징표를 잃어버리고, 그 양항의 공통적 특징만이 남는 것이 일반적이다. 이런 경우에 우리는 원음소(archiphoneme)란 술어를 쓰며, 중화된 두 음소의 공통적인 변별적 특징이라고 정의할 수 있다. 여기서 우리는 중화가 양면 대립에서만 일어날 수 있음을 주목할 필요가 있다.

4.2. 상관(correlation)

상술한 여러 대립 중 우선 양면 대립에 있는 두 음소는 매우 긴밀한 관계에 있음을 알 수 있다. 그들은 동일 체계 속에 다른 음소들은 가지고 있지 않은 공통 특징을 가지고 있기 때문이다. 그리고 그들의 대립에 의하여 그들의 공통적인 특징과 각자의 특수한 특징이 명백히 드러난다. 이에 대하여, 다면 대립에 있는 두 음소는 서로의 관계를 규정하기 힘들다. 한편, 비례적 대립에 있는 두 음소에 있어서는 동일한 관계가 동일 체계의 많은 음소의 짝에서 나타나기 때문에, 서로를 구별시켜 주는 특징이 쉽게 분석되며, 그 체계 내에서 이런 상호 관계가 매우 중요하리라는 것도 쉽게 이해된다. 이에 대하여, 고립 대립에 있는 두 음소들은 그들을 구별시켜 주는 특징도 파악하기 힘들고, 또 그 상호 관계도 규정하기 힘들다. 또, 한편 유무 대립에 있는 두 음소는 어떤 징표(mark)의 유무에 의해서 대립하고 있는 것이므로 그 관계가 가장 분명, 긴밀하다. 그러나 등치 대립에 있는 두 음소는 여러 점에서 이와는 반대이다. 또, 한편 중화 대립에 있는 두 음소는 중화의 위치(position of neutralization)에서는 하나의 원음소로 실현될 수 있는 만큼 매우 긴밀한 것을 알 수 있다. 이에 대하여, 항구(불변)적 대립에 있는 두 음소는 훨씬 덜 긴밀하다.

여기서 우리는 다음과 같은 결론을 얻을 수 있다. 즉, 양면 대립 · 비례 대립 · 유무 대립 · 가중화 대립의 관계에 있는 두 음소는 그들의 상호 관계가 유난히 긴밀하며, 이에 대하여 다면 대립 · 고립 대립의 관계에 있는 두 음소는 그들의 상호 관계가 매우 소원하다는 것이다. 이 양 종의 대립은 음운 체계에 있어서 긴밀과 소원을 대표하는 양극을 이루고 있다고 할 수 있다. 따라서 어떤 음운 체계가 양면 · 비례 · 유무 대립을 많이 가지고 있을수록 그것은 더욱 응결적(coherent)인 것이 된다. 이러한 사실로 보아, 두 음소가 가장 긴밀한 관계를 보여 주는 양면 · 비례 · 유무 대립을 다른 모든 대립과 구별하는 것은 여러 가지로 편리할 것이 이해된다. 음운론에 있어서 정확히 정의되지도 못한 채 1930년 이래 쓰여 온 상관(correlation)이라는 술어는 바로 이 대립을 가리키는 것이다. 우리는 이에 상관을 다음과 같이 명백히 증명할 수 있다.

(3) 상관적 짝 또는 상관쌍(correlative pair) ; 양면 · 비례 · 유무 대립의 관계에 있는 두 음소

상관 표식(mark of correlation) ; 그 유무에 의하여 상관적 짝의 두 음소가 구별되는 변별적 특징

상관(correlation) ; 동일한 상관 표식을 가진 상관적 짝들 전체

종래 이 상관에 대하여 이에 속하지 않는 모든 대립 관계를 離接 또는 무관성(disjunction)이라는 한 마디로 부르는 것이 일반적이었다. 그리하여 모든 음소의 상호 대립은 상관이나 이접의 어느 하나로 규정되었다. 그러나 이 이접이라는 개념은 매우 막연한 것이다. 우리는 위에서 음소들의 상호 대립 관계가 어떻게 다양성을 띤 것인가를 보았다.

상관은 계열(series)과 서열(order)의 존재를 전제로 한다. 동일한 조음 방식에 의해서 특징지어지는 一群의 자음들로서, 그들의 차이가 다만 조음 위치에 있을 때, 이들은 하나의 상관 계열을 형성한다고 하고, 조음 위치를 같이 하면서 조음 방식의 차이를 가지고 있는 일군의 자음은 하나의 서열을 형성한다고 한다.

(4)

	←	系列	→
↑	p	t	k
序列	b	d	g
↓	m	n	ŋ

자음의 계열 중 상관 표지를 가진 것을 有標相關系列, 그것을 결하는 것을 無標相關系列이라고 부른다. 가령, m, n, ŋ, b, d, g 등은

유표 상관 계열이고, p, t, k 등은 무표 상관 계열이다. 모음에 있어서는 동형의 共鳴腔에 의해서 특징지어지는 것으로서, 개구도의 차이에 의해서 구별되어지는 일군의 모음을 계열이라고 부르고, 동일한 개구도를 가지면서 공명강의 차이에 의해서 구별되어지는 일군의 모음을 서열이라고 부른다.

어떤 음운 체계에 존재하는 상관들의 상호 친소 관계에는 많은 차이가 있다. 그 중에 어떤 것들은 평행적이며 매우 친밀한 관계들을 가지고 있다. 이런 친밀한 두 개 또는 그 이상의 상관의 항들은 이른바 상관속(bundle of correlations)을 형성한다. 가장 일반적인 상관속은 친밀한 두 상관으로 이루어진다. 여기에는 두 경우가 가능하다. 즉, 각 상관의 두 항이 다른 상관에도 참가하는 경우와 두 상관이 하나의 공통항을 가졌을 경우가 그것이다. 전자의 경우는 사지적 상관속을 이루고, 후자의 경우는 삼지적 상관속을 이룬다. 그리스어와 Sanskrit어의 폐쇄음은 유성성 상관과 유기성 상관을 가지고 있으나, 전자는 삼지적 상관속을 이루고 후자는 사지적 상관속을 이룬다.

(5)
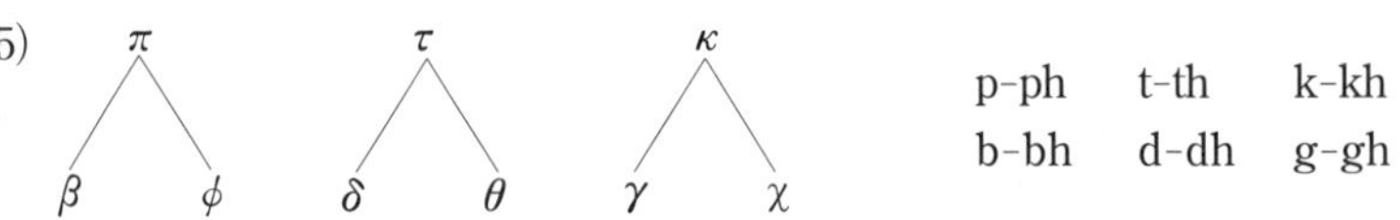

국어의 폐쇄음은 유기성 상관과 聲門化相關을 가지고 있으며, 이들은 하나의 공통항을 가지고 있어 삼지적 상관속을 이룬다.

(6)
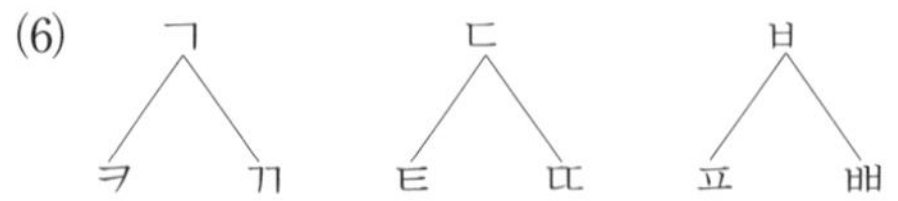

4.3. 체 계

음운 체계란 프라그 학파에 의하면 어떤 언어에 있어서 음운론적 대립의 총체라고 정의한다. 전술한 바와 같이, 어떤 언어의 음소들은 복잡한 대립 관계를 보여주고 있다. 이러한 대립을 정의하는 것이 곧 그 언어의 음운 체계를 수립하는 것이 된다. 지금까지 연구한 지구상의 여러 언어는 음소의 수와 그 대립 관계에 있어서 지극히 다종 다양하지만, 그러나 그들의 체계는 일반적으로 매우 균형잡힌 구조를 보여 주고 있다.

음소는 원칙적으로 의미의 분화에 필요한 최소한의 수만 있으면 그만이므로, 어느 언어에 있어서나 그리 많지 않다. 가장 적은 음소를 가진 것으로 보고된 언어는 Hawaiian 으로서 분절 음소(segmental phoneme)만이 13개에 불과하다. 이에 대하여, 가장 많은 일례로 Caucasian의 언어는 75개의 분절 음소를 가지고 있다. 20~30종을 가지고 있는 언어가 가장 일반적이다. 음소의 多寡는 필연적으로 형태소의 길고 짧은 것과 관계를 맺는다. 음소가 적은 언어에 있어서는 형태소의 평균 길이가 매우 길다. 앞서 말한 Hawaiian에서는 단음절의 형태소가 극소하고 2음절이 가장 많으며 3음절 이상도 허다하다. 이에 대해, 음소가 많은 언어는 형태소의 평균 길이가 매우 짧다. Caucasus어에는 한 단어를 이루고 있는 거의 모든 음소가 하나씩의 형태소라고 한다.

음소는 일반적으로 자음과 모음으로 분류된다. 소위 반모음(semivowel)의 설정이 구조적 관점에서 필요가 있는 언어들이 많이 있다. 어떤 경우에는 음절 정상(syllable peak)이 되지만, 어떤 경우에는 그렇지 못한 음소들이 여기에 속한다. 어떤 언어에 있어서의 자음과 모음의 비율은 일정하지 않다. 모음이 자음보다 많은 언어는 없다. 흥미있는 사실은 음소의 총수가 적은 언어일수록 모음의 비율이 크며, 많은 언어일수록 모음의 비율이 적다는 사실이다.

모음에 있어서는 ① 間隙度 : 입을 벌리는 정도, 즉 개구도, ② 위치 : 입술 모양 · 혀의 위치, ③ 공명강(구강, 비강)의 세 기준이 구별된다. 모음 체계에 있어서는 다음의 세 기본 유형을 세울 수 있다. 첫째, 직선적 체계는 1차원적 체계(one-dimensional system)로 이 체계에 있어서는 모음들이 간극도의 차이만을 가지고 있다. 세 모음뿐인 어떤 언어는 開(open), 半開(half open, 또는 半閉 half close), 閉(close)로 구별된다.

(7)

ɨ		i
ə	또는	e
a		a

(3서열 1계열 체계)

둘째, 2차원적 체계(two-dimensional system)는 간극도의 대립 외에 다른 요소가 더 끼어 드는 것을 말한다. 여기에 속하는 가장 일반적인 것으로는 삼각형 체계와 사각형 체계가 있다. 두 폐모음에 또 한 개모음이 있고, 전자가 前舌과 後舌로 된 것이 기본적인 3각형 체계

(8)

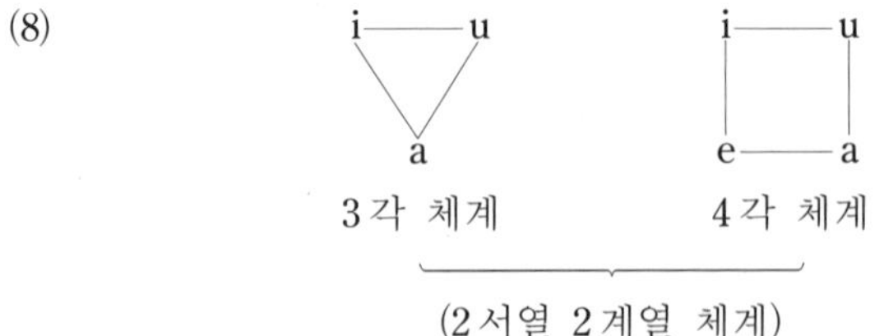

로, 폐모음과 개모음이 각각 둘씩이고, 그 중 둘이 전설, 또 둘이 후설인 것이 기본적인 4각형 체계이다.

셋째로는, 3차원적 체계(three-dimensional system)인데 터키어의 모음 체계가 대표적이다. 開·閉, 前舌·後舌, 圓脣·非圓脣의 세 대립이 존재한다.

(9)

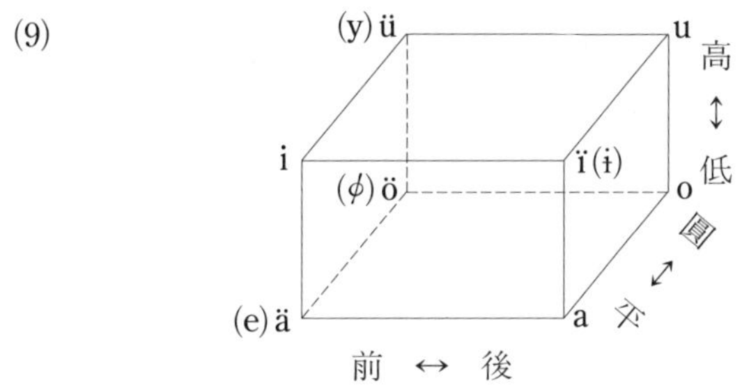

터키어 모음 체계(2서열 4계열 체계)

이상은 가장 기본적인 유형만을 보인 것이다. 가령, 현대 국어의 모음 체계는 4각형 체계에 속하는 특수한 것의 하나이다. 경상 방언에서는 3각형 체계에 속하는 특수한 형태를 볼 수 있다. (영주·안동 등 북부 경북 방언에는 중앙에 ə가 더 있다.)

(10)

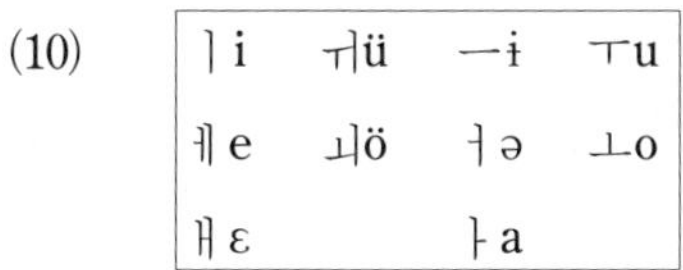

ㅣi	ㅟü	ㅡɨ	ㅜu
ㅔe	ㅚö	ㅓə	ㅗo
ㅐɛ		ㅏa	

현대 국어 모음 체계
(3서열 4계열 체계)

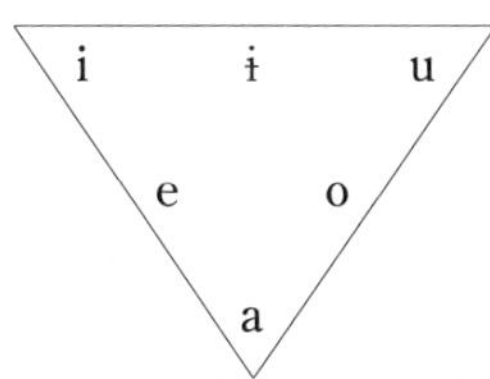

경상 방언 모음 체계
(3서열 3계열 체계)

자음에 있어서는 ① 조음점(point of articulation)과 ② 조음 방식(mode of articulation)에 있어서 변별적 특징이 인식된다. 일반적으로, 폐쇄음 · 파찰음 · 마찰음 등은 매우 긴밀한 체계를 보여 준다. 그리하여, 이들을 다른 자음들과 구별하는 것이 편리할 때가 많다. 현대 국어에서는 폐쇄음 · 파찰음에 있어 매우 정연한 체계를 발견한다. 즉, 다음 그림의 4각형 속과 같이 유기성 상관과 성문화 상관이 하나의 상관속을 형성하는 것이다.

(11)

현대 국어 자음 체계

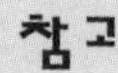

Ⅵ. 1절, 음운 분석에 대해서는 Hockett(1951, 1958), Gleason(1955), Harris(1951, 1960) 등 참조.

Ⅵ. 2절, 초분절 음소에 관하여는 Pike(1948), Bloch(1948), Martinet(1960), Lehiste(1970), Palmer(1970), Aronoff & Kean(1980) 등 참조.

Ⅵ. 3절, 2방향 유일성에 대해서는 Hockett(1951), Harris(1951) 참조. 중화 및 원음소에 관하여는 Trubetzkoy(1939), Martinet(1936, 1960, 1968) 등 참조. 층위의 혼동에 대해서는 Bloch & Trager(1942), Hockett(1942), Pike(1958) 및 Firth(1957),

Palmer(1968) 등을 참조. 재음소화는 Harris(1951) 참조.

Ⅵ. 4절, 음운 체계의 전반에 대하여는 Trubetzkoy(1939)와 Hockett(1955) 참조.

연습문제

A. 다음 표는 국어(K)와 영어(E)의 파열음들이 어떤 상보적 분포를 보이는가를 한눈에 비교할 수 있게 되어 있다. 이 표를 잘 검토한 후 뒤따르는 물음에 답하라.

주 의 : ① 영어의 어말에서는 불파음 [p˺] 대신 표의 괄호 속에 딱딱한 발음이라 표시한 [pʰ]로도 발음될 수 있는 자유 변이(제7장 初 참조) 현상이 있다. 또한, p 이외의 다른 파열음 앞에 올 때도 captain이나 napkin의 p는 불파음이 된다.

② 영어에서는 s 뒤(유음이 또 그 뒤에 있어도 되고) 모음 앞의 위치에서 파열음들이 무기음화된다. 또, 모음 사이에서도 앞의 모음에 강세가 놓이면 open의 p는 무기음화되지만, 뒤의 모음에 강세가 놓이면 appear에서 그냥 [pʰ] 발음이 난다.

환경 / 분절	어두 #__V	s뒤(유음이나) 모음 앞 #S__(L)V	유성음 간 V__V	어말 V__#
[p]	K(ㅂ)			
[b]	E		K, E	E
[p˺]				K, E
[pʰ]	K(ㅍ), E		K, E(v_v́)	(E : formal)
[pˀ]	K(ㅃ)	E	K, E(v́_v)	

1. 어떤 음소를 정립하는 방법에서 상보적(배타적) 분포를 따지는 것은 마치 알리바이를 캐는 격이고, 음성적 유사성을 고려하는 것은 마치 인상착의를 묻는 셈이다. 위의 두 기준을 고려하여 국어와 영어 각각의 상보적 분포를 지적하고, 어떻게 묶어 음소를 세울까를 논해 보라.
2. 영어 화자가 p를 발음할 때와 국어 화자가 ㅍ을 발음할 때의 유기

화(aspirated)의 정도가 같은가를 잘 관찰하여 보고, 또한 영어에는 [p]가 [p^h]와 대립을 이루고 있지 않으므로, 음운 설정을 할 때 /p^h/보다는 /p/로 하는 편이 간편하다는 관점에서, 위의 음운 분석을 재검토해 보라. 국어의 ㅍ은 ㅂ+ㅎ 또는 ㅎ+ㅂ의 음 연쇄로 재음소화할 수 있다는 경제성에 입각한 생각과도 관련시켜 논해 보라.

B. 15세기 국어에서 '부(平)텨(平)+주격 ㅣ(去)'가 '부(平)+톄(上)'으로 표기되었던 사실은 어떤 성조 체계를 의미하는가 논해 보라.

C. 층위의 분별(separation of levels)이 음운 분석에서 왜 바람직하지 않은가 논해 보라. 음운 규칙에 문법적 조건 또는 통사적 정보를 필요로 하는 경우가 없는지 생각해 보라.

D. 재음소화에 의해 국어의 ㅃ을 /p/와 /ʔ/(또는 /q/)로, ㅈ을 /t/와 /ʃ/로 보려는 견해가 있을 때, 그 득실을 논해 보라.

E. 문제 A에서 음운 설정이 된 결과를 놓고, 국어와 영어의 파열음에 관련되는 '대립'의 종류를 지적하고, '상관' 관계를 정리하여 상관속의 '체계'를 형성시켜 보라. 국어의 경우, 본문 중에 언급된 부분은 참조하지 말고 스스로 해답하여 보라.

제 7 장
생성 음운론

1. 일반론

구조주의적 기술 음운론의 기본적 설명은 제 6 장에서 하였으나, 1950 년대 이후 Jakobson 등이 변별적 자질 이론을 더욱 깊이 하였고, 1960 년대에는 이 장에서 다룰 생성 음운론(generative phonology)이 Halle 등에 의해 더욱 체계화되어, 오늘날까지 그 방법론의 테두리 속에서 현대 음운론이 연구되고 있는 상황이다. 생성 음운론에 관계되는 내용의 일부를 뒤의 제 8 장 후반부에서도 다루겠으나, 기본적인 내용들을 우선 여기 한 장에 몰아서 자세히 최근의 경향까지 살펴보기로 한다.

생성적(generative)이란 말은 변형 생성 문법에서 흔히 '문법적인 새 문장을 무한히 만들어 내는 것'이니, '의미와 연결될 수 있는 음의 연속체를 무한히 생성하는 과정이나 구조'에 대하여 연구하는 것이 생성 음운론이다. 구조주의적이고 記述的인 방법론이 봉착했던 난점들을 타개하기 위하여 등장한 것이나, 결코 언어의 구조를 무시하고 기술을 도외시하는 방법론은 아니며, 오히려 그 위에 설명력을 더 강화시키려는 것이 생성 음운론이다.

1.1. 음소와 이음에 대한 재요약

음소의 정의 등은 제5, 6장에서 다룬 바 있는 내용이며, 생성 음운론에서는 음소란 단위에 얽매이지도 않지만, 한번 정리하고 나가기 위해 재요약하면 ; 어떤 언어에서 단어들의 형태와 의미의 차이를 일으키는, 즉 변별적 기능을 가진 분절 단위를 **음소**, 또는 **음운**(phoneme)이라고 한다. 가령, pin, bin, tin, kin, fin, sin, win 같은 단어들에서 첫 음의 차이에 따라 의미가 각각 구별되므로, 이들은 모두 영어의 음소로 설정될 수 있다. 이 때 pin과 bin 같이 한 음만 대립될 뿐 나머지 부분은 똑같은 짝을 이루는 말들을 **최소 대립쌍**(minimal pair)이라 한다. 위의 단어들에서는 어느 두 가지를 택해도 최소 대립어가 되며, 따라서 음소로 설정되는 것이다. 또, 음소로 인정되려면 언어적으로 의의 있는(linguistically significant) 차이, 즉 의미의 차이를 나타내는 것이어야 한다. pin, spin, nip에서 세 가지 위치의 p가 미국식 영어에서 각각 [pʰin], [sp'in], [nip˺]으로 발음되는 현상은 의미상으로 아무 차이를 일으키지 않는다. 또, 이 세 가지 발음이 나타나는 환경이 달라 서로 배타적(exclusive)으로 그 분포(distribution)의 영역이 겹치지 않고, 또한 상보적(complementary)으로도 분포되어 있어 서로 도와 한 음소를 이루면서, 각기 다른 발음임을 알 수 있다. 한편, [nip˺]의 경우에는 어말음의 파열을 시키지 않고 [p˺]로 발음하거나, [p˺] 대신 [pʰ]로 바꿔 넣고 발음하거나 간에 의미 소통에는 하등 지장이 없는 것이다. 이렇게 두 음이 의미는 바꾸지 않고 같은 위치에 자유롭게 바뀌어 들어갈 수 있는 현상을 **자유 변이**(또는 수의 변이 free variation) 라고 한다. 이같이, 어떤 언어 내에서 바뀌어 들어가도 언어적으로 아무 의의가 없으며, 상보적 분포나 자유 변이의 관계에 있는 음들을 음성상의 변이음 또는 변이형(phonetic variant)이라 한다. 즉, 한 음소가, ① 그 실현된 환경의 차이에 따라, 또는 ② 같은 환경에서도 다양하게 나타나고 있는 것이다.

①을 문맥적 변이음(contextual variant) 또는 결합적 변이음(combinatory variant), ②를 자유 변이음(free variant) 또는 임의적 변이음(facultative variant)이라고 구별할 수 있다. 어두에서는 유기음화, s 뒤에서는 경음화, 어말에서는 보통 불파음인데, 어말에서도 유기음화를 하면 짐짓 딱딱한(formal) 스타일로 꾸며 말하는 투가 된다. 이 경우, 한국인은 어말에서는 흔히 불파음으로 발음한다. 이 현상은, 가령 back mirror(원래 맞는 영어는 rear-view mirror)를 [bæk˺]로 발음하게 되는 것이며, 더 나아가 뒤따르는 비음의 영향으로 [bæŋ]이란 비음화까지 허용하여, 본래 영어 사용자의 발음과는 판이하게 '뱅미러'로 되는 것이다.

흔히, 異音(allophone)이라 하면 문맥적 변이음만을 지칭하기도 한다. 이러한 이음들은 각각 상호 보충적이면서도 배타적인 환경에서만 발생되는 관계에 있다. 다시 말하면, 문맥적 변음들은 발생하는 위치와 환경만으로 예측해 낼 수 있으므로 이런 의미에서 이음은 결국 잉여 자질(redundant feature)로 구별되는 음성 단위들이라고도 할 수 있다. ㅂ은 어두의 [p]에 비해 어중 [b]에 有聲性, 어말 [p˺]에 不破性이라는 잉여 자질이 나타난다.

1.2. 변별적 자질에 대한 상론

언어적으로 의의가 없는 음성적 특질(phonetic property) 가운데는, 위와 같은 잉여 자질 말고, 말을 우물거리며 한다든가, 소프라노 또는 테너의 목소리로 말한다든가, 어두 유기음을 얼마큼의 강약으로 발음한다든가 하는 것들처럼 사소한 사실들도 있다. 유기음을 발음할 때, 만약 주위에 소음이 많아 기식이 분명히 들리지 않았더라도, 청자가 유기음으로 들었다고 생각하기만 하면 되는 것이다. 청취 작용은 항상 실제 조음이나 음향적 기호에 꼭 들어맞아야만 이루어지는 것은 아니고, 추상적인 단위를 인지하기만 하면 성립되는 것이다. 따라서 음소는 Sapir가 주장한 바처럼 심리적으로 존재하는 것이라고 할 수 있는 면이 있다. 그러나 이런 심리적 면만 인정하는 것보다는 Bloomfield가 내세운 바처럼 물리적인 존재라는 면도 고려하는 것이 필요할 것이다. 예컨대, 음소를 더 나누어 실험으로 분석해 낼 수 있는 요소들, 즉 **변별적 자질**로 이루어진 최소의 단위로 보는 관점이다.

변별적 자질이란, 앞서 말했듯이 언어적 의의가 있는 차이를 나타내 줄 수 있는 음성적 특질들을 말한다. 영어에서 최소 대립쌍인 pin과 bin의 첫 음끼리를 비교해 보면 **유성 자질**(voiced) 유무의 차이가 있다. 이것은 단순한 잉여 자질이 아니라 의미의 차이를 일으키는 대립(opposition)이므로 변별적 자질이다. 한편, 우리 국어에서는 ㅂ[p], ㅃ[p'], ㅍ[p^h]들끼리는 각각 다른 변별적 자질을 가진 음소들로 구별되어야 하나, 유성음은 잉여 자질일 뿐 ㅂ을 [p]나 [b] 어느 쪽으로 발음하여도 의미에는 변함이 없다. 이와 같이, 음성적 특질을 인지하는 데에는 언어에 따라 차이가 있다. 그것은 언어마다 음운 체계가 다르기 때문이다. 그러나 음성적 특질들은 모든 언어에 공통되는 것이므로 **보편 음성학**(universal phonetics)을 성립시킬 수 있다. 그 가운데 개별 언어에서만 나타나는 발음을 토대로 개별 음성학을 세워 그 언어에 국한된 이음들에 대해 다루게 되며, 다시 그 이음들을 토대로 음소를 추출하는 것이다. 어린이가 어떤 언어를 배워 가는 과정도 위와 비슷하다. 인간이 보편적으로 발음할 수 있는 음들 가운데서 자기 모국어를 말하는 데 필요한 항목들만을 체계화시켜 가는 것이다.

1.3. 변별적 자질 이론의 강점

음소란 단위는 결국 변별적 자질로 더 분석될 수 있다고 믿는 경향이 확고해져서 Jakobson, Fant & Halle(1951) 이래로는 한 음소를 변별적 자질들의 묶음(束, bundle)으로 나타내는 방법이 일반화되었다. 이로써, 통사론을 중심으로 발달된 변형 생성 문법 체계에 있어서 음운론 분야에 대한 방법론인 생성 음운론이 구축된 것이다. Jakobson의 주도로 형성된 이 이론은, 종래의 음운 단위가 원소들의 원자 구조를 더 분석해 들어가지 못한 것이라면, 변별적 자질이라는 하위 단위로서 한 원자 속에 다시 중성자·양성자·전자 등의 소립자들이 있다는 사실을 밝힌 것이나 마찬가지다. 아울러, 음소로만 표시하면 복잡하거나 여러 음소를 나열해야 할 음운 현상도 변별적 자질로 표시하면, 단순한 한 개의 규칙으로 총괄하여 표시할 수 있는 이점도 있다. 가령, p, t, s, č, k, h의 자음을 다 나열하는 대신 그들이 공통적으로 가진 **장애 자질**(obstruent)이라는 변별적 자질 하나로 표시하면 훨씬 경제적으로 되는 것이다.

동일한 음성적 특질을 가진 분절음들은 흔히 동일한 음운 변화를 입는 경우가 많다. 변별적 자질에 의한 표현법은 이러한 분절음들의 자연군(natural class)을 잘 드러낸다. 국어에서 약한 유기성을 띤 무성 파열음 [p, t, č, k]는 유성음 사이에서 유성 파열음 [b, d, ǰ, g]로 동화된다. 이들을 각각의 분절음에 의한 규칙으로 표시하면,

(1) a. p → b / V __ V
b. t → d / V __ V
c. č → ǰ / V __ V
d. k → g / V __ V

과 같이 4개의 개별적인 규칙들이 되어 버린다. 그러나 이들 네 가지 음에 공통된 변별적 자질만을 묶어 가장 간략히 표시하면 다음과 같다.

(2) $\begin{bmatrix} -\text{continuant} \\ -\text{glottalized} \\ -\text{aspirated} \end{bmatrix} \rightarrow [+\text{voiced}] \,/\, [+\text{voiced}] \_\_ [+\text{voiced}]$

(1)에서 4개의 개별적 규칙이던 것이 하나의 음운 현상으로 일반성 있게 간소화되었다.

그 밖에도 변별적 자질을 이용하면 ① 언어 간의 음성적 특질의 차이를 명확히 나타낼 수 있게 될 것이다. 예컨대, 이탈리아어의 r는 치음이나 프랑스어의 r는 口蓋垂音(uvular)인데, 음운 표시로는 모두 전동음 r로 할 수밖에 없지만, 변별적 자질로는 구별할 수 있다. 한편, ② 한 언어 속에서 일어나는 주요 이음들에 대해서는 모두 변별적 자질로 나타낼 수 있게 될 것이다. 영어에서 氣息 자질(aspirated)

은 음소로서의 대립 기능이 없지만, 역시 필요한 자질로 설정하여 두는 것이 좋다. ③ 한 언어 체계 속에서 일어나는 모든 대립은 다 파악될 수 있게 된다. 앞의 ①과 ②의 조건이 충족되면 자연히 ③도 만족되겠지만, 음소를 대조하여 어떤 음소들끼리 어떤 변별적 자질을 공통적으로 내포하고 있는가를 밝히는 일은 중요하다.

1.4. 변별적 자질 이론의 문제점

1.4.1. 기준의 비일관성

변별적 자질의 초기 이론에서는 음향 음성학적인 특질에 기준을 많이 두어 집중 자질(compact)·분산 자질(diffuse) 등을 설정했었으나, 조음 음성학적인 舌頂 자질(coronal)·前方 자질(anterior) 등으로 바뀌었다. 그러나 조음 음성학적인 자질 일색으로 된 것은 아니며, 여전히 음향 음성학적인 공명 자질(sonorant), 조음 자질(strident) 등과 청음 음성학적인 성절 자질(syllabic), 강세 자질(stress) 등이 뒤섞여 있다. 이러한 점은 기준의 일관성이 없어 문제이겠으나, 경우에 따라 가장 적절한 처리를 하는 수밖에 없을 것이다. 어쨌든, 변별적 자질의 설정은 보편 음성학에 입각하여 지구상의 모든 언어들을 기술하는데 불편이 없도록 해야 할 것이다.

1.4.2. 2분법과 다분법

한편, +와 −의 2분 또는 양분(binary)의 체계로서 각 변별적 자질을 어떤 음소가 내포하고 있는가 여부를 밝혀 내는 것이 Jakobson & Halle의 방법이다. 이에 대하여 Ladefoged는 다분의 체계를 부분적으로 인정하여, 특히 조음 위치에 의한 자음 분류나 개구도에 따른 모음 분류 등은 연속체(continuum)를 이룬 각각 6개와 4개의 자질을 설정해야 한다고 비판하였다. 이들 두 가지는 생리적으로 이어져 있는 조음 위치가 관련되므로 +, −의 흑백 논리만으로는 구분을 짓기 어려우니, 1, 2, 3, 4,… 라는 '정도의 차이'로 파악하는 것이 사실에 적합하다는 것이다. Halle는 이에 대한 반박으로 변별적 자질은 음운론의 차원에서는 역시 2분적 분류가 좋으며, 음성학의 차원에서만은 2분법에 집착할 필요가 없다고 주장하였다.

1.5. 변별적 자질의 전모

그러면, 이제까지 단편적으로 제시된 변별적 자질에 대하여 체계적으로 그 전모를 소개해야 할 계제가 되었다. 자연 언어들의 모든 음운 구조를 기술하는 데 필요한 자질들은 크게 다음과 같이 나뉜다.

(3) a. 주요 부류 자질(the major class features)
 b. 조음 방식 자질(manner of articulation features)
 c. 조음 위치 자질(place of articulation features)
 d. 舌體(혓몸) 자질(body of tongue features)
 e. 부차적 자질(subsidiary features)
 f. 운율적 자질(prosodic features)

1.5.1. 주요 부류 자질

우선 주요 부류 자질로, Jakobson의 초기 체제에서는 **모음 자질**(vocalic)과 **자음 자질**(consonantal)이란 두 가지를 설정하여, 모음(V :

vowel) · 참자음(眞子音, C : true consonant) · 유음(L : liquid) · 활음(G : glide)의 네 음소군을 구별하는 데 활용했다. 다음 (4)는 이들 네 음소군을 해당 자질의 포함(+), 불포함(−)에 따라 표시한 것이다.

(4)

	V	C	L	G
vocalic	+	−	+	−
consonantal	−	+	+	−

그러나 Chomsky & Halle(1968)에 와서는 위의 vocalic이란 자질 대신 syllabic이란 새 자질을 설정하였다. 그 이유는 흔히 음절 구조를 분석할 때 크게 모음과 비모음(non-vowel, 즉 C, L, G)으로 2분하는 경우가 많은데, 그 구별을 vocalic을 써서 하려면 (4)에서 보는 바와 같이 L은 [+vocalic]이어서 곤란하다. 또한, V와 L, G를 묶어서 지칭해야 하는 경우에도 역시 수월하지 않다. 여기에 비음(N : nasal)까지 넣어 V, L, G, N 등의 공명음을 포괄하는 sonorant를 설정하면 아주 쓸모가 있는 구분이 된다. 결국, vocalic 대신 syllabic과 sonorant를 새로 설정하면 다음 (5)와 같이 구별할 수 있게 된다. 여기서, L̩과 N̩은 각각 성절적(syllabic) 유음 및 비음을 가리킨다.

(5)

	V	C	G	L	N	L̩	N̩
syllabic	+	−	−	−	−	+	+
consonantal	−	+	−	+	+	+	+
sonorant	+	−	+	+	+	+	+
nasal	−	−	−	−	+	−	+

(5)의 C는 엄밀히 규정하면 '비음을 제외한 구강의 참자음', 즉

파열음 · 마찰음 · 파찰음들만을 포함한다. 이 세 가지에 후두 활음(laryngeal glide) [h, ʔ] 등을 함께 묶어 공명이 일어나지 않는 참자음, 즉 [−sonorant]로 특징지을 수 있다. 이 때 후두 활음은 위의 (5)에 열거한 네 자질에 대해서 모두 −가 된다. 결국, 후두 활음은 다른 활음(G : 여기서는 반모음)들과 sonorant 자질만 반대일 뿐 가장 유사한 부류이므로 전체를 활음이라고 불러도 좋다. 물론, 그 중에도 반모음은 모음에 더 가까우며, 후두 활음은 [−sonorant]이므로 모음에는 덜 가깝고, 장애음과 더 가까워 참자음으로 간주되는 경우가 많다. (5)와 같은 자질의 목록이 보여 줄 수 있는 또 다른 몇 가지 점을 지적하겠다. 첫째, 모음과 활음(반모음)의 대립은 결국 성절성 여부에 달린 것이며, V : G=L̩ : L=N̩ : N과 같이 syllabic 자질의 +, − 차이로 나타난다. 둘째, 유음과 비음은 단지 비음 자질(nasality)에서만 대립된다. 셋째, 모음과 자음(C, 즉 비음을 제외한 장애음)은 세 자질의 대립이 정반대(단, 비음 자질만은 공통으로 −)이므로 그 성격이 최대한 대립된다. 넷째, 비음과 유음은 성절적인 비음과 유음보다 장애음에 더 가깝다. 전자들은 장애음과 sonorant만 대립되지만, 후자들은 syllabic까지 대립되므로 두 자질이 다르기 때문이다. 다섯째, 성절적 비음과 유음은 보통 비음과 유음보다 모음에 더 가깝다. 전자들은 모음과 consonantal과만 대립되지만, 후자들은 syllabic까지 대립되므로 역시 두 자질이 대립되기 때문이다.

위의 관찰에서 알 수 있는 점은, 한 자질만 상이한 부류들끼리는 둘 또는 그 이상의 자질이 다른 부류들끼리보다 더 유사하다. 다시 말해, 더 많은 자질을 공유하는 부류들끼리 더 가깝다는 것이다. 또, 한편 syllabic과 sonorant 등은 주요 부류를 나누기 위하여 잘 설정된 것이라는 점도 알 수 있다.

1.5.2. 조음 방식 자질

조음 방식 자질에는 우선 비음 자질이 있어서 [－nasal]인 장애음을 구별해 낼 수 있고, 그 장애음을 다시 세분하여, 마찰음은 **지속 자질**(continuant)을 가진 [＋continuant]로, 한편 파열음과 파찰음은 공기를 차단하므로 [－continuant], 즉 [＋interrupted]로 구분짓는다. 또 유음과 활음도 [＋continuant]로 분류한다. 다시 파찰음은 **지연 개방 자질**(delayed release)을 가진 [＋delayed release]로, 파열음은 순간적 개방(instantaneous release)인 [－delayed release]로 분간한다. 앞서 제4장에서 말했듯이, 마찰음 f, s, š, χ들은 [＋strident]이며, 마찰음 중 Φ, θ, ç, x들과 파열음·유음·활음은 [－strident], 즉 [＋mellow]다. 다음에는 유음에만 관계되는 **설측 자질**(lateral)로서 l은 [＋lateral], r는 [－lateral]이다. 위의 자질들을 통틀어 표로 정리하면 (6)과 같이 될 것이다. 파열음(S : stop)·파찰음(A : affricate)·마찰음(F : fricative).

아래 (6)에서 strident에 대해 괄호 속에 표시한 것들은 학자에 따라 잉여 자질로 취급하는 경우도 있으므로, 꼭 표시하지 않아도 좋다는 점을 보이기 위한 것이다.

(6)

	N	S	A	s	θ	r	l
				F		L	
syllabic	－	－	－	－	－	－	－
consonantal	＋	＋	＋	＋	＋	＋	＋
sonorant	＋	－	－	－	－	＋	＋
nasal	＋	－	－	－	－	－	－

				F		L	
	N	S	A	s	θ	r	l
continuant	−	−	−	+	+	+	+
delayed rel.	−	−	+				
strident	(−)	(−)	(+)	+	−	(−)	(−)
lateral						−	+

1.5.3. 조음 위치 자질

조음 위치 자질인 anterior와 coronal 두 가지의 조합으로 순음·치음·구개음들을 구별하는 Chomsky & Halle(1968)의 방법이 요즘 일반화되어 있다. 구강 앞쪽에서 장애를 일으키면 [+anterior](종래의 [+diffuse]), 보다 뒤쪽에서면 [−anterior](종래의 [+compact]), 또 조음 부위가 혀의 앞쪽 높은 부분이면 [+coronal](종래의 [+acute]), 그 앞이나 뒷부분이면 [−coronal](종래의 [+grave])이다. 위에서 종래의 Jakobson식 자질과의 대비는 자음에 국한한 것이다. 이 두 자질로써 순음(p, b, f, v, m)·치음(t, d, θ, ð, s, z, n, l)·경구개음(š, ž, č, ǰ, r)·연구개음(k, g, ŋ)을 구별하면 다음 (7)과 같다.

(7)

	p	t	č	k
anterior	+	+	−	−
coronal	−	+	+	−

이상 조음 위치 자질과 다음에 말할 혀몸 자질을 음성 기관의 단면도 위에 표시하면 그림 7-1과 같다.

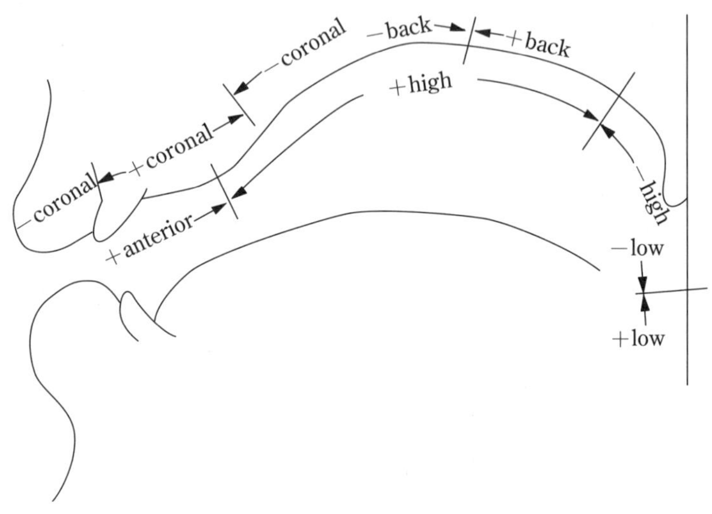

그림 7-1. 조음 위치 자질 및 혓몸 자질

1.5.4. 혓몸 자질

혓몸 자질은 제 4 장의 조음 음성학적 관점에서 세웠던 기준이나 마찬가지로, 高舌 자질(high)·低舌 자질(low)·後舌 자질(back) 등이 있다. 이 세 가지 자질 중에 둘을 묶어 고모음은 $\begin{bmatrix} +\text{high} \\ -\text{low} \end{bmatrix}$, 저모음은 $\begin{bmatrix} -\text{high} \\ +\text{low} \end{bmatrix}$, 그 중간의 중모음은 $\begin{bmatrix} -\text{high} \\ -\text{low} \end{bmatrix}$로 구별한다. 그러나 혀를 높이며 동시에 낮출 수는 없으므로 $\begin{bmatrix} +\text{high} \\ +\text{low} \end{bmatrix}$는 실제로 존재할 수 없는 경우다. 반모음은 고모음과 흡사하지만 단지 반모음이 [− syllabic]인 점이 다르다. 한편, 전설 모음은 [− back], 그 이외의 중설·후설 모음은 [+ back]로 표시한다. 아울러 입술 모양 자질(lip shape feature)로서 원순 모음은 [+ round](종래에는 [+ flat]), 비원순 즉 평순 모음은 [− round](종래에는 [+ plain])로 분간한다.

한편, 참고로 Jakobson의 종래 체재에서 설정한 자질과 Chomsky & Halle(1968)에서 제안된 자질을 대조해 보이면 다음 (8)과 같다.

(8)

Jakobson vowel	Jakobson consonant	Chomsky & Halle
[+ diffuse]	[− diffuse]	[+ high]
[+ compact]	[+ flat]	[+ low]
[+ grave]	[+ grave, − diffuse]	[+ back]
[+ flat]	[+ flat]	[+ round]
——	[+ diffuse]	[+ anterior]
——	[− grave]	[+ coronal]

위의 자질들은 모음에 대해서만 쓰이는 것이 아니라, 자음 자체를 규정하거나 자음에 대한 2차적 조음을 특징짓는 데도 쓰인다. 경구개음 · 연구개음 및 구개음화된 음은 [+ high], 또 연구개음 및 연구개음화된 음은 [+ back], 성문음은 [+ low], 순음화된 음은 [+ round]로 된다. 이상 말한 바를 반영하는 예를 뽑아 표로 정리하면 (9)와 같이 된다.

(9)

	i	y	e	a	w	p	t	k	k^y	k^w	h
syllabic	+	−	+	+	−	−	−	−	−	−	−
consonantal	−	−	−	−	−	+	+	+	+	+	−
anterior	(−)	(−)	(−)	(−)	(−)	+	+	−	−	−	−
coronal	(−)	(−)	(−)	(−)	(−)	−	+	−	−	−	−
high	+	+	−	−	+	−	−	+	+	+	−
low	−	−	−	+	−	−	−	−	−	−	+
back	−	−	−	+	+	−	−	+	−	+	−
round	−	−	−	−	+	−	−	−	−	+	−

1.5.5. 부차적 자질

기타 부차적 자질로서는 앞서 언급한 voiced, aspirated, 그리고 후두 자질(glottalized 또는 checked)·긴장 자질(tense) 등이 있다. voiced는 모든 분절음의 구별에 다 나타날 수 있으나 sonorant에 대해서는 [－voiced]가 드물게 쓰인다. aspirated와 glottalized는 자음에 대해서, 특히 obstruent에 한해서 나타나는 자질이며, h와 ʔ로 각각 대표된다. 국어의 격음과 경음은 각각 이 두 자질로 특징지을 수 있을 것이다. tense(반대는 lax)는 모음과 자음에 다 나타나며, 전동음 r를 [＋tense], 탄설음 ɾ을 [－tense]로 구별할 수도 있다. tense는 조음기관을 전체적으로 긴장시켜 강한 에너지가 스펙트러그램 위에 널리 길게 퍼지는 상태를 말한다.

Chomsky & Halle(1968)에는 이 밖에도 몇 가지 자질들이 더 소개되어 있고, 그 후에 이 체재를 부분적으로 바꿔 새로운 자질들을 도입한 바도 있으나, 세계의 주요 언어를 다루는 데에는 이상의 자질들로서 충분할 것이므로 더 이상 상론은 피하겠다.

1.5.6. 운율적 자질

끝으로, 운율적 자질로는 강세 자질(stress)인 [＋stress], 音長 자질(length)인 [＋long], 성조 자질(tone)인 [＋high-toned] 등이 있다.

변별적 자질의 수효가 많아야 규정되는 음소는 특정한 한 음소일 가능성이 많고, 그 수효가 적어도 지정될 수 있는 대상은 자연군을 이룬 여러 개의 음소일 가능성이 높다. 예를 들면, i는 [＋syllabic, －consonantal, ＋high, －low, －back, －round], i와 e는 [＋syll,

− cons, − low, − back, − round], i, e와 ε는 [+ syll, − cons, − back, − round], i, e, ε, ü, ö 등은 [+ syll, − cons, − back], 모든 모음은 [+ syll, − cons], 음절핵을 이룰 수 있는 모든 성절적 분절음은 [+ syll]만으로 규정된다.

1.6. 형태소와 잉여성

제5, 6장에서는 음운론의 기본 단위로 음과 음소(음운)와 이음의 관계를 말했는데, 그러한 단위와 병행하여 형태론(morphology)의 기본 단위로 형태(morph)와 형태소(morpheme)와 異形態(allomorph)를 설정할 수 있다. 이 단위들은 마치 원자들이 모여 분자를 이루듯, 음소들이 형태소를 이루는 관계에 있다. 또, 한편 분자가 물질의 특성을 가지는 최소의 입자인 것처럼, 형태소도 독립된 의미를 지닌 최소의 문법 분석 단위(minimal meaningful unit)라 규정할 수 있다. 그 이하로 분석해서 나누면 각각 특성과 의미를 상실하는 것이다.

위의 비유를 더 확대하면, 분자가 모여 화합물이 되듯 형태소가 모여 단어(word)가 되며(한 개의 형태소가 한 단어로 그대로 쓰이는 경우도 있지만), 다시 화합 물질들이 모여 물체를 이루듯, 단어가 연결되어 구절과 문장이 이루어져 가는 것이다. 이 때 단어의 구조를 주로 연구하는 분야를 형태론이라 한다. 가령, '잔디밭이 짓밟히고 있다.'는 문장을 분석하면 여러 개의 단어로 나뉘며, 다시 의미를 가진 최소 단위까지 나누면 '잔디+밭+이 짓+밟+히+고 있+다' 정도가 될 것이다. 여기서 '잔디, 밭, 짓-, 밟-, 있-' 같이 의미를 명백히 가진 어휘적 형태소(lexical morpheme)가 있는가 하면, '-이, -고, -다'와 같이 형태소 간의 문법적 관계를 주로 규정하는 문법적 형태소

(grammatical morpheme)가 있다. '-히-'란 피동(passive)의 형태소는 두 가지 성격을 다 지니고 있어 어느 한 쪽으로 분류하기 어려운 예다. 영어의 전치사도 문법적 형태소라고만 하기에는 의미에 관한 역할도 크다. 한편, '잔디, 밭'은 다른 형태소의 도움 없이도 쓰일 수 있는 **자립 형태소**(free morpheme)이나, '-이, 짓-, 밟-, 히-, -고, 있-, -다' 등은 그렇지 못한 **의존 형태소**(bound morpheme)다. 특히, 국어에서는 '밟-, 있-' 같은 어휘적 형태소도 다른 형태소와 의존적으로 쓰이는 점에 주목해야 한다.

1.7. 단어의 구성

형태론에서 단어의 구성을 다룰 때, 단일한 형태소가 곧 단일어(simple word)로 쓰인 경우는 별 문제가 없으나, 여러 형태소가 결합되어 쓰일 경우는 복합어(complex word)와 합성어(compound word)로 나누며 전자의 경우는 우선 다음과 같이 분석한다. 앞서 '짓밟히다'는 어근(root)인 '밟-'에 접사(affix)들이 붙어 구성된 복합어로서, 접두사(prefix) '짓-'은 **파생 접사**(derivational affix)이며, **어말 접미사**(final suffix)인 '-다'는 **굴절 접사**(inflectional affix)이다. '-히-'는 **파생 접미사**(derivational suffix)이며, 흔히 接腰辭(infix)라고 보는 것은 잘못이다. 국어에는 어근의 허리 중간을 끊고 들어가는 접요사는 없다. Tagalog어에서 ginulay(연두색)은 어근 gulay(푸른 채소)의 중간에 접요사 -in-을 삽입하여 만든 것이다. 한편, '-히-'는 완전한 파생 접사도 아니고 굴절 접사도 아닌 중간적 존재다. 파생 접사는 새로이 造語(word-formation)를 하는 중요한 방법으로서 파생어들을 만든다. 파생 접미사는 어간(stem)의 품사를 바꾸는 경우(예 : 높다→높이)가 많고, 파생 접두사는 품사의 변화까지는 일으키지 않는 경우(예 : 짓+밟다)가 많다. 피동의 '-히'는 품사 전성이 일어나지 않으므로 파생 접미사라 하기에는 곤란하며, 앞에 연결될 수 있는 어간의 수가 보통 파생 접미사가 붙을 수 있는 가지수보다 광범위하다. 파생 접사는 굴절 접사보다 결합될 수 있는 어간의 선택이 제한되어 있는 법이다. 굴절 접사는 성(gender) · 수(number) · 격(case) · 시제(tense) 등을 표시하며, 그 형태소는 제한된 수효지만 많은 어간에 두루 붙을 수 있고 품사 전성은 일어나지 않는다. 이제까지는 어근(자립 형태소)에 하나 이상의 접사(의존 형태소)가 결합되는 복합어에 대한 것이며, 둘 이상의 단일어(자립 형태소)가 서로 분리할 수 없게 결합되는 조어법은 합성어를 만들어 낸다. 가령, '밤낮, 거짓말' 등은 두 개의 어휘적 형태소가 합성된 것이다.

1.8. 형태소 구조 조건과 잉여성

이상에서 말한 형태소는 각각 일정한 변별적 자질의 묶음으로 된 음소의 연속으로 구성되어 있으며, 그 음운의 연속은 **형태소 구조 조건**(morpheme structure condition)이라는 제약을 받는다. 형태소 구조 조건은 **분절 잉여성**(segment redundancy)과 **연쇄 잉여성**(sequence redundancy)으로 결정되는 것이다. 이 장 1.1절에서 언급한 잉여 자질이 한 언어와 다른 언어들과의 비교로써 알 수 있는 것이었던 데 비해, 위의 분절 잉여성은 한 분절음 내부에서의 잉여 자질, 또 연쇄 잉여성은 한 언어 내부에서 분절음이 연속될 때 알 수 있는 잉여 자질을 가리킨다. 국어에서는 두 개 이상의 자음으로 형태소가 시작되는 일이 없지만, 영어에서는 세 개가 허용되는 strip 같은 예들이 있는데,

그 변별적 자질을 2차원적 배열로 보이면 다음 (10)과 같다.

(10)

	s	t	r	i	p
syllabic	−	−	−	+	−
consonantal	+	+	+	−	+
sonorant	−	−	+	+	−
continuant	+	−			−
delayed rel.		−			−
strident	+				
nasal			−	−	
lateral			−		
anterior	+	+	−		+
coronal	+	+	+		−
high	−	−	−	+	−
low	−	−	−	−	−
back	−	−	−	−	−
round	−	−	−	−	−
tense	+	+	−	−	+
voiced	−	−	+	+	−

위 (10)에서 빈칸은 해당 자질이 그 분절음과 무관한 것을 나타낸다. 그런데 s란 음소를 나타내기 위해 과연 위와 같이 13가지 자질을 꼭 번번이 명시해야 하는 것은 아니다. s와 유관한 자질 중에도 다른 어떤 분절음과 구별하는 데 꼭 소요되는 자질은 [+ strident, + anterior, + coronal, − voiced]뿐이다. t도 [− continuant, + anterior, + coronal, − voiced]로 충분하며, r은 [+ sonorant, − lateral]로 특징지어진다. 이상은 언어 보편적인 잉여 자질을 빼내고, 예측할 수 없는 자질로만 표시한 것으로 분절 잉여성에 한한 문제다.

여기에 다시 연쇄 잉여성을 고려하면 더 간단히 표시될 수 있다. 형태소 내의 음소 연쇄를 제약하는 두 가지 조건은 **음절 구조 조건**(syllable structure condition)과 **인과 조건**(if-then condition)이다. 영어의 음절 구조 조건은 어두에서 최대한 3개의 자음까지 허용한다. 자음이 없거나 1, 2개 있는 경우를 묶어, 생략될 수 있는 요소들은 괄호 속에 표시하면 다음 (11)이 된다(+ : 형태소 경계).

(11) + ([− syllabic]) ([− syllabic]) ([− syllabic]) [+ syllabic]

음절 구조 조건은 자음과 모음의 수만 밝힐 수 있을 뿐이므로, 구체적으로 어떤 음이 그 위치에 올 수 있는가를 밝히기 위해서는 인과 조건이 필요하다. 만약(if), 영어의 어떤 형태소가 세 자음으로 시작된다면, (then) 첫자음은 s, 둘째 자음은 무성 파열음(p, t, k), 셋째 자음은 유음(l, r)이나 반모음(y, w)이어야 한다는 영어 특정의 조건이 있다. 따라서 strip을 포함한 일반적인 연쇄는 다음과 같이 표시될 것이다.

$$
\text{(12)}\quad
\begin{array}{llll}
\text{If :} & +[-\text{ syllabic}] & [-\text{ syllabic}] & [-\text{ syllabic}] \\
 & \downarrow & \downarrow & \downarrow \\
\text{Then :} & \begin{bmatrix} +\text{ strident} \\ +\text{ anterior} \\ +\text{ coronal} \\ -\text{ voiced} \end{bmatrix} & \begin{bmatrix} -\text{ delayed release} \\ -\text{ voiced} \end{bmatrix} & \begin{bmatrix} +\text{ sonorant} \\ +\text{ continuant} \\ -\text{ nasal} \end{bmatrix}
\end{array}
$$

한편, strip의 어두 3자음에서 첫 소리는 꼭 s이므로 [+ consonantal]만으로, 또 둘째번 t도 [+ consonantal, + anterior, + coronal]만으로 자음이며 p나 k가 아니라는 점만 밝히면 되고, 또 셋째번 r도

[+consonantal, −lateral]만으로 자음이며, 1 이 아니라는 점만 분명히 하면 충분하다는 주장이 연쇄 잉여성에 의해 밑받침될 수 있다.

어휘 목록(lexicon)에 등록된 형태소는 (10)처럼 완전한 자질의 나열로 짜인 것이 아니고, (12)에 보인 것처럼 잉여 자질은 빼고 그 형태소를 다른 것과 구별하는 데 긴요한 최소한의 자질만 갖춘 것이다. 따라서 어떤 형태소에 잉여 자질의 부분을 마저 채워 주는 **잉여 규칙**(redundancy rule)이 필요하게 된다.

1.9. 음운 규칙과 표기상의 규약

초기적 이론의 관점에서 변형 생성 문법 전체를 볼 때, 통사 부문에서 심층 구조가 변형 규칙을 거쳐 표면 구조를 만들어 내듯, 다시 형태소의 연쇄인 표면 구조를 변별적 자질로 나타낸 **基底音韻表示**(underlying phonological representation)가 **음운 규칙**(phonological rule)의 적용을 받아 **음성 표시**(phonetic representation)를 만들어 낸다.

음운 규칙은 결국 비변별적 잉여 자질을 복구시켜 주며, 또 기저 음운 표시를 음성 표시로 바꾸는 기능이 있다. 이제 음운 규칙을 표기하는 방법을 보이면서, 규칙의 유형을 몇 가지 소개하겠다.

1.9.1. 규칙의 유형

첫째, 분절음의 **자질을 바꾸는 규칙**(feature changing rule)으로 (13)과 같은 형태를 취한다.

(13) A ⟶ [+F] / X ____ Y

위의 표기법에서 →는 변화를, / 는 그 변화가 일어나는 환경 전체를, X와 Y는 환경 속에서의 변수(variable)를 나타낸다. _는 변화가 일어나는 위치를 의미한다. X와 Y 사이에 있는 A라는 분절음 또는 자질은 [+F]라는 자질을 가지게 되어야 한다는 규칙으로, 본래 [−F] 자질인 것을 [+F]로 바꿔야 하는 것이다.

둘째, **삭제** 또는 **탈락**(deletion)의 규칙은 항상 분절음에 대해 일어나는 음절 구조에 관한 규칙이다. 자질 하나하나는 +와 − 중 한 쪽을 가지고 있으므로 삭제가 아니라 (13)에서 말한 변화가 가능할 뿐이다.

(14) A ⟶ ϕ / X____Y

위의 표기법은 XAY가 XY로 되는 과정을 뜻하며 ϕ는 영(null)을 의미한다. (14)처럼 쓰는 방식이 XAY→XY라고 화살표 양측에 XY를 반복하는 것보다 간결하여 좋다.

셋째, **삽입**(insertion)의 규칙도 자질이 아니라 분절음에만 해당되는 음절 구조적 규칙이다.

(15) ϕ ⟶ A/X____Y

위의 표기법은 XY가 XAY로 되게 만들라는 뜻이다.

넷째, **음운 도치**(metathesis)는 (16)과 같은 전형적 변형 규칙(transformational rule)을 써서 두 곳 이상의 음소 배열의 변화가 동시에 일어나는 현상을 숫자로 나타낸다.

(16) X A B Y ⟶ 1 3 2 4
       1 2 3 4

위의 규칙이 뜻하는 바는 XABY가 XBAY로 바뀐다는 것이다.

다섯째, 축약(coalescence)을 위한 규칙도 변형 규칙의 형태로 (17)과 같이 써야 한다. 두 분절음이 한 음으로 되는 현상인데 한 분절음에는 어떤 자질 [+F]가 더 첨가되는 반면, 또 한 분절음은 사라져 버리는 것이다. 역시 음절 구조에 영향을 주는 규칙이다.

(17) $\underset{1\ \ 2\ \ 3\ \ 4}{\text{X A B Y}} \longrightarrow 1 \begin{bmatrix} 2 \\ +\text{F} \end{bmatrix} \begin{matrix} 3 \\ \phi \end{matrix}\ 4$

물론, 2가 사라지고 3이 [+F]로 수식되는 경우도 가능하다.

1.9.2. 표기상의 규약

다음에는 생성 음운론에서 많이 쓰는 표기상의 규약(notation)에 대해 설명하겠다. 우선 **소괄호**(parenthesis) 표기인 ( )로 선택적(optional) 요소로서 생략할 수도 있는 부분을 (18)c에서와 같이 나타낸다.

(18) a. A ⟶ B / ___ XY
b. A ⟶ B / ___ Y
c. A ⟶ B / ___ (X)Y

(18)c라는 형태는 (18)a와 (18)b라는 두 개의 하위 규칙(subrule)을 하나로 **통합**(collapse)한 것인데, 그 중 긴 것, 즉 (18)a부터 적용될 수 있는가를 검토해 보고 난 뒤, 적용이 안 될 때만 (18)b를 적용시키는 순서를 지켜야 한다. 이러한 규칙 적용 순서를 최대 우선 적용 원칙(the maximal application priority principle)이라 한다. 이 때, 실제 언어 현상을 검토해 보면 (18)a가 적용되지 않을 때만, (18)b를 적용해야 하는 사실을 알 수 있는데, 이를 **이접적 순서**(disjunctive ordering)라 한다. 둘 중 하나만 적용해야 한다는 뜻이다.

규칙을 통합하는 다른 방법으로 **대괄호**(brace) 표기인 { }가 쓰이는데, (19)a와 (19)b를 주어진 순서대로 적용하라는 의미다.

(19) a. $A \longrightarrow B / \_\_\_ X$
b. $A \longrightarrow B / \_\_\_ Y$
c. $A \longrightarrow B / \_\_\_ \begin{Bmatrix} X \\ Y \end{Bmatrix}$

(19)a를 적용시켜 보아 적용되면 그 결과에다 (19)b를 또 적용하거나, 또는 (18)a가 적용이 안 되면 바로 (19)b를 적용하는 방식을 **연접적 순서**(conjunctive ordering)라 한다. 이 순서도 실제 언어 자료에 적용시켜 본 결과 경험적으로 확인된 것이며, 또 두 하위 규칙의 사이에 다른 제3의 규칙이 개입되어도 안 된다는 점이 확인된다.

소괄호나 대괄호 표기는 결국 부분적으로 같으면서 또 부분적으로 다른 규칙들을 축약하기 위한 것이다. 이 밖에도 **각괄호**(angled bracket) 표기인 ⟨ ⟩가 있는데, 선택적 자질들 사이의 **상호 의존 관계**(interdependency)를 나타내기 위해 늘 한 쌍으로 쓰인다.

(20) a. V W X Y Z
b. V X Z
c. V ⟨W⟩ X ⟨Y⟩ Z

(20)c가 의미하는 바는 최대 우선 원칙에 따라 (20)a처럼 선택적 자질의 짝인 ⟨W⟩와 ⟨Y⟩를 함께 택하든지, 아니면 (20)b처럼 모두 택하지 않든지 하는 이접적 순서로 적용하라는 뜻이다.

1.9.3. 그리스 문자 표기법 I

표기상의 규약으로서, 반드시 둘 이상의 자질에 쓰인다는 점에서 각괄호와 비슷한 것에 알파(α) 표기가 있다. α뿐 아니라, β, γ 등 그리스 문자를 각각 쌍으로 쓰며, 거기에 +와 −의 값을 동시에 똑같이 대입해야 한다. 가령, 다음 (21)a와 (21)b를 통합하여 (21)c로 표기하는 방식을 말한다.

(21) a. $[-\text{sonorant}] \longrightarrow [+\text{voiced}] \ / \ \_\_ \begin{bmatrix} -\text{sonorant} \\ +\text{voiced} \end{bmatrix}$

b. $[-\text{sonorant}] \longrightarrow [-\text{voiced}] \ / \ \_\_ \begin{bmatrix} -\text{sonorant} \\ -\text{voiced} \end{bmatrix}$

c. $[-\text{sonorant}] \longrightarrow [\alpha\ \text{voiced}] \ / \ \_\_ \begin{bmatrix} -\text{sonorant} \\ \alpha\ \text{voiced} \end{bmatrix}$

(21)c에서 한 쌍의 α는 +와 −의 값을 다 가질 수 있는 소위 가변 자질 계수(variable feature coefficient)이며, 이런 계수를 가진 규칙은 흔히 同化(assimilation)나 異化(dissimilation) 현상을 나타내기 위한 것인 경우가 많다. 위 (21)의 규칙도 비공명음, 즉 장애음은 뒤에 오는 또한 장애음의 유무성 여부에 따라 똑같이 동화된다는 내용이다. (21)a, b의 두 규칙으로 쓰는 것보다 (21)c 한 규칙으로 쓰는 편이 좋은 이유는, 간략할 뿐 아니라 두 규칙이 관련된 사실을 포착할 수 있는 일반성이 나타나 있기 때문이다.

1.9.4. 공허한 적용

위 (21)의 표기법에서 주의해야 할 점을 두어 가지 지적해야겠다. (21)a는 [− sonorant]라는 자질을 가진 음이 $\begin{bmatrix} -\text{sonorant} \\ +\text{voiced} \end{bmatrix}$라는 자질을

가진 음 앞에 올 때 [+voiced]라는 자질을 새로 얻게 된다는 의미다. 이것은 (19)a와 같은 규칙에서 A라는 분절음이 B라는 음이 되어 없어지고 마는데 비해, [−sonorant]는 그대로 유지하면서 새로 [+voiced]라는 자질을 취한다는 점이 다르다. 즉, 화살표 바른쪽에는 변화하는 자질만 표시하는 것이 불필요한 반복 없이 간략을 기하는 방법이기 때문이다. 또한, (21)a는 화살표 바른쪽에 [+voiced]라고만 했으나, 사실은 그 왼쪽에 [−voiced]가 포함되어 있어서 그것이 유성화하는 과정을 나타내는 것이다. 그런데 왼쪽에 [−voiced]를 명시하지 않는 이유는 경제적인 데에도 있지만, 간략할수록 일반성을 쉽게 나타내는 데 있다. 왼쪽에 유성성에 대한 명시를 하지 않으면 결국 [−voiced]도 [+voiced]로 바뀐다는 뜻이 된다. 즉, (21)a 규칙의 공허한 적용(vacuous application)을 인정하게 된다. 이 언어에서는 (21)b의 규칙이 있기 때문에, [+voiced]가 필요에 따라 [−voiced] 앞에서는 자연히 [−voiced]가 되므로, 아무 혼선이 없는 것이니 불필요한 자질은 되도록 규칙 표기에서 빼자는 것이다. 요컨대, (21)a는 (22)와 같이 복잡한 형태를 간소화한 생략형(abbreviation)이다.

(22)
$$\begin{bmatrix} -\text{sonorant} \\ \begin{Bmatrix} [+\text{voiced}] \\ [-\text{voiced}] \end{Bmatrix} \end{bmatrix} \begin{bmatrix} -\text{sonorant} \\ +\text{voiced} \end{bmatrix} \longrightarrow \begin{bmatrix} -\text{sonorant} \\ +\text{voiced} \end{bmatrix} \begin{bmatrix} -\text{sonorant} \\ +\text{voiced} \end{bmatrix}$$

(21)a는 4개의 자질만 쓴 데 대해 (22)는 9개의 자질이 쓰인 것이다. 이같이, 불필요한 자질을 반복하지 않고 최대한의 생략형으로 만들어 쓴다는 표기상의 규약을 세우지 않으면, (22)란 음운 현상의 간결성과 (23)이란 임의 규칙의(정말 생략할 수 없는) 복잡성을 쉽게 비교할 수가 없는 것이다.

(23)
$$\begin{bmatrix} -\text{sonorant} \\ \left\{ \begin{matrix} [+\text{voiced}] \\ [-\text{voiced}] \end{matrix} \right\} \end{bmatrix} \begin{bmatrix} -\text{sonorant} \\ +\text{voiced} \end{bmatrix} \longrightarrow \begin{bmatrix} -\text{anterior} \\ +\text{coronal} \end{bmatrix} \begin{bmatrix} -\text{continuant} \\ +\text{strident} \end{bmatrix}$$

1.9.5. 그리스 문자 표기법 II

위의 규약 이외에도 어떤 규칙을 쓰는 데 필요한 자질의 수를 최소한으로 줄이기 위한 규약들이 더 있다. 변별적 자질을 이용하는 표기법은 이러한 목적에 잘 부응되기 때문에 음소 자체로 표기하는 것보다 우수한 방법이 되는 것이다. 현대 국어는 (24)에서 볼 수 있듯이, 음절말의 /n/이 그 뒤에 오는 자음에 따라 [m, n, ŋ] 등으로 발음이 바뀌는 경우가 있다.

(24) a. /mun + pəp/ ⟶ [mump'əp] '문법'
b. /mun + tan/ ⟶ [mundan] '문단'
c. /mun + ko/ ⟶ [muŋgo] '문고'

이들은 각각 다음의 세 규칙이 적용되어 얻어진다. (물론 위의 경우 의외에 '문자' [munč'a]의 경우도 [n]발음이 실현되는 (24)b와 같아진다.)

(25)

a. $[+\text{nas}] \longrightarrow \begin{bmatrix} +\text{ant} \\ -\text{cor} \end{bmatrix} / \_\_ \begin{bmatrix} -\text{sonor} \\ +\text{ant} \\ -\text{cor} \\ -\text{cont} \end{bmatrix}$

b. $[+\text{nas}] \longrightarrow \begin{bmatrix} +\text{ant} \\ +\text{cor} \end{bmatrix} / \_\_ \begin{bmatrix} -\text{sonor} \\ +\text{ant} \\ +\text{cor} \\ -\text{cont} \end{bmatrix}$

c. $[+\text{nas}] \longrightarrow \begin{bmatrix} -\text{ant} \\ -\text{cor} \end{bmatrix} / \text{ —— } \begin{bmatrix} -\text{sonor} \\ -\text{ant} \\ -\text{cor} \\ -\text{cont} \end{bmatrix}$

규칙 (25)에서 (24)를 얻어낼 수 있기는 하지만, 비음이 뒤에 온 자음과 조음점이 같은(同器音的, homorganic) 관계에 있다는 일반성을 한 눈에 보여주지는 못한다. 알파 표기를 이용하여 복수의 계수 α와 β를 쓰면 위의 세 규칙은 다음과 같은 한 규칙으로 통합된다.

(26)

$$[+\text{nas}] \longrightarrow \begin{bmatrix} \alpha\ \text{ant} \\ \beta\ \text{cor} \end{bmatrix} / \text{ —— } \begin{bmatrix} -\text{sonor} \\ \alpha\ \text{ant} \\ \beta\ \text{cor} \\ -\text{cont} \end{bmatrix}$$

(26)은 사실 (25)의 세 규칙 외에 다음과 같은 네 번째 규칙을 하나 더 포함하고 있는 셈이다.

(27)

$$[+\text{nas}] \longrightarrow \begin{bmatrix} -\text{ant} \\ +\text{cor} \end{bmatrix} / \text{ —— } \begin{bmatrix} -\text{sonor} \\ -\text{ant} \\ +\text{cor} \\ -\text{cont} \end{bmatrix}$$

(26)에서 α와 β에 각각 +와 −를 번갈아 넣으면 네 개의 가능성이 생기기 때문이다. 만약, β를 쓰는 대신 제2의 α를 그 자리에 썼다면 ++와 −−의 두 가능성만 생기므로 (24)a를 포함시킬 수 없다. 어쨌든, 현대 국어에는 (27)에 대항하는 구개 비음(palatal nasal) 은 존재하지 않기 때문에, (27) 은 공허한 적용이 될 뿐이니 (26) 에 포함되어 있어도 아무 문제가 없다. 이론상으로는 필요에 따라 α, β 이외에 γ… 등의 기호를 더 써도 좋다.

다음은 이화 작용을 알파 표기를 써서 나타낸 예로 Gothic 어에서 지속음이 강세가 없는 모음 뒤에 올 때, 그것의 有無聲은 모음 앞에 있는 장애음의 유무성과 반대의 것이 된다. 가령, (28) 과 같은 예들은 (29) 와 같은 소위 Thurneysen 법칙에 의해 요약될 수 있다.

(28) ha**t**i**z**a ‘hatred’ a**g**i**s**a ‘fright’
ri**q**i**z**a ‘darkness’ wal**d**u**f**ni ‘force’

(29) $$\begin{bmatrix} -\text{sonor} \\ +\text{cons} \end{bmatrix} \longrightarrow [\alpha\ \text{voice}] \Big/ \begin{bmatrix} -\text{sonor} \\ -\alpha\ \text{voice} \end{bmatrix} \begin{bmatrix} \text{V} \\ -\text{stress} \end{bmatrix} \underline{\quad\quad}$$

(29) 에서는 α 에 +를 대입했을 때는 $-\alpha$ 는 −로, α 에 −를 대입했을 때는 $-\alpha$ 는 +로 되는 두 가능성이 통합된 것이다. 이렇게 α 와 $-\alpha$ 가 쓰인 규칙을 **교환 규칙** (exchange rule) 이라 한다.

1. 9. 6. 상위자와 하위자 및 무한 식형

다음에 소개할 표기상의 규약은 **상위자** (superscript) 와 **하위자** (subscript) 에 관한 것이다. C_0 라고 하위자를 쓰면 영 또는 그 이상의 자음을 나타내며, 상위자로 쓰인 정수는 상한선을 나타낸다.

(30) $C_0^1 = (C)$, $C_0^2 = (C)\ (C)$, $C_1^2 = C\,(C)$

만약, C^1 이라고 상위자만을 쓰면 정확히 그 정수만큼의 분절음을 뜻한다. C_0 라는 표기를 좀더 음미하기 위해 (31) a, b 같은 두 삭제 규칙을 보자.

(31) a. $C \longrightarrow \phi$ / ___ C_0#
b. $C \longrightarrow \phi$ / V ___ C_0#

위의 두 규칙은 (32), (33)의 규칙들과 같이 무한히 많은 수의 규칙을 통합한 소위 無限式型(infinite schema)이다. (32)는 어말에 있는 임의의 수의 자음을 삭제하는 반면, (33)은 임의의 수의 자음으로 된 어말 자음군의 첫 자음만을 삭제한다.

(32) a. $C \longrightarrow \phi$ / ___ #
b. $C \longrightarrow \phi$ / ___ C#
c. $C \longrightarrow \phi$ / ___ CC#
d. $C \longrightarrow \phi$ / ___ CCC#

(33) a. $C \longrightarrow \phi$ / V ___ #
b. $C \longrightarrow \phi$ / V ___ C#
c. $C \longrightarrow \phi$ / V ___ CC#
d. $C \longrightarrow \phi$ / V ___ CCC#

만약, $XVC_1C_2C_3$# 같은 자료를 주었을 때 (32)a는 앞에 몇 개의 자음이 오든 최종 자음만이 문제이므로 C_3가 해당되고, (32)b로는 어말에서 '둘째 자음인 C_2가 해당되고, (32)c로는 C_1이 해당되어 동시에 세 개의 규칙이 다 관여를 하게 되었다. 결국, 이러할 때는 세 가지 규칙의 **동시 적용 규약**(simultaneous application convention)에 의해 어말 자음군을 다 삭제하고 XV만 남겨 놓아야 언어 사실에 맞기 때문이다. 이에 비해, $XVC_1C_2C_3$ #는 (33) c 하나만 만족시키므로 XVC_2C_3 #를 얻는 것으로 끝내야 한다. 자음군 앞에 V라는 존재가 있기 때문에 (32)와는 다른 결과를 낳는 것이다.

무한식형과 유사한 규약으로 **별표 표기**(star notation)가 있다. (34)는 (35)와 같이 무한히 많은 규칙이 집합으로서 별표가 붙은 부분을 무한히 반복시킬 수 있다는 뜻이다.

(34) X (Y)* Z

(35) a. X Z
b. X Y Z
c. X Y Y Z
d. X Y Y Y Z
e. X Y Y Y Y Z

별도 표기로 통합될 수 있는 (34)와 같은 하위 규칙들도 동시 적용 규약을 필요로 한다. 그런데 이 별표 표기는 앞서의 하위자 표기로 $X(Y)_0Z$라고 써도 같은 효과이므로 그 구별이 모호하여 비판의 대상이 되고 있다.

1.9.7. 경상 규칙

끝으로, 여기에서 소개해 둘 필요가 있는 현상으로 **鏡像規則**(mirror image rule) 또는 **인접 규칙**(neighborhood rule)이 있는데 //나 % 또는 그대로 /의 기호를 쓴다. 다음 (36)과 같이 유사한 환경을 가진 두 규칙을 묶는 표기법으로서 (37)처럼 된다.

(36) a. A ⟶ B/____X
b. A ⟶ BX____

(37) A ⟶ B // X 또는 A ⟶ B % X 또는 A ⟶ B / X

A가 X의 앞이나 뒤에 이웃해 있어 대칭형(symmetry)을 이룰 때 그렇지 않은 관계의 규칙끼리보다 일반적 연관성이 있다는 것이다. 요컨대, 이제까지 소개한 모든 표기상의 규약들은 문법 기술에 필요한 우리의 노력을 경제적으로 절약시켜 주며, 일반성을 간결하게 드러내 주는 의의가 있는 것이다. 물론, 근래에 이러한 규약들의 일부에 대해 그 필연적 타당성이 약하다고 비판한 새로운 견해들이 대두되었지만, 좀더 높은 수준의 책에서 다루어야 할 것이며, 여기서는 우선 원래 제시되었던 규약을 그대로 익혀 두는 일이 필요할 것이다.

1.10. 규칙순과 기저형

생성 음운론이 과거의 음운론과 다른 점의 하나는 음운 규칙들 사이에 순서를 정해 적용해야 하는가 하는 문제에 관심을 가지게 된 것이다. 또, 어린이의 언어 습득 노력 속에는 규칙순을 배우는 것도 포함된다고 보는 입장을 취한다. 물론, 이 문제점도 초기의 주장이 제안된 이래 많은 논란이 있었지만, 여기서는 원래대로의 주장 내용만 약간 소개하겠다.

선형 순서(linear ordering)라는 규칙 적용 방법이 우선 전제되어야 하겠는데, 이는 분석될 언어 자료에 일렬로 순서가 정해진 규칙들을 차례대로 한번씩만 적용한다는 원칙이니, 규칙 R_0이 적용되어 나온 도출형(derived form) D_1에 R_2를 적용하고 다시 D_2를 얻는 순서로 진행해 나간다. 만약, 이 때 어떤 규칙은 적용될 조건이 성립되지 않으면 건너 뛰게 되고, 일단 차례가 지나가면 그 규칙이 적용되었건 안 되었건 다시 돌이켜 적용될 수는 없다.

규칙순은 규칙 자체의 성격 및 관계 때문에 내재적으로 순서가 정해지는(intrinsically ordered) 경우가 얼마간 있다. 프랑스어에서 다음 두 규칙이 그런 예다.

(38) $V \longrightarrow [+\text{nas}] / \_\_\_ \begin{bmatrix} C \\ +\text{nas} \end{bmatrix} \begin{Bmatrix} C \\ \# \end{Bmatrix}$

(39) $\begin{bmatrix} C \\ +\text{nas} \end{bmatrix} \longrightarrow \phi / \begin{bmatrix} V \\ +\text{nas} \end{bmatrix} \_\_\_$

이 두 규칙은 (40)처럼 /bɔn/'good'과 /bɔnte/'goodness'등에 적용해 보면 (38)→(39)의 순서만이 옳고, 그 반대는 부당함을 알 수 있다. 왜냐하면, (39)는 (38)이 적용되어 얻어진 $\begin{bmatrix} V \\ +\text{nas} \end{bmatrix}$이 있어야만 적용 가능하기 때문이다.

(40)	/bɔn/	/bɔnte/	
	bɔ̃n	bɔ̃nte	(38)
	bɔ̃	bɔ̃te	(39)
	[bɔ̃]	[bɔ̃te]	

그러나 대부분의 규칙들은 이같이 그 모양만 보아 규칙순을 정할 수는 없고 외재적으로 순서가 정해지는(extrinsically ordered) 경우가 더 많다. Shona어의 (41)과 같은 예를 보자.

(41) /np/ ⟶ mh
/nt/ ⟶ nh
/nk/ ⟶ ŋh

여기에서, 어두의 /n/이 각각 뒤에 오는 파열음이 조음점에 동화하여 [m, n, ŋ] 등이 되며, 어미의 파열음은 그 후 [h]가 됨을 볼 수 있다. 이 과정을 규칙 (42), (43)으로 나타낼 수 있다.

(42)

$$\begin{bmatrix} \text{C} \\ +\text{nas} \end{bmatrix} \longrightarrow \begin{bmatrix} \alpha\ \text{ant} \\ \beta\ \text{cor} \end{bmatrix} / \_\_\_ \begin{bmatrix} \text{C} \\ -\text{voice} \\ -\text{cont} \\ \alpha\ \text{ant} \\ \beta\ \text{cor} \end{bmatrix}$$

(43)

$$\begin{bmatrix} \text{C} \\ -\text{voice} \\ -\text{cont} \end{bmatrix} \longrightarrow \text{h} / \begin{bmatrix} \text{C} \\ +\text{nas} \end{bmatrix} \_\_\_$$

이 두 규칙을 (42), (43)의 순서로 적용하면 (44)와 같이 된다.

(44)	/ np /	/ nt /	/ nk /	
	mp	——	ŋk	(42)
	mh	nh	ŋh	(43)
	[mh]	[nh]	[ŋh]	

그러나 이 순서를 뒤집어 (43)→(42)로 하면 / nt / 만은 [nh]란 바른 결과를 얻지만, 나머지까지도 *[nh]란 결과를 얻어 언어 사실과 맞지 않게 된다. 그러므로 이러한 외부적인 이유로 위의 두 규칙은 (42)→(43)이라고 정해져야 된다.

한편, 규칙순에 의해 서로 다른 방언 간의 차이를 설명하려는 방법도 생성 음운론에서 거론되기 시작하였다. 이 문제는 제 8 장에서 언급하겠다.

1.10.1. 기저형

위의 (40)과 (44)에서 첫 줄의 / / 속에 표시된 음운 형태는 **기저 음운 표시**(underlying phonological representation) 또는 **추상적 표시**(abstract representation)라 하고, 거기에 몇 개든지의 음운 규칙이 적용된 뒤에 마지막 줄의 [ ] 속에 표시된 음성 형태는 **도출 음성 표시**(derived phonetic representation)라 한다. 여기서 기저 음운 표시, 즉 기저형(underlying form)을 설정하는 일은 어느 정도 추상적인 기저형을 잡느냐에 따라 논란의 여지가 있는 것이다. 앞서 음소란 여러 異音을 추상적으로 총괄하는 존재이며 실재하는 것이 아니라고 했듯이, 추상적 기저형은 실재하는 것이 아니며 여기에 음운 규칙의 적용을 받아서 나오는 구체적 도출형의 바탕이 되는 형태인 것이다. 다음 (45)의 예를 보며 더 상세히 설명하겠다.

(45) a. im-possible [impásibl]
b. in-determinate [inditə́:rminit]
c. in-congruous [iŋkáŋgruəs]

(45) a~c에서 접두사 im-, in- 등은 철자야 어떻든 발음은 세 가지로 다르다. (24)에서 본 국어 예도 무의식적으로 빨리 발음할 때 흔히 나타난다. 영어에서 각기 다른 세 발음, 즉 세 형태는 'not'라는 뜻을 가진 한 형태소의 이형태들이다. 프라그 학파에서는 이 같은 경우를 **중화**(neutralization)라 하여 /iN-/으로 나타내는데, N은 **원음소**(archiphoneme)로서 m, n, ŋ이 이 위치에서 서로 시차적(contrastive) 기능을 가지지 못하므로, [imditə́:rminit]나 [iŋpássibl] 같은 형태로 바뀌어 대립될 수 없는 것이다. N은 $\begin{bmatrix} +\text{cons} \\ +\text{nas} \end{bmatrix}$까지는 규정되어 있지만,

그 이하 자세한 자질 규정이 안 되어 있어, 뒤에 오는 장애음에 따라 동일 조음점의 비음으로 동화되는 것이다. 원음소란 개념은, 생성 음운론에서는 인정하지 않는데, 그 까닭은 모든 분절음이 각기 필요한 변별적 자질로 완전히 명시(complete feature specification)되어야 한다는 생성 음운론의 대원칙에 어긋나기 때문이다.

또한, inability 같이 뒤에 모음이 올 때 왜 [in]이 되는지를 위와 같은 방법으로는 잘 설명할 수가 없다. 다시 말해서, 뒤에 오는 자음에 동화되지 않은 이 접두사 본연의 모습, 즉 그 기저형이 /in/이라는 사실을 원음소로는 잘 설명하지 못하고 있는 것이다. 생성 음운론의 방법에서는 기저형을 /in/으로 잡고 다음, (46)과 같은 규칙 하나만 세우면 세 가지 이형태를 다 생성해 낼 수 있게 된다.

(46)

$$n \rightarrow \begin{bmatrix} \alpha \text{ ant} \\ \beta \text{ cor} \end{bmatrix} / \_\_\_ \begin{bmatrix} \text{C} \\ \alpha \text{ ant} \\ \beta \text{ cor} \end{bmatrix}$$

규칙 (46)은 접두사 /in/의 이형태를 유도해 내는 데만 필요한 것이 아니라, 영어에서 일반적으로 다른 경우에도 필요하며 **독자적 타당성**(independent motivation)이 있는 음운 규칙이다. 구조 언어학에서도 이형태를 묶어 하나의 기본형(base form)을 세워 형태 음소(morphophoneme)라 하고 이를 다루는 분야를 **형태 음소론**(morphophonemics)이라 했다. 형태 음소론의 기본형이 생성 음운론의 기저형과 비슷한 점은 이형태 가운데 하나가 아닌, 그 언어에 표면적으로는 없는, 음운이나 음운 결합을 설정할 수도 있어서 추상적일 수도 있다는 점이다. 가령, Yawelmani라는 인디언어에서 음성적 표면형으로는 [i, u, a, ɔ]의 네 단모음과 [eː, aː, ɔː] 등 세 장모음이 있는데, 기저형으로 표면형에 없는 高長母音 /u:, i:/를 인정해야 설명이 잘 되는 경우가 있다.

1.10.2. 기저형 설정의 기준

기저형을 설정하는 데 고려해야 할 기준이 몇 가지 있다. 첫째, 예언력(predictability)이 있어야 한다. 즉, 어떤 기저음을 잡으면 다른 이음들은 음운 규칙에 의해 예측해 낼 수 있도록 해야 한다. 만약, 그렇지 못하면 기저음을 달리 잡아야 한다. 둘째, 간단한 문법일수록 좋은 것이므로 **경제성**(economy)이 있도록 해야 한다. 음소의 수도 되도록 적게 잡되 그로 인해 음운 규칙이 늘어나서는 안 된다. 문법 전체로 보아 간결하며 독자적 타당성이 있도록 해야 한다. 셋째, **동형성**(pattern congruity)의 기준에 맞도록, 언어 전체의 패턴이 가지는 압력(pattern pressure)을 고려하여 해결책을 세워야 한다. 즉, 음운 체계에서도 일그러진 패턴은 되도록 대칭적이거나 빈칸이 없는 도형이 되도록 한다. 넷째, **수긍 가능성**(plausibility)이 높도록 해야 한다. 여러 가능한 해결책 중에서 더 자연스럽고 발음하기 쉽게 하는 쪽을 택해야 한다.

1.11. 음운적 음절과 비음운론적 요소

1.11.1. 음운적 음절

앞의 제4장 3.7절에서 음성학적 단위로서의 음절을 규정하여 보았는데, 여기서는 음운론적 단위로서 **음운적 음절**을 어떻게 설정할 수 있는가 생각해 보겠다. 언어들은 각기 고저나 강세가 놓이는 자리에 따라 또는 형태소의 구조에 따라 특색 있는 음절 설정을 필요로 한다. 가령, 영어의 [lei] lay는 한 음절로 치지만, 스페인어의 [léi] ley 'law'는 두 음절로 보아야 한다. 영어에서는 [i]에 강세를 둘 수 없으나 스페인어는 [leí] leí 'I read'라는 형태가 대립되기 때문이다. 또, [sampo] '산보'가 일본어로는 세 음절이지만, 한국어에서는 [sa:np'o, sa:mp'o]로 장모음이 있으나 두 음절일 뿐이다. 국어에서는 CVC의 음절 구조가 많으나 일본어는 CV가 대부분이며, 모음의 장단이 국어 음절에서는 큰 문제가 되지 않으나, 일본어에서는 음절마다 거의 같은 길이로 발음된다. 특히, [m, n] 등이 일본어에서는 고저를 둘 수 있는 단위로 쓰이기 때문에 한 독립된 음절로 인정해야 한다. 예컨대, [saḿbóo] '삼방(三方)'에서 [m]은 높게 발음된다. 이상과 같이, 각 언어의 음운론적 상황에 따라 알맞은 음절 설정을 해야 하는 경우, 제4장 3.7절에서 말한 음성학적 기준, 즉 가청도나 개구도 등은 고려되지 않고 음운 체계상의 별개의 문제가 되는 것이다.

생성 음운론이 시작된 뒤 음절 설정에 대해 논란이 많아서 음성학적 단위로서보다는 음운론적 단위로 인정해야 한다든가, 또는 음절이란 단위를 아예 설정하지 말자는 주장까지도 나왔으나, 그 상세한 소개는 여기서는 할 수 없고, 다음 정도만 참고로 하면 족할 것이다. 우선 음절을 단위로서 설정해야 할 필요성은 spoonerism이라고 불리는 언어 실수(speech error) 현상에서도 입증된다. 옥스퍼드 대학의 校牧 Spooner는 여왕에게 dear old queen이라고 해야 할 자리에 queer old dean이라고 했던 것이다. 이 한 예에서 보아도 각 음절 초의 자음이 서로 바뀐 것이지 아무 자음이나 바뀌는 것은 아니다. 음절을 고려에 넣지 않고는 이런 현상을 제대로 설명할 수 없는 것이다. 한편, 최근에 복선 음운론이 등장하면서 음절 구조와 그 기능에 대한 관심이 높아지고 있다(제7장 3.2절 '음절의 기능' 참조).

1.11.2. 비음운론적 요소

다음 음운론 부분을 끝내기 전에 언급해 두어야 할 몇 가지 사항에 대해 비음운론적 요소라는 명칭 아래 묶어 이야기하겠다. 그 까닭은 1.10절까지 대체로 음운론의 테두리 속에서만 언급했기 때문이다. 첫째, **統辭的 範疇化**(syntactic categorization)가 필요한 경우가 있다. 복합어와 명사구의 강세가 달라질 경우, 예컨대 blackbird가 복합어(N)로는 1, 2의 순서로 강세를 취하나 명사구(NP)로는 2, 1의 순서가 된다. 이를 규칙화하여 나타내면, 다음 (47)에서처럼 애초에는 모든 단음절 단어마다 제1강세를 하나씩 배당하는 규칙 A가 적용되고, 그 뒤 통사적 범주, 즉 N인가 NP인가에 따라 규칙 B나 C가 적용된다.

(47)	$(\text{black bird})_N$	$(\text{black bird})_{NP}$
규칙 A(word stress)	1 1	1 1
규칙 B(compound rule)	1 2	——
규칙 C(phrase rule)	——	2 1

위의 (47)은 결국 음운론적 현상에 통사론적 정보가 필요한 경우를 보이는 것이다. 통사적 범주에 덧붙여서 **통사론적 자질**(syntactic feature)이나 **형태론적 자질**(morphological feature)을 설정하여 규칙에 표시할 수도 있다. 예컨대, (48)의 형태와 같이 음운 규칙 중에 통사론적, 형태론적 정보를 넣을 수 있는 것이다.

$$(48)\quad V \longrightarrow [+\text{stress}] \,/\, X\,]_{\substack{\text{verb} \\ \left[\begin{smallmatrix}+\text{past} \\ -\text{perfect}\end{smallmatrix}\right]}} \; + \_\_\_ +$$

위 음운 규칙은 verb라는 통사적 범주에 있어서 미완료 시제(imperfect : 즉 + past, − perfect란 통사적 자질로 나타낼 수 있음.)일 때 한해 적용할 수 있는 것이다. 스페인어에서 동사 어미 모음에 대한 음운 규칙이 바로 이러한 비음운론적 정보를 필요로 하는 것이다.

1.11.3. 예외의 처리 방법

한편, 음운 규칙에 대한 예외를 처리하는 방법으로 **마이너스 규칙 자질**(minus rule feature)을 이용하는 경우가 있다. 가령, (49) 규칙은 영어에서 어미로부터 세 번째 모음을 이완(lax) 모음으로 바꾸는 것이다.

(49) V ⟶ [− tense] / ____ $C_0VC_0VC_0$ #

여기에 들어맞는 예는 divine : divinity, 즉 [ay] : [i], serene : serenity, 즉 [iy] : [e], sane : sanity, 즉 [ey] : [æ] 등 허다하나, 다만 obese는 이 규칙이 적용되지 않아, obesity가 [owbiysitiy]로 발음될 뿐 다른 경우들처럼 *[owbeysitiy]가 되지 않는다. 이 특수한 단어에 대해서는 [− rule n]이라는 **구별 자질**(diacritic feature)을 붙여 예외의 어휘 항목임을 표시한다. 위의 obese는 어휘 목록 속에서 [− rule (49)]라는 규칙 자질을 가지게 되므로, (49)란 규칙의 구조 기술에 들어맞지만 적용되지 않고 넘어가게 되는 것이다.

또, 위와 반대로 어떤 규칙이 특정한 소수의 어휘 항목에만 걸릴 뿐 일반적인 규칙이 되지 못할 때 **소수 규칙**(minor rule)이라 한다. 가령, 영어에서 wife : wives, 즉 [f] : [v], bath : baths, 즉 [θ] : [ð], house : houses, 즉 [s] : [z] 등에서 복수로 되면서 어간말 마찰음이 유성음으로 되는데, cliff : cliffs, death : deaths, glass : glasses 등의 일반

적 예에 비추어 보면 전자가 소수에 지나지 않는다. 따라서 wife와 같은 소수의 어휘 항목에는 **플러스 규칙 자질**(plus rule feature) [+ rule n]을 붙여서 이들에게만 다음과 같은 규칙(50)이 적용되도록 한다.

(50) [+ continuant] → [+ voiced] / ____]$_{noun}$ [+ plural]

마이너스 규칙 자질이건 플러스 규칙 자질이건 이런 구별 자질들이 문법 장치 속에 많을수록 배우기에는 더 부담이 된다. 따라서 언어는 이런 구별 자질들이 필요한 예외를 줄이는 방향으로 진행되는 것이 보통이다. 이러한 예외가 당초에 생기게 된 이유는, 어떤 변화가 시작되었다가 모든 어휘 항목에 다 미치기 전에 중단되었거나, 어떤 변화를 다 겪은 뒤에 새로 차용된 어휘 항목의 경우에 예외로 남게 되는 것이다.

2. 생성 음운론의 최근 문제들

2.1. 중화(neutralization)

독립적인 두 개 또는 두 개 이상의 음소가 어떤 환경에서는 하나로 줄어지는 것을 중화 현상이라고 한다. 가령, 국어에서,

(51) 낫 / nas / 낮 / nač / 낯 / nač^h / 낟 / nat / 낱 / nat^h /

과 같은 것들이 뒤에 모음이 오면 '나슨, 나즌, 나츤' 등으로 되어 제 음가를 가지지만, 자음이 뒤따른다든지 어말에서는 이 모든 받침들이 중화되어 [nat] 또는 [nat^h]으로 바뀐다. 그러니까 이것들은 다음과 같은 규칙으로 설명할 수 있다.

(52) $\left. \begin{array}{l} /\text{nas}/ \\ /\text{na}\check{c}^h/ \\ \vdots \end{array} \right\} \rightarrow [\text{nat}] \, / \underline{\quad\quad} \left\{ \begin{array}{c} C \\ \# \end{array} \right\}$

그러나 이와 반대로 /nat/을 기저형(underlying form)으로 잡고 이것이 환경에 따라 [nas], [$na\check{c}^h$] 등으로 된다고 한다면, 이것은 위의 것보다 이치가 잘 닿지 못하는 것이다. 왜냐하면, 같은 모음 앞에서 이렇게 한 기저형이 어느 때는 /s/로 어느 때는 /č/로 되는지를 쉽게 구별해 낼 수가 없기 때문이다. 그래서 기저형을 먼저의 규칙처럼 여러 가지로 잡아 놓고 그것을 환경에 따라 음운 규칙을 세워서 설명하면 되는 것이다.

그러나 다음과 같이 **절대 중화**(absolute neutralization)라는 문제가 있다. A와 B라는 음소들이 있을 때(물론, 두 개 이상에 대해서도 이야기될 수 있지만, 둘만 가지고 생각해 보면) 이것이 어느 환경에서는 C라는 음소로 바뀐다. 이것은 아까 세운 첫 번 규칙에서도 그렇다. 그러나 그 때는 충분한 구분이 있어서, 자음 앞이나 어말의 환경에서만 그렇고 모음 앞에서는 제 음가가 나타난다. 그렇지만, 어떤 경우에는 이렇게 중화되었다 해도 전혀 그 원음가가 나타나지 않는 수가 있다. 이것을 절대 중화라고 하는데, 이같이 원음가가 나타나지 않는 것을 왜 중화라고 하는가는 다음과 같은 경우가 있기 때문이다.

몽골어에서 전음 대 후음(front vs. back)이 모음 조화를 이루는데, 다음 표에서 보이듯이 i에 대응되는 후음이 없다. 공백은 ( )로 표시한다.

(53)	front		back	
	i	ü	( )	u
	e	ϕ	a	o

다시 말하면, 이 모음 조화에서 i를 제외한 모든 모음이 전후 대립을 이루고 있는데, i모음만은 중성이어서 첫 음절에 i가 있을 경우 그 다음에는 전음이나 후음이 다 올 수 있다는 것이다. 결국, i의 음가 자체만으로 前모음과 모음 조화를 이루는지 後모음과 조화를 하는지 알 수 없다. 또, i가 중성 모음이기 때문에 한쪽으로 치우쳐서 규칙화할 수 없다. 그러면, 어떻든지 i 뒤에 오는 모음이 전음인지 후음인지 알게 할 수 없는가 해서 생각해 낸 기교가 있다. 그래서 ( ) 위치에도 후모음 ɨ가 하나 있다고 가정하고, 전후 대립을 규칙화하는 것이다. 그러나 실제로 몽골어에 ( )에 해당하는 모음 ɨ가 없으니까 이를 다시 최종적으로 수정하는 규칙을 세우는 것이다. 그래서 나중에 결국 ɨ는 모두 i로 다시 환원시키게 된다.

바꿔 말하면, 중성인 i를 모음 조화 규칙을 간편히 세우기 위해 인공적으로 前性과 後性으로 2분하여, 그 언어의 실제 음가는 하나만 존재하는 모음을 두 개의 음소로 나누고, 간편한 모음 조화 체계로 규칙화하여 예외를 없애 놓자는 것이다. 전에는 i 하나만으로 전음과 후음 중 어느 것과 모음 조화를 하는지 몰라서 예외를 낳게 했는데, 이제는 가상적으로 두 음소를 가정하여 /i/ 뒤에는 모두 전음, /ɨ/

뒤에는 모두 후음이 온다고 볼 수 있다. 그 대신 /ɨ/가 실재하지 않으니까 이를 배제하는 ɨ→i라는 규칙을 나중에 첨가해야 한다.

이것을 규칙화해서 말하면,

(54) A → B / ___ C

와 같이 A가 C 앞에서 B로 변한다고 할 때 A에 이것이 다 적용되면 괜찮지만, 어떤 C 앞에서는 적용이 되고 어떤 C 앞에서는 적용이 안 된다고 하면, 이 [C] 음가를 다시 /C/와 /D/ 둘로 나누어야 한다. 그러면, 이 규칙은 다시 예외를 피할 수 있게 된다. 이렇게 하지 않으면 C에 C_1, C_2의 두 가지가 있어서 적용 여부가 상반되는데, 음가상으로는 C_1, C_2가 똑같기 때문에 C_2를 예외로 치든가 해야 하는 것이다. 그러나 C_2를 예외로 치지 않고 어떤 보편성을 얻기 위하여, C를 두 음소로 나누면 예외가 없어진다.

(55) [C] < /C/ , /D/

그런데 이 때 /D/는 실재하지 않으니까 D→C로서 D는 전부 C로 만들어 주는 소위 彌縫規則(patch-up rule)이 필요한 것이다.

이제까지는 학계에서 이런 형식의 규칙을 대부분 비판이 없이 추종해 왔던 것이다. Halle(1962)를 보면, 가령 어느 언어에 /a/와 /æ/가 있을 때, /a/가 음운 변화를 일으켜 전부 [æ]로 합류(merge)되어서 결국 /a/가 사라져 버렸을 경우를 예로 들고 있다. 그런데도 불구하고, 그 언어의 음운 규칙 중 가령 구개음화 규칙에

(56) t → č / ____ æ

이 있을 때 어떤 æ 앞에서는 잘 적용되고 어떤 æ 앞에서는 적용되지 않는 경우가 있다는 것이다. 그런데 이 때 예외적인 æ를 잘 조사해 보니까 역사적으로 a에서 나온 æ에만 적용이 되지 않는다는 것이다. 그래서 Halle는 설사 음소의 합류로 인해서 그 언어의 a와 æ 중에서 지금은 a가 없더라도, 음운 규칙상 이러한 간소화의 유래를 설명할 수 있다면, 그 언어의 역사성을 살려서 두 음소로 보아 줄 수가 있다는 점을 주장했었다.

이렇게 Halle의 설이 세워지니까 누구나 따랐었는데, 그 뒤 Kiparsky(1967)가 이런 방식이 부자연스럽다고 반론하고 나왔다.

위의 경우도 말하자면 절대 중화의 경우로서 /a/와 /æ/라는 두 모음이 æ로 중화가 되었다 해도(/낫, 낮/ 등이 [낟]으로 중화가 되었다가 모음 앞에서는 원음가가 나타나니까, /낫, 낮/ 등은 각각 독립된 것이라고 주장해도 일리가 있지만) 전혀 어떤 context에서도 원음가가 나타나는 일이 없으니까, 이것은 극히 인위적 기교가 아니냐고 주장하고 나선 것이다. 언어학자들이 자기의 규칙을 좀더 간소 보편화시키기 위해서 일부러 만들어 놓은 기교에 지나지 않는다고 한 것이다. 예외는 예외로서 그대로 놓아두어야지, 예외를 없애기 위해서 구태여 이런 일을 한다면 지나친 기교라는 것이다.

그러니까 Kiparsky는 이 절대 중화의 경우 원음가는 하나인데 둘로 나누는 방식이 아니라, 다음과 같이 해결하려 한다. 가령, 어떤 단어 tæ가 있을 때 그 앞에 t가 /tæ/ → [čæ]로서 c로 바뀌는 경우, 이렇게 만드는 규칙을 32번 규칙이라고 가정하여 ㉜ t → č / __ æ라 한다. 그런데 어떤 단어에서는 이와 같이 되지 않는 수도 있을 때 예전

처럼 그 언어의 모음을 인공적으로 설정하여 예외가 없는 것처럼 꾸미지 말고, 그 모음이 없으면 없는 대로 인정하고 그 대신 이를 해결하는 방법으로 어휘 목록(lexicon)에 다음과 같이 표시한다.

(57) ② / … tæ / [Rule 32]

즉, 어떤 단어 ②에서는 rule feature인 Rule 32가 적용되지 않는다(minus 기호로 표시)는 점을 밝혀서 규칙이 함부로 적용되지 않도록 방지하는 것이다.

결국, Kiparsky는 절대 중화를 처리하는 방법으로서 언어학자들이 자기 규칙을 보기 좋게 하기 위한 것이거나, 또는 간편하고 보편적으로 되게 하기 위한 것보다는, 예외는 예외대로 인정하여 기교가 없는 자연적인 처리 방법을 택하자는 것이다.

2.2. 규칙의 기능적 단일성 또는 공모성 (functional unity of rules, conspiracy)

(58)

$$\left.\begin{array}{ll}\text{a.} & A \rightarrow B / \_\_ Z \\ \text{b.} & A \rightarrow B / \_\_ W\end{array}\right\} \qquad A \rightarrow B / \_\_ \begin{Bmatrix} Z \\ W \end{Bmatrix}$$

$$\left.\begin{array}{ll}\text{c.} & A \rightarrow B / \_\_ Z \\ \text{d.} & A \rightarrow B / \_\_ ZW\end{array}\right\} \qquad A \rightarrow B / \_\_ Z(W)$$

위의 왼편과 같은 음운 규칙이 있을 때 수학 공식에서 공통성만 빼내듯이 간단한 오른편 공식으로 줄여 버려서 적은 수의 규칙을 만드는 것이 이제까지의 일반적 해결 방법이었다. 여러 개의 규칙을 함께 하여(collapse) 소수의 규칙으로 만드니까 이것에 더 보편성이 생긴다는 것이다.

그런데 Kisseberth(1970)가 다음과 같은 주장을 하였고, 이는 국어에도 그대로 적용될 수가 있다. Yawelmani란 인디언어에 국어처럼 CVCCVC 등의 음절 구성 방법이 있는데, 어두에 *CC 같은 자음군이 올 수 없어 국어에서 어두나 어말에 자음군이 오지 못하는 경우와 같다. 어두나 어말에 자음이 온다면 하나밖에 오지 못한다. 가령, 국어에서 '삶'이 '삼'처럼 되어 버리는 현상이 있다. 그리고 어중에서도 세 자음이 중복될 수 없고 둘만 허용되는 것이 국어와 같다. 가령, '읽어'는 허용되어도 '읽자'하면 자음이 세 개니까 하나가 탈락된다. '없이, 없고'도 또한 마찬가지다. Yawelmani어도 우리 국어와 거의 같은 음절 구성 방법을 가졌는데, 이러한 제한을 표면 제약(surface (output) constraints)이라고 한다. 말하자면, 원형에 있는 제약이 아니라 맨 마지막 형태, 즉 음운 규칙을 다 적용한 결과에서 [*#CC, *CCC, *CC#]는 존재할 수 없다는 제한 규정이다. 가령, 국어에 있어서 Christmas라 하면 '크리스마스'로 적어 원래 2음절을 5음절로 쓸 수밖에 없다. 국어 음운 규칙에 -s가 마지막에 온다면 -t로 발음되기 때문에 '크리스맛'이라고 줄일 수도 없다. 이같이, 원래는 모음을 집어 넣어야 하는 것이 표면 제약의 하나이며, 이런 제약을 범하지 않기 위해서 그 나라에 있는 음운 규칙을 살펴보아야 한다. 가령, 국어의 '있고, 없고' 같이 어간에 자음이 둘인데, 또 자음으로 시작되는 어미가 뒤따를 때는 그 자음 중 하나를 탈락시켜야 한다.

그러나 이러한 탈락의 방법만으로 세 개의 자음이 겹치는 것을 막을 수 있는 것만은 아니다. 반대로, 모음을 하나 삽입해도 해결책이 된다. 이같이, 세 개의 자음이 어중에 중복될 수 없다는 규칙을 범하지 않게 하는 두 방법을 비교해 보자.

(59) a. C → ϕ / C ___ C (자음 탈락)
b. ϕ → V / CC ___ C (모음 삽입)

이 두 규칙은 구조 형식으로는 비슷한 것 같지 않다. 처음에 네 개의 규칙을 두 개로 줄일 때는 명백한 공통점이 있어서 가능했는데, 이제는 그런 공통점이 없는 것 같다. 그러나 이 두 규칙 사이에도 상당히 밀접한 관계가 있는 것만은 확실하다. 가령, 위의 두 규칙과 앞 절에서 말한 구개음화 규칙을 나란히 놓고 볼 때는 위의 두 규칙은 외면 구조상으로 달라도 내면적인 유대 관계가 있지만, 구개음화 규칙과는 외면 구조상으로 다를 뿐만 아니라 내면적인 관계도 없다.

언어 이론에서 구조상으로 유사성이 없더라도 내면적으로 밀접한 관계가 있을 때, 이를 표시하는 방법이 강구되어 있어야 할 텐데 지금까지는 그 방법이 없는 것이다. 말하자면, 구조상 같은 공통점이 있는 것은 간단히 줄여서 표시할 수 있지만, 구조상 다른 것을 표시하는 방법은 없다는 것이다.

국어에서 이런 예를 들면, 소위 內破 또는 不破 현상이라 하여 되도록 입을 다물려고 하는 경향이 있다. 첫째로, '낫'에서 nas → nat으로 되면서 불파음으로 되어 결국 [nat˺]로 된다. 파열음을 세계 각국어에 걸쳐 살펴보면 음성학적으로 세 가지 유형이 있다. 하나는 파열음이 있을 때 모음이 오면 어느 나라 말이고 파열시켜야 하지만, 뒤에 자음이 오거나 또는 어말에서 이 파열음을 반드시 파열시켜야 하는 언어, 즉 프랑스에서는 petite나, 또 Susan와 같이 비음으로 끝나는 경우에도 반드시 혀끝을 내리고 파열해야 한다. 그러나 영어에서는 hat, cup, book 등을 파열해도 좋고 안 해도 좋다. 이 같은 것이 둘째 유형이다. 셋째 유형은 파열을 엄금하는 국어의 경우 같은

것이다. 가령, '낫, 낟, 낱, 낫, 낮' 등을 파열해서 발음해서는 안 된다. 이 세 유형을 정리하면,

(60) a. $t^h \left\{ \begin{matrix} \# \\ C \end{matrix} \right\}$ b. $t^{\urcorner}$ or t^h c. $t^{\urcorner}$

와 같이 된다.

보기에 따라서는 약간 극단적이기는 하지만, ㅂ, ㄷ 변칙에서 '추워 · 춥고, 잡아 · 잡고'와 '걸어 · 걷고(步), 달아 · 달고(甘)'와 같이 변칙과 규칙형이 대조될 때, 이를 국어에 특이한 내파 현상의 한 가지로 해석하여 극단적인 논리일지는 몰라도, 변칙 현상이 아닌 것으로 생각할 수도 있을 것 같다.

예컨대, '춥다'에서 원형을 /$\check{c}^h$up-ko/ 의 /p/가 있는 것으로 보지 말고 /$\check{c}^h$uw^u-ə/에서처럼 /w/가 있는 것으로 원형을 정한다면 '춥다'를 변칙으로 다루지 않고 불파로 다루어도 된다. 모음이 오면 '추워'와 같이 그냥 원형이 남고 자음이 오면 내파 현상에 의해(/s/나 /č/가 /t/로 되는 것처럼) /w/가 同器音的(homorganic)으로 불파되면 /p/ 밖에 될 것이 없다. 또, 예컨대 '걸어, 걸음, 걸이' 등에서 원형을 '걷다'의 /t/로 보지 않고 /r/ 그대로 보아도 상관 없다. 그러므로, '걷고, 걷자' 등도 내파 현상으로서 설명하여 종래에 변칙이라 하던 것을 지양해 버릴 수 있는 것이다.

또한, 국어에서 어중에 세 자음이 겹칠 때 그 중 하나가 탈락된다고 보면 '없고'는 ㅅ 탈락, '젊고'는 ㄹ 탈락, '앉고'는 ㅈ 탈락이 된다. 이런 예를 보아서는 뒤에 오는 어미의 자음은 그대로 남고 어간의 두 자음 중에서 한 자음이 탈락되는데, 그 중 첫 자음과 둘째 자

음 중 어느 것이 탈락되는가 하는 일률적인 규칙을 찾아보기 어렵다. 가만히 살펴보면(아직 확실히 단언할 수는 없지만), 두 자음 중에서 개구도가 큰 것이 탈락되고 개구도가 작은 것이 남는 경향이 있는 것 같다. 말하자면, ㅂ과 ㅅ에서는 ㅂ이 아주 입이 닫히는 것이고, ㅅ은 약간 벌려진 채로 있는 것이며, 또 ㄹ과 ㅁ에서는 ㅁ이 닫히고 ㄹ은 어느 정도 벌려지는 것이다. 만약, 개구도에 따른 탈락 현상이 있다는 이 관찰이 정당하다면, 결국 이것도 국어의 특성인 불파 현상의 하나로 볼 수 있는 것이다. 그러니까 국어에서는 조음을 할 때 될 수 있으면 입을 다물려는 경향이 있다고 결론지을 수 있다.

이상과 같은 예들을 처음부터 차례로 정리하면 다음과 같이 된다.

(61) a. $\left.\begin{matrix} s \\ \check{c} \\ \vdots \end{matrix}\right\} \rightarrow t$ b. $\begin{bmatrix} w \\ r \end{bmatrix} \rightarrow \begin{bmatrix} p \\ t \end{bmatrix}$ c. t → [t˺] d. CCC → CC

이와 같이, 규칙을 세워 놓아 보아도 이들 상호간에는 하등의 관련성이 없는 것처럼 보인다. 그러나 이 각각을 내면적으로 볼 때는 이 모든 규칙들 사이에 어떤 유대성, 즉 국어의 불파 현상 때문에 생기는 관계가 있는 것 같다. 이것을 비유로써 설명하겠다. 스페인이나 멕시코 음식과 우리 나라 음식은 맵다. 그러나 이런 맵다는 보편성을 드러내는 그 속에는 고추라든가 후추와 같이 맵게 하는 조미료가 들어 있는 것이다. 이 비유와 마찬가지로, 국어에서는 발음을 파열시키지 않는다는 대원칙 하에서 여러 가지 공모 현상이 일어나는 것이다. 결국, 위의 규칙들이 구조상으로는 달라도 기능상으로는 같은데, 이 같은 공모성의 기능을 어떻게 규칙화하여 표시하느냐가 문제점이 되고 있는 것이다. 현재 상태로서는 구조가 같은 규칙들을 합동해서 간소화시킬 수 있는 이론은 개발되어 있어도, 기능이 같은 규칙들을 어떻게 표시해야 하는가 하는 방법이 아직 강구되어 있지 않은 것이다.

2.3. 규칙의 순서(ordering of rules)

소위 생성 문법에서는 순서가 아주 중요시되며, 문법을 순서가 정해진 규칙들의 체계(a system of ordered rules)라고까지 정의하여, 순서가 이론의 한 기초가 되는 것이다.

다음의 경우를 가정해 보자. 우선 i를 삽입하는 규칙 $\phi \rightarrow$ i(epenthetic i)이 있고, 또 동시에 이 언어에 구개음화의 규칙

(62) $\left.\begin{matrix} t \\ k \end{matrix}\right\} \rightarrow č\ /\ \_\_\ i$

이 있다고 하자(가령, 국어의 '같아, 같이'처럼). 이 구개음화 규칙이 삽입된 i나 원래의 i에 모두 다 일률적으로 적용된다면 문제가 없다. 그러나 그 어느 쪽에서는 구개음화 규칙이 적용되지 않는다면, 다음과 같은 두 경우가 있다.

우선 원래의 음이 i인 앞에서는 구개음화가 되고 삽입 모음 i 앞에서는 구개음화가 되지 않는 경우를 보자. 어떤 언어에서는 t와 m, p 등이 함께 올 때 i라는 모음을 삽입하는 것이 보통이라면(가령, 국어에서 'ㅡ'모음을 중자음 사이에 삽입하듯이) /timp/라는 형태가 생길 것이다. 이것은 언제나 [timp]로만 발음된다. 그러나 이 언어에 본래부터 /tip/라는 형태, 즉 원음이 i인 단어가 있는데, 이것은 구개음화

되어 /čip/로 바뀐다고 하자. 이 기저 표시(underlying representation)에서 원음 i인 것만이 구개음화된다는 것을 의미하므로, 이것을 규칙화하려면 그 해결 방법은 간단하다. 우선, 구개음화 규칙부터 적용하고 다음에 삽입 모음 규칙을 적용하면 된다. 구개음화 규칙을 먼저 적용하니까 원래부터의 i 앞에 있던 모든 t들이 č로 된 다음에, 삽입 모음으로 생긴 i는 t에 아무 영향도 미치지 못한다.

그러나 위와 반대의 경우, 즉 원래의 i 앞에서는 구개음화가 안 되고 삽입 모음 i 앞에서는 구개음화가 되는 경우를 생각해 보면, 위의 경우와 그냥 규칙 적용의 순서만 반대로 바꾸면 될 것 같으나 그렇지 않다. 순서만 바꾸어서는 해결 방법이 안 되는 것이다. 즉, 먼저 경우에서의 순서대로 해결한 방법이 우연히 그럴 듯하게 된 것이지, 결코 언어 이론상으로 언제나 타당했던 것이 아니지 않는가 하는 의구심을 낳게 한다. 왜냐하면, 지금 반대의 경우에서는 순서를 바꾸어도 해결이 안 되기 때문이다.

(63) ti_1 /tip/
ti_2 → či /timi/ (/tmi/에 i 모음을 삽입한 것) → /čimi/

위의 i_1, i_2는 각각 원음 i와 삽입 모음 i를 나타내는데 위의 것은 불변이나 아래의 것은 구개음화가 된다. 이 때는 얼핏 보기에는 삽입 모음 규칙을 먼저 적용하고, 그 다음에 구개음화 규칙을 적용시키면 될 것 같아도 그것이 안 된다. 그렇게 하면 구개음화를 받아서는 안 될 ti_1이 구개음화를 받게 되기 때문에, 이처럼 순서를 바꾸는 것으로는 해결되지 않는다. 이런 예가 click이 많아서 유명한 아프리카의 Xhosa라는 언어에 있다. 특히, 처격(locative)과 축소사(diminuative) 앞에 접사 y가 있는데, 원래부터 있는 y 앞에서는 구개음화가 안 되어도 이렇게 삽입된 y 앞에서는 구개음화가 된다. 이러한 예에서도 순서만 바꾸어서는 해결이 되지 않는다.

국어에서도 사동 · 피동에서 '이, 히' 등을 넣어서 '닫다, 닫히다 ; 먹다, 먹히다'와 같이, 원형에 사동 · 피동 형태소를 삽입하면 구개음화가 되어서 '다치다, 먹키다'와 같이 된다. 또, '같이, 돋이'도 마찬가지다.

(64) tathi- → tač^{h}i-, kath-i → kač^h-i, tot-i → toč-i

그러면, 과연 국어에서 i 앞에서 구개음화가 언제나 일어나는가 하면 안 되는 경우도 있다. 가령, '어디, 느티나무, 디디다, 티끌' 같은 것은 t, t^{h}가 구개음화되지 않는다. 이 때도 음가상 같은 i 앞인데 왜 안 되느냐 한다면 이렇게 주장할 수도 있다. 즉, 먼저 i는 구개음(palatal)의 i이고 나중의 i는 그와 다른 것이기 때문이라고 할 수 있겠다.

그렇지만 그렇게 보지 않고(아직 X-ray나 spectrogram의 실험은 해 보지 않아서 단언할 수 없지만), 이들 i 모음의 내용에는 아무 차이가 없는 것으로 볼 수 있다. 그러면, 이 똑같은 i에서 어느 때는 구개음화가 되고 어느 때는 되지 않느냐 하면, 그것은 형태소의 경계가 있기 때문이라고 생각할 수 있다. kath-i, tot-i와 같이 구분되지만, '어디' 등은 형태소의 분계선이 없는 하나의 단어라는 것이다. 그런데 i의 앞에 오는 형태소와의 사이에 형태론적인 경계가 있느냐 없느냐에 따라 이론을 세운다면 얼핏 다 맞는 것 같으면서도 반 정도의 타당성밖에 없는 것 같다.

왜냐하면, 국어에서의 구개음화가 반드시 ㄷ, ㅌ만이 아니라, ㄴ,

ㅅ 등의 치음과는 다 구개음화가 일어나서 'ㄴ, ㄴ, ㅅ, ㅅ' 등에서도 보인다. 그러면, 'ㄴ, ㅅ' 등에서는 어간 어미 등의 경계선이 없는데도 왜 이 때는 구개음화가 일어나느냐는 것이다. 또, 외래어를 보면(물론, 외래어는 고유한 국어와 달리 취급해야 되지 않느냐는 입장도 있겠지만, 외국어는 외국어의 발음이 그대로 우리 나라에서 쓰여지는 것이고, 외래어라면 이미 그 외국어의 발음이 국어화해서 쓰이는 것이라고 정의한다면) 츄부(<tube), 나지오(<radio) 등에서도 고유의 국어 어휘처럼 구개음화가 되는데, 그 중간 어디에도 형태소의 경계가 있지 않기 때문에 문제가 있다. 그러므로 국어의 구개음화를 일률적으로 다루는 데는 적지 않은 난점이 있다.

또, 아까 tathi-에서 hi를 집어넣었기 때문에 구개음화가 되었는데, 이 때 원음의 i와 그 앞의 어간과의 사이에 형태론적 경계가 있을 때 구개음화가 된다는 규정이 타당하다면(물론 예외도 있지만), h와 i 사이에 무슨 경계선이 있어야 할 텐데, 이 hi는 전체가 하나로서 사동·피동의 형태소다.

결국, 어떤 음운 현상에서 그 기저형과 차후에 음운 규칙에 의해서 삽입된 소리들 사이에 차질이 생겼을 때, 이제까지는 그것을 음운 규칙의 순서를 가지고 다루어 왔는데, 그것이 우연적으로 들어맞은 해결 방법이지 진정한 언어 이론에 입각한 타당한 해결 방법이 아니지 않는가 하는 의심이 든다.

2.4. 간요성과 자연성(simplicity vs. naturalness)

어떤 규칙을 세웠을 때 표현의 간요성과 자연성이 다 만족된다면 좋지만, 더 간결해졌으나 부자연스러워졌다든가 더 자연스러워졌는데 복잡해졌다든가 할 때 어려운 문제가 생기는 것이다. 프랑스어의 비음 현상에서 on, an, ain이란 철자가 역사적으로는 그 철자대로 [on, an, ain]으로 발음했는데, 끝에 오는 비음 요소 때문에 타성이 생긴 것이다. 원래 비모음이 아닌 앞의 것은 목젖을 닫고 공기가 비강으로 못 나가게 하며, 한편 na, ma 등의 순서일 때는 비음이 먼저이므로 목젖을 내리고 공기가 비강으로 나가게 한다. 앞서 발음에서 처음에는 목젖을 닫고 있다가 비음이 나오면 내려야 하며, 만약 비모음이나 비자음이 뒤따르지 않으면 다시 닫아야 한다. 그런데 목젖이 입술이나 혀끝보다 그 동작이 아주 느린 기관이니까 상당히 빠른 동작이 요구되는 발음에서는 이왕 내려야 할 바에는 그냥 모음도 내려서 하겠다는 타성이 생긴다. 그래서 모음이 비음이 되며 그 다음에 비음이 온다는 예고를 하여 주므로, 뒤에 오는 자음은 빠져 버려도 된다.

이렇게 해서 프랑스어의 비모음이 발달했다는 것인데, 항상 이런 철자가 비모음으로만 되면 프랑스어 모음 체계 속에 비모음만 남겨두면 되겠으나, 어떤 경우에는 n의 발음이 사라지지 않고 그대로 나타난다. 가령, paysan [peizã]이 paysanne [peizan]라고 여성형으로 하면 n음이 나온다. 이 때 이들을 fin [fɛ̃] / fɛ̃ / 과 fine [fin] / fin / 의 경우처럼 전혀 별개의 두 단어처럼 보면 상관이 없겠지만, 위의 것은 남·여성이 다를 뿐 같은 단어인데, 다른 음운으로 표시해 놓으면 어떻게 되는가 하는 문제가 있다. 같은 단어니까 같은 음운으로부터 나온 것으로 표시해 보자고 주장하는 측도 있다. 이렇게, 두 입장에서 어느 쪽을 택하느냐 하면 현재의 이론은 / fin / 을 택해서 기저형으로 하고, n이 탈락되면 i를 비모음 ɛ̃으로 만들어 주자는 처리 방식이 택해지고 있다. 그러므로, 프랑스어에는

(65) V → Ṽ / ___ N

의 규칙, 즉 비음 앞에서 모음이 비음화된다는 규정이 있다. 그래서 bon, bonne의 경우가 ɔ̃과 ɔn가 교체되는 것이다. 그러나 이에 대한 예외도 있다. 예컨대, pont [pɔ̃]에서는 교체되는 짝이 없는데, 이 비모음은 비모음이 아닌 것과 관계가 맺어져 있지 않기 때문에 위 규칙으로 표시되지 않는다. 이 경우는 애초에 /pɔ̃/으로 보아야 할 것이냐, 아니면 프랑스어에 위의 규칙이 있는 이상 /pɔn/를 소급적으로 가정하여 거기서 /pɔ̃/를 유도해 내야 할 것이냐를 결정해야 하는 것이다.

영어에서도 구개음화 현상으로 g가 ǰ가 되는 경우, 예컨대 pedagogue의 마지막 g가 [g]음인데 형용사 pedagogic의 둘째 g는 [ǰ]가 되며, legal과 legislature에서나, Margaret와 Margie에서도 g의 음이 바뀐다. 그러므로 영어에도

(66) g → ǰ / ___ i

의 규칙이 있다. 이 규칙이 필요하기는 하지만 그렇지 않은 경우도 있다. 예컨대, giraff에서 /giraf/를 원형으로 삼아서 위의 규칙을 적용하여 거기서 /ǰiraf/를 만들어 내느냐 아니면 영어에 이미 ǰ라는 음이 judge 등에서 존재하니까 처음부터 /ǰiraf/로 하느냐가 문제된다. 이미 있는 규칙을 그냥 이용하여 편승시키는 것을 **편승 원칙**(free-ride principle)이라고 한다.

이렇게 나중 경우처럼 교체형이 전혀 나타나지 않는데도 불구하고, 이미 있는 규칙을 그냥 이용하여 자연적으로 변하게 한다는 예를 국어의 경우에서도 찾아볼 수 있다. 예컨대, 아까 구개음화로서

(67) a. ㄷ→ㅈ / ___ $\begin{Bmatrix} i \\ y \end{Bmatrix}$

b. ㅌ→ㅊ / ___ $\begin{Bmatrix} i \\ y \end{Bmatrix}$

의 규칙이 있었는데, 이것을 '자전차'와 관련시켜 보자. 그런데, 국어에서 '댜'가 [자], '뎌'도 [저]로 되어, 말하자면 ㅈ음들을 모두 ㄷ으로 대치할 수 있으므로, ㅈ 계통의 음운이 없다고 볼 수 있다. 결국, /ǰiraf/를 유도하기 위해 /giraf/를 원형으로 놓듯이 /tya tyən thya/를 기저형으로 세워, 점차적으로 /ča čən čha/란 발음을 유도할 수도 있다는 것이다. 이 때 ㅈ, ㅊ, ㅉ 계열의 음운은 필요가 없어져서 음소의 수를 줄일 수 있어 간소화는 되었지만, 그것이 자연스러우냐가 문제된다. (이것을 처음부터 /ča čən čha/라고 하는 것과 비교해 보면 훨씬 부자연스럽다.)

또, 한 예를 들면 국어에 ㅎ이 들어가서 '숳것, 숳닭, 숳범, 숳개' 등으로 된 말들이 있는데, 이것을 h가 들어가서 기음화된 것이라 보지 않는다면 k^h, t^h 등의 발음이 나오는 것을 설명할 수 없다. 국어에 결국 suh-라는 형태소가 있다는 것이 확실한데(마치 '좋다'에서 t^h가 되는 것이 h가 있기 때문인 것처럼), 만약 suh-nom에서는 발음이 [sunnom]이 되어 바꿔 쓰면 숳놈→순놈(h→n)이란 변화가 있다. 이것을 규칙으로 바꾸면

(68) h → n / ___ n

과 같이 간단히 되지만, 음운 이론상으로 볼 때 이 규칙이 자연스러우냐는 좀 의심된다. 즉, 후음 h가 비음 n이 된다는 것은 상당히 다

른 것끼리의 변화이기 때문이다. 발음할 때 h는 목젖을 닫고 혀를 낮추며, n은 목젖을 내리고 혀끝을 올리는 것이다. 만약, t가 n으로, s가 n으로 되었다든가 하면 크게 이상하지는 않다. 가령, '낱말'에서 '난말'이 되는 것은 조음 위치가 같아서 비음화되었다든가, 같은 비음인데 그 조음 위치만 조금 옮겼다든가 하면 자연적이며 타당하다고 볼 수 있다. 그러나 h를 n으로 바꾸어 놓으면 이것은 마치 p가 r로 되었다든지 s를 k로 바꾸었다든지 하는 것만큼이나 동떨어진 변화라 할 수 있다. 물론, 자음을 모음으로 바꾼 것만큼 심한 경우는 아닌지 모르지만, 상당히 먼 거리로 바뀐 것이다. 그러므로 위의 h→n/___n 규칙은 음운 규칙으로는 간단하기는 해도 현대의 음운 이론상으로는 부자연스러운 것이 아닌가 하는 것이다.

그러니까 이것을 자연스럽게 만들기 위해 단계적으로 h→s→t→n의 가공적 과정을 형성해 볼 수 있다. 이렇게 하면, '형님→성님'처럼 같은 파열음끼리 변화하여 h가 s로 바뀔 수 있고, 또 s가 t로 되는 것도 '옷이'가 '옷과, 옷'으로 되는 것처럼 가능하며, 또 t가 n으로 되는 것도 '닫는다'가 '단는다'로 되는 등의 예가 있어 모두 타당한 것이다. 이렇게, 자연스럽게 만들기 위해서는 여러 단계가 필요한데, 이것이 h→n으로 직접 바꾸는 것보다 과연 자연스럽기는 해도 아주 복잡하다. 그리고 이렇게 복잡하게 바꾸는 것도 그 중간 단계의 발음에서 마침 과도적인 형태를 적용할 수 있는 실례가 있으면 좋은데, 전혀 그런 중간 단계의 예가 없이 직접 바뀌어 버리는 것처럼 보이는 것은 해결하기가 곤란한 것이다. 중간 단계의 발음 변화를 설정할 수 있으면 복잡하게라도 위와 같이 처리하는 것이 타당하겠지만, 그렇지 않은 것은 문제가 생기는 것이다.

3. 복선 음운론(non-linear phonology)의 특성

생성 · 비생성 음운론을 막론하고 종래의 음운론에서는 음운 단위들이, 음소이건 변별적 자질이건, 단선적(mono-linear)으로 배열되어 있다고 보아왔다. Chomsky와 Halle의 *The Sound Pattern of English* (약칭 *SPE* : 1968)에서도, 이 단선적 음운 조직은 가장 기본적인 가정의 하나였으며, 사실 1960년대의 생성 음운론은 이 가정을 고수하려는 데서 일어나는 여러 가지 문제들을 해결하려는 데에 전력을 기울였다 해도 과언이 아닐 정도이다.

단선 음운론(linear phonology)의 대표적인 예는 한 음이 다른 음과 인접하는 데서 일어나는 동화 작용이다. 예를 들면, ki가 či로 변하는 구개음화라든가, np가 mp로 바뀌는 비음 동화라든가, tn이 nn으로 바뀌는 비음화 등등이다. 이러한 현상을 X→Y/__Z ("X가 Z에 선행 인접했을 때 Y로 바뀐다.")의 공식으로 표현하였음은 주지의 사실이다. 그러나 이러한 국부적인 동화 작용으로 설명할 수 없는 음운 현상들이 문제를 제기하기 시작하였다. 예를 들어, Shona어(아프리카 Zimbabwe어 반투어족)에서 파열음이 비음 뒤에서 h음으로 변한다든가 (즉, mp→mh, nt→nh……, Hyman 1975 : 126), 국어에서 유기 파열음이 자음 (C) 앞에서 유기성을 잃는다든가(예 : 높다→놉다, 같고→갇고, 부엌도→부억도) 하는 현상들은, 설사 stop→h/N__ 또는 [+asp]→[−asp]/__C 등으로 형식화할 수 있다 하더라도, 이것을 동화 작용이라고 보기는 어려웠다. 더욱이, 이러한 현상들이 어미에서도 일어날 때 문제가 더 복잡해진다(예 : 부엌→부억, 늪→늡). 단선 음운론에서는 이 현상을 어휘 경계 부호 #를 이용하여 [+asp]→[−asp] / ＿ $\left\{ \begin{matrix} C \\ \# \end{matrix} \right\}$로 표현하였지만, 신빙성이 크지 못했는데, 그 이유는 전혀 이질적인 언어 단위인 C와 #가 왜 동행하느냐 하는 합리적인 설명을 할 수 없었기 때문이었다. 그럼에도 불구하고, 일부의 음운학자(예 : Lightner 1972)는 어휘 경계 #에 [−voice]의 변별적 자질을 부여할 정도로(그래서 독일어나 러시아어에서의 어말 무성음화를 동화 작용으로 설명할 수 있도록) 음운 규칙의 단선성을 고수하였던 것이다. Vennemann(1972)과 Hooper(1972)가 자연 생성 음운론(natural generative phonology)을 주장하면서 위와 같은 기술의 비자연성을 지적하고, C와 #의 공통성을 음절 경계라고 말한 것은 한 걸음 진전한 것이지만, 이들도 음절 경계 부호 $를 신설하고, 이로써 $\left\{ \begin{matrix} C \\ \# \end{matrix} \right\}$를 대치하였을 뿐, 단선적 음운론의 사슬에서 벗어나지는 못했던 것이다.

단선 음운론에서 일어나는 또 하나의 문제는, 음운 규칙이 인접한 음에 의해 제기되지 않고, 인접하지 않은 음운 단위에 의해 좌우되는 경우이다. 그 한 예가 강세 배당 규칙이다. 강세(stress)를 지닌 언어에서 대체로 강세는 음절 구조에 영향을 받는데, 언어에 따라 맨 처음 혹은 맨 나중의 重音節($C\bar{V}$ 혹은 CVC)이 주강세를 받으며 부강세는 주강세로부터 세어 짝수 음절에 떨어지는 경우가 많다. 이러한 현상을 기술하기 위하여, 종래의 음운론은 변별적 자질의 비이원성(non-binarity)을 인정하였을 뿐만 아니라, 변수(variables), 괄호 표기(parentheses), 이접 규칙순(disjunctive ordering), 반복 규칙 적용(iterative rule application) 등등의 규약들을 제안하였다. 그러나 이러한 장치에도 불구하고 재래 음운론은 어째서 $C\bar{V}$와 CVC가 CVCV와 대등하게 행동하는지(예 : américa는 강세가 어말에서 두 輕音節 ri·ca를 건넌 me에 오는데, amálgam에서는 重音節을 하나 건넌 mál에 온다.), 어떤 경우에 비인접 음운 단위를 음운 규칙의 환경으로 쓸 수 있는지 설명을 할 수가 없었다.

성조(tone)의 기술은 단선 음운론에서 가장 다루기 힘든 큰 부스럼이었다. 여기서 제기되는 문제를 한둘 들자면, 기저형 V́V̀나 V̀V́는(`는 고조, ´는 저조)에서 어떤 분절 음운 규칙으로 한 모음이 탈락해도, 성조는 살아 남아 V̂나 V̌를 낳게 되는 수가 많다. 즉, 高低나 低高의 2음절이 하강 혹은 상승의 단음절 모음으로 각각 바뀌는 것이다. 중세 국어에서도 '부텨'에 주격 'ㅣ'가 붙으면 '부톄'로 제2음절의 重母音에 上聲이 표기되었던 예는 성조가 살아 남는 상존성(stability)을 보이는 것이다. 재래 음운론은 이런 현상을 소위 전국 음운 규칙(global rule)이라는 개념을 빌어 설명하였으나, 대부분의 음운론 학자들은 이를 께름칙한 마음으로 받아들였을 뿐이었다. 왜냐하면, 성조를 변별적 자질로 보고 高調를 [+High T.], 低調를 [+Low T.]라고 표기한다면, 다른 변별 자질들은 탈락하는 분절음을 따라 같이 사라지는데, 왜 하필이면 성조 자질들만 그 흔적을 남기게 되는지를 설명할 수가 없었던 것이다.

성조와 관련된 또 하나의 문제는 성조 가락(tone melody)이라는 것이다. 성조 가락이란, 어떤 형태소류(morpheme class)에 관련된 성조가 형태소의 음절수에 따라 그 가락이 오므라들기도 하고 늘어나기도 하는 현상을 말한다. 예를 들어, Mende어(Sierra Leone국)의 명사는 高, 低, 高低, 低高, 低高低 중 하나의 성조 가락을 띄게 된다. 그래서 高調 명사들은 음절수에 무관하게 모두 高聲이지만(kɔ́ '전쟁', pɛ́lɛ́ '집', háwámá '요선') ; 高低調의 명사들은 단음절이면 하강조(mbû '올빼미'), 2음절이면 高低調(kényà '아저씨'), 3음절이면 高中低調(félamà '교차점')를 띄게 되는 것이다. 성조를 분절음과 분리할 수 없는 변별적 자질로 보는 단선 음운론은 이러한 현상을 도무지 기술할 수가 없었다.

재래의 음운 이론으로 기술할 수 없는 이러한 현상들이 거듭 검토되게 되면서, 음운 단위들이 단선적으로 배열되고 있다는 주장을 1970년대 초기(예 : Leben 1971)부터 차차 버리게 되었고, 음운군 위에 어떤 계층적인 조직이 또 있음을 인식하게 되었다. 여기서 복선적(non-linear)이라는 말이 대두된다. 이것은 마치 단선적 문장론이 old men and women이나 flying planes 같은 구절의 중의성을 설명하지 못해 복선적(심층 구조와 표면 구조) 문장론으로 발전한 것과 비슷하다 하겠다. 이 새로운 음운론을 계층적(hierarchical) 혹은 3차원적(three-dimensional) 음운론이라고도 부르고 있는데, 1980년대의 음운론 연구의 지침이 될 것이다.

복선 음운론을 다시 ① 자립 분절 음운론(autosegmental phonology), ② 음절의 기능, ③ 율격 음운론(metrical phonology), ④ 조화 과정(harmonic process)의 네 분야로 나누어 각 분야의 특성을 예시하면서 새 이론의 장점을 제시해 보자.

3.1. 자립 분절 음운론(autosegmental phonology)

Goldsmith(1947 a, 1976 a 등)에 의하여 1974년도부터 배태된 이 이론은, 종래 초분절 자질들(suprasegmental features)이 분절음과 불가분한 관련을 맺고 있다고 보는 견해를 벗어나, 초분절 자질과 분절음의 자질들은 서로 자율적인 지위를 차지하고 있다고 보는 것이 특징이다. 간단히 말하면, ABC라는 분절 음운과 XYZ라는 초분절소(suprasegmental)는 아래 도시하는 바와 같이, 자립적인 층열(tier)을 이루고 있다는 것이다.

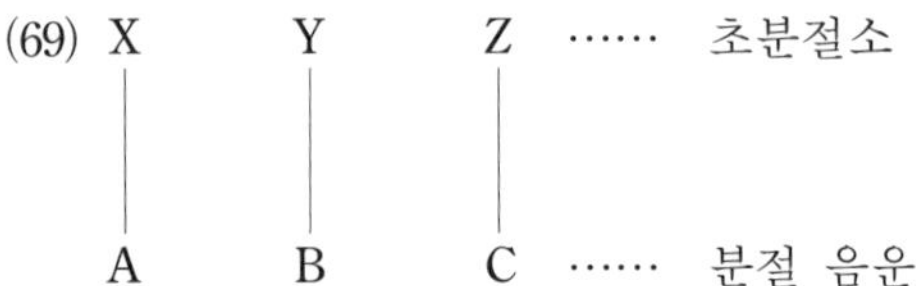

Haraguchi(1975)의 비유를 빌면, 이런 표시는 노래의 가락과 그 대사가 따로따로 표기된 악보와 같다는 것이다. 물론, 초분절소는 분절음에 얹혀 발음되므로, 종국에는 분절음에 연결되어야 한다. 위의 도시에서 X와 A를, Y와 B를, 그리고 Z와 C를 연결한 것이 이것이다. 그러나 두 층열이 독립적이니까 분절음 수와 초분절소 수가 꼭 같아야 할 이유가 없으며, 두 층열의 단위들이 꼭 1 대 1로 연결되어야 할 이유도 없다. 악보와의 비유로 돌아가면, '개나리'라는 3음절어의 가사가 CEG(도미솔)의 세 음표로 연결될 때(노래 불릴 때) 다음과 같이 여러 가지 연결 방법이 있는 것이다.

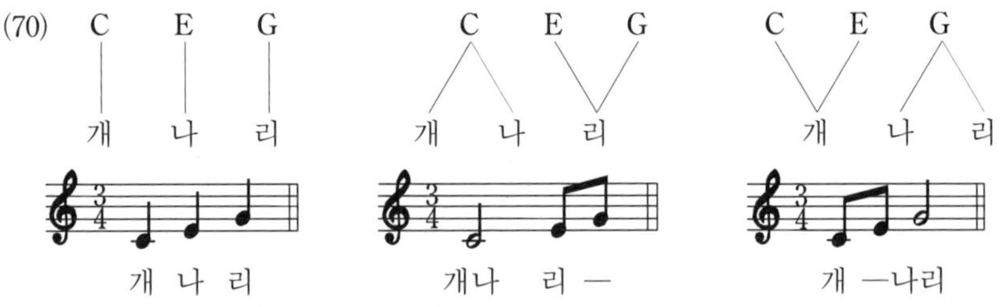

그러면, 이러한 자립 분절 음운론이 단선 음운론에서 일어나는 문제를 어떻게 극복하나, 한두 가지 예를 들어 보자.

우선 분절 모음의 탈락에도 불구하고 그 음운 위에 얹혀 있던 초분절 자질은 살아 남는 경우를 보면,

(71) Lumongo 어 (아프리카 Zaire 국) ;

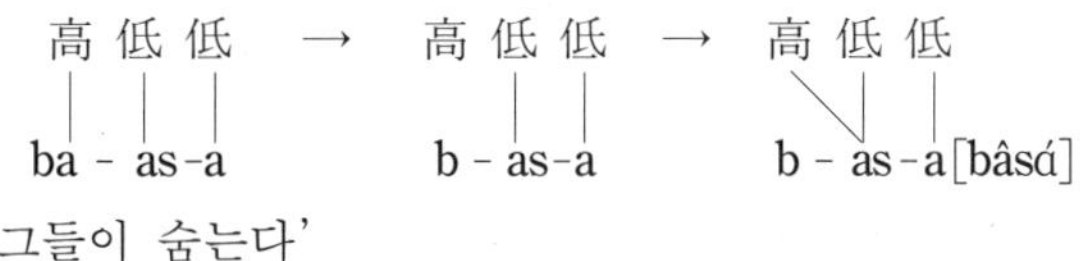

모음 á가 bá에서 탈락해도 모음에 연결되었던 高聲調는 남는다. 왜냐하면, 초분절층은 분절층과 독립적이기 때문이다. 그러나 어떤 초분절소이든 분절음과 종국에는 연결되어야 하니까 잠시 고립되었던 高가 ɑs에 붙게 되고, 여기 이미 있었던 低와 결합하여 高低調(하강조)를 낳게 되는 것이다. 다음으로, 성조 가락의 예를 들면,

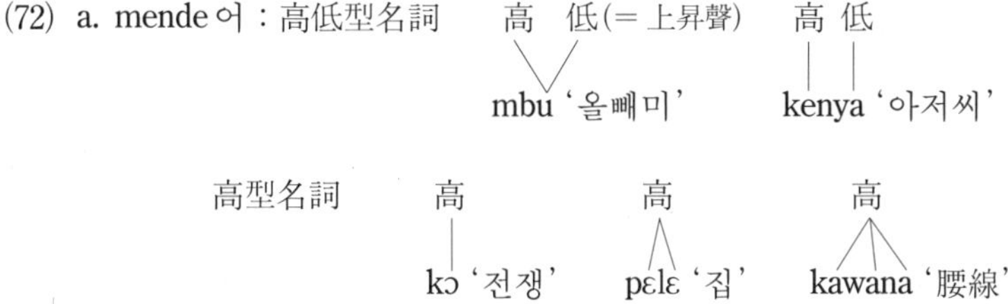

b. 중세 국어 : 低 低(平) 高(去) 低 低 高(= 上聲)

부 텨 + 이 → 부 톄(佛)

低 高(= 上聲) 低(平) 高(去)

담 + 은 → 담 은(滿)

중세 국어의 예는 성조 가락의 오므라짐과 늘어남이 당연적임과, 초분절소를 자립 층열로 보는 음운론은 이러한 현상을 자연스럽게 기술할 수 있음을 보여주고 있다. 즉, 평성(低) '텨'의 모음 'ㅕ'와 거

성(高) 접사 '-이'가 이중모음 'ㅖ'로 축약되어 한 음절이 될 때, 平·去가 上으로 오므라지게 되는 것과 상성(=低+高) '담-'(滿)의 어근에 無聲調接辭(toneless affix) '-은'이 붙을 때, 상성이 저성과 고성으로 늘어나면서 두 음절에 얹히게 되는 것을 당연하고 자연스러운 현상으로 설명하고 기술할 수 있는 것이다. 초분절 성조를 변별적 자질처럼 [+High T.] 혹은 [−Low T.]라고 표시하는 단선 음운론에서는, Lumongo어에서 bá의 á가 소실될 때, á를 변별적 자질로 다음과 같이 표시한다면,

(73) $\begin{bmatrix} +\text{sonorant} \\ -\text{consonantal} \\ -\text{high} \\ +\text{low} \\ +\text{back} \\ +\text{High Tone} \end{bmatrix}$

다른 변별적 자질은 다 사라지고 유독 [+High T.] 자질만 남는 이유를 무난히 설명할 수가 없는 것이다.

3.2. 음절의 기능

생성 음운론에서 아무런 지위도 없던 음절이 차차 두각을 나타내기 시작하여, *SPE* 출판이 10년이 지난 1978년에는 음운론에서의 음절의 기능의 정리를 시도하는 학회가 Colorado 대학에서 열렸다. (이 모임의 산물이 Bell and Hooper, 1978이다.) 최근 음절의 기능이 좀더 진지하게 검토되면서, 음절의 구성이 분절음의 일선상의 나열로 되어 있는 것이 아니라, 분절음의 계층적 배합(hierarchical arrangement)으로 되어

있음이 인식되게 되었다. 이러한 음절의 계층적(복선적) 구조는 아래에 도시하는 바와 같이, 문장론에서의 구절 구조(phrase structure)처럼, 분지 수형(branching tree diagram)으로 표시할 수가 있다.

(74)

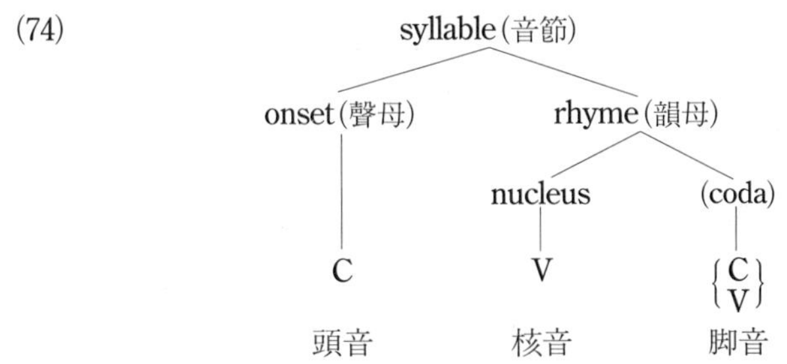

이러한 음절의 구조는 종래의 경음절과 중음절의 차이를 非分枝韻脚(non-branching rhyme) V와 分枝韻脚(branching rhyme) $\widehat{VC}$ 혹은 $\widehat{VV}$의 차이로 구별함으로써 강세 배당에 있어서의 두 종류의 음절의 기능적 차이를 자연적으로 설명할 수 있게 되었을 뿐만 아니라, 또 종래의 형태소 구조 조건(morpheme structure condition)도 음절 형판(syllable template)을 이용하여 기술할 수 있게 되었다. 일례로 어느 언어에서 모든 각음은 비음이어야만 한다는 조건은 다음과 같이 음절의 운모부분의 형판인

(75)

로 표시할 수가 있는 것이다.

Halle and Vergnaud(1978)는 이러한 음절 구조가 분절 음운 규칙(segmental rule)의 적용에도 작용함을 시범하였는 바, 몇 가지 문제가

있기는 하나(김진우 1981 참조), 한둘의 예를 들고자 한다.

첫 예는 삽입 모음 현상(epenthesis)이다. 국어나 이디오피아의 Harari어 같은 언어에서 어두와 어말에서 두 자음이 겹칠 수 없고, 어중에서는 세 자음이 겹칠 수 없다는 형태소 구성 조건이 있어서, 형태소들의 배합으로 위와 같이 허용되지 않는 자음군이 일어날 때는 한 모음을 삽입해서 자음군을 깨뜨린다고 하자. 단선 음운론에서는 이 현상을 다음과 같이 규칙화하였을 것이다.

(76)

$$\phi \longrightarrow V / \begin{Bmatrix} \#C \_\_ C \\ CC \_\_ \# \\ CC \_\_ C \end{Bmatrix} \begin{matrix} \cdots\cdots (a) \\ \cdots\cdots (b) \\ \cdots\cdots (c) \end{matrix}$$

Harari어에서 예를 들면, 기저형 /t+säbr/ '네가 깨뜨렸다'는 규칙 (a)에 의해 모음 i가 t와 s 사이에 삽입되고 (b)에 의해 어말에도 삽입되어 표면형 [tisäbri]가 된다. 그런데 여기서 주목할 사실은 삽입 모음의 환경이 일일이 나열되었다는 것이다. 음절에 입각한 음운론(syllable-based phonology)에서는 이런 단점을 다음과 같이 지양한다.

1. 기저형의 분절음에, 주어진 언어에서 허용하는 최대 음절 구조(maximal syllable structure)를 배치한다.

2. 어떤 음절에도 속하지 않는 좌초된(stranded) 자음에, 그 언어에서 허용하는 최소 음절 구조(minimal syllable structure)를 배치한다.

3. 이 때 생기는 빈 핵음 자리에 모음을 삽입한다.

위에 든 Harari어의 예가 이 방법으로는 어떻게 다루어지는지를 보자. Harari어에서 허용되는 음절형은 CV(최소)와 CVC(최대)뿐이다. 이제 최대형 음절 구조를 기저형 /t+säbr/에 배치하면 säb가 이에 소속되고 어두의 t와 어말의 r가 좌초된다. 이 좌초된 자음들에 최소형 음절 구조 CV를 배치하면 핵음 자리가 비게 된다. 이 빈 자리에 삽입 모음 i를 가하면 표면형을 얻게 된다. 이를 도시하면 아래와 같다.

(77)

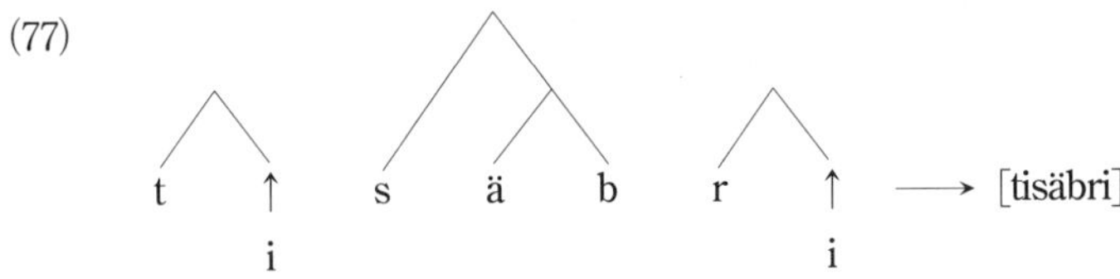

음절 구조의 원칙에서 삽입 모음 현상이 자연적으로 유래됨을 알 수가 있겠다.

계층적 음절 구조로 설명이 간결해지는 또 하나의 예로는 補償的 長音化(compensatory lengthening) 현상이 있다.

(78) Latin : sisdo: → si:do: '앉다'
Greek : esmi → e:mi '나는'
영어 : gans → goose '거위' 등

단선 음운론에서는 이런 현상을 자음 탈락과 長母音化의 두 단계로 나눌 수밖에 없었는데, 이는 두 현상이 유기적인 관계를 맺고 합세하여 보상적 장모음을 산출한 것이 아니라, 두 현상 사이에 통시적 관계가 있을 뿐 아무런 의존적 관계도 없음을 그릇 시사할 뿐 아니라, 자음이 탈락하면 탈락했지 왜 선행 모음이 보상적으로 길어져야 하는가에 대해서는 아무 말도 할 수가 없었다. 그러나 계층적 음운 구조에 입각한 음운론은 같은 현상을 자연적으로 설명할 수가 있다. 어떻게 그런가를 보자면, 우선 장모음의 음절 수형은 운모의 핵음과 각음이 한 모음에 연결되는 아래와 같은 꼴을 가진다 하자.

(79)

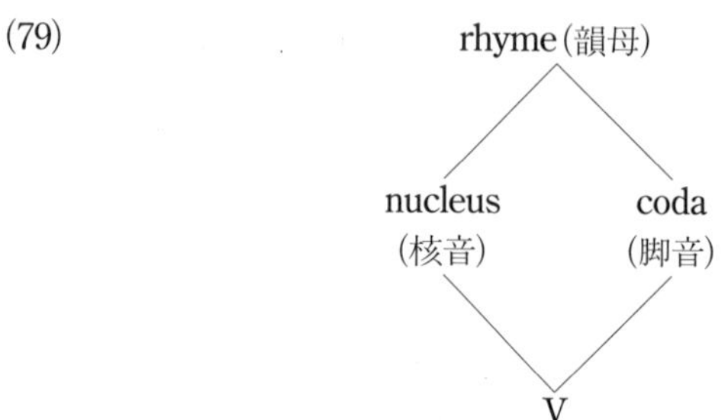

그러면, Latin 어의 예 sisdo: 는 다음 같은 수형을 가진다.

(80)

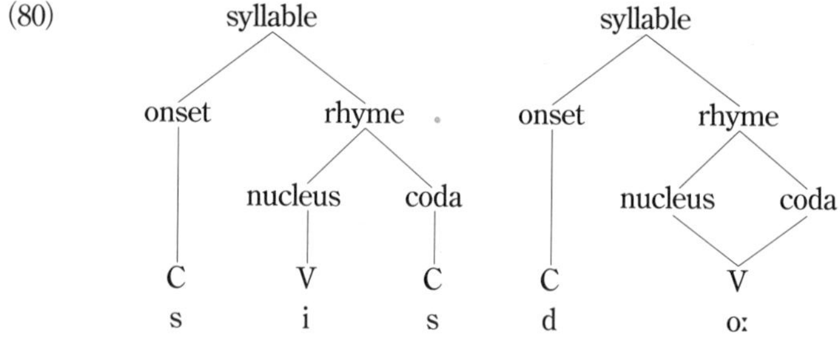

여기서 s 자음(둘째)이 탈락하면 갈 데가 없어진 coda 에서의 연결선이 i 에 붙으면서 i 가 길어지고, 이 보상적 작용은 운모의 단위(무게)를 보수하려는 데 기인한다고 자연적으로 설명할 수 있는 것이다 (Ingria 1980 참조).

3.3. 율격 음운론(metrical phonology)

Liberman(1975)에서 비롯한 이 이론은 강세를 상대적 자질로 규정한 데서 시작하였다. Liberman은 강세를 “음절 A에 n도의 강세가 있다”는 식으로 규정하지 말고, “음절 A가 음절 B보다 더 강하다”는 식의 상대적 개념으로 규정하여야 하며, 그 표시는 수형을 이용하여 아래와 같이 할 것을 제안하였다(S=strong 강, W=weak 약).

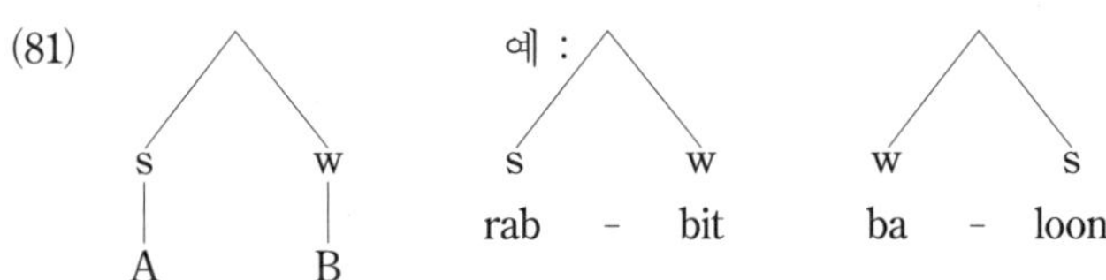

이러한 강·약의 상관적 대립은 2분법만을 허용하므로 다음 절어는 종횡으로 가지가 뻗어 나갈 것은 물론이다.

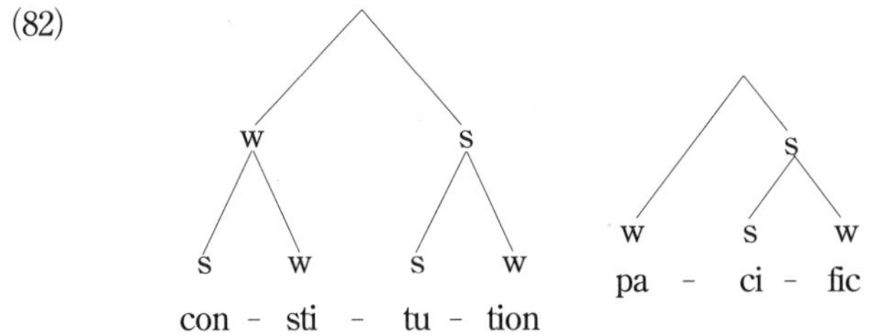

여기서 주목할 만한 것이 몇 가지 있다.

첫째, 주강세(main stress)는 S의 교점(node)만을 타고 내려온 음절(위의 예에서 -tu-)에 떨어지며, W의 교점만을 가진 음절(-sti-)은 강세가 없고, S와 W의 교점을 혼유한 음절들(con-, -tion)에는 부강세가 붙는다.

둘째, 이러한 강세 규정은 종래에 강세의 차등을 숫자로 표기해야 함으로써(예 : $\overset{2}{\text{co}}\text{nst}\overset{4}{\text{i}}\text{t}\overset{1}{\text{u}}\text{ti}\overset{3}{\text{o}}\text{n}$. 1이 주강세이고 숫자가 커질수록 약세이다.) 유독 강세 자질에만 多分性을 인정해야 하였는데, 새로운 율격적인 규

정에서는 강세 현상도 S와 W의 2분법으로 다룰 수 있다.

셋째, 강세의 차등은 한 음절이 종적으로 가지고 있는 S와 W 교점의 소산으로 자연히 유도된다. 예를 들어, 위에 든 예에서 제1열(윗줄)의 S에 +1, W에 －1, 제2열(아랫줄)의 S에 +2, W에 －2의 수치를 부여한다고 하자. 그러면, S와 W의 합계는 다음과 같이 나온다.

(83)

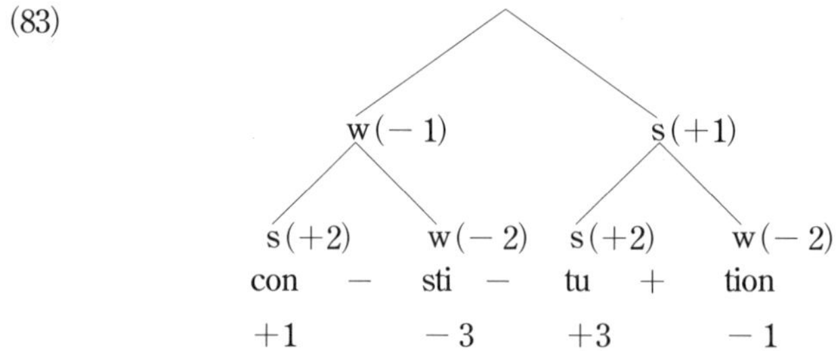

여기서 -tu-(+3)가 주강세, con-(+1)이 제2세, -sti-와 -tion은 약세임을 알 수 있다. 이를 도시하면 아래와 같다.

(84)

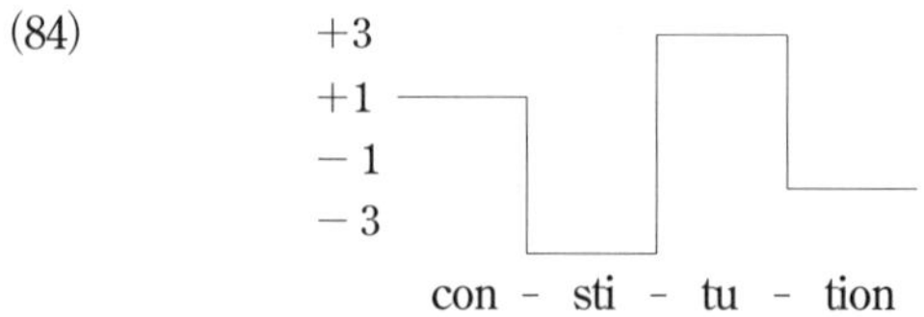

넷째, 이러한 음운론은 강약의 대립이 음절면에서만 단선적으로 규정되는 단선 음운론이 아니라, 음절군인 **음보**(foot)면에서도, 또 음보군인 단어(word)면에서도 (더 올라가 구절면에서도) 계층적으로 규정되는 복선 음운론이다.

음운 단위가 강약의 상대적 대립으로 규정된다는 이러한 견해는,

詩行의 선율이 율격(metre)으로 규정되는 것과 비슷하며 여기서 율격 음운론(metrical phonology)이라는 이름이 유래되는데, 율격의 의의가 이런 유추적인 호칭에만 그치는 것이 아니다. 율격이 언어의 음운 조직에 어떤 대국적인 기능을 발휘한다면, 개별 단어의 연결에서 부적절한 율격이 산출될 경우 이를 시정해야 할 것이다. 이런 현상은 사실상으로 존재하여 율격 음운론의 장점을 강조해 주고 있다. 예를 하나 들어 보자.

영어 수사 thirteen은 본강세형이 약강으로 단독 발음될 때나 약세로 시작하는 단어 앞에 본형대로 나타난다.

(85)

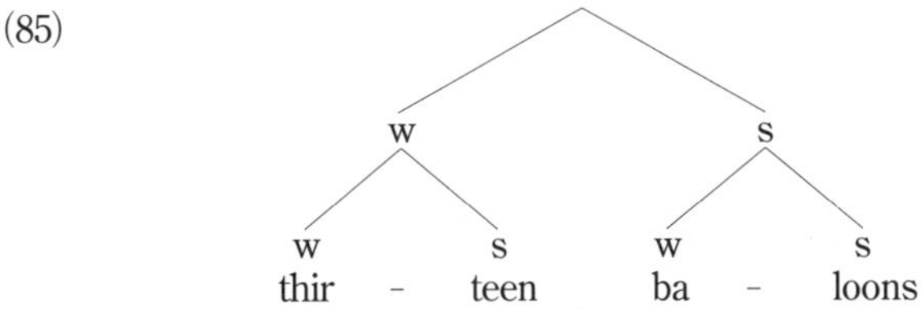

이 句는 약강약강인 억양격의 율격을 지니고 있어 좋으나, thirteen에 후행하는 명사가 단음절이거나 강세로 시작하는 다음절인 경우에는 약강강……의 부적절한 리듬을 가지게 된다.

(86)

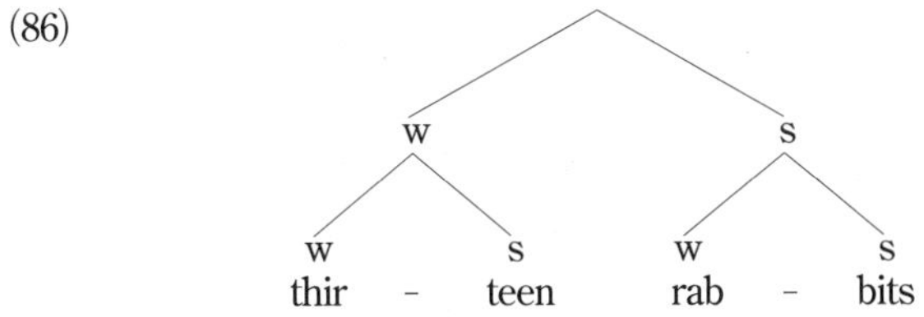

이를 시정하기 위하여 thirteen의 약강(WS)이 강약(SW)으로 전도하

여 강약강……인 억양격의 율격을 낳게 된다. 이 규칙을 도시하면,

(87)

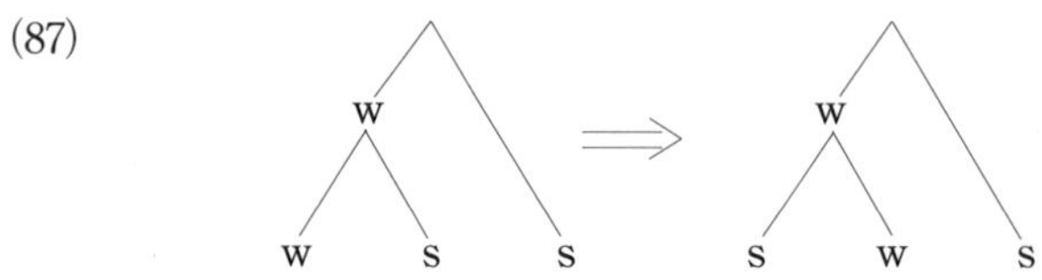

주목할 만한 것은 이 율격 전도 규칙이 종말 연쇄(terminal string)에만 적용되는 것이 아니고, 비종말 연쇄(non-terminal string)에도 적용되며, 구절에서도 적용되고 단어에서도 적용된다는 사실이다. 예를 하나씩 들어보자. 이미 예를 든 constitution과 hall이 연접하면 아래와 같다.

(88)

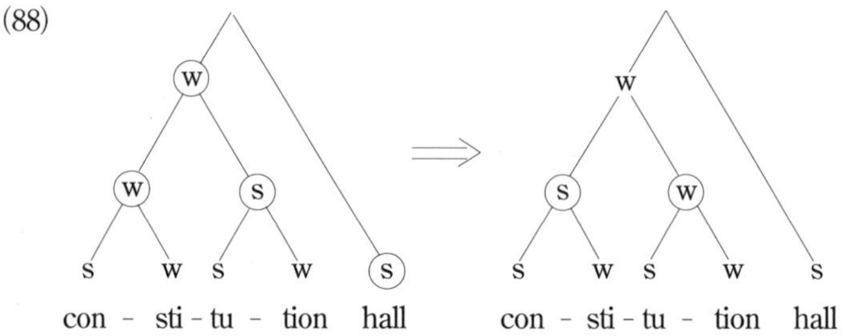

이 때 동그라미로 표시한 부분이 율격 전도 규칙의 구조 기술(structrural description)과 일치하므로, 규칙이 적용되어, 위의 도시에서 화살표 오른쪽처럼 바뀐다. 그리하여 명사구의 부강세가(주강세는 hall에 있음) -tu-에서 con-으로 자리가 바뀌는 것이다. 한 단어 안에서 같은 현상이 일어나는 것은 다음 예가 보여준다. 동사 expect는 제2음절에 강세가 있어 $\overset{w}{\text{e}}\text{xp}\overset{s}{\text{e}}\text{ct}$로 발음된다. 그러나 명사화 접사 -$\overset{s}{\text{a}}\text{ti}\overset{w}{\text{o}}\text{n}$이 붙으면 다음과 같이 동사형에서의 강세가 전도된다.

(89)

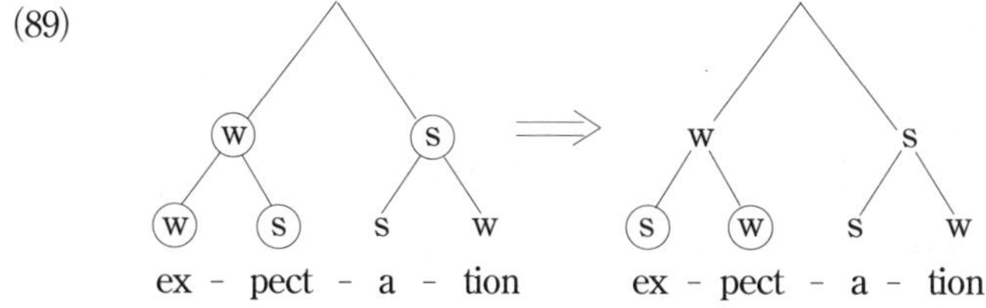

SPE 에서는 이러한 강세 전도 현상을 순환 규칙(cyclic rule)을 비롯한 여러 가지 규약을 이용하여 설명하였으나, 율격 음운론에서는 대부분의 이런 규약들이 필요 없게 된다. 여기에 새 이론의 이점이 있는 것이다.

음운 단위의 상대적 탁월성(relative prominence)을 강약의 2원적 관계로 표시하는 것은, 음절 단위뿐만 아니라, 음절 안의 분절음에도 공명성 계층(sonority hierarchy)의 개념을 빌어 응용되기도 한다(Kiparsky, 1979 참조).

3.4. 조화 과정(harmonic processes)

조화 현상은 단선 음운론의 말썽거리의 하나였다. 왜냐하면, 모음조화건, 자음 조화건, 비음 조화건, 조화 과정이 인접 음소를 뛰어넘어 비인접 음소로 뻗어 나가기 때문이다. 복선 음운론에서는 조화 작용에 참여하는 음소와 참여하지 않는 음소를 각기 다른(독립된) 층열에 배치함으로써 이런 문제를 자연적으로 제거한다. 이를 도시해 보면,

(90)

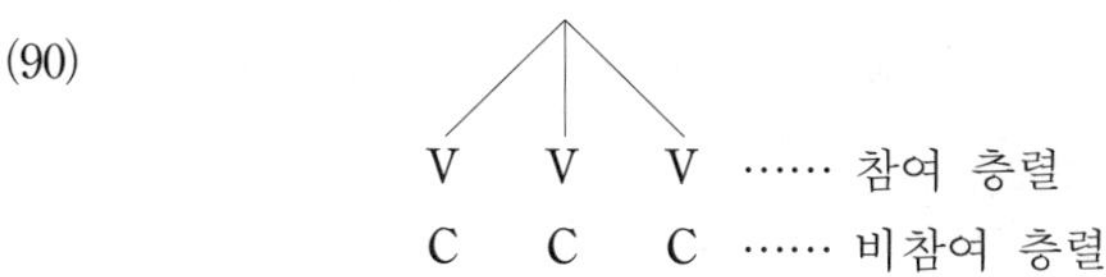

모음 조화에 참여하는 모음은 상위에 투영(projection)시키고, 자음은 하위에 배치함으로써 조화 작용이 모음에만 적용됨을 자연적으로 나타낼 수가 있다. 좀더 자세한 과정을 Halle & Vergnaud(1978)가 다룬 Paraguay의 Guarani어에서의 비음 조화 현상을 예로 들어 소개한다.

Guarani어에서는 모든 공명음(sonorant)이 비음 조화 현상에 참여하는데, 한 단어 안에서 비음 조화를 좌우하는 음소(또는 제동음 triggering segment, 즉 비음이나 강세 모음) 왼쪽에 있는 모든 공명음이 비음화되며, 그 오른쪽은 비음화되지 않는다.

(91) ro+mo+g^{w}ata [r̃õmog^{w}ɑtɑ] 'I made you walk'
ro+mo+xenu [r̃õmõxẽnu] 'I made you hear.'

첫째번 예에서는 mo의 모음이 비음화되지 않는데, 둘째번 예에서는 비음화되는 것은, 선행하는 비자음 m에 의한 것이 아니라, (그렇다면, 첫째 예에서도 후행 모음 o가 비음화되어야 함.) 세 음소 건너 떨어져 있는 후행의 n에 의한 것이다. 이에 Guarani어에서는,

(92) (1) 비음 조화를 좌우하는 제동음은 비음(및 강세 모음)이고,
(2) 비음 조화 참여음은 공명음이고,
(3) 비음 조화 방향은 왼쪽으로 뻗으며,
(4) 비음 조화 영역은 제동음에서 제동음까지임을 알 수가 있다.

위의 (1)은 조화 자질 [+nasal]로 표시되고, (2)는 공명음과 비공명음을 각기 다른 층렬에 배치함으로써 해결되고, (3)은 가지가 왼쪽으로 뻗는(left-branching) 수형을 세우면 되고, (4)는 이 수형(tree)을 제동음에서 끝내면 된다. 즉,

(93)

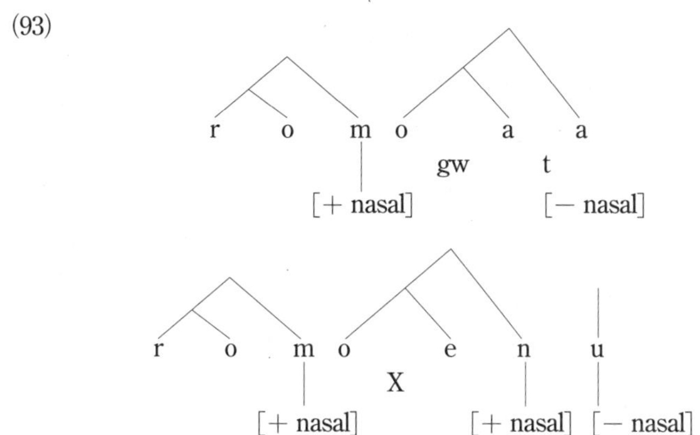

이제 여기서 한 가지 더 필요한 것은 제동음의 조화 자질을 조화 영역에 배부하는 일이다. 이를 위해 Halle & Vergnaud(1978)는 삼투(percolation) 규약을 도입한다. 삼투 규약이란, 제동음의 조화 자질이 수형의 꼭대기, 즉 정점(거꾸로 선 나무의 뿌리, root)까지 파급되고, 여기서 그 자질이 나뭇가지를 타고 다른 모든 투영된 음소에도 삼투한다는 것이다.

이렇게 복선 음운론은 비인접 음소가 조화 작용에 참여함을 자연적으로 설명할 수 있을 뿐만 아니라, 비음의 강도의 차이에도 자연적인 설명을 부여할 수 있다. Guarani어에서 비음의 강도는 제동음에서 멀수록 약화한다고 한다. 왼쪽으로 뻗는 가지는 이 사실을 잘 반영하고 있다. 즉, 제동음은 정점의 직접 지배(immediately dominated)를 받지만, 이에서 왼쪽으로 갈수록 내포(embedding)의 심도가 깊어진다. 즉, 비음화되는 음운과 정점 사이에의 교점(node)의 수가 커진다. 조화 자질이 삼투(percolate)할 때, 그 출발지인 정점과 행선지인 종점(terminal node) 사이에 교점이 많을수록, 즉 그 거리가 멀수록, 조화 자질이 약화될 것은 당연한 일이다.

최근의 논문에서 Halle 와 Vergnaud (1980) 는 조화 작용을 양방적 (bi-directional) 인 것과 일방적 (uni-directional) 인 것으로 나누고, 전자는 성조 자질과 같은 성격을 띄고 있어, 자립 분절 음운론의 방법론을 빌어 기술함이 가장 알맞고, 후자는 강세 자질과 같은 성격을 띄고 있어, 율격 음운론의 방법론을 빌어 기술함이 최적하다고 하였는데, 양방적 조화 자질이 浮動聲調 (floating tone) 같이 행세하며, 일방적 조화 자질은 Guarani 어의 예에서 보았듯이 그 수형이 율격 음운론의 것과 비슷함을 알 수 있겠다.

이상 복선 음운론의 특성과 장점을 자립 분절 음운론, 음절의 기능, 율격 음운론, 조화 과정의 네 분야에서 보았다. 이 밖에도 문법 범위 (grammatical domain) 가 복선 음운론으로 보다 더 보편적이고 간결하게 다루어질 수 있는 현상으로 주목되었다. 아랍어에서처럼 한 형태소 안에 다른 형태소가 끼는 경우, 단선 음운론이 이를 다루기 힘들 것임은 추측하기 어렵지 않다 (김영석 · 이상억 (1992) 의 운율 형태론 참조).

이 복선 음운론의 발단은, 분절 음운론 (segmental phonology) 에 거의 전력을 집중했던 초기의 생성 음운론이 초분절적인 성조 · 어조 · 강세 등으로 시야와 관심을 뻗침에 따라, 기존 이론으로 기술할 수 없는 현상과 마주치는 데서 자연적으로 발생한 것이라 볼 수 있다. 이것이 누구 한 사람에 의해서 시작되었다고 단언하기는 어려우나, 대체로 다음의 저작들이 각 분야에서의 시작을 고했다고 볼 수 있다.

(94) Goldsmith (1975) ·········자립 분절 음운론
Liberman (1975) ········· 율격 음운론
Kahn (1976) ··············· 음절의 기능
Clements (1976) ········· 조화 과정

어쨌든, 복선 음운론이 1970년대 후반 이후 1980년대의 음운론 연구에 있어서 지배적 경향이 되었음은 틀림없다.

4. 80년대 이후의 새 방법론들

1970년대 중반에 대두되기 시작한 복선 음운론의 기조 위에 1980년대 이후에도 미국을 주 무대로 한 현대 음운론의 이론적 발전 과정에는 적어도 다음과 같은 5가지 방법론들이 더 제기되었다.

우선 음운론과 다른 인접 영역 간의 관계하에서 연구 영역을 확충시켜 가려는 노력으로, 형태론과의 관계는 어휘 음운론 그리고 통사론, 의미론 및 형태론 등의 관계는 운율 음운론이 제안되었다. 운율 음운론이란 용어는 종래 metrical phonology를 번역하는 용어로 써 왔으나, 더 뒤에 등장한 prosodic phonology라는 새 용어를 번역하는 데에 '운율 음운론'을 배당하고, metre가 율격이므로(또 grid theory도 格子理論으로 번역하므로) 종전 metrical phonology는 '율격 음운론'이라고 바꿔 부르는 것이 좋겠다.

한편 음운론 내부 정리의 관점에서 자질들끼리의 관계에 주목하는 연구로서, 서로 연관성이 있는 미명시 이론과 자질 계층 이론이 구체화되었다. 그리고 1990년대에 들어와서 연관주의(connectionism)적 관점으로 음운론을 인지하려는 새로운 노력이 최적성 이론을 구성하게 하였다. 이 이론은 규칙보다는 제약을 중시하여 그 등급 순위에 따라 최적형을 찾는 방법을 써서 1990년대 음운론을 풍미하고 또 다른 분야까지도 영향을 끼치는 총아가 되었다.

4.1. 어휘 음운론

Clark & Yallop(1995)에서는 북미에서 정통 생성 음운론을 수정하고 확대하려는 모든 시도들 중에서 어휘 음운론은 생성 음운론 이전의 음소론에 대한 관심을 가장 명확히 나타낸다고 한다. 원래 Strauss (1982), Kiparsky(1982) 및 Mohanan(1982) 등에 의해 발전된 어휘 음운론(lexical phonology)은 형태론에 관한 재인식된 관심을 보여주며 분류 음소론(taxomonic phonemics)에서 보이던 단계별 표기를 주장한다. 이 같은 어휘 음운론의 내용을 도식화해서 보이면 다음과 같을 것이다.

(95)

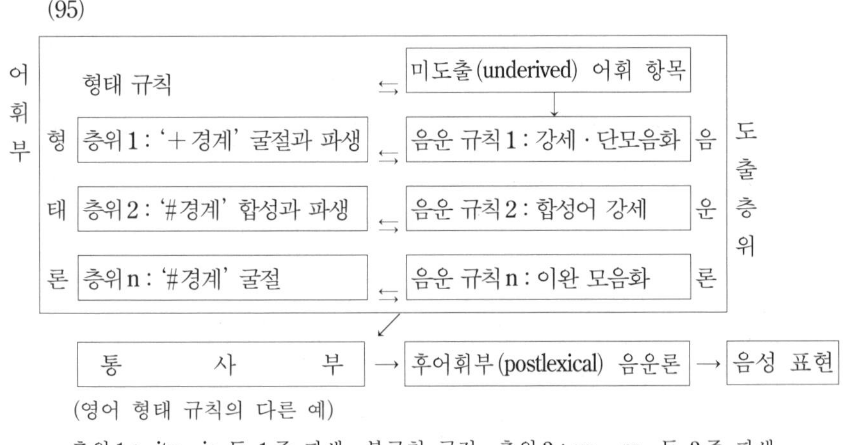

(영어 형태 규칙의 다른 예)

층위1 : -ity, -ic 등 1종 파생, 불규칙 굴절　층위2 : un-, re- 등 2종 파생

층위3 : 합성어 형성　층위4 : 규칙적 굴절

어휘 음운론은 추상적인 기저형을 허용하며 그런 점에서 '표준 생성 음운론'으로 볼 수 있다(Kaisse와 Shaw 1985 : 3). 명칭에도 나타나 있듯이 어휘적(lexical) 영역과 후어휘적(post-lexical) 영역을 구별한다.

어휘 규칙의 입력부는 형태론에 의해 제공된다. 형태부는 어떤 언어에서 여러 접사가 붙은 단어 형태와 합성 형태들을 제공하고 그 후 어휘 규칙이 적용되어 그 언어의 음운 조건에 맞게 이 단어 형태들을 수정하게 된다. 영어에서 어휘 규칙은 logic, critic 및 electric과 같은 어간의 마지막 자음이 접미사 -ism과 -ity 앞에서 /s/로 '약화'되는 점을 확인시켜 줄 수 있다. 어휘 규칙의 출력부에 적용되는 후어휘 규칙은 그 구조를 언급할 필요가 있거나 단어 경계를 넘어 적용되는 규칙들처럼 단어보다 더 큰 영역에 적용되는 규칙들이 포함된다. 영어에서, /j/ 앞에서 /s/와 /z/가 /ʃ/와 /ʒ/로 동화되는 현상은 단어 안(tension과 usual의 경우처럼)에서뿐만 아니라 단어 경계(I miss you나 as you wish의 경우처럼)를 넘어서도 적용되기 때문에 후어휘 규칙이어야 한다. 후어휘부의 규칙들은 어휘부에서 명시되지 않은 잉여 자질을 채워 주는 역할도 담당한다. 어휘 규칙들은 긴장 및 이완 모음(sane, sanity 등의)에 적용되는 *SPE*의 잘 알려진 규칙을 포함하여 전통적인 용어로 표현하면 대체로 '형태 음소적'이라고 할 수 있다. 후어휘 규칙은 Stampe(1973)의 자연적 처리 과정(process)이나 전통 음소론의 이음 과정과 비슷하다. 따라서 후어휘 규칙은 예외를 인정하지 않고 단어 경계를 넘어 적용될 수 있으며 '강한 기음화'나 '부분적 무성음화' 같은 음성적 결과를 만들어 낼 수도 있다. 결과적으로 '어휘 표기'로 부르는 어휘 규칙의 출력부는 어떤 면에서 전통적인 음소 표기와 매우 비슷하다. 이 어휘 규칙의 출력부를 어휘 음운론자들은 음운론 안의 중요한 단계로 간주하는데 이는 모국어 화자들이 어휘 규칙이 결정하는 sane와 sanity에서의 모음들을 서로 다른 것으로 인식하는 반면, 파열음을 유성음화하거나 sanity에서의 모음을 비음화하는 정도는 의식하지 않는 현실적 단계이기 때문이다(Kaisse와

Shaw 1985 : 4-8). 다음 표는 어휘 규칙과 후어휘 규칙의 차이를 요약한 것이다(Kiparsky 1983 ; Pulleyblank 1986).

어휘 음운론에 관한 상세한 내용은 김영석 · 이상억(1992)의 어휘 형태론 부분을 참고하면 좋겠고, 아울러 그 책의 운율 형태론도 다음 절의 운율 음운론과 관련시켜 공부할 수 있겠다.

(96)

어휘 규칙	후어휘 규칙
(적용 범위가) 단어를 뛰어 넘지 않는다.	단어에 한정되지 않는다.
같은 층위에서 부여된 단어 내부의 구조에 접근한다.	구절 구조에만 접근한다.
모든 후어휘 규칙에 선행한다.	모든 어휘 규칙에 후행한다.
순환적이다.	한 번 적용한다. 즉, 비순환적이다.
다른 어휘 규칙에 대해 이접적으로 적용한다(cf. 여타 조건(elsewhere condition)).	어휘 규칙에 대해 연접적으로 적용한다.
도출 환경에서 적용한다.	전면적으로 적용한다.
구조보존적이다.	구조보존적이 아니다.
어휘 범주에만 적용한다.	모든 범주에 적용한다.
예외를 가질 수 있다.	자동적이다.

4.2. 운율 음운론

운율 음운론(prosodic phonology)은 음운론과 관계된 문법의 다른 부분, 즉 형태론, 통사론, 의미론 등과의 상호 작용에 대한 문제를 주로 다룬다. Nesper & Vogel(1982)은 다음과 같은 표로 운율 음운론의 위상을 정리하여 보여 주었다.

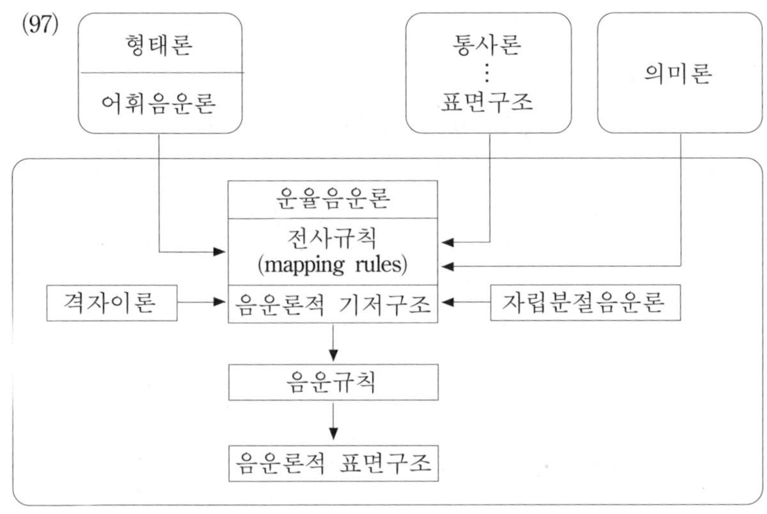

운율 음운론과 문법의 다른 하부구조 사이의 상호작용

운율 음운론에서는 형태론이나 통사론에서 쓰는 단위와 다른 음운론적 단위(phonological unit)로 다음과 같은 8가지를 주목한다.

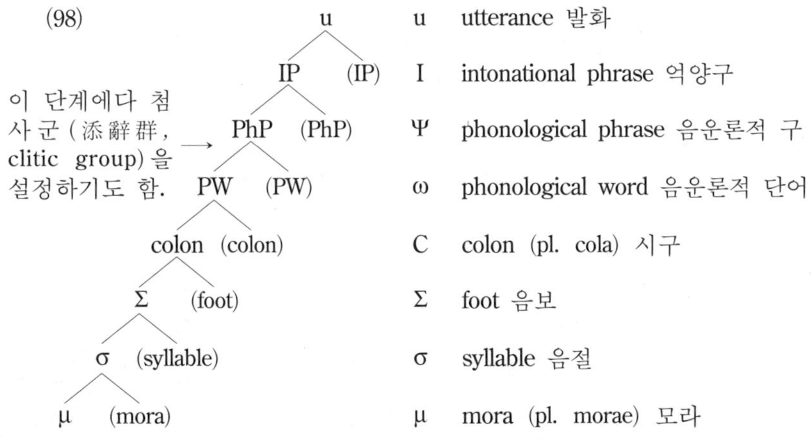

이들 단위 가운데 가령 음운론적 단어 내부에서만 구개음화가 일어난다는 주장을 할 수 있겠다. 예컨대 '밭-이'에서 '-이'는 독립되지 못하고 '밭-'과 함께 한 개의 음운론적 단어로 잡혀 [바치]가 되고, '밭 + 일'은 두 개의 음운론적 단어로 간주되어 구개음화가 일어나지 않는다. 또 '선린'에서는 한 개의 음운론적 단어 속이므로 [설린]이 되지만 '선린 + 로'일 경우는 두 개의 음운론적 단어 사이에서 아무런 설측음화가 일어나지 않고 '로'에 두음법칙(ㄹ → ㄴ)이 적용되어 [설린노]가 된다.

4.3. 미명시 이론

Archangeli(1984)의 未明示(underspecification) 이론은 기저형에서 이미 예측 가능한 자질들을 명시하지 않고 잠재시켜 두었다가, 필요해질 경우는 잉여 규칙(redundancy rule)에 의해 명시해 넣는다는 내용으로 음운 표시의 간결성과 규칙 특성의 명료성을 보일 수 있다.

다음 국어 모음의 명시 도표 속에 ( )로 표시한 잉여 부분을 빼버리면 바로 미명시의 모습이 되는 것이다(손형숙(1987) 참조).

(99)

	i	e	ɛ	a	ə	o	u	ɨ
[high]	(+)	−	(−)	(−)	−	−	(+)	(+)
[back]	−	−	−	(+)	(+)	(+)	(+)	(+)
[round]	(−)	(−)	(−)	(−)	(−)	+	+	(−)
[low]	(−)	(−)	+	+	(−)	(−)	(−)	(−)

위에서 잉여 부분을 어느 만큼 인정하느냐에 따라 급진적 미명시와 제한적 미명시로 접근 방법이 나뉘기도 한다. 잉여 규칙에는 旣定値(default) 규칙과 보충(complement) 규칙이 있어 이들에 의해 위 도표의

완전한 명시가 가능해지는 것이다.

(100) a. 국어의 기정치 규칙

$[\ \ ] \rightarrow [\ \ ] - \text{high} / \left[\begin{array}{c} +\text{low} \\ \_\_\_ \end{array}\right]$(저모음은 항상 [− high]라는 범어적 사실)

b. 국어의 보충 규칙

a. [ ]→[+ high] ([high] 자질에서의 빈 칸은 [+ high]로 보충해 채움)
b. [ ]→[+ back] ([back] 자질에서의 빈 칸은 [+ back]로 보충해 채움)
c. [ ]→[− round] ([roudn] 자질에서의 빈 칸은 [− round]로 보충해 채움)
d. [ ]→[− low] ([low] 자질에서의 빈 칸은 [− low]로 보충해 채움)

국어 자음의 미명시 도표를 여기서는 역시 ( )를 써서 잉여 부분까지 나타내면 다음과 같다.

(101)

	p	p'	p^h	t	t'	t^h	s	s'	c	c'	c^h	k	k'	k^h	m	n	ŋ	l	r	h
continuant	(−)	(−)	(−)	(−)	(−)	(−)	+	+	(−)	(−)	(−)	(−)	(−)	(−)	(−)	(−)	(−)	(−)	(+)	+
anterior	(+)	(+)	(+)	(+)	(+)	(+)	(+)	(+)	−	−	−	−	−	−	(+)	(+)	−	(+)	(+)	(−)
coronal	−	−	−	(+)	(+)	(+)	(+)	(+)	(+)	(+)	(+)	−	−	−	−	(+)	−	(+)	(+)	(−)
sonorant	(−)	(−)	(−)	(−)	(−)	(−)	(−)	(−)	(−)	(−)	(−)	(−)	(−)	(−)	(+)	(+)	(+)	+	+	(−)
nasal	(−)	(−)	(−)	(−)	(−)	(−)	(−)	(−)	(−)	(−)	(−)	(−)	(−)	(−)	+	+	+	(−)	(−)	(−)
lateral	(−)	(−)	(−)	(−)	(−)	(−)	(−)	(−)	(−)	(−)	(−)	(−)	(−)	(−)	(−)	(−)	(−)	+	(−)	(−)
spread gl.	(−)	(−)	+	(−)	(−)	+	(−)	(−)	(−)	(−)	+	(−)	(−)	+	(−)	(−)	(−)	(−)	(−)	+
constric gl.	(−)	+	(−)	(−)	+	(−)	(−)	+	(−)	+	(−)	(−)	+	(−)	(−)	(−)	(−)	(−)	(−)	(−)

4.4. 자질 계층 이론

자립 분절 이론에서는 자질들이 분절음과 초분절음 층열에 따라 각각 자율적으로 행동하는 모습을 보였고, 율격 음운론이나 음절 음운론에서는 분절음보다 더 큰 단위 등의 계층적 구조를 인정하였다. 이제 분절음의 하위 자질들이 3차원적 계층 구조를 가지고 있다고 봄으로써 종래의 자질 체계보다 더 입체적 합리적 설명이 가능해진 것이 자질 계층 이론 또는 자질 기하학(feature geometry)이다. 이 이론은 Mohanan(1983), Clements(1985, 1989), Sagey(1986), McCarthy(1988), Clements & Hume(1995) 등에 의해 여러 차례 개편되어 왔으나 여기서는 최근의 Halle(1995)식 자질 수형도를 보이기로 한다.

(102)

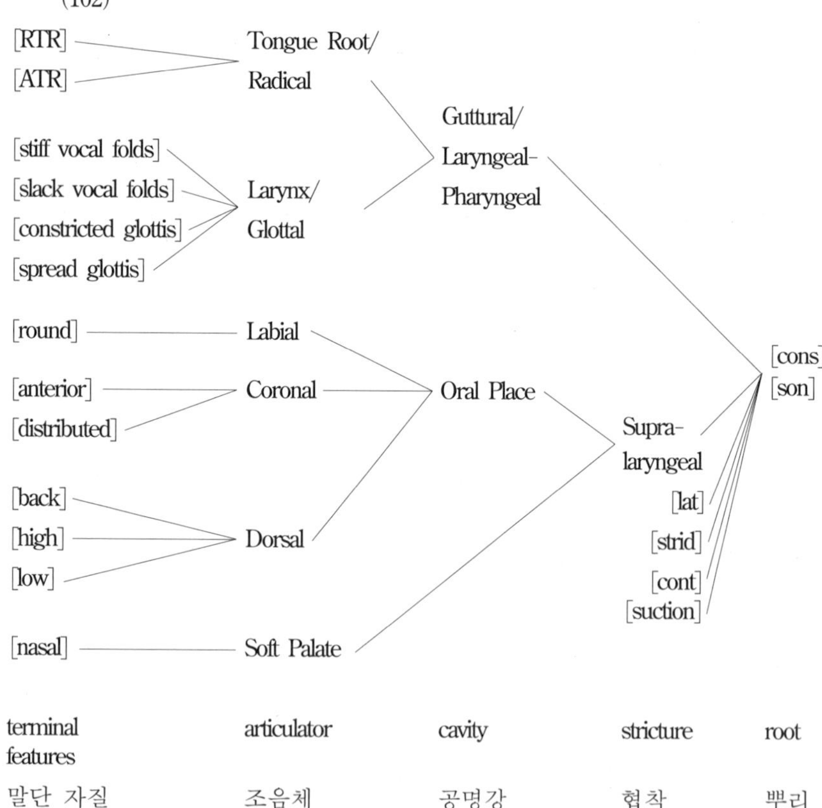

앞에 보인 자질 수형도는 대체로 조음 기관과 일치한다. 여기서 좀 다른 자질 계층 이론에 근거한 국어의 자질 수형도를 보이면 다음과 같다(김기호 1987). 이 가운데 sonorant 즉 [S]의 위치를 달리 잡는 등, 새로운 제안들이 나오기도 했다.

(103)

```
CV층열 :                        X
                                |
뿌리마디 :                      R
후두음 :                   /    |    \
후두상음 :                L     S     SL
(喉頭上音)                |          /   \
조음방법 :   [SG, CG, V]   M           P
조음위치 :                 |           |
주요위치 :          [Lat, N, C]   lab  cor  dor
                                   |    |     \
                                  [R] [A, D] [H, Low, B]
```

R : root	L : laryngeal	SL : supralaryngeal
SG : spread glottis	CG : constricted glottis	V : voiced
M : manner	P : place	S : sonorant
Lat : lateral	N : nasal	C : continuant
R : round	A : anterior	D : distributed
H : high	Low : low	B : back

한국어의 자질 수형도

4.5. 최적성 이론

Prince and Smolensky(1993)의 최적성 이론(optimality theory)이란 종

래에 규칙을 중시하고 그 규칙순의 적용에 따른 도출 과정에 주목하던 관점을 바꿔, 제약(constraint)에 의해 걸러지는 출력형에 관심을 두는 방법론이다. 어떤 목표에 더 조화적(harmonic)인 출력형이 생기느냐를 따지므로 조화 음운론(harmonic phonology)이라고도 한다. 또 음운 규칙을 인정하지 않고 그 현상을 인지 작용과 관련시켜 설명하므로 인지 음운론(cognitive phonology)이라고도 한다(이상억(1994) 참조).

규칙, 규칙순, 도출 과정 대신 제약, 표면형의 적격성에 관심을 두는 이 방법은 다음과 같은 예로 설명할 수 있다. 즉 장학금 수여 대상자를 선정함에 있어 1) 중복해서 받으면 안 된다, 2) 학업 성적이 우수해야 한다, 3) 가정 경제 형편이 어렵다 등등의 여러 제약을 놓고 다음 표(tableau)로 나타내 보자.

(104) 장학금 지급 대상자 선정 과정

후보자	중복불가	학업성적	경제형편
A	*!		
☞B			*
C		*!	

회색칠 부분은 최적 후보를 고르는 데 무관(irrelevant)하다는 표시.

후보자 A는 이미 전에 받은 일이 있으므로 논의 대상에서 우선적으로 제외된다. B는 전에 받은 일도 없고 학업 성적도 좋으나 가정 경제 형편이 그리 어려운 편이 아니다. 그런데 C가 전에 받은 일은 없지만 학업 성적이 결정적으로 나빠서, 결국 장학금은 B에게로 돌아갔다. 여기서 제약을 한번 어기면 벌점 한 개 *를 받고, 더욱이 결정적(critical) 벌점인 *!을 받으면 그 뒤 칸은 따져볼 필요도 없다.

그런데 앞의 표에서 선정 기준을 중복불가≫학업성적≫경제형편의 순위로 등급(ranking)을 매기지 않고, 가령 중복불가≫경제형편≫학업성적의 순위로 바꾼다면 최종 수혜자는 오히려 C가 될 것이다. 이와 같이 한 기저형에 대해 무수한 표면형이 나올 수 있고, 관여되는 제약들도 언어에 따라 달라지겠지만 어느 정도 보편적으로 인정이 되는 것들이어야 할 것이다. 이 제약들은 위배될 수도 있는(violable) 것들이며, 개별 언어 고유의 제약 등급에 따라 최소(minimal)로 위배된 것이 최적형으로 선정된다. 즉 제약을 어기지 않는 것이 없으면, 어기더라도 보다 낮은 순위의 제약을 어긴 표면형이 선정된다.

위와 같은 방법으로 국어의 예 '삶'에 관한 표를 그려 보면 아래와 같다. 이 때 음절구조≫삽입금지≫탈락금지의 세 등급 순위를 가정한다.

(105)

/삶/	음절구조	삽입금지	탈락금지
salm	*!		
☞ sam			*
salmɨ		*!	

삽입금지(Dep-IO)　　탈락금지(Max-IO)

위에서 salm은 음절 구조 제약을 위배하여, 더 이상 고려 대상이 되지 못한다. salmɨ는 음절 구조 제약은 만족시켰지만, 입력형에 더 삽입을 금지하는 제약을 어겨 결국 sam이 최적형으로 선택되는 것이다. 도출형에서 더 탈락되는 것을 금지하는 제약은 제약 등급에서 최하위에 있기 때문에 최적형 결정에 아무 역할을 하지 못한다. 이렇게 입력형과 도출형 둘 다를 고려 대상으로 하는 관점을 특히 대응(correspondence) 이론이라고 한다.

참고

Ⅶ. 1.1.～1.5절, 음운과 변별적 자질에 관해서는 Schane(1973). Hyman(1975), Sommerstein(1977), Kenstowicz and Kisseberth(1979) 등을 일독하고, 그 이론적 배경을 원모습대로 보려면 Jakobson, Fant & Halle(1951), Chomsky & Halle(1968) 등을 참조. 이에 대해 Ladefoged(1971)의 多分(multivalued)의 체계를 비교 참조.

Ⅶ. 1.6.～1.8절, 형태소와 잉여성에 대해서도 위의 책들은 물론 Halle(1959), Stanley(1967) 및 남기심·이정민·이홍배(1979) 등을 참조.

Ⅶ. 1.9절, 음운 규칙과 표기상의 규약도 위의 책들 외에 McCawley(1970), Anderson(1974), 전상범(1977), Kenstowicz & Kisseberth(1979) 등을 참조. 특히, 鏡像規則은 Bach(1968), Langacker(1969) 참조.

Ⅶ. 1.10절, 규칙순과 기저형 설정에 대해서는 위의 책들 외에 Kiparsky(1968), Sommerstein(1977) 등을 참조.

Ⅶ. 1.11절, 음운적 음절은 허 웅(1968) 및 Pike(1947) 참조. 음절에 대한 상론은 Hyman(1975)과 Sloat, Taylor & Hoard(1978) 및 Vennemann(1972)와 Kahn(1975)도 참조. 비음운론적 문제들은 Schane(1973) 같은 것을 참조.

Ⅶ. 2.1절, 절대 중화 작용에 대해서는 Halle(1962), Kiparsky(1968 a), Hyman(1970), Brame(1972 b), Harms(1973) 등의 찬반론을 참조.

Ⅶ. 2.2절, 규칙의 기능성 단일성, 즉 공모성에 대해서는 Kisseberth(1970 b, 1972), Kiparsky(1972), 김진우(1971 a, b, 1972, 1973 a), 이상억(1977 b, 1979 c) 참조.

Ⅶ. 2.3절, 규칙순에 대해서는 1.10절에서 언급한 책들 외에, Kiparsky(1965, 1968 b, 1971), Kenstowicz and Kisseberth(1970), Kisseberth and Kenstowicz(1971), Kisseberth(1973), Koutsoudas, Sanders and Noll(1974) 및 Anderson(1969, 1974 a), Johnson(1972), Howard(1972), Ringen(1972, 1973)

등도 참조.

Ⅶ. 2.4절, 간결성과 자연성은 Stampe(1973) 및 Vennemann (1974a, b). Hooper(1976) 등 참조.

Ⅶ. 3절에 대해서는 본문에 나타난 참고 문헌을 참조하며, 동시에 각 부분별로 다음과 같은 논문들을 보라.

Ⅶ. 3.1절, 자립 분절 음운론은 Goldsmith(1974, 1976a, b, 1989), 이상억(1977a, 1978), Clements & Ford(1979), Odden(1986) 및 Hulst & Smith(1982a, b) 참조.

Ⅶ. 3.2절, 음절의 기능은 1.11절에 언급된 것들 외에 최신 이론은 Bell & Hooper(1978)와 Hulst & Smith(1982b)에 실린 많은 논문, 평면적 음절 구조는 Kohn(1976), Clements & Keyser(1983), Nespor & Vogel(1986), 계층적 음절 구조는 Kiparsky(1979), Selkirk(1982), Harris(1983)에서 참조.

Ⅶ. 3.3절, 율격 음운론은 Liberman(1975), Liberman & Prince (1977)을 비롯, Linguistic Inquiry지 10.3(1979) 및 11.3 (1980), Journal of Chinese지 8.1(1980), van der Hulst & Smith(1982c), 이상억 편(1981, 1982a), Prince(1983, 1985), S. R. Anderson(1985), Hogg & McCully(1987), Goldsmith (1989), Kenstowicz(1994) 참조.

Ⅶ. 3.4절, 조화 과정은 Clements(1976a, b, 1977, 1981) 및 Hulst & Smith(1982a, b) 참조.

MIT Working Papers in Linguistics지 창간호(1979)도 음절 구조 & 율격 구조 · 조화 과정에 관한 특집이다.

Ⅶ. 4절에 대해서도 본문에 언급된 참고문헌을 참조하며, 각 부분별로 다음 논문들을 보라.

Ⅶ. 4.1절, 어휘 음운론의 전초적 바탕이 되는 개념은 Siegel (1974), Allen(1978) 등을 참조. 주로 Kiparsky(1982, 1985), Mohanan(1982), Rubach(1984), Pulleyblank(1986), Hargus & Kaisse(1993) 등의 이론과 안상철(1985)에서 국어에 대

한 적용을 참조.

Ⅶ. 4.2절, 운율 음운론에서는 Selkirk(1980, 1986), Nespor & Vogel(1982, 1986), Hayes(1984) 등이 통사론적 정보가 음운규칙에 간접적으로 제공된다고 주장하는 한편 Kaisse (1985), Odden(1987)에 의해 직접적으로 된다고 반론되었다.

Ⅶ. 4.3절, 미명시 이론은 Stanley(1967)의 잉여 규칙부터 살펴보고 Kiparsky(1982), Archangeli(1984, 1988), Archangeli & Pulleyblank(1986), Pulleyblank(1988) 등의 (기저에 예측 불능 자질만 명시하는) 급진적 미명시 이론과, 반면 Clements(1987), Steriade(1987) 등의 (비대조적 잉여자질을 빈 칸으로 두는) 제한적 미명시 이론을 보라. 손형숙(1987)의 국어에 대한 적용도 참조.

Ⅶ. 4.4절, 자질 계층 이론의 단계적 발전을 순서대로 Mohanan (1983), Clements(1985, 1989), Sagey(1986), McCarthy(1988), Clements & Hume(1995), Halle(1992, 1995)에서 참조. 김기호(1990)도 참조.

Ⅶ. 4.5절, 최적성 이론의 발전 초기 단계에 대한 배경은 이상억(1994)을 참조. Prince & Smolensky(1993)에서 비롯되는 OT 관계 논문들은 http://ruccs.rutgers.edu/roa.html 에 잘 모여 있으니, 직접 웹 사이트를 참조. Archangeli & Langendoen(1997)을 특히 참조.

연습문제

A. 다음 예와 같이 1~5의 음운 변화를 변별적 자질로 표시하여 보라.

예 : /u, o/ ⟶ /ü, ö/ $\begin{bmatrix} -\text{cons} \\ +\text{son} \\ +\text{syl} \\ +\text{back} \end{bmatrix} \longrightarrow [-\text{back}]$

1. /p, t, k/ ⟶ /Φ, θ, x/
2. /s/ ⟶ /š/
3. /n/ ⟶ /ŋ/
4. /e, o/ ⟶ /i, u/
5. /i/ ⟶ /y/

B. 다음 음소 목록을 보고 자연군이 모여 있으면 N(natural), 자연스럽지 못하고 불가능하면 I(impossible)라고 표시하라.

1. /p, t, q, f, s, š, č, l, r, n/
2. /p^h, b, t^h, d, k^h, g, f, v, s, z, l, r, m, n, ŋ, w, y/
3. /p, t, ʔ, f, s, r, m, n, w, y/
4. /p, b, t, d, k, g, f, v, s, z, l, r/
5. /ʔ, t, s, r, n/
6. /a, i, u/
7. /ɯ, ö, ü, ɒ/
8. /a, i, u, e, o/
9. /a, i, u, ü, ö/
10. /i, e, o/

C. 국어에서 다음 자음의 짝들이 어두(initial), 어중(medial), 어말(final)의 세 위치에서 최소 대립쌍을 보이면 그 예를 1의 처음 두 칸과 같이 적고, 보이지 않으면 셋째 칸과 같이 ×로 표시하라. 어말에서 내파 현상으로 대립이 중화된 예들은 (박 - 밖)의 경우 같이 ( ) 속에 표시하라.

	어 두	어 중	어 말
1. /p/-/p'/	불—뿔	이발—이빨	×
2. /t/-/t'/			×
3. /k/-/k'/			(박—밖)
4. /č/-/č'/			
5. /p/-/p^h/			
6. /t/-/t^h/			
7. /k/-/k^h/			
8. /č/-/$č^h$/			
9. /s/-/s'/			
10. /m/-/n/			
11. /n/-/ŋ/			
12. /ŋ/-/m/			
13. /n/-/l/			
14. /k/-/č/			
15. /s/-/h/			

D. 다음 국어 자음, 모음의 변별적 자질에 의한 분류표를 +, −로 메워 넣어라. 해당되지 않는 곳은 빈 채로 두라. (점선 사이에 섞인 실선들은 부류를 묶어 보여 주는 경우가 많지만, 모두 다 꼭 그런 것은 아니며 시각적으로 끊어 보기 좋은 간격으로 넣은 것도 있다.)

	p	p^h	p'	t	t^h	t'	č	$č^h$	č'	k	k^h	k'	s	s'	h	m	n	ŋ	l	w	y	i	ü	e	ö	ɛ	ɨ	ə	o	a
syllabic																														
consonantal																														
sonorant																														
nasal																														
continuant																														
delayed rel.																														
strident																														
lateral																														
anterior																														
coronal																														
high																														
low																														
back																														
round																														
aspirated																														
glottalized																														

E. 다음 음절 구조에 맞는 현대 국어의 다양한 예들을 들어라. C는 자음, V는 모음, y와 w는 반모음을 나타낸다.

1. V —
2. VC —
3. yV —
4. wV —
5. yVC —
6. wVC —
7. CV —
8. CVC —
9. CyV —

10. CwV —
11. CyVC —
12. CwVC —

F. 다음 1과 2에 인용된 소위 국어의 움라우트 규칙을 보고, 그리스 문자 표기법 사용상의 오류들을 지적한 뒤, [+ grave] 자질에 대해서도 *SPE* 식 자질로 고쳐서 나타내 보라.

1. $$\begin{bmatrix} \text{V} \\ -\text{high} \\ \alpha\ \text{low} \\ +\text{back} \\ -\text{round} \end{bmatrix} \longrightarrow [-\text{back}]\ /\ \underline{\quad\quad} \begin{bmatrix} \text{C} \\ +\text{grave} \end{bmatrix} \begin{bmatrix} -\text{cons} \\ +\text{high} \\ -\text{back} \end{bmatrix}$$

2. $$\begin{bmatrix} \text{V} \\ \alpha\ \text{high} \\ \alpha\ \text{low} \\ +\text{back} \\ \alpha\ \text{round} \end{bmatrix} \longrightarrow [-\text{back}]\ /\ \underline{\quad\quad} \begin{bmatrix} \text{C} \\ +\text{grave} \end{bmatrix} \begin{bmatrix} -\text{cons} \\ +\text{high} \\ -\text{back} \end{bmatrix}$$

다음 3과 4에 인용된 경상도 방언에 관한 두 삭제 규칙을 보고, 각괄호 용법상의 오류, 또한 변별적 자질과 음운 자체를 한 규칙 속에 섞어 쓴 비일관성 등, 여러 잘못된 점들에 대해 논의하고, [+ vocalic] 자질에 대해서도 개정된 자질로 고쳐서 나타내 보라.

3. $$\begin{bmatrix} \langle +\text{nasal} \rangle \\ \exists \end{bmatrix} \rightarrow \phi\ /\ [+\text{vocalic}] + \underline{\quad}$$ (/∃/는 /ɨ/와 /ə/가 완전 중화된 모음)

4. $$1 \rightarrow \phi\ /\ \underline{\quad} + \begin{bmatrix} \langle \text{nasal} \rangle \\ \exists\text{i} \end{bmatrix}$$

G. 다음은 국어의 복합어 형성에 관한 음운 현상(Kim C.-W. 1970)을 살펴보기 위한 것이다. 우선, 비복합어인 1의 예들을 보면 첫 칸은 기저 음소 표시라 할 수 있고, 둘째 칸은 그 음성적 표시인데, 그 관계를 설명하기 위해 두 개의 규칙을 세우고 적용 순서를 정해 보라.

1. a. /kət-ki/ [kətk'i] 걷기
   b. /čap-ta/ [čapt'a] 잡다
   c. /kɨk-pi/ [kɨkp'i] 극비
   d. /əps-ta/ [əpt'a] 없다
   e. /nəks-to/ [nəkt'o] 넋도

다음 2에 보인 복합어의 예를 보고 한 개의 규칙을 세운 뒤, 앞서 1에서 세운 규칙과 통틀어 규칙 적용 순서를 논하라. 한편, '냇가'의 유도 과정을 본문의 (40)과 같은 식으로 보여라. +는 복합어 구성 요소 사이의 경계를 나타낸다.

2. a. /nɛ+ka/ [nɛtk'a] 냇가
   b. /c^ho+pul/ [c^hotp'ul] 촛불
   c. /pɛ+kil/ [pɛtk'il] 뱃길
   d. /mɛ+tol/ [mɛtt'ol] 맷돌

다음 3의 복합어에서 기저형으로부터 음성형이 유도되는 데 필요한 3개의 규칙을 세워라. 그리고 '뱃노래'와 '바닷물'의 유도 과정을 보여라. 아울러 규칙 적용 순서가 필요한가 논하라.

3. a. /pɛ+nolɛ/ [pɛnnorɛ] 뱃노래
   b. /k^ho+nal/ [k^honnal] 콧날
   c. /pata+mul/ [padanmul] 바닷물

H. 국어에 나타나는 공모성의 하나로 閉口調音原則(김진우 1971 b)이 있어서, 이 장 2.2에서 설명한 바와 같이, 개구도가 작은 발음으로 지향하려는 특징이 있는 듯하다. 다음에 대략 표시된 규칙 형태들 가운데에서, 이 원칙에 맞는 것들과 반대되는 것들을 가려 내면서, 각각 그 이유를 밝혀 보라(이상억 1979 c 참조).

1. 고대 국어 : $t \rightarrow r / V\_\_\_V$
2. 12세기 : $t \rightarrow r / \_\_\_\#$
3. 14세기 : $b \rightarrow \beta / \left\{\begin{matrix} y \\ r \end{matrix}\right\} \_\_\_V$
4. 15세기 : $\beta \rightarrow p / \_\_\_C$
5. 15세기 : $\beta \rightarrow p / \left\{\begin{matrix} h \\ k \\ t \end{matrix}\right\} \_\_\_$
6. 15세기 : $\beta \rightarrow w / \left\{\begin{matrix} V \\ y \\ r \\ z \end{matrix}\right\} \_\_\_V$
7. 15세기 : $\text{ʌ} \rightarrow \text{ɨ} / \#(C)V(C)\_\_\_$
8. 15세기 : $\check{c} \rightarrow s / \_\_\_\#$
9. 15세기 : $k \rightarrow \text{ɦ} / \left\{\begin{matrix} y \\ r \\ z \end{matrix}\right\} \_\_\_V$
10. 16세기 : $h \rightarrow s / \_\_\_ + n$
11. 16세기 : $\text{ɦ} \rightarrow l / l\_\_\_$
12. 16세기 : $s \rightarrow t / \_\_\_ \left\{\begin{matrix} C \\ \# \end{matrix}\right\}$
13. 17세기 : $\begin{bmatrix} t \\ t^h \end{bmatrix} \rightarrow \begin{bmatrix} \check{c} \\ \check{c}^h \end{bmatrix} / \_\_\_ \left\{\begin{matrix} i \\ y \end{matrix}\right\}$
14. 17세기 : $x \rightarrow k^h / \#\_\_\_$
15. 18세기 : $l \rightarrow r / v\_\_\_v$
16. 현대 국어 : $C \rightarrow \phi / r\_\_\_ \left\{\begin{matrix} C \\ \# \end{matrix}\right\}$

위의 각 규칙에 합당한 예들을 이기문(1972 a, b) 등의 논저를 읽으면서 찾아보라.

I. 자립 분절 음운론의 방법으로 국어의 성조 현상을 자연스럽게 설명할 수 있을 뿐만 아니라, 모음 조화나 ㅈ·ㅊ·ㅉ 같은 파찰음의 복합적 성격도 더욱 합리적으로 설명할 수 있다. 그 방안을 생각해 보라(이상억 1977 a 참조).

J. 미명시 이론에 의해 다음과 같은 잉여규칙들을 가진 헝가리어 모음의 기저 표시를 +, −로 해 보라. ( )로 채우지 말고 필요한 곳만 써 넣어라. 참고로 이 언어는 [− back] 여부에 따라 모음조화를 한다.

1. $[+\text{low}] \rightarrow \begin{bmatrix} -\text{high} \\ -\text{round} \end{bmatrix}$

2. $[\qquad] \rightarrow [+\text{round}]$

3. $[\qquad] \rightarrow [-\text{low}]$

4. $\begin{bmatrix} -\text{round} \\ -\text{low} \end{bmatrix} \rightarrow [-\text{back}]$

5. $[\qquad] \rightarrow [+\text{back}]$

6. $[\qquad] \rightarrow [+\text{high}]$

	i	e	ɛ	u	o	a	ü	ö
high								
low								
back								
round								

K. 다음은 Sagey(세이지 1986)에 의한 자질 수형도인데, 음성 자질이 계층적으로 무리를 이루고 있는 모양을 살펴 보고 빈 칸에 적절한 자질 이름을 본문 (103)의 도표를 참고하여 써 넣어라. 위의 표에서 종말자질, 즉 수형도의 가지 끝에 있는 cont, cons, …high, low 에만 +, −값이 붙고 중간 마디에는 그 값이 필요 없음에 주의하면서 다음 소리들에서 보여진 부분을 참고하여 괄호 속을 알맞게 써 넣어라.

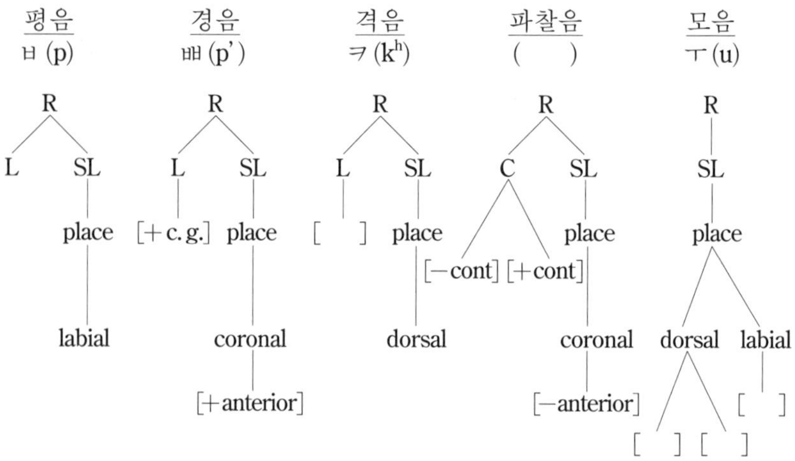

제 8 장
역사 음운론

1. 역사 음운론

언어 과학도 다른 모든 과학과 마찬가지로 그 시대 시대의 철학사조의 영향 밑에서 자라왔다. 그리하여 19세기의 언어학은 실증주의(positivism)의 학풍을 지니고 있다. 그것은 어디까지나 '작은 사실'(minute facts)의 고증을 특징으로 하고 있었다. 그들은 거의 언제나 원자론자(atomist)이었다. 이 관점에 있어서는 전체는 단지 부분들이 모인 것에 지나지 않는다고 보았다. 언어라는 것은 다만 그 구성 부분들의 집적에 지나지 않는 것이었다. 현대 언어학에서 음운 체계라고 부르는 것이 그들에게 있어서는 음적 단위의 단순한 목록에 지나지 않는 것으로 파악되었다. 이 목록(inventory)의 각 요소들은 그들의 전체적 구조나 기능과는 상관 없이 개별적으로 취급되었다. 이런 언어관에 의하면, 언어의 역사란 목록의 각 부분의 특수한 역사들의 총화에 지나지 않는 것으로 생각되었다. 19세기에 융성했던 歷史比較言語學(historical comparative linguistics)의 기조를 이루는 정신은 바로 이러한 것이었다.

20세기에 들어 새로운 관점이 태동되어, 이 시대의 과학 정신의 특징인 구조주의(structuralism)가 19세기의 원자주의(atomism)를 극복했던 것이다. "언어란 그 구성 부분들의 집체가 아니라 하나의 체계로 이루어졌다."(F. de Saussure)고 인식되기에 이르렀다. 그리고 프라그 학파부터는 언어 체계의 구성 단위들의 기능이 중요시되기에 이르렀다. 따라서 음소는 그들의 생리적, 물리적 성질에 의해서 파악되는 것이 아니라, 그 체계 내에 있어서의 위치와 그 체계의 다른 구성원(member)들과의 대립 관계에 있어서 파악되게 된 것이다. 이런 새로운 관점은 역사적 연구에도 그대로 적용되었다. 이제는 언어사를 그 언어의 목록의 한 부분들의 특수한 역사의 단순한 병치로서 볼 수는 없게 되었다. 만약, 共時相(synchrony)에 있어서 전체를 떠나서 부분을 생각할 수 없고, 체계를 떠나서 음소를 생각할 수 없다면, 通時相(diachrony)에 있어서도 이것은 다름이 없을 것이다. 어떤 부분적 변화는 필연적으로 그 전체에 영향을 미치게 된다. 마찬가지로, 체계 전체는 스스로의 균형을 재수립하기 위하여 특수한 변화를 일으킬 수 있는 것이다.

언어사 또는 음운사에 있어서 이러한 구조주의적 방법을 도입하게 된 것은 역시 프라그 학파에서 시작되었다. Saussure는 공시상과 통시상의 이율배반을 강조한 나머지, 구조주의의 원리를 언어의 진화에 적용하기를 거부했으며, 그는 음운 변화는 체계와는 관계 없이 일어난다고 주장했다. 이 공시상과 통시상의 장벽을 깨친 것은 Jakobson (1928)이 제1차 국제 언어학자 대회에 건의한 제안이었다. (이 제안은 제3장에서 이미 본 바와 같이, 음성학과 음운론의 준별을 주장하기도 했다.) 그의 주장은 언어를 기능적 체계라고 보는 견해는 현재의 언어 상태의 연구와 과거의 언어 변화의 연구에 똑같이 적용되지 않으면 안 된다는 것이었다. 공시적인 방법과 통시적인 방법 사이에 제네바 학파가 쌓아 놓은 넘을 수 없는 장벽을 두어서는 안 된다는 것이었다. 만약, 공시 언어학에 있어서 한 언어 체계의 요소들을 기능적 관점에서 연구해야 하는 것이라면, 그 언어가 입은 변화들도 체계를 고려하지 않고는 판단할 수 없다는 것이다. 이와 같이, 음운 체계의 균형 및 구조적 법칙에 관한 기술은 공시적 연구뿐 아니라, 역사적 연구에도 적용해야 한다는 주장이었다.

이러한 기능적 · 구조적 견해를 한 언어의 음운사에 적용한 최초의 업적이 Jakobson(1929)의 '슬라브 諸語와 비교한 露語 音韻變化考'였고, 그 원리를 천명한 것이 Jakobson(1931)의 '歷史音韻論의 原理'였다. 그 뒤 이런 방향에 있어서의 역사 음운론의 연구는 적지 않은 학자들에 의해서 발전되어 왔다. 이렇게 발달해 온 통시 음운론(diachronic phonology)은 음운 변화와 그 원인에 대한 전적으로 새로운 설명을 시도해 왔던 것이다.

小壯文法學派(Junggrammatiker) 이래 음운 변화는 크게 두 가지로, 즉 **조건 변화** 또는 결합적 변화(conditioned change)와 **무조건 변화** 또는 자생적 변화(unconditioned change)의 두 범주(category)로 나누는 것이 일반적이었다. 19세기의 음성학의 발달은 어떤 음의 변화의 직접적 조건이 그 음이 나타나는 음성적 환경에 있음을 쉽게 깨닫게 했었다. 즉, 어떤 음의 변화가 인접음의 영향에 의해서 설명될 수 있을 때 그것을 조건 변화라고 불렀던 것이다. 가령, Latin -ct- 〉 Ital. -tt- (fa<u>ct</u>um 〉 fə<u>tt</u>o)는 c가 t에 동화된 것이니 조건 변화이며, 또 독일어나 국어의 움라우트(umlaut)도 모음 i의 존재에 말미암은 것이므로 역시 조건 변화이다(예 : Gast+i → Gasti → Gästi → Gäste 손님들, 장이 →쟁이).

이에 대하여, 인접음에 있어서의 이런 횡적인 조건 없이 일어나는 변화는 일반적으로 무조건 변화라고 하였다. 가령, 게르만어의 소위 자음 추이(Lautverschiebung, 예컨대, g, d, b가 k, t, p로 변하는 것. 라틴어 genū → 고트어 kniu, 영어 knee 등)는 이런 자생적(무조건) 변화의 전형이라고 생각되었다. 말하자면, 왜 그런지 그 조건을 밝힐 수 없는 변화는 무조건 변화라고 불렀다. 이리하여 음변화의 이유는 불명(The causes of sound-change are unknown. Bloomfield 1933 : 385)이라는 결론에 도달하게 되었던 것이다.

통시 음운론의 본질적 공헌은 바로 이 종래의 연구가 손대지 못한 무조건 변화의 원인을 해명하는 데 있다고 할 수 있다. 즉, 통시 음운론은 무조건 변화의 원인을 기능적·구조적 관점에서 설명하려고 한 것이다. 전술한 '원리'(1931)에서 Jakobson은 역사 음운론의 제1원리는 "모든 변화는 그것이 일어난 체계와의 관련에서 연구되지 않으면 안 된다."라고 선언하고, "음운 변화는 언어 체계에 있어서의 그 역할을 밝힘으로써만 이해될 수 있다."고 하였다. 그는 어떤 한 음운 변화가 일어났을 때 그 변화가 그 체계에 어떤 변경을 가져 왔는가? 어떤 음운론적 대립이 소실되고 어떤 것이 새로이 생겼는가? 음소의 목록은 변하지 않았더라도 그 체계의 구조가 변하지 않았는가? 다시 말하면, 어떤 음소의 다른 음소들과의 상호 관계 또는 그 변별적 특징에 어떤 변화가 없는가 하는 등등의 문제를 검토해야 한다고 했다. 그는 음운 변화의 원인 내지 목적으로서 체계의 균형의 재수립(rétablissement de l'équilibre du système)을 들고, 그러나 지적 언어(langue intellectuelle)는 균형을 추구하는 경향이 있지만, 정적 언어(langue émotionnelle)는 균형의 파괴를 지향한다는 사실을 지적하고, 균형의 정신과 그 파괴의 경향이 모든 언어에 항시 작용하고 있다고 보고 있다.

Martinet(1955)에 이르러 통시 음운론은 한층 더 분명히 설명 과학이 되어야 한다고 강조되었다. 그는 오늘날도 음운 변화를 연구하는 대부분의 학자들이 변화 자체의 원인의 설명보다도 변화 과정의 수립에 더 관심을 가지고 있는 바, 이것은 직접 관찰 가능한 사실의 순수한 기술의 범위를 한 걸음이라도 넘어서면 정밀 과학으로서의 언어학의 토대가 무너질 것을 우려하는 데 기인하는 것임을 지적하였다. Martinet는 음운 변화의 원인을 규명함에 있어 19세기 이래의 학자들이 인접음만을 고려한 데 대해, 상술한 무조건 변화의 원인을 동일 체계 내의 인접 음소(neighboring phonemes) 간의 상호 작용을 고려함으로써, 즉 그 체계의 구조적 조건에 의하여 설명하려고 했던 것이다. 가령, 프랑스어 음운 체계에 있어서 p는 b의 인접 음소이다. 왜냐하면, 이들은 유성성(voice)이라는 그 이상 더 간단한 변별적 자질로 분해할 수 없는 한 자질을 제외하고는 모든 자질을 공통으로 가지고 있기 때문이다. 하나의 체계가 왜 변화하는가를 이해하기 위해서는 어떤 한 단위(unit)는 항상 한 체계 내의 인접 단위들과 밀접한 상호 의존 관계에 있다는 사실을 인식하지 않으면 안 된다는 것이다.

현대 통시 음운론의 기초는 다음과 같이 요약할 수 있다. 음운 체계는 반드시 불안정의 요인의 개입을 전제로 한다. 이런 불안정의 요인이 없다면 음운 체계는 영원한 안정성을 가진 항구불변한 것이 될 것이기 때문이다. 이 불안정의 요인, 즉 음운 체계의 균형을 불균형으로 이끄는 요인이 무엇인가에 대해서는 학자에 따라 의견이 다르지만, 어쨌든 이런 요인이 언어에 작용하여 음운 변화를 결과한다. 음운 변화가 일어나면 체계 자체에 기능적·구조적 요인이 발동하여 스스로의 안정과 균형을 되찾는 것이다. 결국, 음운 변화의 역사란 이런 불안정과 안정, 균형과 불균형의 반복이라 할 수 있다. 안정과 균형은 인간의 표현상의 요청이므로, 어떤 음운 변화, 나아가 모든 음운 변화는 이런 인간의 표현상의 요청과 그것을 위협하는 작용과의 부단한 이율배반에 의해서 규정된다고 할 수 있을 것이다.

2. 음변화(sound change)의 유형

한 언어의 역사적 발달 가운데 한 단계에서 다음 단계로 언어의 음체계가 바뀌어 가는 음변화에서는 다음과 같은 사항들이 주목된다. 만약, 음변화가 음소의 수나 분포를 바꿀 때는 음운적 음변화(phonemic sound change), 즉 **음운 변화**(phonological change) 또는 기능적 변화(functional change)라 한다. 만약, 음변화가 어떤 음소의 異音들 간의 분포만에 영향을 미칠 때는 음성적 음변화(phonetic sound change), 즉 **음성 변화** 또는 이음 변화(allophonic change)라 한다. 음운 변화는 /　/ 속에, 음성 변화는 [　] 속에 표시하는 것이 관례다.

음변화 중에는 동화나 이화와 같은 여러 가지 요인에 의해 일어나서, 음체계 일부에 개별적으로 나타나는 조건 변화가 있다. 이 변화가 특정한 음성적 환경을 전제로 함에 대해, 그런 환경에 구애되지 않고 어떤 음이 모든 위치에서 다 바뀔 때를 무조건 변화라 한다. 즉, 음운 체계 전체에 보편적으로 나타나는 변화인 경우다(앞의 1절 및 뒤의 각론 참조).

한편, 음운 체계 전체가 영향을 입는 무조건 변화에는 두 갈래가 있는데, 두 음이 한 음으로 될 때를 합류 또는 통합, 한 음이 두 음으로 발달될 때는 分岐 또는 분화라 한다.

한편, 역사적인 시간 경과에 따라 나타나는 통시적 변화 이외에, 공시적인 변화를 여기에 합쳐서 '음변화'라고 부를 경우도 있다. 이 경우, 전자를 〉로, 후자를 →로 표시하여 변화의 종류를 구별할 수도 있다. 이 책에서도 편의상 공시적인 변화를 이 절에 간간이 섞어서 설명하겠거니와, 이 두 기호로써 음변화의 통시·공시성을 구별하고 있음에 주의를 요한다.

2.1. 무조건 변화(unconditioned change)

조건 변화에 반대되는 음변화로, 앞뒤에 오는 음들의 음성적 환경에 의하지 않고 무조건 일반적으로 적용되는 보편적 현상이며, 자생적(spontaneous) 변화 또는 자립(independent, autonomous) 변화, 고립(isolative) 변화, 산발(sporadic) 변화라고도 한다. 가령, 중세 국어의 전기와 후기 사이, 즉 14세기경에 일대 모음 추이(vowel shift)가 일어났다고 믿어지는 무조건 변화가 있었다. 한 음소가 분화하여 두 음소가 되든가, 두 음소가 합류하여 한 음소가 되든가, 음소들의 대립 관계가 새로 세워지든가 해서 음운 체계에 변천이 일어나는 것이다. 무조건 변화의 원인에 대해서는 기능적·구조적 관점에서 설명하려는 시도가 있었고, 최근의 생성 음운론에서도 다루어졌다.

2.1.1. 합류(merger, convergence)

어떤 음소가 다른 음소로 변하여 두 음소가 하나로 합쳐져 대립성을 잃게 되는 현상이다.

국어에서 모음 '丶'가 15세기 후반부터 제2음절 이하에서 주로

'ㅡ' 또는 특수한 환경에서 'ㅗ'로도 합류되었고, 16세기 후반에는 'ㅏ'로 합류하는 예가 나타난다. 제1음절에서의 'ㆍ' 소실은 17세기 초 'ᄒᆞᆰ〉흙'에서 비롯되나, 18세기 후반에 와서 전반적으로 'ㅏ'로 합류되었다.

반대 방향의 발달로서 분기(split)가 있다.

2.1.2. 분기(split)

어떤 언어의 古形에서 한 음소였던 것이 후대에 두 음소로 분화된 결과를 가리킨다. 고대 영어의 /n/이라는 음소는 두 이음 [n, ŋ]를 가졌었는데, [ŋ]은 /k/나 /g/ 앞에서만 나타났다. 예컨대, sing은 [siŋg]로 원래 발음되었다. 그 뒤 근대 영어에 와서 /k, g/란 어말음이 소실되었으나, [ŋ]은 음소로 승격되어 sing [siŋ]이란 발음을 가지게 됨으로써 sin [sin]과 음운 대립을 이루었다. /ŋ/과 /n/의 대립은 어말뿐 아니라, 어중에서도 /siŋər/singer : /sinər/sinner와 같이 구별된다.

분기와 반대 방향의 발달에 합류(merger)가 있다.

2.2. 조건 변화(conditioned change)

위에서 설명한 무조건 변화와 대립된다. 어떤 음의 변화가 그 인접음의 영향에 의해서, 즉 앞 뒤 다른 음과의 음성적 환경에 의해서 설명될 수 있을 때, 이것을 조건 변화 또는 결합적(combinative, combinatory) 변화, 의존(dependent) 변화라 한다. 이 변화는 보편적이 아니고 부분적으로 일어나며, 동화·이화 현상들이 이에 해당된다.

2.2.1. 동화(assimilation)

서로 다른 두 음이 아주 같아지거나 비슷해지는 과정 또는 그 결과를 말한다. 두 음 중 하나가 다른 하나를 변하게 하거나 또는 서로 영향을 미치기도 한다.

만약, 바로 옆에 있는 음을 변화시킬 때는 **인접**(contiguous) 동화 또는 병렬(juxtapositional) 동화라 한다. 아비[a + pi] → [abi]에서 유성음 간의 무성음 p가 유성화된다. 만약, 변화에 관계되는 음들이 서로 인접하지 않았을 때는 **비인접**(incontiguous, noncontiguous) 동화, 격음(또는 원격 distant) 동화, 또는 확장(dilation) 현상이라고 할 수 있다. 움라우트(曲音 umlaut) 현상이나 모음 변화(vowel mutation) 현상이 여기 속한다. '굼벙이〉굼벵이'에서 'ㆁ'을 사이에 두고도 'ㅣ'음의 영향으로 'ㅓ'가 'ㅔ'로 바뀌었다.

한 음이 뒤따르는 다른 음의 영향으로 바뀌는 경우를 **역행**(regressive, retrogressive) 동화 또는 예측(anticipatory) 동화라 한다. '천리(千里)→*철리, 걷너다〉건너다' 같은 인접 동화나 '올창이〉올챙이' 같은 격음 동화가 모두 역행 방향으로 이루어졌다. 반대로, 앞선 음이 뒤에 오는 음에 영향을 미치면 **순행**(progressive) 동화 또는 지연(lag) 현상이라 한다. '찰나(刹那)→*찰라, 믈〉물' 같은 인접 동화나 '사룸〉사람' 같은 격음 동화는, 모두 순행 방향으로 일어났다. (→ 뒤의 *표는 정서법에는 맞지 않는 형태를 말한다.)

만일, 두 음이 서로 영향을 끼쳤을 경우, **상호**(reciprocal) 동화 또는 연합(coalescent) 동화라 한다. '독립(獨立)→*독닙→*동닙' 같이 인접 동화에서 일어난다.

두 음 사이의 동화의 정도가 완전할 때 **완전**(complete, total) 동화라 한다. '천리→*철리, 찰나→*찰라, 사룸〉사람' 등. 두 음이 서로 꼭 같게 되지 않고 부분적으로 비슷하기만 할 때 부분(partial) 동화라 한다. '독립→*독닙→*동닙'의 둘째, 셋째 단계나 '굼벙이〉굼벵이'에서 모음 ㅓ가 모음 ㅣ와 같은 전설 모음인 ㅔ로 변한 것은, 모두 동일 조음 위치까지 부분적으로만 동화된 것이다. 인접음이 그 언어의 음운 체계에 맞춰서 부분 동화되는 경우를 調整(accomodation) 현상이라고도 한다. 라틴어의 *ag-tos〉actus에서 [g]가 [t]의 영향으로 무성화되는 것이 그 예다. 물론, 국어에서 위의 부분 동화 예도 이에 해당된다.

동화는 적응(adaptation)이라고도 불리며 이화와 반대된다. 동화 현상이 일어나는 이유는 발음의 유사성을 높여서 음성 기관이 움직이는 노력을 줄이므로 말의 속도를 빠르게 하는 데 있는 것이다. 우리가 말을 할 때 각개음을 따로따로 끊어서 발음하는 것이 아니라, 연결체로서 발음하므로, 이미 말한 바처럼 앞소리의 영향이 뒷소리에 지연되어 나타나기도 하고, 뒷소리의 영상이 앞소리에서 예측되어 나타나기도 한다. 이 때, 가운데 있는 음이 앞 뒤 소리를 동시에 닮게 되면 이중(double) 동화라 한다. 국어에서 일부 무성 자음들은 역사적으로 또는 공시적으로 일정한 조건하에서 다음과 같은 탈락 또는 약화의 과정을 겪었다.

(1) ① p〉b〉β〉w〉(ϕ) ① *글발 〉 글발 〉 글월(文)
② t〉d〉ð〉r ② *바돌 〉 바룰(海)
③ k〉g〉γ〉ϕ ③ *ᄀᆞ개 〉 ᄀᆞ애(〉가위)
④ s〉z〉ϕ ④ *둘서 〉*둘ᅀᅥ 〉 두ᅀᅥ 〉 두어

위의 변화는 간극 3도 이상의 유성음들(흔히 모음, y, r, z 등) 사이

에서 그들의 앞뒤로 동화되어 일어나는 경우다.

변이(mutation) 및 **움라우트**(umlaut) : '변이'란 어떤 말소리에 인접한 말소리가 영향을 끼쳐 변화된 현상을 총칭하는 용어다. 이런 변화로 어떤 언어의 역사가 한 단계에서 다음 단계로 진행되면서 음체계 전반에 일련의 영향을 입는 수도 있다.

이 변화가 모음에 대하여 일어난 경우를 **모음 변이**(vowel mutation, metaphony)라 한다. 영어의 *fōti에서 끝 음절에 뒤따르는 i의 영향으로 앞 음절의 ō가 고대 영어 fēt 'feet'에서 ē로 바뀌었다. 이 때, 전설 모음 i나 반모음 y는 사라지기도 하지만, 그 결정적 역할 때문에 전설(front) 변이라 할 수 있으며, 흔히 알려진 명칭으로 움라우트(곡음 umlaut)라고도 한다. 이들은 역행 격음 동화 현상에서도 보인 바처럼, '*굼벙이〉굼벵이' 등의 많은 예가 있다. 독일어에서 分音符號(diaeresis, dieresis) ¨로 나타내 ä, ö, ü로 표시하는 모음은 역사적으로 전설 a, o, u가 i 앞에서 전설 모음 변이를 겪은 경우가 대부분이다. 국어에서도 후설·중설 모음 ㅏ, ㅓ, ㅗ, ㅜ, ㅡ가 뒤따르는 i와의 동화 때문에 전설 모음 ㅐ, ㅔ, ㅚ, ㅟ, ㅣ로 되는 경향이 18~19세기 교체기에 일어났다. 이 변화는 이중 모음 'ㅐ, ㅔ'가 ɛ, e로 단모음화가 된 18세기 말 이후에 가능해진 것이다. 'ㅚ, ㅟ'만은 좀더 뒤에 제한된 환경에서 단모음화되었다. 감기다→*갬기다→*갱기다, *꺾이다→꿲이다, 뽑히다→*뾥히다, 죽이다→*쥑이다, 뜯기다→띧기다. 움라우트는 두 모음 사이에 ㅂ, ㅁ, ㅇ, ㄱ, ㄲ 등의 순음 및 연구개음 등의 邊音(grave)이 개재될 때 잘 일어난다는 주장이 있었으나 반례들이 보인다. 즉, 벗기다→*벳기다, 안기다→*앤기다→*앵기다, 다리다→대리다. 이 예들에서는 두 모음 사이에 치음 ㅅ, ㄴ, ㄹ 등의 중음(acute)이 개재되어도 움라우트가 일어난 것이다. 아마도, 중간에 ㅅ, ㅈ, ㅊ, ㄴ, ㄹ이 개재되는 명사나 부사에서는 이 현상이 일어나지 않는다고 다음 예들을 근거로 주장할 수는 있을 듯하다. 가시, 바지, 마치, 가마니, 마리. 이 경우도 음절 수가 대개 2음절 정도여서 한 음절만 바뀌어도 원형이 너무 손상되는 점이 움라우트 회피의 이유일 것이다.

움라우트는 같은 조건에서 보편적으로 꼭 일어나는 현상은 아니며, 교육적으로는 이 변화를 입기 전의 원형을 취하는 것이 보통이다. 단, '굼벵이' 같이 역사적으로 이미 굳어 버린 예들은 움라우트된 형태를 취한다.

한편, ㅚ, ㅟ가 단모음 [ö, ü]로 읽혀진 예가 조금씩 보이는 때는 19세기부터인데, 그 조건은 ㅈ, ㅊ 뒤에 올 때에 한정되었다. 조기다→*죄기다. 여기서 ㅈ, ㅊ 등의 경구개는 전설 모음과 같은 조음위치이므로, 뒤따르는 모음을 전설로 변이시키는 촉진 작용을 한 셈이다.

구개음화(palatalization) : 경구개음이 아닌 소리들은 전설 부분의 움직임이 소극적인데, 전설 모음 i나 반모음 y가 뒤따를 때는 경구개를 향해 혀의 앞부분을 올려 발음하는 현상이 구개음화(정확히는 경구개음화)다. 역행 인접 동화 작용의 일종이며, 여러 언어에서 흔히 나타난다. 17세기와 18세기 교체기에 서울말에서는 '굳+이→*구지, 같+이→*가치'처럼 ㄷ, ㅌ, ㄸ이 i, y 앞에서 ㅈ, ㅊ, ㅉ으로 구개음화되었다.

ㅈ, ㅊ은 15세기에 치음 [ts, ts^h](ㅈ은 모음 간에서는 [dz])로 발음되었다는 증거가 있고, 현재 평안 방언에서는, 특히 i, y 앞에서, 치음이 그대로 남아 있다. 그런데 현대 서울말에서는 ㅈ이 어두에서 [tʃ]로, 모음 간에서 [dʒ]로 구개음화되어 있다. ㅈ은 바로 국어 자음

체계서 구개음화의 발단이었다. i, y 앞에서 ㅈ(ㅊ, ㅉ)의 [ts] 〉[tʃ] 또는 [dʒ]로의 변화가 발단이란 이유는 원래 치음이었던 ㅈ이 구개음으로 된 뒤에야 ㄷ이 그 구개음 ㅈ에 닮아 구개음화될 수 있기 때문이다. 따라서 ㅈ의 구개음화가 ㄷ 등의 그것보다 앞서 17세기 후반까지는 이루어졌다고 보아야 한다.

경상 · 전라 방언은 18세기 이전에 '길〉* 질, 키〉* 치'처럼 ㄱ, ㅋ, ㄲ이 ㅈ, ㅊ, ㅉ으로 구개음화되었다. 또, 18세기 후반 서울말에서 '* 녀ᄌᆞ〉여자'처럼 어두 ㄴ[n]이 [ɲ]로 구개음화되었다가 18세기 말 이후 탈락되었다. '힘줄→* 심줄'처럼 ㅎ이 ㅅ으로 바뀐 것도 흔히 구개음화의 일종으로 설명한다.

위의 몇 예들에서 확인할 수 있듯이, 구개음화는 형태소들이 통합될 경우(또는 어두)에는 필연적 · 보편적으로 일어난다. 그러나 통합의 경우가 아닐 때는 '무디다, 느티나무'처럼 '디, 티'의 연결이 가능하다. 그러므로 구개음화가 꼭 보편적인 것은 아니다. 위에 든 예들은 또한 원래 '* 무듸다, * 느틔나무'였던 것이 19세기에 '디, 티'가 되었으므로, 18세기 초에 있었던 구개음화의 대상에서 벗어났다고 할 수도 있다.

방언에 따라서도 구개음화는 보편적이 아닐 수 있다. 평안 방언은 구개음화 현상을 일으키지 않는 지역으로 이름나 있다. 구개음화는 경상 및 전라 방언에서 17세기 이전에 시작하여 북상했는데, 서울말은 'ㄷ, ㅌ, ㄸ'의 구개음화만 경험했고, 평안 방언은 아직 전혀 영향을 받지 않은 상황이다. 다른 방언에서는 'ㄴ, ㅅ,'이 i나 y 앞에서 [ɲ, ʃ]로 구개음화되었으나, 평안 방언만은 원음 그대로 '이(齒)'를 '니[ni]'로 발음하고 있다.

연구개음화(velarization)는 구개음화라고 줄여서 부르지 않음으로써 경구개음화와 구별하는 것이 좋다. 연구개음이 아닌 소리들은 후설 부분의 움직임이 소극적인데, 연구개를 향해 후설 부분(dorsum)을 올려 발음하면 연구개음화(velarized, retracted)된 소리를 얻을 수 있다. 영어의 call, table에서 어말의 소위 dark l[ɫ]음이 그것이다. 자음 앞의 l도 마찬가지다. light에서처럼 모음(특히 전설 모음) 앞에 오는 소위 clear l은 치경음 원래대로 발음된다. 이와 같이, 음성학적 수준에서 부차적(secondary) 조음 자질로 취급될 수 있는 경우는 경구개음화된 소리(palatalized)에서도 마찬가지다. ㅂ이 i나 y 앞에서 [p']로 구개음화되었다고 할 때, 음성적 변이를 말할 뿐 음소까지 변한 것은 아니다. 덧붙여, 연구개음(velar)·경구개음(palatal)과 연구개화된 음(velarized)·경구개화된 음(palatalized)은 구별해야 한다.

모음 조화(vowel harmony) : 多音節語形에서 모음끼리 일정한 자질을 공유하는 순행 격음 동화 현상으로, 터키어 등의 알타이 제어나 헝가리어 등의 우랄 제어에 흔히 구개적 모음 조화가 나타난다. 국어도 15세기 중엽에는 비교적 널리 모음 조화가 지켜졌으나, 차차 사라져, 현대 국어에서는 의성·의태어와 일부 어미에 국한된 현상으로 남아 있다. '살＋ᄋᆞ샤→사ᄅᆞ샤, 놀＋아→ᄂᆞ라, 벗＋어→버서, 닚＋어→니ᅀᅥ'는 어간과 어미, '나라ㅎ＋ᄋᆞᆫ→나라ᄒᆞᆫ, 믈＋은→므른'은 명사와 조사, 즉 두 형태소 사이에서 모음 조화가 일어난 경우다. 한 형태소 내부에서도 'ᄀᆞᄅᆞᆷ, 구룸, 가지' 같이 모음 조화가 보이는데, 이런 형태소들에서 종전에 모음 조화가 안 되어 있다가 이렇게 바뀌었다는 증거는 찾을 수 없다.

모음 조화를 위한 국어 모음의 대립은 모음 추이(vowel shift)를 겪기 전의 다음과 같이 再構된 체계를 바탕으로 한다.

(2)

	前舌	後舌	後舌·圓脣	
양성 모음	ㅏ	ㆍ	ㅗ	(음성 모음은 피함)
음성 모음	ㅓ	ㅡ	ㅜ	(양성 모음은 피함)
중성 모음	ㅣ			(양 · 음성 모음 뒤에 다 옴)

15세기의 모음 체계는 이미 모음 추이를 겪은 뒤여서 위의 구개적 모음 조화 체계와 일치하지 않는다. 모음 조화가 형태 음소론적 현상이므로 개신이 쉽지 않아서 모음 체계 변화에 순응하지 않고, 보수적으로 남게 되는 결과가 결코 기이한 것은 아니다.

15세기 국어의 모음 조화에서 어미(또는 접미사)의 조화는 어간의 그것에서 찾아볼 수 없는 제약이 있었다. 즉, '-고, -다' 같이 자음으로 시작되는 어미는 그 자음이 모음의 조화를 저지한다는 특수 현상이 있었다. 파생 접미사 경우는 모음 조화의 적용이 -ᄇᆞ/브-(형용사 어간 파생)에는 되어도, '-ᄃᆞᆸ-, -ᄅᆞᆸ-'에는 되지 않았다는 점이 예외적이다.

중성 또는 **중성 모음**(neutral vowel)은 모음 조화가 부분적으로 파괴되어 대립되는 두 계열의 모음 중, 둘 이상이 합류한 결과 생기는 것이다. 국어에서는 아마도 *i와 *ï가 합류되어 중성 모음 i가 정립된 것 같다. 중립성은 반드시 '완전 중립'뿐 아니라, '부분 중립'도 가능한데, 어떤 한정된 조건에서만 중립을 지키는 모음이 그것이다. 이 '부분 중립'의 모음은 부분적 합류의 결과이니, 16세기 이후 非語頭音節에서 ㆍ음의 소실로 ㆍ와 ㅡ가 부분적으로 합류되어 ㅡ가 부분 중립 모음이 된 것이다. 즉, ㅡ는 어두 음절에서는 음성 모음, 비어두 음절에서는 중성 모음이었던 것이다. 18세기 이후 어두 음절의 ㆍ도 ㅏ로 합류하였으나, 같은 계열 모음의 합류이므로 중립화되지는 않았다.

현대 국어에서는 모음 조화가 음양의 음성 상징이 필수적인 의성·의태어나, '-아/-어'로 시작되는 어미에만 개별적으로 나타나 보편성을 잃게 되었다. 또한, 중세 국어에서 양성이었던 'ㅐ, ㅚ'나 중성이었던 'ㅣ, ㅡ'가 모두 음성 모음을 취하며, 'ㅏ, ㅗ'만이 양성 모음으로 명맥을 유지한다. 비어두의 'ㅣ, ㅡ'는 양성 모음과 음성 모음을 다 뒤따를 수 있어 여전히 중성 모음이다.

2. 2. 2. 축약(contraction)

한 언어 형태에서 어떤 단어의 일부를 줄여 버리는 과정이나 그 결과를 말한다. 영어에 I've, can't 같은 예가 있고, 국어에 '그리＋어→그려, 보＋아라→봐라, 부텨＋이→부톄, 안ㅎ＋밧ㄱ→안팟기 ; 가히〉개, 입시울〉입슐(〉입술)' 등이 그 예다. 이 가운데 일부의 예는 연속된 두 모음을 각각 발음할 때 느는 노력을 줄이고, 말의 속도를 빠르게 하기 위해 한 음절로 줄이건, 소위 그 間音으로 발음하는 현상이다. 그리고 이 현상으로 축약된 전체 단어의 길이를 보상하기 위해 補償的 長音化(compensatory lengthening)가 흔히 동반된다. '부톄'는 '부(平聲) 텨(平聲)＋ㅣ(去聲)'에서 뒤의 두 음절이 장음인 '톄(上聲)'로 축약된 것이다. 중세 국어에서 'ㅖ'는 [yəy]로 읽힌 重母音이었다.

2. 2. 3. 생략(elision, omission)

연속된 말 속에서 단어나 음절들 사이의 소리를 빼어 버리는 현상에 대한 총칭이며 탈락이라고도 한다. 흔히, 이 현상이 일어나는 이유는 쉽게 발음하려는 경향이라고 설명된다. 반대 현상은 첨입(intrusion, addition)이라 총칭하며, 두 현상을 비교 정리하면 다음과 같다.

(3)

	어 두	어 중	어 말
생 략 elision	語頭音省略 aphaeresis 頭部省略 prosiopesis	語中音省略 syncope	語末音省略 apocope
첨 입 intrusion	語頭音添加 prothesis	語中音添加 anaptyxis 挿入 epenthesis	語末音添加 paragogue

여기서는 위의 표 가운데 생략에 해당되는 경우만 다루기로 한다. 우선, 어두음 생략(aphaeresis)은 advantage가 vantage가 되거나 It is가 'Tis로 되는 것들이다. 이와 거의 같은 용어로 어두 모음 생략(aphesis)은 강세가 없는 어두의 모음이 소실되는 esquire→squire, alone→lone 같은 경우다. 두부 생략(prosiopesis)은 회화체나 영탄적 문체에서 글머리의 어구가 표현되지 않는 현상이다. 즉, Good evening! 대신 Evening만 말하거나, I am은 생략하고 Glad to see you.라고 하는 예 등이다. 어중음 생략(syncope)이란 한 형태소 내부에서 하나 또는 그 이상의 음이 상실됨을 뜻한다('기ᄅᆞ마〉길마, 알ᄑᆞ-〉아ᄑᆞ-〉아프-' 등). 어말음 생략(apocope)이란 한 단어 끝에서 하나 또는 그 이상의 음이 생략되는 경우다('고마〉곰(熊), 거우루〉거울' 등). 고대 영어의 helpe가 중세 영어의 help로 된 것은 -e가 뒤따르는 휴지에 동화되어 묵음화된 결과다.

동음 생략(haplology) : 생략 현상 가운데 하나로, 한 단어 속에 같거나 비슷한 음이 중복되어 나타날 때 그 하나를 생략시키는 현상이다.

중세 국어의 동사 '니를-'(至)은 '니르러, 니를에, 니르르니, 니르르샤' 등으로 활용하였는데, 동음 생략으로 '니르르니, 니르르샤'가 '니르니, 니르샤'로 되고, 그 결과 어간이 '니르-'로 인식되기에 이르렀다. (현대 국어의 '이르러'에는 옛 모습이 남아 있다.) 만주어의 동사 baha-(得)의 과거형은 baha인 바, 이것은 본래 baha-ha에서 동음 생략이 일어난 것으로 설명된다. 이화의 예로 흔히 드는 '평양〉펴양'도 동음 생략으로 보기도 한다. 동음 생략이 같은 음의 하나를 생략하여 닮은 소리를 이화시킨다는 관점에서 보면, 이화 작용의 한 가지로도 볼 수 있기 때문에 상호 유관한 것이다. 그러나 동음 생략으로 조음 작용에 필요한 노력이 경감된다는 점에서는 이화와 상치되는 면도 있다. 이화는 노력이 더 들더라도 표현을 더 명료하게 하려는 조처이기 때문이다.

2. 2. 4. 모음 전환(gradation, ablaut, apophony, vocalic alternation)

어떤 단어의 어간 모음을 바꿈으로써 여러 가지 기능을 나타내게 하는 방법이다. 영어의 sing, sang, sung에서 모음 전환(vowel gradation) 또는 내부 굴절(internal inflexion, internal modification, introflexion, internal change)을 볼 수 있다. 국어의 '남-'(餘)과 '넘-'(越), '밝-'(〈ᄇᆞᆰ-明)과 '붉-'(〈븕-赤) 등에서 이 현상을 볼 수 있다. 위의 예들과 같이, 조음 위치의 변화를 일으킨 경우는 질적(qualitative) 모음 전환이라 할 수 있다.

한편, 음이 생략되거나, 짧아지거나, 길어지면 양적(quantitative) 모음 전환이라 할 수 있다(중세 국어의 주격형 '아비'(父), 소격형 '아븨'; 라틴어의 주격형 pater(父), 속격형 patris 등).

2. 2. 5. 이화(dissimilation)

두 음이 서로간의 영향에 따라 아주 달라지는 과정 또는 그 결과를 말한다. 동화 작용은 서로 다른 두 음을 같거나 비슷하게 하는 것임에 반해, 오히려 그런 중복된 연쇄를 막기 위해 그 중 한 음을 동화되기 어려운 음으로 바꾸는 작용이 이화다.

만약, 변화가 바로 옆에 있는 음에 대해 일어나면 **인접 이화** 또는 병렬 이화라 한다. 옷감 [ot+kam]→[otk'am]에서 인접한 평음 t와 k의 연속을 막기 위해 뒷자음이 경음으로 바뀌게 된다. 이 예는 **순행 이화**의 경우도 된다. 즉, 앞의 음이 있음으로 해서 그 영향이 뒤의 음에 나타났기 때문이다. '아ᅀᆞ(弟)〉아ᄋᆞ〉아으〉아우' 같은 변화도 이 예에 속하는데, '아ᄋᆞ' 단계에서 인접한 두 모음이 축약되어 청각적 인상이 약화되는 어형을 피하기 위해 뒷모음이 이화된 것이다. 이 예 역시 순행 이화의 경우도 된다. 발달(發達) [pal+tal]→[palt'al]에서 원래의 t가 유성음 사이에서, 또 유성음화된다면 유성음들만의 연속이 되므로 이를 막기 위해 경음화시킨 것이다. 이 경우는 앞의 유성음뿐만 아니라, 뒤따르는 유성음도 조건의 일부이므로 상호 인접 이화다.

서로 이웃하지 않고 떨어진 음이 중복될 때라도 단조로움을 깨뜨리고 새로운 맛을 주기 위해 **비인접 이화**를 일으킨다. '*ᄒᆞᄅᆞᆯ(1日), *ᄆᆞᄅᆞᆯ(棟), 붑(鼓), 거붑, 소곰'이 'ᄒᆞᄅᆞ, ᄆᆞᄅᆞ, 북, 거북, 소금'으로 되는 예가 그것이며, 순행 이화의 방향이다.

'존자리'에서 네 자음이 중세 국어에서 모두 舌端音이므로 그 중 ㄴ을 ㅁ으로 바꾸어 '잠자리'가 되었다. 이 경우는 비인접이 개재된 **상호 이화**라 할 수 있다. '하야로비〉해오라비' 같은 음운 도치도 이화의 일종으로 간주될 수 있다.

동화 현상이 발성 기관의 구조에 기인하는 심리적인 것인 반면, 이화는 듣는 이의 이해를 편하게 하기 위한 심리적인 것이다.

2.2.6. 첨입, 첨가(intrusion, addition)

연속된 말 중의 단어나 음절들 사이에 어떤 음을 넣어 주는 현상에 대한 총칭이다('생략' 항의 비교표 참조). 영어에서 law and order를 [lɔ:rən'ɔ:də]로 발음할 때, 첨입된(intrusive) r은 발음을 쉽고 또한 부드럽게 하기 위한 것이다.

어두음 첨가(prothesis, prosthesis)는 발음의 편의를 위해 단어의 첫머리에 모음이나 자음을 덧붙이는 현상이다. 영어 beloved의 be-가 그 예다. 라틴어 schola(학교)가 스페인어에서는 escuela, 프랑스어에서는 école로 어두 모음을 첨가시켰다. 이 어두 e-의 첨가는 각 언어의 새 음절 구조에 순응하기 위한 것이다.

어중 모음 첨가(anaptyxis)란 두 형태소 사이에 그 어느 편에도 속하지 않는 음이 첨가되는 현상, 또는 둘 그 이상의 자음 사이에 약한 단모음을 넣어 그 단어의 음절 구조를 단순하게 하는 현상이다. 영어의 athlete를 ['æθəli:t]에서처럼 [ə]를 넣어 발음하는 경우를 말한다. 국어와 알타이 제어에서 연결 모음(union vowel, 또는 매개 모음. 獨 Bindevokal)이라 불리는 모음은 기원적으로 이런 첨가의 예라고 할 수 있다.

삽입(epenthesis)이란 어두·어중·어말음 첨가를 총칭으로 다 가리키기도 하지만, 특히 어중에 하나 또는 그 이상의 음을 끼워 넣는 경우를 말한다. 삽입 현상은 특히 차용어 경우에 그 어형을 차용 받아 쓰는 언어의 음운 체계에 맞추기 위해 일어난다. 영어의 spring이 국어에서 '스프링', 일본어에서 supuriŋgu가 된 것을 예로 들 수 있다. 국어의 '죠히〉좋히(〉종이), 더디다〉더지다〉던지다' 등도 그 예다. 삽입 현상은 청각 효과를 강화해서 축약을 방지하는 작용이다.

語末剩音添加(excrescent, paragog(u)e, epithesis)란 발음을 더 쉽게 하기 위해 단어 끝에 어원적으로 불필요한 자음이나 모음을 군더더기로 덧붙이는 특수한 동화 현상이다. 독일어의 Sekt(샴페인)를 영어의 sack에 비교해보면 t가 첨가된 것임을 알 수 있다. 이 예는 영어에서 차용해 온 단어이므로, 독일어 음운 체계에 맞추기 위해 취해진 형태이다. 이 현상이 일반 어휘나 차용어에 많이 일어나는 이유는 어말음을 첨가하여 어형이 너무 짧아지는 것을 막기 위한 것이다. 국어에서 'ᄌᆞ모〉ᄌᆞ못(〉자못), 긷〉기동(〉기둥)'도 좋은 예다.

2.2.7. 전위, 음운 도치(metathesis, anastrophe, transposition)

한 단어 속에서 어떤 음들의 순서, 또는 한 문장 속에서 어순을 바꿔 정상적 용법을 벗어나게 하는 현상이며, 어떤 경우에는 그 언어 내에 영구한 변화로 정착되기도 한다. 중세 국어의 '하야로비'가 현대 국어에서 '해오라비'가 된 것을 이 전위 현상의 한 예로 들 수 있다. 어중의 -aro-가 -ora-로 된 것이다. 중세 국어의 '아야로시'가 현대 국어의 '애오라지'로 변한 데서도 같은 현상을 볼 수 있다. 중세 국어의 '빗복'이 '빗곱'(현대 국어의 배꼽)이 되었는데, 여기서는 pok이 kop으로 자음의 위치가 바뀌었음을 볼 수 있다. 음절이 바뀐 예로는 중세 국어의 '시혹'이 '혹시'로, '-더시, -거시'가 '-시더-, -시거-'로 된 예를 들 수 있다.

이 현상은 원인이 분명하지는 않지만, 남의 말을 잘못 들었거나 착각을 일으켜서 생겼을 것이며, 많은 언어에서 예가 보인다. 물론, 이 변화는 특정한 형태만 변화를 일으키게 되는 개별적 변화 중의 하나이며, 이화의 일종으로 생각된다.

음운 도치는 제7장 1.9.1에서 보았듯이, 특별한 표기상의 규약이 필요한 음운 규칙이다. 그리고 이런 유형의 규칙은 다른 유형보다 어색한 것으로서, 다른 유형으로도 설명될 수 있다면 음운 도치라 단정하는 일은 피하는 것이 좋다. 그러나 spoonerism(제7장 1.11.1 참조)의 경우나, 어린아이의 언어 습득 과정에서도 음운 도치는 보편적 현상이다.

3. 규칙의 변화 유형

어떤 언어의 음운 현상에 변화가 있다는 것은 그 언어의 음운 규칙들에 어떤 변화가 일어나고 있다는 것을 말하거나, 음운 규칙 자체에 아무런 변화가 없을 경우, 음운 규칙의 적용을 받는 기저형(underlying representation)의 형성소(fomative element-보편적으로 보아 '어휘')에 어느 변화가 있음을 말해 준다. 전자의 경우를 규칙의 변화(rule change), 후자의 경우를 어휘 변화(lexical change) 또는 더 좁혀서 재어휘화(relexicalization)라 하는데, 재어휘화는 뒤에 보겠지만, 규칙 변화에 기인하는 유물인 만큼, 우선 음운 규칙들 자체에 어떤 변화가 있을 수 있나 먼저 살펴보자. 그 가능성이란,

(4) (1) 어떤 음운 규칙이 사라져 버리는 경우
(2) 없던 음운 규칙이 새로 생기는 경우
(3) 어느 두(혹은 그 이상의) 규칙이 그 적용 순서를 바꾸는 경우
(4) 어느 규칙이 그 모습, 즉 형식(form)을 바꾸는 경우

등 모두 네 가지뿐임을 우리는 쉽사리 알 수가 있다.

음운 규칙 A, B, C, D가 있을 때 (1)을 예로 들면, B규칙이 사라져 A, C, D규칙만이 남는 경우로 이를 규칙 상실(rule loss)이라 하고, (2)는 E라는 규칙이 그 언어에 첨가되어 A, B, C, D, E가 되는 경우로 이를 규칙 첨가(rule addition)라 하며, (3)은 규칙 C, D가 적용 순서를 바꾸어 A, B, C, D가 A, B, D, C가 되는 경우로 이를 규칙 재배열(rule reordering)이라 하며, (4)는 원래 주어진 적용 규칙순 A, B, C, D에는 아무런 변화가 없으나, 어느 규칙, 예를 들어 D규칙이 $x \rightarrow y / __ z$의 형식을 가졌었는데 $x \rightarrow w / __ z$로 바뀌는 것과 같은 것으로 규칙의 형식이 변하는 경우인데, 이 때 변화의 방향이 대체적으로 기존 규칙을 좀더 간소화하기 때문에 이를 규칙 단순화(rule simplification)라 한다. 아래에 이러한 규칙 변화의 네 가지 유형을 구체적인 예를 들면서 살펴보기로 한다.

3.1. 규칙 첨가(rule addition)

18세기 국어에 구개음화 현상이 일어나서 ㄷ, ㅌ이 모음 ㅣ와 중모음 ㅑ, ㅕ 등 앞에서(즉, [i]와 [y] 앞에서) 각기 ㅈ, ㅊ으로 변했다(예 : 해돋이[해도지], 같이[가치]). 이 현상을 형식화해 보면,

(5) $$\begin{bmatrix} +\text{cor} \\ -\text{ant} \end{bmatrix} \rightarrow [-\text{ant}] / \_\_ \begin{bmatrix} +\text{high} \\ +\text{son} \end{bmatrix}$$

또 한 예를 더 들자면, 독일어에서 11세기경 어말의 유성 폐쇄음(voiced obstruent)을 무성화하는 현상이 일어나서, Rad'바퀴'와 Rat

'충고'가 같이 [rat]로 발음되게 된다. (어말이 아닌 모음 사이에서는 구별되어, 속격어미 -es가 따르면 Rades[radəs]와 Rates[ratəs]로 기저음이 나타난다.)

이 현상을 형식화하면,

(6) [− son] → [− voice] / __ #

그 때까지 그 언어에 없었던 이러한 현상들의 출현은 규칙 첨가로 볼 수가 있다.

여기서 우리는 규칙 첨가(rule addition)와 **규칙 삽입**(rule insertion)을 구별할 필요가 있다. 규칙의 첨가는 한 언어에 기존하는 음운 규칙군 맨 끝에 붙이는 것이고, 규칙 삽입은 새로운 규칙의 위치가 기존 음운 규칙군의 처음이나 중간이 되는 경우이다. 즉, A, B, C, D가 기존 규칙이라 하고 E가 새 규칙이라 할 때, 첨가는 A, B, C, D, E로 규칙이 배열됨을 말하고, 삽입은 E, A, B, C, D나 A, B, E, C, D 등을 말한다.

음운 변화에 규칙 삽입이 있을 수 있는가? 개념적으로 볼 때, 규칙 첨가는 말단 규칙(low-level rule)이 되어 한 언어의 음운 현상이 미치는 영향이 비교적 적은 반면, 규칙 삽입은 그 위치가 기저형에 더 가까우므로, 새 규칙이 그 언어의 음운 현상 전반에 미치는 영향도 비교적 클 것이다. 언어라는 것이 한 통화 수단인 이상, 통화를 저해할 정도로 하루 아침에 너무 큰 변화를 가져오는 현상들을 배제한다면, 규칙 삽입보다는 규칙 첨가가 더 자연스럽고 있음직한 음운 변화임을 우리는 알게 된다. 실상, 생성 역사 언어학(generative historical linguistics)에서 종래에는 규칙 삽입이 있을 수 있는 현상이라고 주장되어 왔으나, 그것은 자료의 해석이 잘못된 것으로서, 이제는 규칙 첨가만이 가능한 음운 변화라고 보는 경향이 압도적이다.

3.2. 규칙 간소화(rule simplification)

x→y/__z라는 음운 규칙이 있을 때, xz를 구조 분석(structural analysis)이라 하고, y를 구조 변화(structural change)라 하는데, 이를 더 세분해서 x를 적용 대상이라 하고 z를 적용 환경이라 하자. 여기서 x나 z의 明示(specification)가 간소화되었을 때 이를 규칙의 간소화라 부른다.

가정적인 예를 들어, 어느 국어 방언에서 구개음화가 치경 파열음인 ㄷ, ㅌ에만 적용되는 것이 아니라, 경구개음인 ㄱ, ㅋ(예 : 길[질], 기름[지름], 가리키다→갈키다[갈치다])에도 적용된다고 하자. 치경음의 변별적 표시는 $\begin{bmatrix} +\text{ant} \\ +\text{cor} \end{bmatrix}$임에 비해 치경음과 연구개음을 통합한 음운군은 $\begin{bmatrix} \alpha\ \text{ant} \\ \alpha\ \text{cor} \end{bmatrix}$로 표시된다. +나 −의 둘 중 어느 하나의 명세가 필요 없는 변수(variable)가 더 보편적이므로, 후자의 구개음화가 전자보다 더 간소화 내지 보편화되었다고 할 수 있다.

또, 한 예로 前母音化, 즉 움라우트가 後舌高母音 u에만 적용되던 것이 모든 후설 모음에 적용되게 되었다고 하자. 이 때도 후설 고모음 $\begin{bmatrix} +\text{high} \\ +\text{back} \end{bmatrix}$만에서 모든 후설 모음 [+back]으로 적용 대상의 명세가 더 간단해지고 보편화됨을 볼 수가 있다. 예를 하나 들어 보자.

古代高地獨逸語(Old High German)에서 있었던 움라우트 현상에서는, 후속 음절에 모음 i가 있을 때 선행 음절의 후설 모음이 모두 전설 모음으로 바뀌었는데, 低母音 a의 경우 長音 [a:]는 [æ:]가 되었으나 短音 [a]는 [e]가 되었다. 이를 규칙으로 표시하면,

(7) $\begin{bmatrix} +\text{back} \\ \langle -\text{long} \rangle \end{bmatrix} \rightarrow \begin{bmatrix} -\text{back} \\ \langle -\text{low} \rangle \end{bmatrix}$ / __C_0 i

(각괄호 〈 〉는 [− long]일 때만 [− low]가 된다는 대응 관계를 나타낸다.)

그런데 현대 독일어에서는 짧은 [a]도 [æ]가 되니까 각괄호의 표시가 필요 없어진다. 즉,

(8) [+ back] → [− back] / __C_0 i

독일어에 있어서 움라우트 규칙이 간소화되었음을 볼 수 있다. 또한, 적용 환경의 간소화의 예로, 구개음화가 전설 고모음 i 앞에서만 적용되었던 것이 모든 전설 모음 앞에서 적용되게 되었다고 하자. 그러면, 전설 고모음의 변별적 표시가 [− back]으로 바뀌며 이러한 $\begin{bmatrix} -\text{back} \\ +\text{high} \end{bmatrix}$ 변화가 간소화의 방향임을 알 수가 있다. 한둘의 실례를 영어에서 들어 보자.

표준 영어에서 /mb/와 /ng/(발음은 [ŋg])와 같은 자음군은 어말에서 끝 자음이 탈락된다(예 : bomb[bam] '폭탄'(비교 : bombardment '폭격'), long[lɔŋ] '긴'(비교 : longer '더 긴')). 이를 규칙으로 표시하면,

(9) $\begin{bmatrix} -\text{cont} \\ +\text{voice} \end{bmatrix} \rightarrow \phi / \begin{bmatrix} +\text{nasal} \\ -\text{cor} \end{bmatrix}$ __#

그런데 미국의 어느 방언에서는(주로 남부) 같은 환경에서 /nd/의 d가 탈락된다(예 : send[sen] '보내다' kind[kain] '친절한').

그러니까 (非)舌端鼻音 m, ŋ과 동위의 유성 파열음 b, g가 자음군을 이룰 때만, 어말에서 파열음이 탈락되던 것이었으나, 舌端·非舌端을 막론하고 鼻母音 뒤에서 유성 파열음이 다 탈락되니까, [− cor]

이라는 명세가 필요없게 된 것이다. 다음의 규칙은 이러한 환경 간소화의 과정을 보인 것이다.

(10) $\begin{bmatrix} -\text{cont} \\ +\text{voice} \end{bmatrix} \rightarrow \phi \,/\, [+\text{nasal}] \,\_\_\, \#$

고대 영어(Old English) 시대까지 거슬러 올라가면 장모음이 세 자음군 앞에서 단모음화 되는 규칙이 있었다(예 : gōdspell→godspell〉gospel '복음'). 즉,

(11) V → [− long] / __ CCC

그러던 것이, 중세 영어(Middle English)로 내려오면서 같은 현상이 두 자음군 앞에서도 나타나게 되었다(예 : keep~kept, five~fifteen). 즉,

(12) V → [− long] / __ CC

CCC란 환경이 CC로 바뀐, 그만큼 규칙의 환경이 간소화된 것이다.

3.3. 규칙 상실(rule loss)

x→y / __ z(x가 z라는 환경 앞에서 y로 바뀐다.)라는 규칙에서 y부문이 극단적으로 간소화되어 '제로'가 되고, 그래서 x가 y로 바뀐다는 규칙이 공존하게 되면, 사실상으로 규칙의 상실이 초래된다.

앞서 우리는 약 11세기 초에 독일어에서 유성 폐쇄음이 어말에서 무성화되는 규칙이 첨가된 예를 보았다.

그래서 Bund '연맹'이란 단어가 속격일 때는 [bundəs]로 발음되나, 주격일 때는 [bunt]로 발음되고, 이것이 bunt '다채로운'이라는 단어와 주격에서는 동음 이의어가 되나, 속격에서는 [bundəs] : [buntəs]로 대조됨을 보았다.

그런데 스위스 방언에서는 이러한 교체 현상이 일어나지 않는다. 즉,

(13) [bund] ~ [bundəs] '연맹'
[bunt] ~ [buntəs] '다채로운'

이것을 우리는

(14) [− son] → [− voice] / __#

라는 표준 독일어에서의 규칙이, 스위스 방언에서는 상실된 것으로 볼 수 있다.

이론적인 가능성으로는 위와 같은 현상이 규칙 상실이 아니라, 스위스 방언에서는 유성 폐쇄음이 어말에서 무성음화되는 규칙이 아예 첨가되지 않았기 때문이라고도 볼 수 있고, 또는 무성 폐쇄음이 어말에서 유성화되는 규칙이 첨가되었기 때문이라고도 볼 수 있다.

그러나 그렇게 보지 않는 것은, 이 스위스 방언에서 ab 'off', weg 'away' 등의 단어가 石化된 발음으로 [ap], [vek] 등으로 나타나고 있는 것으로 보아, 이 방언에도 한때는 무성화 규칙이 있었다고 보지 않을 수 없으며, 또 유성화 규칙이라는 새로운 규칙이 첨가되었다면, Bund [bunt] (연맹)가 이 새 규칙에 의해 [bund]가 되었을 때 bunt [bunt] (다채로운)도 [bund]로 되어야 할 텐데, 그렇지 않으니까 가장 타당한 기술은 무성음화 규칙이 현대 스위스 방언에서는 상실되었다

고 보는 것이다.

3.4. 규칙 재배열(rule reordering)

어느 두 규칙이 그 형식과 내용은 변하지 않은 채, 적용의 순서만이 바뀌어 음운 변화를 초래하는 경우, 이를 규칙 재배열이라 한다. 한두 예를 들어보자.

고대 그리스어에서 어두와 모음 간에서 s가 h로 변하는 규칙이 있었다. 즉,

(15) $s \rightarrow h / \left\{ \begin{matrix} \# \\ V \end{matrix} \right\} \_V$

몇 세기 후에 자음군 ns가 간소화되어 s가 되고 선행하는 모음이 보상적으로 장모음화되는 현상이 일어났다. 즉,

(16) Vns → V : s

이 두 규칙은 대부분의 그리스어 방언에서 역사적인 순서로 적용되어 pan+sa '모든'(여성 주격 단수 원래는 pan+ja에서 옴)가 다음에서 보이는 바와 같이 [pa:sa]로 발음된다.

(17)	pan+sa
s → h	———
ns → s	[pa:sa]

그런데 키프로스를 비롯한 여러 방언에서는 pan+sa가 [pa:ha]로

발음된다. 이것은 두 규칙의 적용 순서가 바뀌어진 것으로 볼 수 있다. 즉,

(18)	pan+sa
ns → s	pa:sa
s → h	[pa:ha]

앞에서 우리는 무성음화 규칙이 독일어에 약 11세기 초에 생겼음을 보았다. 그보다 4세기 후인 15세기 초에는 유성 자음 앞에서 모음이 장모음화되는 규칙이 있어 왔다. 이로 인해, Lob '칭찬', Lobes (복수)는 다음과 같은 발음 형태를 가지게 된다.

(19)	/lob/	/lob+əs/
어말 무성음화	lop	———
유성 자음 앞 장모음화	——	lo:bəs
	[lop]	[lo:bəs]

그런데 어느 독일 방언에서는 발음이 [lo:p] [lo:bəs]로 나타난다. 이것은 두 규칙의 역사적 순위가 뒤바뀌어 나타난 현상이라고 볼 수 있다. 즉,

(20)	/lob/	/lob+əs/
유성 자음 앞 장모음화	lo:b	lo:bəs
어말 무성음화	lo:p	———
	[lo:p]	[lob:əs]

음운 규칙 순서의 자리 바꿈은 이렇게 방언의 차이를 설명하는 데 많이 쓰이고 있다. 두 방언이 같은 언어에 속하는 것은, 음운론적으

로 어디에선가 '같은' 모습을 가지고 있음을 말한다. 두 방언의 기저형은 '같으나' 표면형이 다른 것은 '같은' 규칙의 다른 배열 때문이라고 생성 음운론은 보고 있다.

이 때, 우리는 음운 규칙의 재배열을 조정하는 조건이 무엇이며, 재배열이 일어나는 원인이 무엇인가라는 질문을 해 볼 수 있는데, 이는 다음 절 '변화의 원인'에서 다루기로 한다.

3.5. 재어휘화(relexicalization)

음운 규칙이란 대저 어떤 음운 교체(phonological alternation) 현상을 기술하는 것이다. 예를 들어, '같아' [katʰa], '같은' [katʰɨn] 등에서 [tʰ]로 발음되는 'ㅌ'이 '같이' [kacʰi]에서는 'ㅊ'으로 발음되는 교체형을 보인다. 이러한 교체가 특정한 환경(여기서는 i나 y 앞)에서 일어나므로, 이를 구개음화라는 규칙으로 기술하는 것이다. 그런데 어떤 경우에 교체형(alternation form)이 전혀 없다고 하자. 예를 들어, '둏다'의 頭音 'ㄷ'은 y(yo)에 선행하므로, 국어에 구개음화 규칙이 첨가되었을 때 'ㅈ'으로 바뀌어 '좋다'가 되었다. 그런데 현대 국어에서 '굳어' [구더] ~ '굳이' [구지]의 어말 'ㄷ' 경우와는 달리 '좋다'의 'ㅈ'은 'ㄷ'과 교체하는 경우가 전혀 없다.

이 때, 우리는 '좋다'의 기저형(underlying form)이 '둏다'라고 구태여 고집할 필요가 없게 되며, 실상 화자의 의식 속에서 'ㅈ'으로 굳어져 버리게 된다. 즉, '돋-'의 기저형은 구개음화 규칙의 전에도 /tot-/이고 후에도 /tot-/로 어두음이 항상 /t/이지만, '둏-'은 구개음화 규칙의 첨가 전에는 /tyoh-/이던 것이 구개음화 규칙 후에는 /čoh-/로 그 기저형이 바뀌게 된다. 이러한 현상을 재어휘화(relexicalization) 또는 **재구성**(restructuring)이라 한다. 이 뒤에 어떤 음운 변화가 더 일어난다면 그 변화는 새로이 재구성된 기저형을 대상으로 시작되는 것이다.

영어에서 예를 들어보자. 印歐語에서 모음 간의 s가 약화되어 r로 변하는 r음화(rhotacism)라는 현상이 있었다(예 : 라틴어 flōs '꽃'(주격)~flōris(속격) ; honōs '명예'(주격)~honōris(속격)). 이러한 r음화 현상의 잔재가 있는 현대 영어에서 was-were, honesty-honor 등에 남아 있다. 그러나 영어에서는 이 s~r의 교체는 라틴어에서처럼 규칙적인 교체 현상으로 실재하다가 r음화 규칙의 상실과 함께 were, honor 등의 기저형이 /wese/, /honos/에서 /were/, /honor/로 재어휘화되었다.

위에 든 예들에서 국어의 경우는 구개음화 규칙의 첨가로 인해, 영어의 경우는 r음화 규칙의 상실로 인해 재어휘화가 발생했음을 보았다. 이렇게 재어휘화는 규칙의 변화와 밀접한 관계를 가지고 있다. 규칙 상실로 인한 재어휘화의 예를 하나만 더 들어보자. 앞에서 우리는 독일어에서의 어말 무성음화 규칙이 스위스 방언에서 탈락되었음을 보았다. 무성음화 규칙이 생기면서 weg 'way'가 [vek]로 발음되고, 부사형인 aweg 'away'도 [avek]로 발음되었다. 그런데 weg는 명사이므로 격이나 수의 변화에 따라 모음이 후행할 때 [veg]로 발음되어, g~k의 교체가 있었으나 aweg는 부사형으로 교체형이 없이 [avek]로 굳어졌다. 나중에 무성음화 규칙의 상실로 [vek]는 다시 옛날처럼 [veg]로 발음되게 되지마는, 교체형이 없는 aweg는 /avek/로 재어휘화되어 [aveg]로 환원되지 않은 것이다.

4. 변화의 원인

음운 변화는 왜 일어나는가? Sapir가 일찍이 언급한 偏流(phonetic drift) 같은 아직도 이해할 수 없는 요인들이 있지만, 변화의 원인은 대체로 (1) 조음적, (2) 사회적, (3) 심리적인 것의 세 가지로 구분하여 고찰해 볼 수 있다. 종래의 전통적 역사 언어학이나 구조 언어학에서 주로 조음적 요인과 사회적 요인이 많이 다루어져 온 반면, 생성 음운론에 입각한 역사 언어학에서는 심리적 요인에 대해 많은 연구를 거듭해 왔다. 이 책에서는 조음적 요소와 사회적 요소를 대충 훑어 보기만 하고, 심리적 요소를 다시 몇 가지로 세분하여 살펴보기로 하겠다.

4.1. 조음적 원인

이는 '조음의 편이화 원리'(the principle of ease of articulation) 또는 '최소 노력 원리'(the principle of the least effort) 등으로 불려온 것으로서, 발음을 최대한으로 경제적으로 하려는 데서, 또는 가장 편이하게 하려는 데서 음운 변화가 일어난다는 설이다. 구개음화 현상, 유성음 사이에서의 유성음화 현상, 鼻子音 앞에서의 모음의 鼻音化 현상, 자음군이 동위음으로 되려는 현상 등, 이른바 同化에 속하는 모든 음운 현상들이 그 예이다. 이러한 많은 예들이 조음의 간소화 내지 경제화를 위한 것임은 자명한 일이라 하겠다.

4.2. 사회적 원인

두 언어가 접촉하게 될 때, 그 접촉의 성격과 정도의 차이에 따라 한 또는 두 언어의 어휘 체계, 음운 체계 심지어는 문법 체계에까지 영향을 미쳐 변화를 초래하는 수가 있다. 차용어 내지 외래어를 통한 간접 접촉일 경우, 양과 정도가 심하면 차용하는 언어(borrowing language)의 음운 체계에 변화를 야기할 수가 있다. 영어에서 [v]는 모음 사이에만 나타났던 [f]의 이음(allophone)이었던 것이 (예 : wife~wives, knife~knives) 프랑스어로부터 [v]음이 어두에 있는 차용어가 많이 들어오면서(예 : vase, veil, vent 등) 어두에서 [f]와 [v]가 대립되자 [v]가 음소화되었다. 실상, 영어에는 프랑스어에서 들어온 단어나 접사에만 적용이 되는 로맨스어 규칙(Romance rules)이라는 일련의 음운 규칙이 있을 정도이다. 어두에 'ㄹ'이 오지 않는 것이 국어의 특징인데, '라디오', '라켓', '링' 등의 외래어로 인해 어두에도 'ㄹ'이 정착되는 과정에 있는 것과 비교된다.

직접적인 접촉이 있을 때, 정도가 적을 적에는 상층(superstratum) 또는 기층 이론(substratum theory)이라고 불리는 현상이 나타난다. 소수의 지배족의 언어가 다수의 피지배족의 언어에 흔적을 남기는 경우를 상층이라 하고, 지배족의 언어가 피지배족의 언어를 구축시킬 때 후자의 언어가 전자의 언어에 흔적을 남기는 경우를 기층이라 한다. 영어의 많은 지명들(예 : Thames, Avon, London, York 등)이 켈트어에 그 어원을 두고 있고, 프랑스어의 전설 모음의 원순화도 켈트어에 기인한다고 하는데, 이는 켈트 기층의 예이며, 미국의 흑인 영어에 표준 영어에 없는 현상들이 있는 것을 흑인의 母語인 아프리카 諸語에 기원이 있다고 하는 것도 또 하나의 예이다. 우리 국어에서도 고대에 이런 현상이 있었을 것임을 추측할 수 있으나, 그 확실한 증거를 찾기는 어렵다.

두 언어의 직접 접촉의 정도가 심할 때 이른바 pidgin 내지 언어적 混淆(creole)를 탄생시킨다. pidgin은 그 어원이 business에 있는 것을 보아도, 상대방의 언어를 서로 모르는 상인들 간에서 통상을 위해 임기 응변적인 절충식 언어를 쓴 데에 그 기원이 있는 만큼, 이 때 많은 음운 현상이 '일그러질' 것은 뻔한 일이다. this가 dis, fast가 fɛs, old가 ol 등으로 바뀌는 것이 그 예이다. 임시적인 pidgin이 충분하고 독립적인 언어의 자격을 갖추게 되고, 이를 모국어로 배우는 사람이 있게 될 때, 이를 creole이라 하는데, pidgin에서 일그러진 음운·어휘·문법 현상들이 화석화되면서 독자적인 기능을 가지게 된다.

4.3. 심리적 요인

사회적 요인을 외적 요소라 한다면, 심리적 요인은 내적 요소로서, 음운 변화의 원인이 타국어와의 접촉이나 영향에 있는 것이 아니라, 언어 자체가 내포하고 있는 구조의 불안정성 내지 불완전성 및 불균형성에 있음을 말한다. 바꾸어 말하자면, 성인의 언어를 아동이 습득하는 과정에서 성인의 언어를 꼭 그대로 모방한다면, 성인의 언어와 아동의 언어에 아무런 차이가 있을 수 없겠지만, 모방이 불완전한 경우, 예를 들어 99%일 경우, 나머지 1%만큼의 다름이 후세의 언어에 나타나게 되며, 이것이 바로 언어 변화인 것이다. 위에서 "모방이 불완전할 경우"라는 말을 썼지만, 실은 모방이 아니라 습득이며, 불완전하다는 것은 그만큼 후세의 언어가 어떤 절대적 가치 의식에서 불완전하다는 것은 아니다. 만약, 그렇다면 언어 발생 이후 후세에 갈수록 언어가 더 불완전해져서 현세의 언어는 가장 불완전한 언어라는 어처구니없는 결론이 나오게 된다. 다만, 전체의 언어를 모델로 보았을 때 이를 모방(습득)하는 후세의 언어가 그와 똑같지 않다는 것만을 의미한다. 불완전한 모방이라도 제품은 어느 의미에서 더 완전하고 우량한 것일 수 있다. 그런데 이 '불완전한 습득'은 어떻게 해서 일어나며 왜 일어나는가? 언어가 내포하고 있는 어떤 구조상의 성격이, 또는 언어 습득자의 어떤 의식 작용이, 이 불완전한 습득을 초래하는가? 몇 가지 요인을 아래에서 살펴보기로 하자.

4.3.1. 구조상의 불균형(structural imbalance)

인간의 의식 세계가 거의 다 그렇지만, 인간은 균형적이고 대칭적인 것을 좋아한다. 거울에 비치는 우리의 모습은 좌우가 바뀌었는데도, 그것을 의식하지 못하리만큼 인간의 생김은 균형적이고 대칭적이며, 그리스의 Parthenon 같은 신전이나, 광화문 및 근정전 같은 건물들도 대칭적이고 균형적인 것을 지향한다.

前舌母音밖에 없는 음운 체계, 高舌母音밖에 없는 음운 체계, 兩脣子音은 없는 음운 체계 등을 우리는 거의 상상할 수 없다. 그런데 어쩌다가 균형 체계에 '구멍'(hole, gap)이 생길 때가 있다. 언어 습득자는 자기의 문법 체계를 보다 완전한 것으로 만들기 위해 이러한 구멍을 메우려고 노력한다.

한 예를 우선 형태론에서 보자면, 영어 형태론에서, 동사에 -ive를 붙여 형용사를 만들고 -ion을 붙여 명사를 만드는 규칙이 있다.

(21) 동사 형용사 명사

동사	형용사	명사	
progress	progressive	progression	'진보'
regress	regressive	regression	'후퇴'
digress	digressive	digression	'우회'
transgress	transgressive	transgression	'위반'
————	agressive	agression	'공격'

위의 예에서 '공격하다'라는 동사에 해당하는 agress라는 단어는 표준 영어에는 없는 '구멍'을 이룬다. 이 구멍을 메워 활용(paradigm)의 균형을 찾으려는 노력 때문에, 요즘의 구어(spoken language)에서는 agress라는 동사가 나타나고 있다. 이제 음운론에서 예를 한둘 들어 보자.

프랑스어의 Savoy 방언에 鼻母音은 모두 低舌인데 예외로 中舌의 [ẽ]이 있었고, 低舌口腔母音 계열에 [ɛ]나 [ɑ]는 있었으나 [ɔ]는 없었다. 이러한 모음 체계의 불균형을 좀더 균형잡힌 것으로 만들기 위해 다음과 같은 모음 추이가 일어났다.

(22) a → ɔ
ɛ → a
ɛ̃ → ɛ
ẽ → ɛ̃

Martinet(1952)에는 이러한 연쇄 반응이 a가 ɔ자리를 메우려는 데서 비롯되었다고 하였다(이른바 drag chain설). 즉, 빈 ɔ자리가 a를 끌어들이고, 이래서 비게 된 a자리가 ɛ를 끌어들이고…… 등등의 순서가 작용한다는 것이다. 순서를 거꾸로 해서, ẽ가 ɛ̃자리로 내려 앉으면서 ɛ̃가 ɛ로 밀려나가고, ɛ는 a로 a는 ɔ로 밀려나갔다고 볼 수도 있겠다(이른바 push chain 설).

전기 중세 국어의 모음 체계는 다음과 같았던 듯하다(이기문 1972 참조).

(23) ㅣ(i) ㅜ(ɨ) ㅗ(u)
ㅓ(e) ㅡ(ə) ·(o)
ㅏ(a)

그런데 무슨 이유에서인지 ㅓ(e)가 ㅡ(ə) 자리로 후퇴하면서 연쇄 반응을 일으켜 다음과 같은 모음 체계를 낳는다.

(24) ㅣ(i) ㅡ(ɨ) ㅜ(u)
ㅓ(ə) ㅗ(o)
ㅏ(a) ·(ʌ)

이러한 모음 체계가 비대칭적인 체계임을 우리는 한눈에 알 수 있다. 우선 전설 모음 계열이 두 자리 비게 되어, 이들 빈 자리를 메우려는 노력이 이중 모음의 단모음화(전설 모음화)로 18세기 말에 나타난다(이숭녕 1949 a, 1954 b 참조).

그래서 ㅔ(əy)가 e로, ㅐ(ay)가 æ로, 새로운 전설 모음이 탄생된다. (후설 중모음 ㅟ, ㅚ도 uy, oy에서 원순 전설 모음 ü, ö로 바뀐다.)

그리하여 다음과 같은 모음 체계를 형성한다(ㅢ는 후에 논함).

(25)

前舌		後舌		
ㅣ	ㅟ	ㅡ	ㅜ	高
ㅔ	ㅚ	ㅓ	ㅗ	中
ㅐ		ㅏ		低
평순	원순	평순	원순	

일견, 이러한 모음 체계는 더 이상 바랄 것이 없는 완전 무결하고 균형적이고 대칭적인 듯 보이나, 두어 가지 현상이 이 체계를 일그러지게 한다. 우선 후(pp. 264-265)에 거론할 'ㅢ'가 있고, 圓脣低母音이 비게 되고, 둘째로 'ㅟ'가 이중 모음화되어 wi로 '깨어지게' 되자(이를 breaking 이라고 한다.), 다음과 같은 불균형을 낳게 된다.

(26) ㅣ　　　ㅡ　ㅜ
　　ㅔ　ㅚ　ㅓ　ㅗ
　　ㅐ　　　ㅏ

이를 다시 균형적으로 잡아 보려는 노력에서 'ㅚ'마저도 [we]로 되려는 경향이 현대 국어에 짙으며, 서울말에서까지도 'ㅐ'가 'ㅔ'로 상승해서 합류하려는 현상이 나타나고 있다(예 : 예베당, 동헤물……).

'ㅚ'가 [we]로 아주 깨어져서 바뀌고, 'ㅐ'가 'ㅔ'로 아주 합류하게 되면, 다음과 같은 모음 체계가 생기게 될 것이다(p. 106 북부 경북 방언 참조).

(27) ㅣ(i)　　ㅡ(ɨ)　　ㅜ(u)
　　ㅔ(e)　　ㅓ(ə)　　ㅗ(o)
　　　　　　ㅏ(a)

이 모음 체계가 한글 자모는 다르게 대응하지만, 6백년 전의 전기 중세 국어 모음 체계와 동일한 구성임은 자못 흥미 있는 일이 아닐 수 없다.

4.3.2. 규칙의 최대 적용(maximum application of rules)

두 규칙 A, B가 있다고 하자. 그런데 규칙 A를 적용함으로써 규칙 B가 적용되는 경우가 있고, 그 반대로 규칙 A를 적용함으로써 규칙 B가 적용되지 못하게 되는 경우가 있다. 전자의 경우 두 규칙이 급여(feeding) 관계에 있다고 하고, 후자의 경우 두 규칙이 출혈(bleeding) 관계에 있다고 한다. 앞장에서 본 규칙의 재배열은 앞으로 서술할 요인들이 없는 한, 될 수 있는 대로 급여 관계로 배열되려는 경향이 있다. 그럼으로써만, 음운 규칙이 최대 한도로 적용될 수 있기 때문이며, 그 규칙이 그만큼 더 보편적이 규칙이 되기 때문이다. 소수의 예외형에 적용되는 규칙과 대다수에 적용되는 규칙을 비교해 볼 때, 후자가 더 보편적이고, 그래서 언어 변화는 더 보편적인 방향으로 진행될 것임을 우리는 상상하고 수긍할 수 있다.

예를 들어 보자. 국어의 모음 사이에서 ㅎ(h)이 탈락하는 규칙이 있었고(현재에도 있음. 예 : 좋아→조아), 앞 항에서 이미 본 바와 같이, y계 이중 모음이 축약되어 단모음화하는 규칙이 있었다. 이 두 규칙이 모음 축약→ㅎ탈락의 순서로 배열되어 있다고 가정하자. 그러면, '가히' 같은 형태소는 '가이'로 될 뿐이다. 즉,

(28)	가히
모음 축약	—
ㅎ 탈락	가이

적용 순서를 바꾸어 ㅎ탈락이 모음 축약을 선행한다고 하면,

(29)	가히
ㅎ 탈락	가이
모음 축약	개

위의 도출 과정이 보이는 바와 같이 최종형이 '개'가 된다.

사실은 후자의 경우와 부합되니까, 국어에서 위의 두 규칙의 적용순은 급여 관계로 배열되어 있음을 알 수 있다.

출혈(bleeding) 관계의 예를 하나 보자.

독일어에 후설 모음을 하강시키는 규칙이 있었고, 후설 모음을 전설화시키는 이른바 움라우트 규칙이 있었다. 역사적으로 이 두 규칙은 복수 형성에 쓰이는 움라우트 규칙이 모음 하강 규칙보다도 먼저 도입되었다. bodə(마루)라는 단어의 단수와 복수형을 유도해 보면,

(30)	/bodə/ (단수)	/bodə/ +복수
움라우트	——	bödə
후설 모음 하강	bɔdə	——

이 예에서, 우리는 움라우트 규칙의 적용 때문에 복수형의 어간 모음이 전설 모음화되어, 후설 모음에만 적용되는 하강 규칙을 '출혈' 함을 볼 수 있다. 음운 규칙들이 대저 출혈 관계를 될 수 있는 대로 지양하고 급여 관계를 지향하는 방향으로 재배열된다면, 위의 두 규칙순은 전복될 가능성을 내포하고 있다. 사실상, 스위스의 Kesswil 방언에서 규칙이 재배열되어 다음과 같이 같은 단어가 도출된다.

(31)	/bodə/ (단수)	/bodə/ +복수
후설 모음 하강	bɔdə	bɔdə
움라우트	——	bɔ̈də

실제로, Kesswil 방언에 인접한 Schaffhausen 방언에 있어서는, 움라우트 규칙이 후설 모음 하강 규칙을 선행한 적용순으로 도출되는 [bɔdə](단수) [bödə](복수)형을 보이고 있다. Kesswil 방언이 Schaffhausen 방언보다 혁신적이며(innovative), S 방언도 K 방언처럼 규칙을

재배열할 것은 가능하다고 예측할 수 있으나, 반대로 K 방언이 S 방언을 닮아가리라고는 예측할 수 없는 것이다. (K 방언의 예는 원순 전설 저모음 /ɔ̈/ 라는 새로운 음소가 탄생하는 계기의 예가 되기도 한다.)

4.3.3. 이형태의 최소화 (minimization of allomorphy)

방금 위에 든 독일어의 예는 異形態를 최소화하려는 경향의 예이기도 하다. 같은 형태소(morpheme)의 여러 변형을 異形態(allomorphs)라 하는데, 될 수 있는 대로 변형의 범위를 축소시키고, 통일화시키려는 경향 때문에 음운 규칙의 재배열에 의한 음운 변화가 생긴다는 것으로, 이를 **활용형의 통일성**(paradigm regularity)이라고도 한다.

역사적인 실례를 독일어에서 또 들어 보자(이 장에서 독일어의 예가 많이 나오는 것은, 아래에 소개할 참고 문헌의 저자들이 독일어의 예를 주로 들었던 것을 그대로 보이려는 때문이다. 물론, 국어에서도 이에 해당되는 예를 찾아 볼 수 있을 것이다.). 11세기 초에 독일어에 어말 무성음화 현상이 생기고, 그보다 4세기 후인 15세기 초에 유성 자음 앞 장모음화 현상이 생겼다. 이 두 규칙을 역사순으로 lob '칭찬', lob-əs(복수)에 적용하면,

(32)	lob	lob-əs
무성음화	lop	——
장모음화	——	lo:bəs
표면형	[lop]	[lo:bəs]

최종형에서 우리가 살펴볼 수 있는 것은 단수형의 어간 모음이 단모음임에 반해, 복수형의 어간 모음은 장모음이라는 사실이다. 명사의 수가 어간 모음의 장단에 기인되는 것이 아니고(영어의 불규칙 복수

형 man-men과 비교), 복수 접사 əs에 의한 것이므로, 같은 형태소에 속하는 어간의 변형은 그리 바람직한 것이 아니다. 그리하여 현대 독일어에서는 단수형이나 복수형이나 다 같이 장모음으로 통일되어 [lo:p], [lo:bəs]로 나타난다. 그런데 이러한 표면형은 무성음화와 장모음화의 역사적(통시적) 도입순이 공시적 문법에서는 반대로 재배열되었음을 말해준다. 즉,

(33)	lob	lob-əs
장모음화	lo:b	lo:b-əs
무성음화	lo:p	———
표면형	[lo:p]	[lo:bəs]

이 때의 재배열이 異形態를 최소화하자는 언어 습득자의 심리적 작용에 기인한 것이라고 볼 수 있는 것이다.

4.3.4. 음성적 투명성(phonetic transparency)

어떤 음운 규칙의 적용 여부를 표면형을 보고 알 수 있을 때 이를 투명하다고 하고, 알기 어려울 때 이를 불투명(opaque)하다고 하는데, 불투명한 경우가 두 가지가 있다. 하나는 어떤 규칙의 적용 환경(x→y/__z에서 z)이, 무슨 일로 사라져 버리거나 변해서 규칙 적용 여부를 가리기 힘든 경우고, 둘째는 규칙이 적용되는 환경이 표면형에 있으면서도 적용이 안 된 경우이다. 즉, x가 z 앞에서 y가 되어야 하면, 표면형에는 yz만 있어야 되는데 xz가 있는 경우이다.

이러한 불투명한 음성형은 언어 습득자를 주저하게 만드는 예외형이며 불규칙한 형이다. 예를 들어, 모음 i 앞에서 움라우트가 일어나는 규칙이 있는데(일단 전설 모음이 생겨난 후), 어말 모음 탈락 규칙으

로 어말의 i가 탈락된다고 하자. 움라우트의 요인이 없어졌으므로, 움라우트된 표면형들이 어디서 도출되었는지 모르게 불투명해진다.

영어의 불규칙 복수형 중 man-men, foot-feet, tooth-teeth 등이 그 예이다(즉, man-i→men-i→men). 이것은 불투명 제1경우의 예이고, 불투명 제2경우의 예를 들어 보자.

국어에 i 앞에서 ㄷ, ㅌ이 ㅈ, ㅊ으로 각기 변하는 구개음화 규칙이 있다. 이 규칙이 완전히 투명하려면, 국어의 표면형에 [지, 치]라는 발음은 있어도 [디, 티]라는 발음은 없어야 될 것이다. 그러나 '어디, 티끌, 느티나무, 부디' 등의 단어는 모음 i 앞에서도 구개음화 규칙이 적용되지 않은 불투명형이라고 볼 수 있다.

모음 i 앞에 형태소 경계가 올 때만 구개음화 규칙이 적용된다고 할 수 있으나, tube(튜브)→쥬브, radio(라디오)→나지오 같은 외래어에서 경계가 없는 형태소 내부에서도 일어나고, 방언에서 ㄱ, ㅋ, ㅎ이 구개음화될 때는 '길→질, 기름→지름, 힘→심' 등 역시 경계가 불필요하므로, 여기서도 우선 경계의 기능을 무시한다.

이러한 불투명형이 언어 습득자에게 주저와 혼동을 가져다 줄 것임을 우리는 쉽게 알 수가 있다. 영어에서 든 불규칙 복수형이 음운 규칙에 의해 예측할 수 있는 형이 아니므로 따로 외워야 하며, 구개음화 규칙이 적용 안 되는 '디, 티'를 구개음화가 적용되는 '디, 티'와 구별해야 하기 때문이다. 이러한 불편을 될 수 있으면 제거하는 방향으로, 즉 불투명성을 줄이고 투명성을 늘이는 방향으로, 음운 변화가 진행될 것을 우리는 수긍할 수 있다.

앞장에서 예를 든 고대 그리스어의 경우, pansa가 비음 탈락과 보상적 장모음화로 pa:sa가 되었을 때, 여기서 유도가 그치면, 모음 간의 마찰음 약화(s→h) 규칙이 불투명해진다. 국어에서 구개음화가 되어야 할 i 모음 앞에서 구개음화가 되지 않은 ㄷ, ㅌ이나 마찬가지 경우이다. 그런데 키프로스를 비롯한 여러 방언에서 pa:sa가 pa:ha로 발음됨은, 그러한 불투명을 제거하기 위한 것이었다고 볼 수 있다. 다음에 불투명한 환경이 투명하게 된 예를 보자.

캐나다 영어에 무성 자음 앞에서 모음 ay가 ʌy로 중성화되는 규칙이 있어서, typewriter가 [tʌyprʌytər]로 발음된다. 그런데 미국 영어에서 있는 모음 사이에서 t가 d로 발음되는 현상이 캐나다 영어에까지 뻗히게 되자 [tʌyprʌytər]가 [tʌyprʌydər]로 발음된다. 이 때의 [tʌyprʌydər]형은 불투명하다. 왜냐하면, ay → ʌy가 무성 자음 앞에서만 적용되는데, 그 환경인 t가 유성음화되어 버렸기 때문이다. 이 불투명성을 제거하여 얻은 발음은 [tʌypraydər]이다. 즉, 무성 자음 p 앞에서는 ay → ʌy가 된 반면, 유성 자음이 d 앞에서는 ay → ʌy 규칙이 적용되지 않은 표면형이다. 사실상, 문제의 캐나다 방언에서 이러한 변화가 일어나고 있는데, 이것은 t 유성음화 규칙이 ay 중설화 규칙을 후행한 원래의 규칙순이 전복된 규칙 재배열이다. 즉

(34) 재배열 이전		/ taypraytər /
	ay → ʌy	tʌyprʌytər
	t → d	tʌyprʌydər
재배열 이후		/ taypraytər /
	t → d	taypraydər
	ay → ʌy	tʌypraydər

국어의 경우에도 '부디', '티끌' 등이 '부지', '치끌' 등으로, 불투명성을 제거하는 방향으로 변하리라고 예측할 수 있겠지만, 언어 변화의 한 요인이 항상 절대적으로 작용하는 것이 아니므로 그렇다고

단정할 수 없다. 다음에 볼 요인은 단정적인 예언이 불가능함을 말해 주는 좋은 예가 될 것이다.

4.3.5. 의미 대립의 유지(preservation of semantic contrast)

언어의 궁극적인 목적은 의사 소통에 있다. 그러니까 의사 소통에 방해되는 요인은 저지하고 의사 소통을 돕는 요인을 신장해야 할 것이다.

앞에서 본 음운 변화의 요인들, 규칙의 최대 적용, 균형 유지, 이형태의 최소화, 불투명의 최소화 등은 언어 구조나 규칙의 가장 이상적인 모습을 이루려 할 때 적용되는 원칙들이다. 그러나 어떤 원칙이 적용되는 과정에서 언어의 의사 소통을 저해하는 현상이 일어나게 된다면, 언어 변화가 변화의 원칙을 역행해서 진행될 수도 있을 것이다.

가정해서, 어떤 음운 변화의 결과가 음소 A를 음소 B로 바꾸는데, 그 언어에 이미 음소 B가 있다고 하자. 또, 그 언어에서 많은 어휘가 음소 A와 음소 B의 차이로 의미가 구별되어 있었다고 하자. 이 때 A와 B의 합류는 많은 동음 이의어(homonym)를 산출하게 될 것이며, 이것은 의사 소통에 꽤 저해를 줄 것이다. 음소와 의미의 상대적 차이를 유지하기 위해서는 B가 피해서 C로 가고 C는 D로 가는 등의 push-chain을 일으키는 수도 있고, 아니면 어떤 음운 변화의 원칙에 의해서 A가 B로 되려 한다 해도 이를 저지할 수도 있다.

한두 예를 들어보자. 앞에서 우리는 후기 중세 국어에서 전기 중세 국어에 일어났던 모음 추이로 인해 전설 모음 계열이 비게 되자, 이를 메우기 위해 y계 이중 모음이 축약하여 전설화되면서 일련의 새로운 전설 모음을 낳았음을 보았다. 즉, əy→e(ㅔ), ay→ɛ(ㅐ), uy→ü(ㅟ), oy→ö(ㅚ) 등. 그런데 그 자리에서 언급하지 않았던 이

중 모음 ɨy(ㅢ)가 있었다. 전설화라는 대세에 ㅢ도 휩쓸리지 않을 수 없었던 것이다. 그러나 ɨy(ㅢ)가 전설화되면 i(ㅣ)가 된다는 데에 문제가 있다. 기존하는 i(ㅣ)와 ɨy(ㅢ)에서 유래된 i가 합류하게 되기 때문이다. ɨy(ㅢ)를 제외한 모든 이중 모음의 전설화가 오래 전에 이미 끝났음에도 불구하고, 유독 ɨy(ㅢ)만이 현대 국어에서까지 이중 모음의 성격을 띠고 있는 것은 합류로 인한 동음 이의어의 창조를 막자는 데 있다고 볼 수가 있다. 그러나 유일 무이한 이중 모음이라는 체계상의 불균형은 전설화의 여세를 끝내 거역하지 못하고, 현대 국어에서 단모음화되고 있다(속격의 '의'는 '에'로(예 : 새나라의[에] 어린이), 또 첫째 음절에서는 '으'로(예 : 의[으]의(意義)), 둘째 음절 이하에서는 '이'로(예 : 의의[이]의), 결국 의의의[으이에]-이렇게 세 가지로 되는 경향이 있다.).

뿐만 아니라, 치경음 뒤에서는 아주 재미있는 현상이 일어나고 있는데, 그것은 ɨy(ㅢ)에서 유래된 i 앞에서는 구개음화 현상이 아직 일어나지 않고 있다는 사실이다. 앞에서 구개음화 규칙의 불투명한 예외적 현상으로 든 예들, 즉 '어디', '부디', '티끌' 등이 역사적으로는 '어듸', '부듸', '틔끌' 등이었다는 사실을 상기하면, 언어의 변화가 기계의 움직임 같지 않다는 것을 우리는 알 수 있다. '문이'(門), '보니'(見)의 ㄴ은 구개음화되어 [muɲi] [poɲi]로 발음되나 '무늬'→'무니', '본의'(本意)→'본이'는 [muni] [poni]로 ㄴ이 구개음화되지 않은 채 발음됨은 자못 흥미있는 현상이라 하지 않을 수 없다. 왜냐하면, [muni] [poni] 등의 발음은 앞에서 언급한 불투명형으로, 불투명 최소화의 원칙을 무조건 따른다면, 또 급여(feeding) 관계를 최대화한다는 원칙을 따른다면, 구개음화 규칙과 모음 축약(전설화) 규칙이 재배열되어 [muɲi] [poɲi]가 되었어야 했을 것이기 때문

이다. 즉,

(35)	pon-i(見)	pon-ɨy(本意)
모음 축약	———	pon-i
구개 음화	poɲi	*poɲi

그런데 아직도 [poɲi] : [poni]로 구별되는 것은 의미의 투명성(semantic transparency)을 위해서, 음운의 불투명성과 역급여(counterfeeding) 관계를 감수하고 있다고 할 수 있다. 즉,

(36)	pon-i(見)	pon-iy(本意)
구개 음화	poɲi	———
모음 축약	———	pon-i
표면형	[poɲi]	[poni]

의미의 불투명, 즉 동음 이의를 피하기 위해 급여를 희생한 좋은 예를 중국어에서 들 수 있다. Chen(1974)에 의하면 후기 중세 중국어(9세기 초~12세기 말)에 다음과 같은 일련의 모음 추이가 있었다 한다(환경 명시 생략).

(37) (1) ɑ → a
(2) a → ia
(3) ia → ie
(4) ie → i
(5) i → ɨ

이 일련의 규칙들이 급여 관계에 있음을 우리는 알 수 있다. 그러나 문제는 8세기 중국어에 있던 ɑ, a, ia, ai, ɑi, iai, i의 일곱 모음

에 위의 다섯 규칙이 차례대로 적용될 때 거의 반수인 네 모음으로 줄어 들게 된다는 사실이다. 즉,

(38)

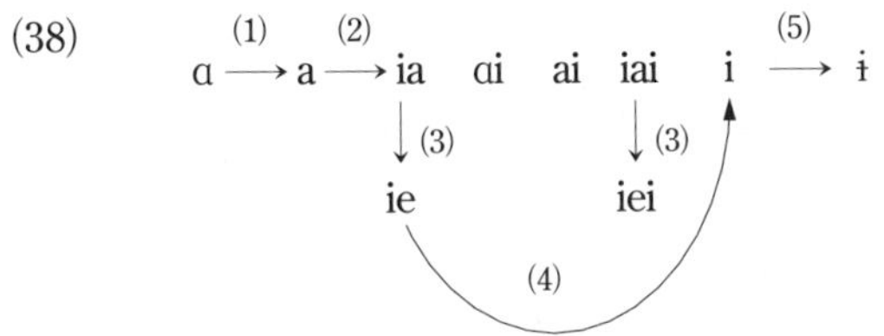

이러한 모음 추이가 끝까지 진행될 때, 그것이 아무리 급여 관계의 최대화 원칙에 의한 자연스런 음운 변화라 하더라도, 너무 많은 동음 이의어를 자아내게 되므로, 그 원칙을 역행하지 않을 수 없게 된다.

그리하여 현대 북경어(Mandarin)를 낳은 방언에서는, 앞의 다섯 규칙이 거의 거꾸로 재배열되어 적용순이 (5)－(3)－(4)－(2)－(1)이 되었다는 것이다. 이것은 (3)－(4)만을 제외하면 급여 관계를 역급여 관계로 만들고 음성적 불투명성을 짙게 해 주는 결과를 낳는다. 그러나, 의미의 불투명성을 위해서는 음운 변화 원칙의 법칙은 오히려 바람직한 일이라고 할 수가 있다.

그렇다고 우리는 동음 이의어의 기피가 어떤 목적 의식을 가지고 언어 변화를 절대적 또는 궁극적으로 지배하는 왕좌에 앉아 있는 원칙이라고 생각해서도 안 된다. 어느 언어에나 어느 정도의 동음 이의어는 있으며, 동음 이의어를 창조해 내는 경우도 있기 때문이다.

중세 영어에서 일어났던 모음 추이(이른바 Great vowel shift)로 低舌이 中舌이 되고(sane[sæn]→[seyn]), 中舌이 高舌이 되고(feet[fe:t]→[fi:t]), 高舌은 低舌로 내려앉는(line[li:n]→[layn]) push chain 현상이

일어났는데, 이로 인해 低舌의 sea, meat 등이 中舌로 되었다가 그곳에 주저앉지 못하고, 中舌의 see, meet 등과 같이 高舌로 되어 버려, 현대 영어에서 [si:], [mi:t] 등의 동음 이의어가 된 예를 보면 알 수 있다.

그러니까 음운 변화는 여러 가지 요인들이 어느 때는 서로 보상적으로, 어느 때는 서로를 견제하며, 어느 때는 서로 배타적으로 작용되면서 진행됨을 우리는 명심해야 할 것이다.

5. 비교 연구의 방법

모든 역사가 그렇지만, 특히 언어는 문자로 기록되어 보존되므로, 언어사의 연구는 무엇보다도 먼저 문헌 자료에 의존하게 된다. 여기서 가장 중요한 것은 그 문헌의 성격과 거기에 사용된 문자 체계에 대한 정확한 지식이다. 이러한 지식을 가지고 문헌의 언어를 검토하면 그 문헌의 가치가 결정된다. 이렇게 결정된 역대 문헌들에 의해서 그 언어의 역사를 엮을 수가 있는 것이다.

그러나 문헌 자료에 의해서 엮어지는 언어사는 매우 제한된 것이다. 고대로부터 문헌이 있었다 해도 그것은 그 언어의 오랜 역사에서 보면 극히 최근에 속하는 일이며, 그 문헌들은 그 언어의 그때그때의 완전한 모습(비유해 말하면 그 언어의 무수한 순간 사진)을 보여 주지는 않기 때문이다. 국어의 경우에 문헌의 결핍은 특히 심하다. 훈민정음이 창제된 15세기 중엽 이전에 있어서의 한자에 의한 자료는 말할 것도 없고, 훈민정음에 의한 자료도 양으로 보나 질로 보나 국어사학자를 만족시키기에는 거리가 먼 것이다. 이 때문에, 도리어 현존

자료들이 소중하고 그에 대한 면밀한 검토가 요청되기도 한다.

이러한 문헌의 결함을 보충하기 위하여 국어사 학자들이 의존하는 것으로, 방언 연구, 同系諸語와의 비교 연구 및 내적 재구 등이 있다.

5.1. 비교 방법(comparative method)

넓은 의미에서, 비교 방법은 언어사 연구의 기본 방법이라고 할 수 있다. 상술한 문헌 연구에 있어서도 서로 시대가 다른 문헌들을 놓고 음운 · 문법 · 어휘의 발달을 확인하는 것은 비교를 통해서 가능한 것이다. 그리고 방언 연구는 한 언어 안의 제 방언의 비교를 주축으로 하는 것이다. 그러나 비교 방법이란 말은 일반적으로 제 언어의 문헌 이전의 역사, 즉 선사를 밝히는 방법을 말한다. 이 방법은 동일 계통에 있는 언어들의 비교에 의하여 그 共通祖語(protolanguage, 獨 Ursprache)를 재구하고 그 祖語로부터 제 언어에의 변천을 밝히는 것을 목적으로 하고 있다.

공통 조어란 친족 관계에 있는 언어들, 즉 한 어족이나 어군에 속한 언어들이 아직 갈라지기 이전의 언어를 말한다. 세계의 언어들을 동계의 언어, 즉 어족으로 묶는 것을 **계통적 분류**라 한다. 국어의 경우도 비교 방법이란 탐지기를 가지고 많은 언어들 사이에서 동계의 언어를 찾아서 그 계통을 밝혀야 하는 것이다.

언어의 비교는 외형의 유사에 의해서가 아니라, 엄밀한 **음운 대응의 규칙**(rules of sound correspondences)에 의해서 이루어진다. 하나의 공통 조어로부터 갈려 나온 언어들은, 비록 각각 독자적으로 음운 변화를 겪었으나, 그 변화들은 규칙성을 띠고 있기 때문에, 그들 사이에는 일정한 대응이 있게 되는 것이다. 음운 변화의 규칙성에 대해서는 과거에 적지 않은 논의가 있었으나, 이것은 비교 방법을 성립시키는 기본적인 가정의 하나다.

여기서, 실제로 중세 국어(주로 15세기의 국어)와 현대 제주도 방언의 비교를 통하여, 음운 대응의 규칙이 어떻게 세워지는가를 알아보기로 한다. 중세 국어와 제주도 방언의 모음들의 일반적인 대응 규칙은 다음과 같다. (여기서는 편의상 7모음만을 보인다.)

(39)

	(1)	(2)	(3)	(4)	(5)	(6)	(7)
중세	ㆍ	ㅡ	ㅣ	ㅗ	ㅏ	ㅜ	ㅓ
제주	ㆍ	ㅡ	ㅣ	ㅗ	ㅏ	ㅜ	ㅓ

중세 국어의 'ㆍ'(ʌ)에 대응되는 모음을 제주도 방언이 가지고 있음은 널리 알려진 사실이다. 실제로, 제주도에 가서 15세기 문헌에 'ᄆᆞᆯ'(馬), 'ᄃᆞᆯ'(月), 'ᄌᆞᆷ'(眠) 등 'ㆍ'로 표기된 단어들이 하나의 특이한 모음 [ɐ]로 발음되고 있는 사실을 발견하면 누구나 놀라지 않을 수 없다. 그곳 사람들이 '龍飛御天歌'나 '月印釋譜' 등을 정확히 배워서 말하고 있지나 않나 하는 착각을 일으킬 정도다. 그러나 자세히 조사해 보면 위의 (1)의 대응에 어긋나는 예들도 많다. 우선, 이 대응은 어두 음절에서만 발견된다. 제주도 방언도 비어두 음절에서는 'ㆍ'를 유지하고 있지 않다. 15세기 국어와 비교해 보면, 비어두 음절의 'ㆍ'는 이 방언에서 일반적으로 'ㅡ'로 변했음을 확인할 수 있다.

(40) 중세 ᄇᆞᄅᆞᆷ(風) ᄒᆞᄅᆞ(1日) ᄆᆞᅀᆞᆯ(村)
제주 pɐrɨm hɐrɨr mɐsɨr, mɐsir

그리고 때로는 제주도 방언의 'ㆍ'가 15세기 국어의 '어'에 대응되는 듯한 예들도 있다. 이들은 반모음 y 뒤에서 나타난다.

(41)	중세	여러, 여라(諸)	여듧(八)	열-(實)
	제주	yɐra	yɐtɨp	yɐr-

위에 든 예들을 합리적으로 설명하기 위해서는 15세기 이전의 古形으로서 *yʌ를 재구하고, 이것이 15세기 서울말에서는 '여'(yə)로 변했고, 제주도 방언에서는 지금도 yɐ로 발음되고 있다고 보지 않으면 안 된다. 실제로, 訓民正音解例(合字解)가 국어의 방언에 yʌ가 있음을 지적한 바 있으며, 18세기의 申景濬(訓民正音韻解)도 방언에 yʌ가 있음을 지적하고, 그 예로서 'ᆢ 둛'(八)을 들고 있음은 위의 재구의 타당성을 말해준다. 이렇게 볼 때, 위에서 우리가 제시한 (1)의 대응과 관련된 세부적인 규칙들이 있음을 알 수 있다. (2)~(7)에 대해서도 이와 비슷한 말을 할 수가 있다.

비교 방법의 주된 목적은 문헌 이전의 先史를 재구하는 데 있다. 이런 재구는 위에서 본 것처럼 국어의 방언들의 비교에 의해서도 어느 정도 가능하지만, 국어와 친족 관계에 있는 언어들과 비교함으로써 그 공통 조어에 도달할 수 있을 때, 그 궁극적인 목적이 달성되는 것이다. 오늘날 국어는 알타이제어와 친족 관계에 있음이 하나의 통설이 되어 있으나, 아직 그것은 완전히 증명되지 않은 단계에 있어서 확정적으로 말할 수 없는 형편이다. 무엇보다도 국어와 알타이제어 사이에는 아직 음운 대응의 규칙이 체계적으로 세워져 있지 않은 것이다. 물론, 국어와 알타이 제어 사이에, 위에서 중세 국어와 제주도 방언 사이에서 본 것과 같은 정밀한 대응 규칙을 기대하는 것은 지나친 일이다. 국어와 알타이 제어는, 친족 관계에 있다고 해도, 아득한 옛날에 갈리었을 것으로 추측되기 때문이다. 그러나 지금까지의 연구는 부분적으로나마 대응의 규칙을 세우는 데 성공하였으며, 그 중에는 자못 믿음직한 것들도 있다. 그 한 예로 다음과 같은 어두 자음의 대응을 들 수 있다.

(42)			
	퉁구스어군 :	나나이어	p
		만주어	f
		에벤키어	h～ϕ
	몽 골 어 군 :	중세 몽골어	h
		몽골文語	ϕ
		칼카몽골어	ϕ
		몽구오르어	f, x
	터 키 어 군 :	고대 터키어	ϕ
		칼라쥬어	h
	한 국 어 :		p

이 대응 규칙은 Ramstedt가 1916년에 세운 것이데, 그 뒤에 알타이 제어에 관한 여러 새로운 연구에 의해서 그 증거가 더욱 보강되었다. 위에서 든 중세 몽골어나 칼라쥬어를 그 대표적인 예로 들 수 있다. 위의 대응을 토대로, 그는 알타이 祖語에 어두음 *p를 재구한 것이다. 즉, 퉁구스어군에서 보면 이 *p가 나나이어에서는 그대로 유지되었으나, 만주어에서는 f로, 에벤키어에서는 다시 h를 거쳐 아주 소실되었으며, 몽골어군에서는 중세 몽골어에서는 h로 그 흔적이 남아 있었으나, 그 뒤에 이것이 소실되었고(그러나 몽구오르어에는 아직 f, x로 남아 있다.), 터키어군에서는 이 자음은 전반적으로 없어졌다고 본 것이다. 우리 국어는 p(ㅂ)를 유지하고 있는 점에서 매우 보수적이라고 할 수 있다. 이 대응을 보여 주는 예들 중에서 둘만 들기로 한다.

(43) 한국어 빌-(祈)
만주어 firu-
몽골文語 irüge-, 중세 몽골어 hirü'er

(44) 한국어 바닥, 중세 바당
몽골文語 ada (끝, 하류)
고대 터어키어 adaq(발)

음운 대응의 규칙은 어두음에서만 요구되는 것이 아니고, 모든 모음과 자음에서 다 요구된다. 위의 두 비교에 대해서 아직 이런 모든 규칙이 세워진 단계에 있지 않으나, 잠정적으로 알타이祖語形으로 *pirü-(祈), *padak(발, 끝)을 재구해 볼 수 있을 듯하다. 앞으로 국어와 알타이 제어의 비교를 더욱 정밀화하는 데 많은 노력이 있어야겠음을 절실히 느낀다.

5.2. 내적 재구(internal reconstruction)

내적 재구란 한 언어 내에서 순전히 어떤 공시적 상태가 보여 주는 암시에 근거하여 그 이전의 상태를 재구하는 방법을 말한다. 이 방법은 어떤 언어의 형태소가 공시적인 교체(alternation)를 보여 줄 때, 그보다 예전 단계에서는 이런 교체가 없었고, 그 異形態들은 음운 변화(대개는 조건 변화)의 결과라고 하는 가정에서 출발한다. 가령, 현대 국어에서 모음으로 시작되는 어미 앞에서는 '낫'(鎌), '낮'(晝), '낯'(面), '낟'(穀), '낱'(個)의 末子音들이 제대로 나타나지만, 휴지 앞에서는 한결같이 [t]로 나타나 모두 동음어가 되고 마는 사실이 주목된다. 이 사실은 어느 이른 단계에 있어서는 이들의 말자음이 휴지 앞에서도 각기 제대로 나타나 단일형을 가졌었는데, 뒤에 어말 자음의 不破化라는 변화가 일어나 오늘날과 같은 상태에 도달했음을 암시하고 있다. 다행히, 이러한 재구는 고대 및 중세의 문헌 자료에 의해서 확인된다.

중세 국어의 명사 어간의 특수 교체에 대해서도 이와 비슷한 내적 재구의 방법이 적용될 수 있다. 그 예를 들면, 현대 국어의 '마루', '하루'에 해당되는 15세기 국어의 명사는 휴지나 자음으로 시작된 조사 앞에서는 'ᄆᆞᄅᆞ', 'ᄒᆞᄅᆞ'로, 모음으로 시작되는 조사 앞에서는 'ᄆᆞᆯㄹ'(주격형 ᄆᆞᆯ리, 처격형 ᄆᆞᆯ릐 등), 'ᄒᆞᆯㄹ'(주격형 ᄒᆞᆯ리, 처격형 ᄒᆞᆯ릐 등) 등으로 나타난다. 내적 재구의 방법은 이런 교체는 본래부터 있었던 것이 아니요, 언젠가 '*ᄆᆞᄅᆞᆯ', '*ᄒᆞᄅᆞᆯ'의 단일형을 유지한 단계가 있었을 것임을 가정하는 것이다. 즉, 15세기의 'ᄆᆞᄅᆞ', 'ᄒᆞᄅᆞ'는 末音 'ㄹ'이 탈락한 결과요, 'ᄆᆞᆯㄹ', 'ᄒᆞᆯㄹ'은 제2음절의 모음 'ㆍ'가 탈락한 것이라고 설명하는 것이다. 현재 제주도 방언이 'ᄆᆞ를', 'ᄒᆞ를'이라는 단일형을 유지하고 있는 사실은, 위의 재구가 타당한 것임을 입증해 주는 것이라고 할 수 있다. 그러나 이 경우는 문헌 자료에 의해서 확인되지 않는다. 보통, 문헌이나 방언에서 확인되지 않은 음운이나 어형을 가정적으로 재구하는 일은 흔하며, 이런 재구형에는 *표를 붙이는 것이 관례다.

6. 유추와 차용

음운 변화와 유추와 차용, 주로 이 세 가지로 언어 변화를 설명하려는 고전적 방법에 대한 비판이, 최근에 와서 Kiparsky를 필두로 하여 생성 음운론을 언어사 연구에 적용함으로써, 제기되고 있다. 유추와 차용(음운 차용 이외의 경우)은 음운론에서 직접 다룰 부분이 아니라 할 수도 있으나, 관련은 퍽 깊으므로 여기 별항으로 검토해 보기로 한다.

6.1. 유추(analogy)

유추는 문법 변화에 있어서의 가장 중요한 절차라고 생각되어 왔다. 이것은 이미 존재하는 어떤 유형을 본받아서 어떤 문법 형태가 새로이 만들어지거나 변화를 입는 것을 말한다. 가령, 중세 국어에서 동사 '오-'(來)는 선어말 어미 '-거-', 대신 '-나-'를 가졌었다(예 : 오나든, 오나늘). 그러나 다른 모든 동사가 '-거-'를 가진 것을 본받아서 '오-'도 '-거-'를 가지게 된 것이다(예 : 오거든, 오거늘). 유추는 일반적으로 비례 4항식으로 표시된다(가- : 가거늘 = 오- : x). 유추는 음운 변화의 결과로 생긴 '불규칙적'인 형태들을 '규칙적'인 것으로 만드는 작용을 한다. 중세 국어에서 음운 변화로 'ㄹ' 뒤의 '-거-'가 '-어-'로 변하였었다(예 : 알-어늘(知)). 이것이 근대 국어에 와서 '알거늘'이 된 것은 다른 어간 뒤의 '-거-'에의 유추에 의한 것이었다. 이리하여 음운 변화가 문법 형태들의 특징을 깨쳐 문법 체계를 파괴함에 대항하여 유추는 그것을 새로이 건설하는 작용을 한다.

생성 음운 이론이 발전됨에 따라 종래에 유추로 설명되던 많은 현상들이 기실은 규칙의 상실, 재배열, 간소화 등으로 설명하면 더욱 합리적이라는 사실이 밝혀지고 있다.

6.2. 차용(borrowing)

차용은 일반적으로 어휘에서 행해진다. 어휘에 있어서의 차용의 결과를 차용어(또는 외래어)라고 한다. 국어의 차용어의 주된 공급원은 상고로부터 근세에 이르기까지 중국어였고, 그 밖의 것으로는 중세에 몽골어, 현대에 영어를 비롯한 구미제어 및 일본어 등을 들 수 있다. 차용은 방언 간에도 행해진다는 점을 각별히 주의할 필요가 있다. 그리고 차용의 결과로 음운 체계에 변화가 생기는 일이 있음도 주목할 만하다. 새로운 음소를 추가하는 경우도 있고, 이미 있었던 음소들의 분포의 변화를 가져오는 경우도 있다. 가령, 국어에는 'ㄹ'이 어두에 올 수 없다는 규칙이 있었으나, 현대에 와서 구미 제어의 차용어에 의해 이에 대한 예외들이 생겼다.

참고

Ⅷ. 8장의 1절은 Saussure(1915), Jakobson(1928, 1929, 1931), Bloomfield(1933), Martinet(1955) 등 참조.

기능적·구조적 관점에서의 歷史音韻論(통시 음운론)의 연구는 Jakobson과 Martinet에 의하여 발전되어 왔다. Jakobson의 글들은 그의 (1962)에 수록되어 있고, Martinet의 견해는 그의 (1955) 속에 집약되어 있다.

Ⅷ. 2절은 전반적으로 Hartmann & Stork(1972), 허 웅(1964 b), 이기문(1972 a, b) 등을 참조.

Ⅷ. 3절과 4절 전반에 대해서는 Sommerstein(1977), Bynon(1977), Jeffers and Lehiste(1979) 등 참조. 그리고 Arlotto(1972), Anttila(1972), Lehmann(1962, 1973), Keiler(1972) 등

도 참조.

Ⅷ. 3절 규칙의 변화 유형 전반에 대해서는 Kiparsky(1968 b, 1971) 이외에 그의 학위 논문(1965)를 참조. Bynon(1977)의 제3장 제1항(phonological change, pp. 108~145)에도 음운 변화의 여러 유형들이 간단히 소개되어 있다.

역사 음운론을 생성 음운론 이론에 입각해 다룬 선구자인 동시에 가장 많은 공헌을 한 사람은 역시 Kiparsky다. 그의 논문(1968 b, 1973 b)들에 feeding-bleeding을 비롯해서 opacity에 이르기까지 음운 변화의 원칙이 기술되어 있다.

단행본으로는 King(1969)과 Anderson(1974)도 유용하다.

Ⅷ. 3. 1 규칙의 첨가와 삽입에 대해서는 King(1973)을 참조.

Ⅷ. 3. 4 규칙의 재배열에 대해서는 Kiparsky의 위 논문들과 Hogg(1973) 참조.

Ⅷ. 3. 5 재어휘화에 대해서는 Kiparsky(1972)를 참조하고, Hale(1973)에는 New Zealand의 Maori어에서의 재미있는 예가 수록되어 있다.

Ⅷ. 4. 3. 1. 구조 불균형의 요인에 대해서는 Martinet(1952)와 Moulton(1962)을 참조했다.

Ⅷ. 4. 3. 3. 異形態의 최소화에 대해서는 King(1972) 참조.

Ⅷ. 4. 3. 5. 의미 대립의 유지에 대해서는 Chen(1974)와 Kim, C-W. (1981) 참조. push-chain과 drag-chain에 대해서는 King(1973) 참조.

Ⅷ. 5. 1. 비교 방법에 대한 好著로는 Meillet(1925). 비교 언어학은 印歐諸語의 연구에서 발달하였으므로 이 방면의 저서들을 보는 것이 바람직하다. 알타이 제어의 비교에 대해서는 Ramstedt(1957), Poppe(1960) 참고.

Ⅷ. 5. 2. 내적 재구(internal reconstruction)에 대해서는 Hoenigswald(1960) 참조. 국어의 예는 이기문(1962) 참고.

Ⅷ. 6. 1. 유추(analogy)에 대해서는 Hermann(1931) 및 Kurylowicz(1949) 참조.

Ⅷ. 6.2. 차용 및 언어 간의 접촉(contact), 간섭(interference)에 관한 이론적 연구로는 주로 Weinreich(1953) 참조.

연습문제

A. 다음 예들이 조건 변화이면 '조', 무조건 변화이면 '무'라고 괄호 속에 구분하여 보라.

1. (　　) 두 음소가 합류하여 한 음소가 되었다.
2. (　　) 중세 국어의 '하야로비'가 근대 국어의 '해오라비'로 어중 모음이 음운 도치되었다.
3. (　　) 근대 국어에서 兩脣子音(ㅁ, ㅂ, ㅍ 등) 뒤의 'ㅡ'가 'ㅜ'로 순행 인접 동화를 일으켰다.
4. (　　) 17 세기와 18 세기의 교체기에 구개음화가 일어났다.
5. (　　) 한 음소가 분화하여 두 음소가 되었다.
6. (　　) 중세 국어에서 'ㄴ' 앞의 'ㄷ'이 'ㄴ'으로 변했다.
7. (　　) 고대 국어의 '*ᄒᆞᄅᆞᆯ', '*ᄆᆞᄅᆞᆯ' 등이 중세 국어에서 'ᄒᆞᄅᆞ', 'ᄆᆞᄅᆞ' 등이 되었다.
8. (　　) 중세 국어에서 전기와 후기 사이에 일대 모음 추이가 일어났다.
9. (　　) 근대 국어의 움라우트 현상은 역행 원격 동화였다.
10. (　　) 음운들의 대립 관계가 새로워져서 음운 체계에 변천이 일어났다.

B. 다음 예들의 묶음을 각각 무슨 음변화의 유형으로 규정할 수 있는가?

1. ᄂᆞᆯ + 아 → ᄂᆞ라, 벗 + 어 → 버서
2. 부텨 + 이 → 부톄, 그리 + 어 → 그려
3. 굳이 → 구지, 같이 → 가치
4. 기ᄅᆞ마 〉 길마
5. 아비 → 애비, 겨집 → 계집
6. 거우루 〉 거울

7. 거붑 〉 거북, 소곰 〉 소금
8. 찰나 → 찰라, 천리 → 철리
9. 빗복 〉 배꼽, 시혹 〉 혹시

C. 다음에 보인 좌우의 두 도출(derivation, 7장 참조) 과정은 규칙 재배열을 하여 두 가지 다른 소산(output)을 얻고 있는 경우(전상범 1975b : 146)를 보인 것이다.

(1)		(2)	
/tʌoi+ə/	기저형	/tʌoi+ə/	
tʌoy ə	이중 모음화	tʌoy ə	
tʌoy yə	반모음 삽입	tʌoy a	모음 조화
——	모음 조화	tʌoy ya	반모음 삽입
[tʌoyyə]	ᄃᆞ외여	[tʌoyya]	ᄃᆞ외야

1. 위의 경우가 어떻게 규칙 재배열된 것인지 잘 검토해 보고, 이와 같은 경우를 국어에서 또 찾아 보라.
2. 한편, 다음과 같이 규칙 배열 순서를 바꿔서는 옳지 않은 소산을 생겨나게 하는 경우(이병건 1976 : 117)도 국어에서 더 찾아 보라.

(1)		(2)	
/čoh+ə/	기저형	/čoh+ə/	
čoh+a	모음 조화 규칙	čoh+a	
——	골음 형성 규칙	čo+a	h-삭제 규칙
——	모음 삭제 규칙	čw+a	골음 형성 규칙
čo+a	h-삭제 규칙	——	모음 삭제 규칙
[čoa]		*[čwa]	

D. 다음의 음변화 현상을 규칙의 변화 유형으로 볼 때, '첨가 · 상실 · 간소화 · 재배열' 중 어느 것인지 밝혀 보라.

1. 15세기에는 '나모～낡', '구무～굶'으로 교체를 보여 준 명사들이 있었는데, 오늘날에는 '나무', '구멍' 등을 기저형으로 하는 것으로 생각한다.
2. 중세 국어에 없던 구개음화 현상이 현대 국어에 있다.
3. 중세 국어에서 ㅐ[ay], ㅔ[əy] 등의 이중 모음이 현대 국어에서 [æ], [e] 등의 단모음으로 되었다.
4. 15세기 국어에서 음절말 자음의 중화 현상이 있었으나 ㅅ은 ㄷ과 음운적 대립을 유지하다가 16세기 초 그 대립이 중화되었다.

E. 4.3.1의 구조상의 불균형에서 예시된 국어의 모음 체계에 대해서 우선 다음 그림 (1), (2)를 더 보태어 고려하여 보라.

ㅣ(i)	ㅡ(ɨ)	ㅜ(u)
	ㅓ(ə)	ㅗ(o)
	ㅏ(a)	

그림 (1)

ㅣ(i)	ㅡ(ɨ)	ㅜ(u)
ㅔ(e)	ㅓ(ə)	ㅗ(o)
ㅐ(ɛ)	ㅏ(a)	

그림 (2)

1. 이 두 단계를 본문 중 어느 그림들 사이에 넣고 모음 체계의 변화를 설명할 수 있을지, 가장 적당한 단계를 설정하고 설명해 보라.
2. 만약, 다음의 그림 (3)과 같은 모음 체계를 가진 시기를 가정한다면 이것은 무엇을 의미하는가 말해 보라. 특히, 'ㆍ'의 소멸과 단모음화의 선후 관계, 'ㆍ'와 'ㅏ'의 a로, 'ㆎ'와 'ㅐ'의 ɛ로의 합류에 대해 주목하면서 설명해 보라.

前舌		後舌		
ㅣ	ㅟ	ㅡ	ㅜ	高
ㅔ	ㅚ	ㅓ	ㅗ	中
ㅐ	ㆎ	ㅏ	ㆍ	低
평순	원순	평순	원순	

그림 (3)

F. 다음 데이터는 Gleason(1955b)에 나타난 이후 미국 등지에서 기초적 연습 문제로 많이 이용되고 있다. 이 자료의 잘못된 점들을 지적하라. 특히, [s, š, z]를 한 음소의 異音들로 보고, 이들이 상보적 분포를 보이고 있다고 생각함에 대해 틀린 부분을 비판하라. [z]에 대해서는 그 정확한 분포를 역사적 관점에서 논해 보라.

[s]		[š]		[z]	
1 satan	division	8 šeke	world	15 čaŋza	business
2 sæk	color	9 šekɨm	taxes	16 inza	greetings
3 sæ	new	10 šesušil	washroom	17 inzweča	publisher
4 sosəl	novel	11 šihap	game	18 paŋzək	cushion
5 su	number	12 šiktaŋ	dining room	19 phuŋzok	custom
6 sul	wine	13 šilsu	mistake	20 ɨmzikčəm	restaurant
7 susul	operation	14 šinpu	bride	21 yəŋzučɨŋ	receipt

〈음변화 현상 목록〉

주로 현대 국어 표준 발음(역사적, 방언적 현상은 제외)을 중심으로 음변화의 여러 현상들을 열거하여 참조하기 편한 목록을 보인다. 음변화의 내용에는 음성 변화와 음운 변화 등을 포함시키되, '규칙'이나 '과정'이란 용어는 쓰지 않고 '현상'이라고 부르기로 한다. '규칙'은 '제약'을 앞세우는 최적성 이론의 시류에 맞지 않고, '과정'도 Stampe(1972)의 자연 음운론에서 '어려운 발음을 피하는 과정'을 가리키는 특수 의미로 쓰여진 일이 있어 '음운 과정'이란 용어는 안 쓰기로 한다.

음운 변화는 그 내용상 음운론적 조건은 물론 형태 음운론적 조건에 의한 음운론적 교체도 포함하므로 형태 음운 변화라고 나눠 지칭하려는 경우도 있으나, 여기서는 그냥 음운 변화로 통칭한다. 음성 변화나 음운 변화의 부류에 든다기 보다 발음 해독을 위한 사항들은 '기타'로 덧붙였다. 이상의 부류들을 자음, 모음 및 종성 등의 기준으로 분류하고, 또 음운 변화의 경우는 '대치(교체), 탈락, 첨가, 축약' 등의 조건에 따라 일괄표를 만들어 보이면 다음과 같다. 이 부분의 내용은 허 웅(1985), 이상억(1990), 배주채(1995), 이호영(1996) 등의 논저들을 주로 참작하였다.

A. 음성 변화(이음 변화)

자 음		모 음
1. 음절말 유성 자음의 불파화	7. 목젖 소리 되기	14. w의 조음 위치 동화
2. 유성음화	8. 경구개음화	15. y 탈락
3. ㅅ 구개음화	9. 연구개음화	16. 반모음의 무성화
4. ㄴ 구개음화	10. 자음 약화	17. 모음의 무성화
5. ㄹ 구개음화	11. 원순음화	
6. 설측음화	12. 비음화	
	13. 탄설음화	

B. 음운 변화(형태 음운 변화 포함)

조건 변화	자음		모음
	연쇄제약 〈종성규칙〉	발음편의 〈자음동화〉	
대 치	21. 음절말 장애음 중화(=평폐쇄음화)	26. ㄷ 구개음화 27. 비음화 28. 유음화 29. 경음화 30. 조음 위치 동화 31. 변자음화	40. w 활음화 41. y 활음화 42. 전설 모음화(움라우트) 43. 모음 조화
탈 락	22. 자음군(겹받침) 단순화	32. ㅎ 탈락 33. ㄹ 탈락 34. 구개음 뒤 y 탈락 35. 중복 자음 감축 36. ㄷ 탈락	44. 으 탈락 45. 모음 탈락 46. y 탈락
첨 가		37. ㄴ 삽입 38. 중복 자음화	47. 장모음화 48. y 첨가
축 약	23. 격음화 24. 〈두음법칙〉 25. ㄹ→ㄴ	39. 음운 도치	49. 단모음화

C. 기타(발음 해독 규칙 등)

자음	모음
91. 음절 조정 규칙(=연음 규칙) 92. 사이시옷→ㄷ	93. 외→웨(왜) 94. 위→wi 95. 의→으/이, 에 96. 예→에

A. 음성 변화

〈자 음〉

1. 음절말 유성 자음의 불파화 : 음절말 유음과 비음도 단어 경계나 자

음 앞에서 파열되지 않는다. 그러나 대립하는 자음이 없기 때문에 중화 현상을 일으키지는 않는다.(단 비음 가운데 ㅇ[ŋ]만은 비강에서 파열이 일어난다.)

(1) 안[an˺], 솜[som˺], 물[mul˺].

유음과 비음의 불파현상이 의미에는 영향을 미치지 않기 때문에 수의적인 음성 현상으로 볼 수도 있으나 불파음 [n˺], [m˺], [l˺]을 파열음 [n], [m], [l]로 발음하면 아주 어색한 외국어투로 들린다.

2. **유성음화 규칙** : 마찰음, 경음, 격음을 제외한 무성 폐쇄음([p, t, c, k])들은 유성음 사이에서 각각 유성 폐쇄음([b, d, j, g])으로 실현된다.

(2) 안보[anbo], 제도[cedo], 인정[injəŋ], 가공[kagoŋ].

유성음화 규칙은 음성 규칙이므로 적용시키지 않더라도 의미에는 영향을 미치지 않는다. 따라서 수의적인 규칙으로 간주할 수 있다.

단, 갈등[kaltɨŋ], 안과[ankkwa], 상장[saŋccaŋ] 등 유성음화되지 않고 경음화되는 경우가 있으므로 모든 유성음의 환경에서 평자음이 유성음화를 일으킨다고 할 수는 없다. 유성음화 규칙에 예외가 되는 예들은 한자어이거나 형태소 경계 앞의 음절말 비음인 경우로서 경음화 현상을 일으키는 경우이다(이에 대한 자세한 내용은 B29. 경음화 항을 참조하기 바람).

3. **ㅅ 구개음화** : 'ㅅ'은 그 출현하는 환경에 따라 다르게 실현된다. 일반적인 환경, 즉 [i, y]를 제외한 모든 환경에서는 [s]로 실현되지만, [i]나 [y] 앞에서는 구개음 [ʃ]로 실현된다. 따라서 'ㅅ'의 기저음소로 [s]를 잡는 것이 좋기 때문에 [i, y]를 선행하는 환경에서 구개음 [ʃ]로 실현되는 음은 구개음화 규칙이 적용된 것으로 간주한다. 'ㅆ'도 'ㅅ'에 준한다.

(3) 시[syi], 말씨[mal˺ssyi].

4. **ㄴ 구개음화** : 'ㄴ'은 [i, y] 이외의 환경에서는 [n]으로, [i, y]를 앞서는 환경에서는 일반적으로 구개음 [ɲ]으로 실현된다. 단 역사적으로

'늬'에 기원하는 'ㄴ'을 포함하는 일부의 'ㄴ'은 [i]나 [y] 앞에서도 [n]으로 실현된다. 이 'ㄴ'의 경우에도, [n]을 기저 음소로 잡는 것이 좋기 때문에 구개음 [ɲ]으로 실현되는 경우에는 구개음화 규칙을 거친 것으로 간주한다.

(4) 남녀[namnyyə]→[namnyə] (B34. 구개음 뒤의 [y] 탈락 참조).

5. **ㄹ 구개음화** : 'ㄹ' 가운데 설측음 [l]은 [i]나 [y] 앞에서는 구개음 [ʎ]으로 실현된다.

(5) 일리[illyi].

그러나 어중의 [r]은 동일한 환경에서 구개음화를 일으키지 않는다.

(6) 우리[uri], 개구리[kɛguri], 시련[syiryən] 등.

6. **설측음화** : 국어의 유음 'ㄹ'은 그 출현 위치에 따라 다양하게 실현된다. 즉 초성의 위치에서는 [r]로, 종성의 위치에서는 [l]로 실현되며, 종성 'ㄹ' 다음에 오는 초성의 'ㄹ'도 [l]로 실현된다. 일반적으로 기저 음소를 [r]로 잡기 때문에, 설측음 [l]의 실현은 [r]이 설측음화 규칙을 거쳐 [l]로 실현되는 것으로 간주한다.

7. **목젖 소리 되기**(구개수음화) : ㄱ, ㅋ, ㄲ과 ㅇ은 ㅏ, ㅓ 뒤에서 종종 목젖 소리 [q, N]로 된다.

(7) 학[haq], 상[saN].

8. **경구개음화** : 자음이 [i, y]와 ㅈ, ㅊ, ㅉ 앞에서 경구개음화되며, 또 [Wi, ɥ] 앞에서는 경구개음화되면서 원순음화도 된다.

(8) 명사[mʲɟəŋsa], 쉼터[ʃü:mtʰə], 튀다[tʰʷɥida].

9. **연구개음화** : 자음이 ㅡ와 ㄱ, ㅋ, ㄲ, ㅇ 앞에서 연구개음화되며 또 ㅜ나 [w] 앞에서는 연구개음화되면서 원순음화된다.

(9) 물[m^{w}ul], 투사[t^{hw}usa], 흙[xɯk^{ㄱ}].

10. 자음 약화 : ㄱ, ㄷ, ㅂ과 ㅈ은 같은 어절 안의 모음 사이에서 유성음화되며, 마찰음 내지 접근음까지 약화되기도 한다. ㅈ이 마찰음화될 때는 [z]로 들린다.

(10) 아기[agi/aɣi], 아줌마[adʒumma/azumma].

11. 원순음화 : 원순 모음은 같은 음절 안의 모든 자음을 원순음화시키고, 양순 반모음 [w]는 같은 음절 안에서 앞선 자음만 원순화시킨다.

(11) 감독[kamd^{w}ok^{w}], 교사[k^{w}ɥo:sa], 관[k^{w}wan].

12. 비음화 : 비음은 연구개 뒷 부분을 내려 비강 통로를 개방해야 조음되는데, 연구개는 민첩히 움직여지지 않기 때문에, 앞 모음이나 유음의 끝 부분과 뒤 모음이나 반모음의 앞 부분도 비음화된다.

(12) 산 s a n　　소나기 s o n a g i

연구개 ‾‾‾___ 상승/하강　　연구개 ‾‾‾___/‾‾‾ 상승/하강

13. 탄설음화 : 유음 ㄹ은 초성일 때 모음 간, 모음과 반모음 간, 모음과 ㅎ 간에서 [ɾ]로 실현된다. ㄹ과 ㅎ 사이에서만은 신중히 떼어 발음할 때 [l]로도 난다.

(13) 우리[uɾi], 우뢰[u:ɾwe], 실험[ɕiɾɦəm/ɕilɦʌm].

외래어 어두의 ㄹ도 보통 [ɾ]이 되나 개인에 따라 [l]로도 난다.

(14) 라디오[ɾadio/ladio], 라면[ɾamjən/lamjʌn].

〈모 음〉

14. w의 조음 위치 동화 : w는 전설 모음 '이, 에, 애' 앞에서 전설음

화하고, 전설 중모음 '에, 애', 저모음 '아' 앞에서 中舌母音化한다. 이때 이들은 음절 핵을 이루지 못하는 비성절적 음으로 된다.

(15) 뒤[twi:]→[tüi:], 외롭다[weroptta]→[öerop˺tta],
완수[wansu]→[oansu].

15. y 탈락 : 경구개음 ʃ, ʃˀ, ɲ, ʎ 뒤에서 y가 탈락한다.

(16) 가셔서[kasyəsə]→[kaʃyəsə]→[kaʃəsə],
권유[kwə:nyu]→[kwə:ɲyu]→[kwə:ɲu].

16. 반모음의 무성화 : 반모음 [j, w]는 ㅋ, ㅌ, ㅍ과 ㅅ, ㅆ, ㅎ 뒤에서 무성화된 다음 유기 파열음의 기식이나 마찰음과 융합하여 무성 마찰음 [ç, ʍ, ɕ, s'ʷ]로 발음된다. (마찰음과의 융합은 두 음소가 하나로 결합되는 음운 변화다.)

(17)

	무성화		융합	
향수 /hjaŋsu/	⟶	hj̥aŋsu	⟶	[çaŋsu]
화방 /hwa:b̥aŋ/	⟶	hw̥a:baŋ	⟶	[ʍa:baŋ]
오셔서 /osjəsə/	⟶	osj̥ʌsʌ	⟶	[oɕʌsʌ]
쏴 /sswa/	⟶	s'w̥a	⟶	[s'ʷa]

17. 모음의 무성화 : 화자의 감정을 나타내기 위해 '멀다, 좋다, 파랗다' 등의 어휘들에서 첫 음절의 모음을 무성화하는 경우가 있다. 또 짧은 고모음 'ㅣ, ㅟ, ㅜ, ㅡ'는 유기음 'ㅊ, ㅋ, ㅌ, ㅍ' 및 마찰음 'ㅅ, ㅆ, ㅎ' 다음에서 거의 대부분, 혹은 완전히 무성화된다.

(18) 투고[tʰu̥go], 시간[ɕi̥gan], 희안한[çi̥anɦan].

18~20. (더 수록될 수 있을 음성 변화를 위해 자리를 비워 둠.)

B. 음운 변화

〈자 음〉

21. 음절말 장애음 중화 : 음절말 순간 장애음(ㄱ계, ㄷ계, ㅈ계, ㅂ계)과 지속 장애음 즉 마찰음(ㅅ계)은 단어 경계나 자음 앞에서 파열되지 않아, 평폐쇄음 ㄱ, ㄷ, ㅂ 중 같은 조음 위치의 불파음으로 바뀌는 중화 현상을 일으킨다. 중화 현상에 의해 현대 국어의 음절말 자음은 7개(ㄱ, ㄴ, ㄷ, ㄹ, ㅁ, ㅂ, ㅇ)의 자음만이 허용된다.

(19) ㄱ계 : 색[sɛk˥], 부엌[puək˥], 닭고[tak˥kko] : ㄱ계 받침은 모두 [k˥]로 실현됨.
ㄷ계 : 곧[kot˥], 낱[nat˥] : ㄷ계 받침 모두 [t˥]로 실현됨(단, ㄸ 받침은 국어에 존재하지 않음).
ㅅ계 : 낫[nat˥], 났다[nat˥tta] : ㅅ계 받침 모두 [t˥]로 실현됨.
ㅈ계 : 낮[nat˥], 낯[nat˥] : ㅈ계 받침 모두 [t˥]로 실현됨(단, ㅉ 받침은 국어에 존재하지 않음).
ㅂ계 : 집[cip˥], 옆[yəp˥] : ㅂ계는 모두 [p˥]로 실현됨(단, ㅃ 받침은 국어에 존재하지 않음).

용언에만 존재하는 ㅎ 받침은 다음에 ㅅ으로 시작하는 접사가 오게 되면 [t˥]로 중화되어 남거나 아주 탈락까지도 되며 뒤따르는 ㅅ의 경음화도 일어난다. ㄴ으로 시작하는 접사가 오는 경우에는 [t˥]로 중화가 된 다음, 다시 [n]으로 비음 동화를 일으키게 된다.(단, 폐쇄음으로 시작하는 접사가 오게 되면 유기음화를 일으키며, 모음으로 시작하는 접사가 올 경우에는 'ㅎ' 탈락 현상을 보인다.)

(20) 놓-+-소→녿쏘[not˥sso] 또는 노쏘[nosso],
넣-+-소→넏쏘[nət˥sso] 또는 너쏘[nəsso],
놓-+-는→녿는[not˥nɨn]→논는[nonnɨn].
cf. 놓-+-고→노코[nokho], 놓-+-지→노치[nochi],

놓-+-다→노타[notha], 놓-+-아→노아[noa],
놓-+-으면→노으면[noɨmyən].

음절말 중화 현상은 어근끼리 결합한 복합어의 경우에는 두 번째 오는 어근이 모음으로 시작하더라도 첫 번째 어근의 말음인 장애음은 중화 규칙이 적용된다. 복합어를 형성하는 경우에 개재하게 되는 경계는 형태소 경계로 간주되어 왔으나, 중화 규칙과 관련하여 단어 경계와 동일한 기능을 보여 준다. (그래서 내부 단어 경계를 설정하는 학자도 있는데, 이러한 특징은 자음군 단순화 현상에서도 목격된다.) 물론 첫 번째 어근의 음절말 자음이 중화를 일으키면 두 번째 어근이 모음으로 시작하기 때문에 음절 조정 규칙과 유성음화 규칙을 거치게 된다.

(21) 덧(##)엽시[tət˺##əpsyi]→덛업시→더덥시[tədəpsyi],
젖(##)어미[cət˺##əmi]→젇어미→저더미[cədəmi],
옻(##)오르다[ot˺##orɨda]→옫오르다→오도르다[odorɨda],
부엌(##)안[puək˺##an]→부억안→부어간[puəgan],
겉(##)옷[kət˺##ot˺]→걷옷→거돋[kədot˺],
무릎(##)아래[murɨp˺##arɛ]→무릅아래→무르바래[murɨbarɛ].

단, '맛있다'의 경우에는 위의 규칙에 의해 따라 나온 형태인 '맏있따'[madit˺tta]가 '마싣따'[masyit˺tta]와 수의적으로 교체된다.

22. 자음군 단순화

1) 국어에서 모음 간 3개의 자음을 허용하지 않기 때문에, 기저에 2개의 자음을 가지고 있는 어간들은 단어 경계 앞에서, 또는 형태소 경계를 선행시킨 자음 앞에서 2개의 자음 가운데 하나의 자음을 탈락시키는 규칙이다. 일반적으로 중자음(中子音)을 탈락시키고 변자음(邊子音)을 표면형에서 실현시킨다(예외 : 여덟).

(22) 삯→삭[sak˺], 몫→목[mok˺], 넋→넉[nək˺], 흙→흑[hɨk˺],
닭→닥[tak˺], 삵→삭[sak˺], 칡→칙[chik˺], 값→갑[kap˺],
삶→삼[sam], 앎→암[am], 젊다→점따[cəmtta],

옮지→옴찌[omcci], 앉다→안따[antta], 얹다→언따[əntta],
없고→업꼬[əp˺kko].

2) 용언의 어간말 자음군이 'ㄹ'과 무성 폐쇄음으로 구성되어 있을 경우에 위의 규칙은 오히려 수의적으로 적용된다. 이 경우에는 'ㄹ'을 남기고 다른 폐쇄음을 탈락시키는 것이 더 일반적인 현상이다. ('핥다, 섧다'는 'ㄹ'을 탈락시키는 경우가 수의적으로도 허용되지 않는다.)

(23) 맑고→말꼬[malkko], 읽지→일찌[ilcci], 붉다→불따[pultta],
밝고→발꼬[palkko], 묽지→물찌[mulcci], 굵다→굴따[kultta],
밟고→발꼬[palkko], 넓지→널찌[nəlcci], 엷다→열따[yəltta],
얇고→얄꼬[yalkko], 읊지→을찌[ɨlcci], 핥지→할찌[halcci].

(24) 맑고→막꼬[mak˺kko], 읽지→익찌[ik˺cci], 붉다→북따[puk˺tta],
밝고→박꼬[pak˺kko], 묽지→묵찌[muk˺cci], 굵다→국따[kuk˺tta],
밟고→밥꼬[pap˺kko], 넓지→넙찌[nəp˺cci], 엷다→엽따[yəp˺tta],
얇고→얍꼬[yap˺kko], 읊지→읍찌[ɨp˺cci], 핥다 : ………예외.

단, 자음군의 두 번째 자음이 ㅎ인 경우에는 다음에 오는 폐쇄음을 유기음화시킨다(넣고[nəkho], 싫지[syilchi] 등).

23. 유기음(격음)화 : ㅎ으로 끝나는 음절에 폐쇄음 및 파찰음으로 시작하는 음절이 결합되거나, 폐쇄음 및 파찰음으로 끝나는 선행 음절에 ㅎ으로 시작하는 음절이 결합되면 하나의 유기음으로 축약하여 실현된다. 'ㅎ'이 어간말 자음군의 두 번째 자음이더라도 이 변화는 그대로 적용된다.

(25) 순행 동화

놓지→노치[nochi], 싫고→실코[syilkho], 낳던→나턴[nathən].

역행 동화

역할→여칼[yəkhal], 입학→이팍[iphak˺].

24. **두음 법칙** : 어두 위치에 오는 한자어로서, 'i, ya, yə, yo, yu' 앞에 오는 'ㄴ'은 탈락한다. 뒤의 규칙 B19를 통해 도출될 '뉴수, 녜의, 니유' 등의 예는 이 변화를 통해 다시 '유수, 예의, 이유' 등으로 바뀌어 실현된다.

(26) 뉴수[nyyusu]→유수[yusu],
녜의[nyyeɨy]→예의[yeɨy],
니유[nyiyu]→이유[iyu],
녀자[nyyəja]→여자[yəja] cf. 남녀[namnyə],
뇨도[nyyodo]→요도[yodo] cf. 배뇨기[pɛnyogi],
닉명[nyiŋmyəŋ]→익명[iŋmyəŋ] cf. 은닉[ɨnnyik˺].

어두의 ㄴ이 구개음 [i]이나 구개 반모음 [y] 앞에서 탈락하는 현상은 구개음과 관련된다는 점에서 'B34. 구개 자음 뒤에서의 구개음 [y] 탈락 현상'과 같은 현상으로 간주할 수 있다. 차이가 있다면 전자의 경우에는 어두의 ㄴ이 탈락하는 데 반하여, 후자의 경우에는 구개 반모음 [y]가 탈락한다는 점이 다르다.

1) 다음의 한자어는 어두의 위치가 아니더라도 관용에 의해 'ㄹ'을 발음하지 않는다.

(27) 나렬 : 나열, 대렬 : 대열, 분렬 : 분열, 진렬 : 진열,
비률 : 비율, 자률 : 자율, 선률 : 선율, 전률 : 전율.

2) 서양어계 외래어의 경우 어두에 오는 'ㄹ'을 탈락시키지 않고, [r] 발음 그대로 실현시키며 [i]나 [ya, yə, yo, yu]를 앞서는 어두의 'ㄴ'도 그대로 실현된다.

(28) 라디오[radio], 라면[ramyən], 리어카[riəkha],
니스[nyissɨ], 뉴스[nyyusɨ], 뉴우런[nyyurən].

25. ㄹ→ㄴ : 한자어의 원음이 'ㄹ'로 시작하는 말에서 어두의 'ㄹ'은 'ㄴ'으로 실현된다. 단, 그 다음에 [i]나 [y]로 시작하는 모음이 오게 되

면 그 'ㄴ'은 다시 두음 법칙에 의해 탈락한다.

(29) 로인→노인[noin] cf. 초로[choro],
량심→냥심→양심[yangsim] cf. 우량[uryanŋ],
뢰성[rφsəŋ]→뇌성[nwesəŋ] cf. 지뢰[cirφ]→ [cirwe],
류수[ryusu]→뉴수[nyyusu] cf. 하류[haryu],
례의[ryeɨy]→녜의[nyyeɨy] cf. 사례[sarye],
리유[riyu]→니유[nyiyu] cf. 도리[tori].

비어두에서도 'ㄹ'은 'ㄴ'과 'ㄹ' 이외의 자음 뒤에서 'ㄴ'으로 바뀌는 유음의 비음화가 일어난다.

(30) 담력→담녁[tamnyək], 막론→막논→망논[maŋnon],
심리→심니→심니[simni].

합성어 중에 'ㄹ'이 'ㄴ' 뒤에서도 'ㄴ'으로 바뀌는 예들이 있다(B28. '유음화' (41) 참조).

(31) 의견란→의견난[ɨykyənnan], 임진란→임진난[imjinnan]

또 합성어 중에 화자에 따라 'ㄹ'이 'ㄴ'으로 발음되기도 하고 'ㄹ'로 발음되기도 하는데 'ㄴ'으로 발음되는 것이 표준 발음이다(B28. '유음화' (39) 참조).

(32) 음운론→음운논[ɨmunnon] cf. 음울론,
신문로→심문노[simmunno] cf. 신물로,
공권력→공권녁[koŋkkwənnyəkㄱ] cf. 공궐력.

26. **ㄷ 구개음화** : ㄷ, ㅌ으로 끝나는 어간은 '이'('히')로 시작하는 접사나 어미를 만나면 ㅈ[c], ㅊ[ch]로 실현된다.

(33) 곧이[koji], 해돋이[hɛdoji], 같이[kachi], 낱낱이[nannachi],
닫히다[tachida], 갇히다[kachida].

역사적으로 방언에서 ㄱ(→ㅈ) 구개음화, ㅎ(→ㅅ) 구개음화가 일어나기도 했다.

27. 비음화 : 음절말 장애음은 비음 앞에서, 동화되는 장애음과 동일한 위치에서 조음되는 비음으로 동화되어 실현된다. 즉 ㄱ계는 [ŋ]로, ㄷ계·ㅅ계·ㅈ계는 [n]으로, ㅂ계는 [m]으로 실현된다. [n]은 다시 ㅁ으로 시작하는 접사 앞에서 [m]으로 동화되기도 한다. (아래 B31항의 '변자음화'를 참조하기 바람.)

(34) 학문→항문[haŋmun], 부엌만→부엉만[puəŋman],
낚는→낭는[naŋnɨn], 해돋는→해돈는[hɛdonnɨn],
맡는→만는[mannɨn], 뜻만→뜯만[ttɨt˺man]→뜬만[ttɨnman],
있는→읻는[it˺nɨn]→인는[innɨn],
늦는→늗는[nɨt˺nɨn]→는는[nɨnnɨn],
쫓는→쫃는[ccot˺nɨn]→쫀는[cconnɨn],
합리적→함니적[hamnijək˺], 높낮이→놈나지[nomnaji].

음절말 장애음 중화를 거친 ㄱ, ㄷ, ㅂ도 비음화된다.

(35) 닭는→닥는→당는[taŋnɨn], 낳는→낟는→난는[nannɨn],
옆만→엽만→염만[yəmman].

28. 유음화 : 어중의 ㄹ[l]을 선행하거나 후행하는 ㄴ[n]은 유음이 된다.

(36) ㄴㄹ→ㄹㄹ(역행 동화)
신라→실라[syilla], 민란→밀란[millan], 선로→설로[səllo].

ㄹㄴ→ㄹㄹ(순행 동화)
칼날→칼랄[khallal], 들나물→들라물[tɨllamul],
팔년→팔련[phallyən], 설날→설랄[səllal],
달나라→달라라[tallara], 찰나→찰라[challa].

자음군 ㄾ, ㅀ이 ㄴ 앞에 올 때도 ㄹㄹ로 순행 동화가 일어난다.

(37) 훑는→훌른[hullɨn], 앓는→알른[allɨn].

이때 자음군 단순화가 일어나 ㅌ, ㅎ이 탈락됐는지, 그 이전에 ㄴ이 유음화됐는지는 설명의 편의에 따라 취할 수 있는 그 해석의 방법이다.

단, 유음의 두 번째 [l] 다음에 [i]나 [ya, yə, yo, yu]가 뒤따르면 'A5. ㄹ 구개음화 규칙'에 따라 구개음 [ly]가 되며, 다시 'B34. 구개자음 뒤에서의 구개음 [y] 탈락 현상'이 적용된다('팔년'의 경우도 마찬가지).

(38) 진리→질리[cillyi], 권리→궐리[kwəllyi], 만리→말리[mallyi].

'ㄴ'이 'ㄹ'을 앞서는 경우 앞의 'ㄴ'에 뒤의 'ㄹ'이 'ㄴ'으로 바뀌기도 하며(39), 'ㄴㄴ'이 'ㄹㄹ'로 되는 수도 있고(40), 'ㄴㄴ'이 'ㄹㄹ'로 굳어진 것도 있다(41).

(39) 신문로→신문노[syinmunno], 보문로→보문노[pomunno].

(40) 관념→괄렴[kwallyəm], 천년→철련[chəllyən].

(41) 곤난→골란[kollan], 논난→놀란[nollan].

29. 경음화

1) 고유어에서 음절말 ㄱ계, ㄷ계, ㅂ계 자음 다음에 오는 장애음(ㄱ, ㄷ, ㅂ)과 마찰음 ㅅ, 그리고 파찰음 ㅈ은 경음(된소리)으로 실현된다. 음절말 장애음이 자음군 단순화 현상(B22항 참조)에 따라 ㄱ계, ㄷ계, ㅂ계가 된 경우일지라도 그대로 적용된다.

(42) 국밥→국빱[kuk˺ppap˺], 깎다→깍따[kkak˺tta],
삯돈→삭똔[sak˺tton], 닭장→닥짱[tak˺ccaŋ],
뻗대다→뻗때다[ppət˺ttɛda], 값지다→갑찌다[kap˺ccida],
있던→읻떤[it˺ttən], 꽂고→꼳꼬[kkot˺kko],
꽃다발→꼳따발[kkot˺ttabal], 밭갈이→받까리[pat˺kkari],
겹장이→겹짱이[kəp˺ccaŋi], 덮개→덥깨[təp˺kkɛ],

옆집→엽찝[yəp˥ccip˥], 읊조리다→읍쪼리다[ɨp˥ccorida].

단, 고유어의 경우에 형태소 경계를 사이에 두었을 때에만 경음화 현상이 일어나며 음절 경계를 사이에 두었을 때에는, 즉 형태소 내부일 때에는 경음화 현상이 일어나지 않는다(만지다[manjida], 움직이다[umjigida] 등).

2) 한자어 또는 한자어와의 복합어의 경우에도 경음화 현상은 ㄱ계, ㅂ계 등(ㄷ계는 한자어에 없음)의 장애음 다음에서는 동일하게 적용되지만, ㄹ, ㅁ, ㄴ, ㅇ 다음에서는 경음화 현상을 보이는 경우와 보이지 않는 경우의 두 경우가 공존하고 있다.

(43) 악기→악끼[ak˥kki], 특징→특찡[thɨk˥cciŋ],
역사→역싸[yək˥ssa], 확대→확때[hwak˥ttɛ],
납조각→납쪼각[nap˥ccogak˥], 핍박→핍빡[phip˥ppak˥].

ㄹ, ㅁ, ㄴ, ㅇ 다음에 경음화 현상을 보이는 경우,

(44) 발전→발쩐[pal˥ccən], 갈등→갈뜽[kal˥ttɨŋ],
감방→감빵[kamppanŋ], 흠집→흠찝[hɨmccip˥],
문법→문뻡[munppəp˥], 안과→안꽈[ankkwa],
상장→상짱[saŋccaŋ], 성과→성꽈[səŋkkwa].

ㄹ, ㅁ, ㄴ, ㅇ 다음에 경음화 현상을 보이지 않는 경우,

(45) 결과[kyəlgwa], 감동[kamdoŋ], 현대[hyəndɛ], 평등[phyəŋdɨŋ].

3) 기타의 경우

1] 용언 어간 말음 'ㄴ(ㄵ), ㅁ(ㄻ)' 뒤에 결합되는 'ㄱ, ㄷ, ㅅ, ㅈ'은 경음으로 발음된다.

(46) 신고→신꼬[syinkko], 껴안다→껴안따[kkyəantta],
앉소→안쏘[ansso], 삼고→삼꼬[samkko],
더듬지→더듬찌[tədɨmcci], 닮고→담꼬[tamkko].

단, 피동 접미사와 사동 접미사 '기'는 동일한 환경에서 경음으로 실현되지 않는다.

(47) 안기다[angida], 감기다[kamgida], 옮기다[omgida].

2] 어간말음 'ㄼ, ㄾ' 뒤에 결합되는 'ㄱ, ㅅ, ㄷ, ㅈ'은 경음으로 실현된다.

(48) 넓게→널께[nəlkke], 핥다→할따[haltta], 떫지→떨찌[ttəlcci].

3] 관형사형 '-(으)ㄹ' 뒤에 연결되는 'ㄱ, ㄷ, ㅂ, ㅅ, ㅈ'은 경음으로 실현된다.

(49) 할 것을→할꺼슬[hal kkəsɨl], 갈 데가→갈떼가[kal ttega],
할 바를→할빠를[hal pparɨl],
만날 사람→만날싸람[mannal ssaram], 할 적에→할쩌게[hal ccəge].

4] 사이시옷에 의한 경음화도 있다.

(50) 혓바닥→혀빠닥[hyəppadak˺] : 혇빠닥[hyət˺ppadak˺],
손등→손뜽[sonttɨŋ], 물동이→물똥이[multtoŋi].

30. **조음 위치 동화** : 음절말 ㄴ, ㄷ, ㅁ, ㅂ은 그 뒤에 오는 자음의 조음점과 같은, 즉 同器音的 자음으로 동화할 수 있다. ㄴ, ㄷ은 양순음 앞에서는 ㅁ, ㅂ으로, 후설음 앞에서는 ㅇ, ㄱ으로 바뀐다. 한편 ㅁ, ㅂ은 후설음 앞에서만 ㅇ, ㄱ으로 바뀐다. 그러나 이 변화는 반드시 해야 하는 것이 아니며, 의식적으로 분명히 말할 때는 일어나지 않는다.

(51) 분모 : 붐모[pummo], 돋보기 : 돕보기[toppogi] 또는 돕뽀기[top˺ppogi],
한국말 : 항궁말[haŋguŋmal], 신고 : 식고[sikko] 또는 식꼬[sik˺kko],
몸까지 : 몽까지[moŋkkaji], 밥과 : 박과[pakkwa] 또는 박꽈[pak˺kkwa].

음절말 장애음 중화를 거친 ㄷ, ㅂ, 비음화를 거친 ㄴ, ㅁ도 수의적으로 조음 위치 동화를 할 수 있다.

(52) 밑판→믿판 : 밉판[mip˥phan],
짚고→집고 : 직고[cikko] 또는 직꼬[cik˥kko],
밭만→받만→반만 : 밤만[pamman],
짚무더기→집무더기→짐무더기 : 징무더기[ciŋmudəgi].

31. **변자음화** : 수의적 조음 위치 동화 중에서 변자음과 관계되는 것들만을 다음과 같이 나눌 수 있다.

1). 전부 변자음화 : 중자음(ㄷ, ㅅ, ㅈ계)은 변자음(ㅂ계, ㄱ계)이 후행하면 그 변자음에 동화되어 변자음과 동일한 위치의 음으로 실현된다. 이 현상은 역행 동화 현상이기 때문에 후행하는 변자음의 종류에 따라 전부 변자음(양순음계)이면 전부 변자음으로, 후부 변자음(연구개음계)이면 후부 변자음으로 동화된다.

(53) 전부 변자음 ㅂ계 앞에서의 변자음화(전부 변자음화)
치조음→양순음
낫 + 보다 / 낮 + 보다 / 낯 + 보다→낟뽀다[nat˥ppoda]
: 납뽀다[nap˥ppoda],
밭 + 보다→받뽀다[pat˥ppoda] : 밥뽀다[pap˥ppoda],
전 + 보다[cənboda] : 점보다[cəmboda],
안보[an˥bo] : 암보[am˥bo].

2) 후부 변자음화 : 전부 변자음과 후부 변자음이 만날 때에는 전부 변자음이 후행하는 후부 변자음에 동화된다.

(54) 후부 변자음 ㄱ계 앞에서의 변자음화(후부 변자음화)
치조음→연구개음
잇 -+- 고 / 있 -+- 고→읻꼬[it˥kko] : 익꼬[ik˥kko],
받 -+- 고→받꼬[pat˥kko] : 박꼬[pak˥kko],
낫 + 까지 / 낮 + 까지 / 낯 + 까지→낟까지[nat˥kkaji]
: 낙까지[nak˥kkaji],
밭 + 까지→받까지[pat˥kkaji] : 박까지[pak˥kkaji],

잔 + 까지 [cankkaji] : 장까지 [caŋkkaji].

양순음→연구개음
밥그릇 : 박끄름[pak˺kkɨrɨt˺], 감기 : 강기 [kaŋgi].

32. **ㅎ 탈락** : 국어에서 어중의 'ㅎ'은 유성음 사이에서 필수적으로 또는 수의적으로 탈락한다.

1) 필수적으로 탈락하는 경우 : 'ㅎ' 불규칙 용언의 경우 부사형 어미 '-아/어' 앞에서 관형사형 어미 'ㄴ, ㄹ' 앞에서, 그리고 설명형 어미 '-면' 앞에서 어간말 'ㅎ'은 필수적으로 탈락한다(그 예와 음성적 실현에 대해서는 'ㅎ' 불규칙 용언 '좋다'의 예를 참조하기 바람).

(55) 좋아→조아 [coa], 낳은→나은 [naɨn]

2) 수의적으로 탈락하는 경우 : 어중의 'ㅎ'이 필수적으로 탈락하는 경우가 아니면 유성음 간 'ㅎ'은 수의적으로 탈락한다('ㅎ' 규칙 용언의 경우도 여기에 포함됨).

(56) 아홉 [ahop˺] : 아옵 [aop˺], 마흔 [mahɨn] : 마은 [maɨn],
설흔 [sərhɨn] : 서른 [sərɨn], 경험 [kyənghəm] : 경엄 [kyəŋəm],
놓아 [noha] : 노아 [noa], 싫어 [syirhə] : 시러 [syirə],
많이 [manhi] : 마니 [manyi].

33. **ㄹ 탈락** : 'ㄹ'을 어간 말음으로 가지는 용언은 'ㄴ, ㅂ, ㅅ, 오'로 시작하는 어미 앞에서 [r]이나 [l]로 실현되지 않고, 이들 어미 앞에서 어간말 'ㄹ'을 탈락시킨다. 국어에서 'ㄹ'을 어간 말음으로 가지는 용언은 예외 없이 'ㄹ' 불규칙 활용을 한다.

(57) 살-+-고→살고 [salgo], 살-+-지→살지 [salji],
살-+-(으)니→사니[sanyi], 살-+-(으)ㅂ시다→삽씨다[sap˺ssyida],
살-+-세→사세 [sase], 살-+-(으)ㄴ사람→산 사람 [san saram],
살-+-오→사오 [sao].

어미가 '-(으)니, -(으)ㄴ, -(으)ㅂ시다' 등 '-(으)'로 시작하지만 유음 ㄹ 다음에서 '-(으)'가 탈락하는 규칙이 먼저 적용되고 난 다음에 'ㄴ, ㅂ, ㅅ, 오'로 시작하는 어미 앞에서 어간말 ㄹ이 탈락하는 규칙이 적용되기 때문에 'ㄴ, ㅂ, ㅅ, 오'로 시작하는 어미 앞에서 용언 어간말 ㄹ이 이들 앞에서 탈락한다고 해도 문제되지 않는다.

'ㄹ' 불규칙 용언 : 살다, 울다, 줄다, 밀다, 걸다, 절다, 팔다, 놀다, 날다, 설다, 거칠다, 말다, 떨다, 길다, 거칠다, 얼다, 불다, 물다 등.

34. **구개 자음 뒤에서의 구개 반모음 [y] 탈락** : 국어에서 구개 자음 [c, j, ch, sy, ssy, ny, ly] 다음에 구개 반모음 [y]가 오게 되면 구개 자음과 구개 반모음이라는 동일한 구개음이 이어지게 되므로 뒤에 오는 구개 반모음 [y]가 탈락한다.

(58) 지 -+- 어 : 지어 : 져 [cyə]→저 [cə],
　　만지 -+- 어 : 만지어 : 만져 [manjyə]→만저 [manjə],
　　고치 -+- 어 : 고치어 : 고쳐 [kochyə]→고처 [kochə],
　　마시 -+- 어 : 마시어 : 마셔 [masyyə]→마셔 [masyə],
　　다니 -+- 어 : 다니어 : 다녀 [tanyyə]→다녀 [tanyə],
　　달리 -+- 어 : 달리어 : 달려 [tallyyə]→달려 [tallyə].

국어에서 sy, ny, ly와 s, n, l을 구분하여 표기할 방도가 없기 때문에 구개 반모음 y와 결합되면 이들 연결체인 syyə, nyyə, lyyə와 syə, nyə, lyə를 구별하여 표기해 줄 수가 없다. 따라서 이 두 종류의 음성 실현이 다르다고 할 수 있지만 한글로는 각각 '셔, 녀, 려'로 표기할 수밖에 없다.

35. **중복 자음 감축** : 평음 ㅂ, ㄷ, ㄱ이 조음 위치가 같은 폐쇄음·파찰음의 경음과 유기음 앞에서 수의적으로 탈락한다. 즉, ㅂ이 ㅃ, ㅍ 앞에서, ㄷ이 ㄸ, ㅌ, ㅉ, ㅊ 앞에서, ㄱ이 ㄲ, ㅋ 앞에서 수의적으로 탈락한다.

(59) 못처럼→몯처럼→모처럼 [mochərəm], 듣자→듣짜→드짜 [tɨcca],

잎보다→입뽀다→이뽀다[ippoda],
낮뜨겁다→낟뜨겁따→나뜨겁따[nattɨgəp˺tta],
밥 푼다→바푼다[paphunda],
깎을수록 커진다→까끌쑤로커진다[kkakkɨlssurokhəjinda].

또박또박 발음할 때는 잘 탈락하지 않는다.

36. ㄷ 탈락 : 필수적인 중복 자음 감축 현상으로 ㄷ은 ㅆ 앞에서 탈락한다.

(60) 젓소→젇쏘→저쏘[cəsso], 믿세→믿쎄→미쎄[misse].

37. ㄴ 삽입 : 합성어와 파생어에서, 앞 단어나 접두사의 말음이 자음이고 뒤에 오는 단어나 접미사의 첫 음절이 [i]나 [ya, yə, yo, yu]로 시작하는 경우에는, 'n'을 삽입하여 'nyi, nya, nyə, nyo, nyu'로 발화한다.

(61) 꽃[kkot˺]+입[ip˺]→꼰닙[kkonnyip˺],
홑[hot˺]+이불[ibul]→혼니불[honnyibul],
앞[ap˺]+이[i]→암니[amnyi],
내복[nɛbok˺]+약[yak˺]→내봉냑[nɛboŋnyak˺],
영업[yəŋəp˺]+용[yoŋ]→영엄뇽[yəŋəmnyoŋ],
국민[kuŋmin]+윤리[yullyi]→궁민뉼리[kuŋminnyullyi].

합성어나 파생어가 아닌 어구 구성에서도 ㄴ이 첨가되는 일이 있다. 앞 말의 종성이 ㄹ이면 첨가된 ㄴ이 유음화되어 ㄹ로 실현된다.

(62) 못 잊어→몬니저[mo:nijə], 할 일→할릴[hallil].

38. 중복 자음화 : 폐쇄음 · 파찰음의 경음과 유기음 앞에 조음 위치가 같은 평음 ㅂ, ㄷ, ㄱ이 수의적으로 첨가된다. 즉, ㅃ, ㅍ 앞에 ㅂ이, ㄸ, ㅌ, ㅉ, ㅊ 앞에 ㄷ이, ㄲ, ㅋ 앞에 ㄱ이 수의적으로 첨가된다.

(63) 재빨리→잽빨리, 가:짜→갇:짜, 소처럼→솓처럼,

밭에→바테→받테, 놓던→노턴→논턴, 놓고→노코→녹코,
산업혁명→사:너평명→사:넙평명, 소 팔러 간다→솝팔러간다,
대나무가 꺾인다→대나무가꺼낀다→대나무각꺼낀다.

빠른 발화에서는 잘 첨가되지 않는다.

39. 음운 도치(metathesis) : 두 음절의 모음을 서로 바꿔 발음하는 현상이 있다.

(64) 계획 : 괴헥[köhek], 집적회로 : 직접푀로[ciccəp˺phöro].

〈모 음〉

40. w-활음화 : '-오/우-'로 끝나는 용언 어간이 '-아/어'계 어미와 결합하게 되면 그 어간말 모음과 어미는 하나의 음절 [-wa/wə]로 수의적인 실현이 된다.

(65) 꾸-+-어 : 꿔[kkwə:], 가꾸-+-어 : 가꿔[kakkwə],
주-+-어 : 줘[cwə:], 나누-+-어 : 나눠[nanwə],
두-+-어 : 둬[twə:], 다투-+-어 : 다퉈[tathwə],
보-+-아 : 봐[pwa:], 싸우-+-어 : 싸워[ssawə].

'지-+-어 : 져'와 같이 구개음 다음에 구개 반모음이 오는 경우에, 'B34. 구개음 뒤에서의 구개 반모음 [y] 탈락 규칙'에 의해 '져'는 '저'로 실현된다.

'ㅅ' 불규칙 용언과 'ㅎ' 규칙 용언도 탈락하는 환경에서 어간말 'ㅅ' 또는 'ㅎ'이 탈락하고 나면 활음화 현상을 일으킬 수 있는 환경과 같아지게 되는데 이 경우에도 활음화 현상을 일으킬 수 있는 환경이 되면 활음화 현상을 일으킨다. (이때 하나의 음절이 줄어들게 되어 발화하는 데 있어서 시간적 손실을 겪게 되어 이것을 보충하기 위해 활음화를 일으킨 음절은 장음으로 실현된다. 이러한 장모음화 현상에 대해서는 아래 B47. 보상적 장모음화 항을 참조하기 바람.)

(66) 붓-+-어 : 부어→붜[pwə], 짓-+-어 : 지어→져 : 저[cə],
놓-+-아 : 노아→놔[nwa], 찧-+-어 : 찌어→쪄 : 쩌[ccə].

41. y- 활음화 : '-이-'로 끝나는 용언 어간이 '-아/어'계 어미와 결합하게 되면 그 어간말 모음과 어미는 하나의 음절 [-ya/yə]로 수의적인 실현이 된다.

(67) 기-+-어 : 겨[kyə:], 즐기-+-어 : 즐겨[cɨlgyə],
이-+-어 : 여[yə:], 붐비-+-어 : 붐벼[pumbyə],
지-+-어 : 져[cyə:], 저[cə:], 흘리-+-어 : 흘려[hɨllyə],
키-+-어 : 켜[khyə:], 디디-+-어 : 디뎌[tidyə].

단음절 '이' 어간이 y-활음(반모음)화할 때 보상적 장음화가 일어난다.

42. 전설 모음화('ㅣ'모음 역행 동화 umlaut) : 후설 모음 'ㅏ, ㅓ, ㅗ, ㅜ, ㅡ'가 뒤에 전설 모음 'ㅣ'가 올 때 전설 모음 'ㅐ, ㅔ, ㅚ, ㅟ, ㅣ'로 바뀐다.

(68) 아비 : 애비[ɛbi], 먹이다 : 멕이다[megida], 속이다 : 쇡이다[sögida],
죽이다 : 쥑이다[cwigida], 뜯기다 : 띧기다[ttit˺kkida].

43. 모음 조화 : 용언 어간의 모음에 따라 'ㅏ, ㅗ'(양성 모음) 뒤에는 'ㅏ', 그 밖의 음성 모음 뒤에는 'ㅓ'로 시작하는 어미가 호응하는 현상이 있다.

(69) 가아 : 가[ka:], 오아 : 와[wa:], 기어 : 기어[kiə].

44. 으 탈락 : 단음절 어간 말음이 '으'로 끝나는 용언 다음에 모음으로 시작하는 어미가 결합하게 되면 어간 말음의 '으'는 그 모음 어미 앞에서 탈락한다.

(70) 뜨-+-어 : 떠[ttə], 뜨-+-었다 : 떴따[ttət˺tta],
cf. 뜨-+-고 : 뜨고[ttɨgo], 뜨-+-지 : 뜨지[ttɨji].

45. **모음 탈락** : 어미의 첫 모음 'ㅡ'가 어간이 모음이나 'ㄹ'로 끝나는 뒤에서 탈락한다.

(71) 보 + 으니→보니 [poni], 끄 + 으면→끄면 [kkɨmyən],
울 + 으면서→울면서 [ulmyənsə].

용언 어간 '르'가 어미 '아, 어'나 접미사 '이'와 만나면 '르'의 'ㅡ'가 탈락하고 'ㄹ'이 더 첨가된다.

(72) 흐르 + 었다→흘렀다 [hɨllətta], 다르 + 아→달라 [talla].

'이르다, 푸르다'는 'ㅡ'가 탈락하지 않은 채 'ㄹ'이 더 첨가된다.

(73) 푸르 + 어→푸르러 [phurɨrə], 이르 + 어→이르러 [irɨrə].

어미 첫 모음 'ㅏ, ㅓ'는 어간 모음 'ㅏ, ㅓ, ㅔ, ㅐ' 뒤에서 탈락한다.

(74) 가 + 아서→가서 [kasə], 베 + 었다→베었다 / 벴다 [pe (ə) tta].

46. **y- 탈락** : '지 -, 찌 -, 치 -' 어간에 모음 어미가 뒤따를 때 y가 탈락된다(다음 47항 참조).

(75) 지어 : 져 : 저 [cə], 던지어 : 던져 : 던저 [təncə],
찌어 : 쪄 : 쩌 [ccə], 치어 : 쳐 : 처 [chə].

47. **장모음화**

1) w- 활음화나 y- 활음화를 경험할 때(활음화 현상에 대해서는 B40, 41을 참조 바람) 각각 두 음절에 할당되어 실현되던 두 모음은 하나의 음절을 구성하게 됨으로써 비음절화를 거치게 된다. 활음화의 경우 비음절화에 따른 시간상의 손실이 활음을 형성한 음절의 장모음화를 통해 보상받게 된다. 다시 말해서 활음화 현상이 일어날 때 비음절화에 의한 시간의 손실이 해당 음절의 장모음화를 통하여 실현된다.

(76) w- 활음화 현상과 장모음화([ ] 속의 :는 장음 표시)

(꿈을) 꾸 -+- 어 : 꾸어 [kkuə]→꿔 - [kkwə:],
(밑에) 두 -+- 어 : 두어 [tuə]→둬 - [twə:],
(춤을) 추 -+- 어 : 추어 [chuə]→춰 - [chwə:],
(책을) 주 -+- 어 : 주어 [cuə]→줘 - [cwə:],
(꽃을) 보 -+- 아 : 보아 [poa]→봐 - [pwa:],
(새끼) 꼬 -+- 아 : 꼬아 [kkoa]→꽈 - [kkwa:],
(총을) 쏘 -+- 아 : 쏘아 [ssoa]→쏴 - [sswa:].

(77) y- 활음화 현상과 장모음화

(바닥을) 기 -+- 어 : 기어 [kiə]→겨 - [kyə:],
(반지를) 끼 -+- 어 : 끼어 [kkiə]→껴 - [kkyə:],
(색채를) 띠 -+- 어 : 띠어 [ttiə]→뗘 - [ttyə:],
(발목을) 삐 -+- 어 : 삐어 [ppiə]→뼈 - [ppyə:],
(손을) 피 -+- 어 : 피어 [phiə]→펴 - [phyə:].

단, y- 활음화 현상을 일으킬 수 있는 경우라 할지라도 구개 자음이 [i] 모음을 선행하는 경우에는 장모음화를 일으키지 않는다. 이 경우에 y- 활음화 현상에 의해 형성된 y는 구개 자음 뒤에서 실현될 수 없다는 제약으로 인해 곧바로 탈락해 버리고 단모음만 실현된다.

(78) (짐을) 지 -+- 어 : 지어 [ciə]→져 : 저 [cə],
(날이) 찌 -+- 어 : 찌어 [cciə]→쪄 : 쩌 [ccə],
(사람을) 치 -+- 어 : 치어 [chiə]→쳐 : 처 [chə],
(맛이) 시 -+- 어 : 시어 [syiə]→셔 : 셔 [syə].

2) 형태소 내부에서 고모음('우'나 '이') 탈락이 이루어져 재구조화된 어간형들도 장모음으로 실현된다.

(79) 깨우다 〉 깨 다(깨어→깨), 때우다 〉 때 다(때어→때),

게우다〉게̅다(게어→게̅), 매이다〉매̅다(매어→매̅),
외우다〉외̅다(외어→외̅), 고이다〉괴̅다(괴어→괴̅),
쏘이다〉쐬̅다(쐬어→쐬̅), 조이다〉죄̅다(죄어→죄̅).

3) 'ㅅ' 불규칙 용언과 'ㅎ' 규칙 용언의 어간에 '으'계 접사가 결합되면, 어간말 'ㅅ'이나 'ㅎ'은 탈락하는데 다시 모음끼리 만나게 됨으로써 모음 충돌 현상이 일어나게 된다. 이때 '으'계 접사의 '으'가 탈락하게 되고, '으'가 탈락하면 잃어버린 음절에 대한 시간적 보상으로 장모음화가 일어난다. 이 경우, 어간말 'ㅅ'이나 'ㅎ'의 탈락이 일차적으로 관여하는 것으로 보이는데 원래 개음절 어간형을 갖는 용언에 '으'계 접사가 결합하여 생기게 되는 모음 충돌 현상을 피하기 위하여 '으'계 접사의 '으'가 탈락하더라도 이때에는 장모음화 현상이 일어나지 않기 때문이다.

(80) 긋̅-+-으면〉그으면→그̅면, 낫̅-+-으면〉나으면→나̅면,
붓̅-+-으면〉부으면→부̅면, 잇̅-+-으면〉이으면→이̅면,
잣̅-+-으면〉자으면→자̅면, 젓̅-+-으면〉저으면→저̅면,
낳-+-으면〉나으면→나̅면, 놓-+-으면〉노으면→노̅면,
쌓-+-으면〉싸으면→싸̅면, 찧-+-으면〉찌으면→찌̅면,
땋̅-+-으면〉따으면→따̅면, 좋̅-+-으면〉조으면→조̅면.

cf. 피-+-으면〉피면, 패-+-으면〉패면,
쓰-+-으면〉쓰면, 보-+-으면〉보면,
뛰-+-으면〉뛰면, 꼬̅-+-으면〉꼬̅면,
되-+-으면〉되면, 되̅-+-으면〉되̅면,
꾸-+-으면〉꾸면, 꾸̅-+-으면〉꾸̅면,
가-+-으면〉가면, 켜̅-+-으면〉켜̅면.

48. y- 첨가 : 'ㅣ, ㅔ, ㅐ, ㅟ, ㅚ' 어간에 어미 '어'가 연결될 때 그 사이에 y가 수의적으로 첨가될 수 있다.

(81) 피어 : 피여[piyə] 또는 펴[pyə:],

되어 : 되여[töyə] 또는 돼[twɛ:],
뛰어 : 뛰여[ttüə].

49. 단모음화

1) 기저에서 장모음을 갖는 용언 어간은 자음으로 시작하는 어미 앞에서는 모음 음장[¯]을 그대로 유지하지만 모음으로 시작하는 어미 앞에서는 단모음으로 실현된다.

(82) (밭을) 갈̅다, 갈̅지, 갈̅고, 갈아,
(옷을) 걸̅다, 걸̅지, 걸̅고, 걸어,
(불에) 굽̅다, 굽̅지, 굽̅고, 구워,
(품에) 안̅다, 안̅지, 안̅고, 안아,
(길을) 걷̅다, 걷̅지, 걷̅고, 걸어,
(병에) 담̅다, 담̅지, 담̅고, 담아.

체언의 경우에는 단모음화 규칙을 적용받지 않으며(83), 용언의 경우에도 모음으로 시작하는 어미 앞에서 단모음화 규칙에 적용되지 않고 기저의 음장을 그대로 유지하는 예들도 있다(84).

(83) 감̅(과일), 감̅이, 감̅은, 감̅을, 감̅으로, 감̅만, 감̅도,
밤̅(과일), 밤̅이, 밤̅은, 밤̅을, 밤̅으로, 밤̅만, 밤̅도,
속̅(안), 속̅이, 속̅은, 속̅을, 속̅으로, 속̅만, 속̅도,
중̅(승려), 중̅이, 중̅은, 중̅을, 중̅으로, 중̅만, 중̅도,
발̅(주렴), 발̅이, 발̅은, 발̅을, 발̅로, 발̅만, 발̅도,
흠̅(결점), 흠̅이, 흠̅은, 흠̅을, 흠̅으로, 흠̅만, 흠̅도,
셋̅(3), 셋̅이, 셋̅은, 셋̅을, 셋̅으로, 셋̅만, 셋̅도.

(84) 굵̅다, 굵̅고, 굵̅지, 굵̅어, 굵̅으니,
없̅다, 없̅고, 없̅지, 없̅어, 없̅으니,
적̅다, 적̅고, 적̅지, 적̅어, 적̅으니,
벌̅다, 벌̅고, 벌̅지, 벌̅어, 버̅니,
썰̅다, 썰̅고, 썰̅지, 썰̅어, 써̅니.

2) 장모음의 용언 어간에서 만들어진 파생 명사에서는, 모음으로 시작하는 파생 접미사 앞에서 그 어간이 단모음으로 실현되지만(85), 장모음의 용언 어간에서 만들어진 파생 부사에서는 모음으로 시작하는 부사화 접미사 앞에서도 그 어간은 단모음화 규칙이 적용되지 않고 장모음 어간이 그대로 실현된다(86).

(85) $\overline{\text{길}}$다〉길이, $\overline{\text{덥}}$다〉더워, $\overline{\text{놀}}$다〉놀이, $\overline{\text{걷}}$다〉걸음,
$\overline{\text{털}}$다〉털이개, $\overline{\text{묻}}$다〉물음, $\overline{\text{돕}}$다〉도움, $\overline{\text{울}}$다〉울음,
$\overline{\text{놀}}$다〉노름, $\overline{\text{참}}$다〉참음, $\overline{\text{웃}}$다〉웃음, $\overline{\text{떨}}$다〉떨이.

(86) $\overline{\text{많}}$다〉$\overline{\text{많}}$이, $\overline{\text{적}}$다〉$\overline{\text{적}}$이, $\overline{\text{곱}}$다〉$\overline{\text{고}}$이, $\overline{\text{없}}$다〉$\overline{\text{없}}$이.

3) 기저에 장모음을 갖는 용언의 어간에 사동 접미사나 피동 접미사 '이, 히, 리, 기'가 결합되면 그 어간은 단모음으로 실현된다.

(87) $\overline{\text{붇}}$다→불리다, $\overline{\text{걷}}$다→걸리다, $\overline{\text{잇}}$다→잇기다,
$\overline{\text{웃}}$다→웃기다, $\overline{\text{알}}$다→알리다, $\overline{\text{걸}}$다→걸리다,
$\overline{\text{몰}}$다→몰리다, $\overline{\text{열}}$다→열리다, $\overline{\text{밟}}$다→밟히다,
$\overline{\text{안}}$다→안기다, $\overline{\text{담}}$다→담기다, $\overline{\text{넘}}$다→넘기다,
$\overline{\text{신}}$다→신키다, $\overline{\text{쌓}}$다→쌓이다, $\overline{\text{곪}}$다→곪기다.

C. 기 타

91. **음절 조정 규칙** : 국어의 음절말 자음은 다음 음절이 모음으로 시작하게 되면 다음 음절의 첫 소리로 실현된다. 음절말 자음군인 경우에는 두 번째 자음이 다음 음절의 첫 소리로 실현된다.

(88) 먹이다→머기다[mə+gi+da], 옷을→오슬[o+sɨl],
높이→노피[no+phi], 밖에→바께[pa+kke],
없으며→업스며[əp+sɨ+myə], 읽어라→일거라[il+gə+ra],
있어서→이써서[i+ssə+sə], 좋으니→조흐니[co+hɨ+ni].

92. 사이시옷→[t] : 사이시옷을 나타내는 표기 'ㅅ'은 무성 폐쇄음 앞에서 [t˺]로 실현되면 그 [t˺]는 비음 'ㄴ' 앞에서는 다시 [n]에 동화되어 실현된다.

음절말 자음 다음에 자음으로 시작하는 어사가 오게 되면 그 음절말 자음(또는 자음군)은 중화 규칙에 따라 7자음 중 하나로 실현된다(B21. 중화 현상 참조). 음절말 자음이 'ㅎ'일 경우, 다음 음절에 폐쇄음이 오면, 그 폐쇄음과 유기음으로 축약되어 다음 음절의 첫 소리로 실현되며(B23. 유기음화 현상 참조), 마찰음 ㅅ, ㅆ이 오게 되면 음절말 'ㅎ'은 그 위치에서 [t˺]로 중화된다(B21. 중화 현상 참조).

93. 외→[we] : 사전 표제어의 '(-)외(-)'는 표면 음성형으로는 보통 '-웨-'(또는 '-왜-')로 실현된다.

94. 위→[wi] : 사전 표제어의 '-위-'는 [wi]로 실현된다.

95. (a) 의→[ɨ] 또는 [i] : 사전 표제어의 제 1음절 '의-'는 '으-'로, 제 2음절 이하의 속격 조사가 아닌 '-의-'는 '-이-'로 실현된다.

(b) 의→[e] : 사전 표제어의 제 2음절 이하의 '-의-' 중에서 속격 조사 '-의'는 [e]로 실현된다.

96. 예→[e] : 한 음절 내에서 자음을 후행하는 'ㅖ'는 [e]로 실현된다.

연습 문제 해답

제 1 장 (p. 14)

A. 1. 변 2. 표 3. 형 4. 변 5. 형

제 2 장 (p. 21)

A. 훈민정음의 '牙, 舌, 脣, 齒, 喉'음이란 용어는 각기 軟口蓋, 齒莖(ㄷ, ㄸ, ㅌ, ㄴ), 兩脣, 齒莖(ㅈ, ㅊ, ㅅ, ㅆ), 聲門音에 해당하며, '全淸, 次淸, 全濁, 不淸不濁'음은 각기 평음(또는 연음), 유기음(또는 격음), 경음, 유성 자음(즉 비음 유음)에 해당하는데, 이러한 조음 위치와 조음 방식에 대한 술어들은 인도 음성학에서부터 주목되기 시작한 개념들이었다. (이 개념들은 현대의 조음 음성학에까지 설정되어 오고 있다. 그리고 훈민정음 창제 당시의 ㅈ, ㅊ은 치경음인 [ts, tsʰ]였다가 17세기경에 구개음인 [tʃ, tʃʰ]로 변했다고 믿어진다. ㅉ은 근대 국어(17~19세기)에 와서야 어두의 경음으로 나타나기 시작했다.)

B. (조음) (음향) (청음, 聽音)

제 3 장 (p. 33)

A. Polivanov의 한국어에 대한 관찰은 올바르지 않았는데 이를 Trubetzkoy가 그대로 인용한 것이다. 제 1 장에서 언급했던 형상적 자질이 표준 국어에도 있는가는 논란의 여지가 있다. 비록, 표준어는 아니더라도 어떤 방언에서는 각 단어의 제 1 음절(특히 한 문장의 첫 음절)이 그 뒤 음절보다는 강세를 받는 듯하다. 그러나 이것도 변별적 기능을 가진 자질은 물론 아니다.

B. 우선 언어 음성의 배후에 숨어 있는 음성 구조형(음형이라고도 함), 즉 음소의 체계를 찾아내기 위하여, "음성은 상호 관계에 의하여 직관적으로 위치를 정하는 것"(1925)으로 보았다. 그러므로 그는 언어의 음성 체계(phonetic pattern)가 내적으로 구성되는 것에 대하여, 음소를 심리적 실재로 보게 된 것이다.

Sapir의 음소에 대한 생각은, 인디언어의 현지 조사를 통하여 자료 제공자(informant)의 발음을 정확히 기록하기란 어려운 일이며, 또 지나치게 정확한 기록이 사실은 별로 언어학적 의의가 없다는 경험에서 형성되었다. 음소를 물리적 현상으로만 보지 않고, 어떤 음이 언어 전체의 구조 속에서 다른 음과 맺게 되는 관계나 심리적 거리(psychological allofness), 즉 음에 대한 사용자의 심리적 태도에 의해 파악하려 했다. 또, 우리가 발음하고 듣고 있다고 생각하는 것은 구체적인 異音이 아니라 추상적인 음소이며, 이 생각은 화자의 의도, 혹은 청자의 인상, 또는 양자를 겸한 심리적 실재로 음소를 정의했던 Courtenay의 생각과도 같다.

따라서 甲·乙과 같은 두 사람의 다른 발음에서, 물리적 거리로는 다음과 같은 대응이 가능하겠으나,

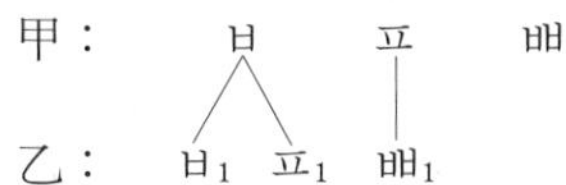

심리적 해석으로는 을의 음형에 충실한 대응이 다음과 같아질 것이다.

甲 : ㅂ ㅍ ㅃ
乙 : $ㅂ_1$ $ㅍ_1$ $ㅃ_1$

즉, 甲·乙은 결국 병행된 음형을 보이는 체계로 인식되는 것이다.

제 4 장 (pp. 81～85)

A. 1. 조음 음성학, 음향 음성학
2. 내쉬는 숨(호기), 들이쉬는 숨(흡기)
3. 강약, 고저, 장단

B. 1. '폐, 기관지' 삭제

2. '윗입술과 아랫니'를 '윗니와 아랫입술'로 바꿈.

3. '마찰음으로 시작하여 파열음'을 '파열음으로 시작하여 마찰음'으로 바꿈.

4. '비음' 대신 '구강음'으로 하거나, 또는 '위로 올려……숨길을 막아서' 대신 '아래로 내려……숨길을 열어서'로 바꿈.

C. (그림 4-17 및 4-18의 (4)) 1. bilabial(양순음) 2. labio-dental(순치음) 3. dental(치음) 4. alveolar(치경음) 5. retroflex(권설음) 6. palatoalveolar (구개 치경음) 7. palatal(경구개음) 8. velar(연구개음) 9. uvular(구개수음, 口蓋垂音) 10. phar yngeal(인두음, 咽頭音 : 이 장 그림 3의 '성문음'은 더 아래에서 남).

1. (그림 4-18) 오른쪽 끝의 위로부터 [b] [tʰ] [ɬ] [ɭ] [r]

2. a. [g] : pulmonic-egressive-voiced-velar-stop

   b. [ɲ] : pulmonic-egressive-voiced-palatal-nasal

   c. [f] : pulmonic-egressive-voiceless-labiodental-fricative

   d. [ʒ] : pulmonic-egressive-voiced-palato-alveolar-fricative

   e. [ʕ] : pulmonic-egressive-voiced-pharyngeal-fricative

   f. [R] : pulmonic-egressive-voiced-uvular-trill/flap

   g. [t̪] : pulmonic-egressive-voiceless-dental-stop

   h. [j] : pulmonic-egressive-voiced-palatal-fricative/approximant

   i. [ɽ] : pulmonic-egressive-voiced-retroflex-flap

   j. [m̥] : pulmonic-egressive-voiceless-bilabial-nasal

3. 우선, pulmonic-ingressive나 velaric-egressive로 첫 두 난이 시작되는 조합은 안 되고, 그 다음 셋째 난에서도 murmured, laryngealized 등은 극히 드물게 선택되는 것들이다.

D. (그림 4-19) 속의 괄호에 위로부터 [d]와 [n]을 넣음. 즉, 실선으로 표시된 바와 같이, 연구개(velum)가 올라가 비강으로 가는 통로를 막으면

[d] 같은 구강(폐쇄)음이 나고, 점선으로 표시된 바와 같이, 연구개가 내려와 비강으로의 통로가 열리면 [n] 같은 비음이 나게 되는 것이다.

나머지 도형 속의 괄호에는 윗 줄 왼쪽부터 [n] [d] 아랫 줄은 [ŋ] [g] [s] [m](이들의 무성음 짝을 써도 좋다.)

E. (a) 일반적으로 유성 자음 앞에서는 모음이 길고, 4와 7의 [t] 같은 무성 자음 앞에서는 모음이 짧다.

(b) 장모음이라 하더라도 4의 경우는 5의 단모음보다도 짧다. 그러나, 모음의 장단을 이렇게 절대치로 대비해서는 안 된다. 4는 7과 동일한 [t] 앞의 환경에 오는 모음과 비교해야 한다. 이러한 상대적 대비의 결과 장모음은 단모음의 약 2배 길이인 것을 알 수 있다.

F. (다음 그림에서 진폭 a, b, c 등은 임의로 달리 해도 좋다. 그림 4-11과의 비교는 각자 하라.)

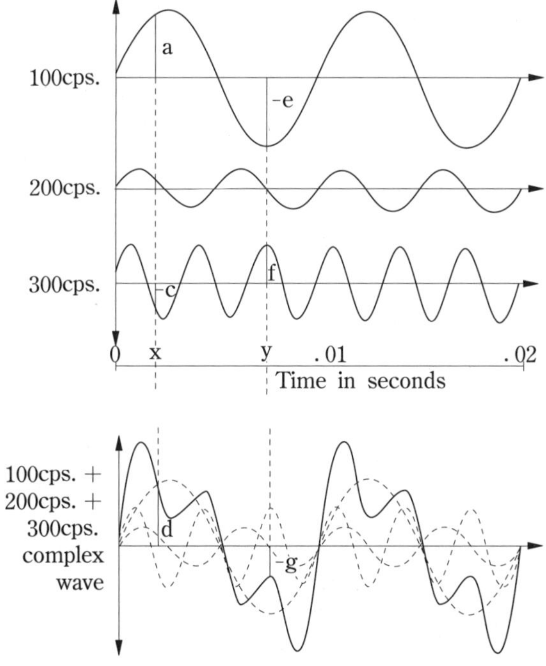

G. 책에 보여진 부분의 4배 길이의 도면을 그리면(도면은 생략) 나중 부분은 거의 곧은 선에 가깝게 될 것이지만 직선 자체는 아니다. 결국, (그림 4-12)에 보인 음파 E는 지금 그릴 긴 음파형의 앞쪽 1/4 부분에 지나지 않는 것이다.

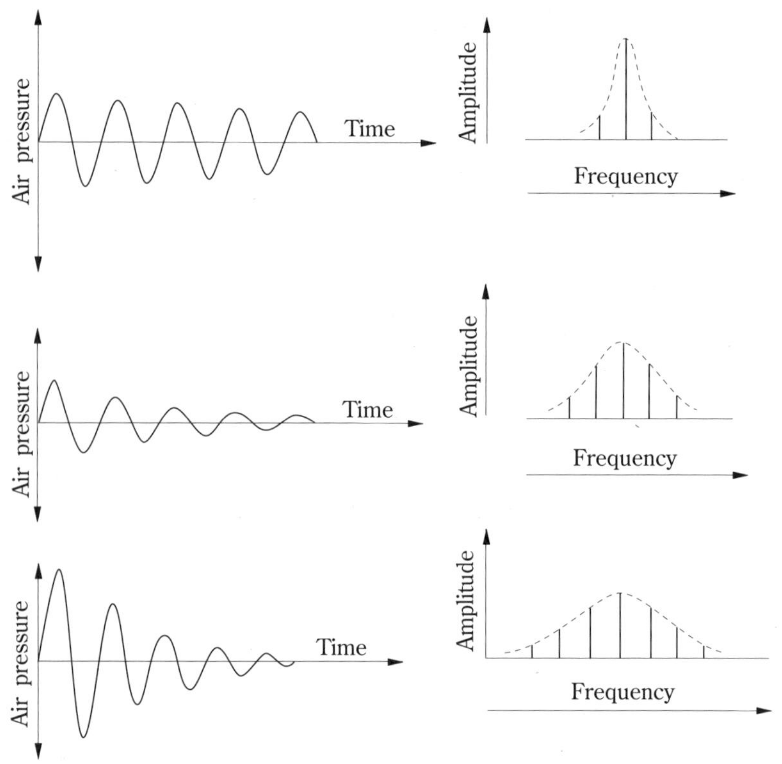

이상은 일정한 시간 간격을 두고 같은 파형이 반복되는 주기 복잡파에 대한 관찰이다. 그러나 이같이 반복되지 않는 비주기파를 보면 다음 그림 맨 밑 것에서 볼 수 있듯이, 훨씬 급히 진폭이 줄어드는 소위 漸減(또는 감폭, 감쇠 damping) 현상이 보인다. 그러나 이러한 점감파도 주기파와 마찬가지로 성분 정현파로 분석할 수 있다. 위 그림 바른쪽의 스펙트럼이 보여 주듯이, 점감 작용이 심하면 심할수록(즉 빨리 폭이 줄어들수록) 성분파, 즉 배음의 수효가 많아지니 각 성분파 사이의 진폭차가 줄어들어 점선으로 표시한 외피(envelope)의 경사가 완만해지며, 많은 배음이 넓은 주파수 대역을 덮는다. 결국, 세 성분파 정도가 아니라 아주 여러 개의 성분파라야 진정한 감폭 현상이 일어나는 것이다.

제 5 장 (p. 93~94)

A. Sapir, Bloomfield, Trubetzkoy, Jones, Bloomfield, Jakobson(혹은 Trubetzkoy), Trubetzkoy, Bloomfield, Jakobson, Sapir(와) Jones, Trubetzkoy.

B. 불변적 세계(음소), 가변적 세계(음성), (심적 영상)에의 對當者

C. 1. 중국의 이분법(字母/k/+韻母/ak/)에 대하여 훈민정음의 삼분법(초성/k/+중성/a/+종성/k/)은 본질적인 차이를 보여 준다. 이 세 방법이 국어의 음절 구성을 설명하는 데 보다 더 적합하다고 생각했기 때문이었을 것이다. 이 삼분 체계는 우리 음운 이론상 큰 업적으로서, 현대 언어학 이론에서 syllable peak와 그 앞뒤의 syllable margin으로 음절을 나누는 방법과 일치한다. 초성과 종성은 margin으로서 자음이며, 중성은 peak로서 (반모음+)모음인 것이다. 이 삼분법은 중국의 이분법보다 한 걸음 앞선 것이다.

2. 초·중·종성의 단순한 삼분에만 그치지 않고 초성과 종성의 동일성까지 간파한 지혜는, 훈민정음을 음소 문자 이론에 맞게 '一音素一字'(one letter per phoneme) 원칙대로 제작한 결과를 낳았다. 만약, 초·종성의 동일성을 확립하지 못했더라면, 초·종성자를 별도로 제작하게 됨에 따라 동일 음소의 音節初(onset)와 音節末(coda)에 있어서의 위치적 변이(positional variants 즉 allophones)를 상이한 기호로 표기하는 졸렬한 결과를 낳았을 것이다.

한편, 훈민정음의 '중성'은 현대 언어학의 모음에 대당되는 것으로 생각하는 일이 많으나, 한 음소(모음)로만 되어 있는 것이 아니라 반모음까지 포함하는 개념이었다. 예컨대, 'ㅑ'는 한 syllable peak(즉, peak satellite /y/와 peak nucleus /a/)에 대당하는 것이지 한 모음 음소에 대당하는 것이 아니다. 그리고 훈민정음 제작자들은 이러한 '聲' 이하의 단위인 음소의 개념까지도 실제로는 인식하고 있었다고 믿어진다.

제 6 장 (pp. 118~119)

A. 1. 국어는 평음 [p]가 유성음 간에서 [b]로 되었다는 동화 현상으로서 양자의 관계를 맺는 것이 자연스러우므로, [b]를 [p^{h}]나 [p^{ʔ}]가 아니라 [p]의 異音으로 해야한다. 어말의 불파음 [p˺]은 복식 상보적 분포로서 다음과 같이 세 가지 음에 다 관련된다.

환경 \ 음소	어 두	유성음 간	어 말
ㅂ	[p]	[b]	[p˺]
ㅍ	[p^{h}]		
ㅃ	[p^{ʔ}]		

영어의 경우는 다음과 같이 정리될 것이다.

환경 \ 음소	어 두	유성음 간		#S_(L)V	어 말
		V-V́	V́-V		
p	[p^{h}]		[p^{ʔ}]		[p˺] / [p^{h}]
b	[b]			([b])	[b]

위의 환경 이외에 고려해 볼 만한 다른 환경들도 더 있으나, 이 정도만 구별해 본 것이다. 한편, 문제 A에서 어두 s 뒤의 파열음 p가 영어에서 [p^{ʔ}]로 난다고 보는 것은 유기음화의 정도를 과장해 나타낸 것이며, 보통 [p]로만 표시하여 무기음(unaspirated)인 점만을 뚜렷이 해도 족하다(p. 50의 표 참조). 결국, #sp-의 p는 유기성이 덜하거나

(D. Jones) 없거나 (A. c. Gimson), 또는 청각적으로 [b̥] 정도로도 인식될 수 있는 음이다. spill과 bill을 녹음하여 s부분을 자르고 비교하면 똑같게 들려, 결국 p와 b 어느 쪽으로 정해도 좋게 중화되는 것이다. 그러나 여기서는 [$p^{ʔ}$]로 표기하기로 하며, [p^h]와 상보적 분포이고 또 음성적 유사성도 있어서 한 음소 /p/로 묶어 설정한다. 한편, [p˺]는 어말의 [p^h]와 자유 변이의 관계일 뿐이다.

한편, [b]는 어두와 어말에서 약간 무성화되므로 정밀하게 표기하자면 [b̥]로 나타낼 수도 있겠다.

2. 영어의 p는 국어의 ㅍ보다 유기성의 정도가 덜 한 것으로 관찰된 것이다. 그러니까 영어의 /p^h/라는 음소가 별도로 있지 않으므로 위 1에서 [p^h, $p^{ʔ}$, p˺] 등으로 실현되는 음을 /p/로서 음소 설정을 하여도 문제가 없다.

국어의 음소 분석에 있어서, 장애음 중 평음(ㅂ, ㄷ, ㅈ, ㄱ 등)에 유기 음소(ㅎ)를 더해 2음소로 구성된 유기음(ㅍ, ㅌ, ㅊ, ㅋ)을 얻는다고 생각하면, 실제로 ㅂ, ㄷ, ㅈ, ㄱ과 ㅎ의 5개 음소만 설정해도 유기음은 자연히 2차적으로 ㅂ + ㅎ→ㅍ과 같이 생겨나게 마련이다. 이 재음소화의 방법은 위에 열거한 총 9개(ㅂ, ㄷ, ㅈ, ㄱ, ㅍ, ㅌ, ㅊ, ㅋ, ㅎ)의 음소보다 4개나 작은 음소(ㅂ, ㄷ, ㅈ, ㄱ, ㅎ)로 음소 분석을 할 수 있다는 경제성은 있다. 그러나 '파'(葱)에서처럼 ㅂ + ㅎ 또는 ㅎ + ㅂ으로 재음소화될 수 없는 예 때문에, ㅍ이란 음소 자체가 어쨌든 독자적으로 설정되어야 한다.

B. '텨'의 평성과 주격 'ㅣ'의 거성이 '合用'되면 '톄'라는 상성이 된 사실은 '平 + 去 →上'의 공식을 얻게 한다. 즉, 15세기의 상성은 昇調(rising tone)가 아니라 低調와 高調의 병치를 의미한다. 결국, 중세 국어의 성조 체계는 저조와 고조의 두 聲調素의 대립으로 된 평판조 체계였다. 그리고 상성이 걸린 음절은 보통 음절보다 두 배의 길이를 가지고 있었던 것이다.

C. 음운 층위의 분석이 문법 층위의 분석에 전제가 된다면 순환론적으로

되어 곤란하다는 생각은 잘못이다. 이미 Pike 조차도 juncture 같은 것을 올바로 배정하기 위해서는 층위의 혼동(mixing of levels)이 불가피하다고 하였다. 문법의 기술을 마치 요리책의 조리법 순서를 따라 하듯, 꼭 음운 층위부터 분석을 시작해야 하는 법이 아니며, 통사적 정보가 음운 규칙의 기술에 전제적으로 들어가야 하는 경우도 경험할 수 있다. 그러한 실례는 제 7 장 1. 11. 2 에 소개될 것처럼, 가령 스페인어에서 동사 어미의 모음에 강세를 주는 경우는 반드시 미완료 시제일 때만 적용된다는 다음과 같은 규칙이 있다.

$$V \rightarrow [+\text{stress}] \,/\, X]_{\text{verb}} \quad +\_\_+$$
$$\begin{bmatrix}+\text{past}\\-\text{perfect}\end{bmatrix}$$

D. 앞에서 A의 2번 문제에 언급되었듯이, 경제성에 입각하여 보면 /p/와 /ʔ/, 또 /t/와 /ʃ/로 분석한 재음소화의 방법이 전체적인 음소의 수를 줄일 수 있기는 하다. 그리고 이미 설정되었던 /p/, /t/, /ʃ/ 등의 음소가 더 여러 곳에 분포되어 쓰이기도 한다. 다만, 경음을 위하여 /ʔ/라는 음소가 한 개 더 가외로 설정될 뿐이다.

그러나 경음이나 파찰음의 분포, 특히 어두에서 다른 음들과 최소대립쌍을 이루며 쓰이는 것으로 보아, 단일 음소로 처리해야 한다는 주장이 강력해질 수 있다.

이상과 같은 "1 또는 2 음소"의 논란은 파찰음에 대한 다음의 a, b 방법의 표기에서도 드러난다.

a. $\begin{bmatrix}+\text{delayed release}\\-\text{anterior}\\+\text{coronal}\end{bmatrix}$ b. $\begin{bmatrix}-\text{continuant} \ +\text{continuant}\\-\text{anterior}\\+\text{cororal}\end{bmatrix}$

위의 b는 자립 분절 음운론(제 7 장 연습 문제 I 참조)에서 연결선으로

[− cont] [+ cont]
[+ obstr]

와 같이 파열음과 마찰음의 연쇄임을 나타내는 방법으로 표시되기도 한다. 이것은 a, b 두 방법의 약점을 다 보완하는 방법으로 평가된다.

E. 국어의 경우는 본문에 있으므로 생략. 영어의 경우는 유기성이나 성문화 상관이 아니고, 유성성 상관이며 다음과 같이 二支的으로 대립된다.

유성 파열음	b	d	g
	|	|	|
무성 파열음	p	t	k

제 7 장 (pp. 211~218)

A. 1. $\begin{bmatrix} -\text{syl} \\ -\text{son} \\ -\text{voice} \end{bmatrix} \longrightarrow [+\text{cont}]$

4. $\begin{bmatrix} +\text{syl} \\ -\text{low} \\ -\text{high} \end{bmatrix} \longrightarrow [+\text{high}]$

2. $\begin{bmatrix} -\text{syl} \\ +\text{cont} \\ +\text{strid} \\ +\text{cor} \\ -\text{voice} \end{bmatrix} \longrightarrow [-\text{ant}]$

5. $\begin{bmatrix} +\text{high} \\ -\text{back} \\ -\text{round} \end{bmatrix} \longrightarrow \begin{bmatrix} -\text{syl} \\ -\text{cons} \end{bmatrix}$

3. $\begin{bmatrix} +\text{son} \\ +\text{nasal} \\ +\text{cor} \end{bmatrix} \longrightarrow \begin{bmatrix} -\text{ant} \\ -\text{cor} \end{bmatrix}$

B. 1. I 2. N 3. I 4. N 5. I 6. N 7. I 8. N 9. I 10. I

C.

2. 달－딸	사도－사또	×	
3. 글－끌	이기－이끼	박－밖*	
4. 자다－짜다	가자－가짜	×	

괄호 속의 어형은 완전한 최소 대립쌍이 아닌 경우,
×는 출현 불가능한 경우,
*는 어말에서 중화되는 경우

5. 불—풀　　나불—나풀　　입—잎*
6. 달—탈　　상대—상태　　낟—낱*
7. 기—키　　에그—에크　　(억—부엌)*
8. 자다—차다　　가지—가치　　낮—낯*
9. 사다—싸다　　비사—비싸　　(갓-갔-)*
10. 마—나　　아마—아나　　감—간
11. ×　　인어—잉어　　간—강
12. ×　　강우—감우　　강—감
13. ×　　신어—실어　　신—실
14. 공—종　　여가—여자　　곡—곶
15. 산—한　　이사—이하　　(낫-낳-)*

D.	p	pʰ	p'	t	tʰ	t'	č	čʰ	č'	k	kʰ	k'	s	s'	h	m	n	ŋ	l	w	y	i	ü	e	ö	ɛ	ɨ	u	ə	o	a
syll.	−	−	−	−	−	−	−	−	−	−	−	−	−	−	−	−	−	−	−	−	−	+	+	+	+	+	+	+	+	+	+
cons.	+	+	+	+	+	+	+	+	+	+	+	+	+	+	−	+	+	+	+	−	−	−	−	−	−	−	−	−	−	−	−
son.	−	−	−	−	−	−	−	−	−	−	−	−	−	−	−	+	+	+	+	+	+	+	+	+	+	+	+	+	+	+	+
nas.	−	−	−	−	−	−	−	−	−	−	−	−	−	−	−	⊕	⊕	⊕	−	−	−	(−	−	−	−	−	−	−	−	−	−)
cont.	−	−	−	−	−	−	−	−	−	−	−	−	⊕	⊕	⊕	−	−	−	−	+	+	(+	+	+	+	+	+	+	+	+	+)
del. rel.	−	−	−	−	−	−	+	+	+	−	−	−	(−	−	−)	−	−	−	(−	−	−	−	−	−	−	−	−	−	−	−	−)
strid.	−	−	−	−	−	−	−	−	−	−	−	−	+	+	−	−	−	−	−	−	−	(−	−	−	−	−	−	−	−	−	−)
lat.	(−	−	−	−	−	−	−	−	−	−	−	−	−	−	−	−	−	−)	⊕	(−	−	−	−	−	−	−	−	−	−	−	−)
ant.	+	+	+	+	+	+	⊖	⊖	⊖	⊖	⊖	⊖	+	+	−	+	+	⊖	+	−	−	−	−	−	−	−	−	−	−	−	−
cor.	⊖	⊖	⊖	+	+	+	+	+	+	⊖	⊖	⊖	+	+	−	⊖	+	⊖	+	−	−	−	−	−	−	−	−	−	−	−	−
high.	−	−	−	−	−	−	+	+	+	+	+	+	−	−	−	−	−	+	−	+	+	+	+	⊖	−	−	+	+	⊖	⊖	−
low.	−	−	−	−	−	−	−	−	−	−	−	−	−	−	+	−	−	−	−	−	−	−	−	−	−	⊕	−	−	−	−	⊕
back.	−	−	−	−	−	−	−	−	−	+	+	+	−	−	−	−	−	+	−	+	−	⊖	−	⊖	−	⊖	+	+	+	+	+
round.	(−	−	−	−	−	−	−	−	−	−	−	−	−	−	−	−	−	−	−)	+	−	−	+	−	+	−	−	⊕	−	⊕	−
asp.	−	⊕	−	−	⊕	−	−	⊕	−	−	⊕	−	−	−	⊕	−	−	−	−	(−	−	−	−	−	−	−	−	−	−	−	−)
glottal.	−	−	⊕	−	−	⊕	−	−	⊕	−	−	⊕	−	⊕	−	−	−	−	−	(−	−	−	−	−	−	−	−	−	−	−	−)

앞 표에서 ◯로 두른 것은 꼭 명시되어야 하며, 괄호 속에 표시한 부분은 공백으로 두어도 되고, 또 lateral이란 자질은 r이란 이음과 구별할 때만 필요하다. 국어의 l은 어말 중화 현상을 고려하여 일반적인 다른 언어와 달리 [－cont]로 표시한 것이다.

위 표에서 aspirated란 strongly aspirated를 의미하며, slightly aspirated인 평음은 포함하지 않는다. 다분적으로 나눠 [0 asp]는 경음, [1 asp]는 평음, [2 asp]는 s(ㅅ) 또는 영어의 유기음, [3 asp]는 국어의 유기음을 각각 표시하는 방법도 있다. 그리고 asp 대신 spread glottis란 자질을 설정하는 경우도 있는데, 유기음만이 아니라 평음도 ＋가 되어야 하므로, 양자의 구별이 어렵게 된다. [＋spread]는 곧 strongly, and slightly asp.로서 성대 간격을 벌린 채 비주기적 음을 내는 것이다.

한편, *SPE*의 glottal constriction과 같은 glottalized 대신 tense나 constricted glottis란 자질을 설정하기도 한다. 본문 pp. 134f에 언급했듯이, [＋tense]는 성대 위쪽의 舌體나 舌根의 수축을 특징으로 하며, 이중 또는 장음에 흔히 나타난다. 그런데 [＋tense]는 경음에만 나타나는 자질이 아니고 유기음에도 나타난다. 이것은 聲門下域의 압력이 올라가는 heightened subglottal pressure나 성대의 경직이 특징인 stiff vocal cords란 자질을 설정하여도 마찬가지다. 이렇게 경음 유기음에 다 ＋로 표시되므로, 꼭 경음만을 집어서 표시할 때는 적합하지 못한 자질이다.

[＋constricted glottis]는 성대가 정상적 진동을 일으킬 수 없게끔 서로 붙은 상태를 나타내는 자질이다. 그러나 이것은 경음뿐 아니라 평음·유기음에도 모두 －로 나타나므로 변별력이 있는 자질이 못된다.

다음에 여러 학자에 따라 달라지는 분류를 참고로 보이겠다.

Kim Chin-Wu (1965)	ㅃ	ㅂ	ㅍ
tense	＋	－	＋
aspirated (voicing lag)	－	＋	＋

Chomsky & Halle (1968)	ㅃ	ㅂ	ㅍ
heightened subglottal pressure	＋	－	＋

glottal constriction	+	−	−
Halle & Stevens(1971)	ㅃ	ㅂ	ㅍ
spread glottis	−	+	+
constricted glottis	−	−	−
stiff vocal cords	+	−	+
slack vocal cords	−	−	−
Kagaya(1974)	ㅃ	ㅂ	ㅍ
glottal width(++ : larger opening than +)	−	+	++
stiffness	++	−	+
subglottal pressure	+	−	++

E. 1. 아 2. 악 3. 야 4. 와 5. 약 6. 왁 7. 가 8. 각 9. 갸 10. 과 11. 갹 12. 곽 등등이 들어가는 말.

F. 1. 우선 그리스 문자 표기법은 각각 쌍으로 써야 하므로 α low와 대응되는 다른 α가 뒤따라야 할 텐데, 보이지 않으므로 잘못이다. 필자가 이 규칙으로 a→ε, ə→e와 같은 변화를 보이려는 의도라 하니, low 자질을 표기하지 않아야 +low와 −low 모두에 다 적용할 수 있게 되므로 low를 그냥 빼면 된다. α low로서 ±low를 한꺼번에 나타내는 의미로서 썼다면 α용법을 잘못 이해한 것이다.

2. 둘째 규칙에 있어서도 ± 양쪽이 α high, α low, α round를 나열했다면 잘못이다. 이런 표기는 마치 +high일 때 +low가 동시에 성립된다는 (실제로 존재할 수 없는) 의미이므로 기초적인 오류다. 구태여, 이들 간의 관계를 밝히자면 그리스 문자를 쓰지 않고 해야 하겠다. 그러나 애초에 high, low, round 자질은 최소 자질 명시(minimal specification)의 경제적 원칙에 따라 이 규칙에 꼭 표시해야 할 필요부터도 없는 것이다. 또, [+back]도 꼭 표시할 필요가 없어서, [−back]이 공허하게 [−back]으로 바뀜과 동시에 자연히 +와 − 모든 back이, 즉 [±back]이 [−back]으로 변화되는 것이다.

한편, 1, 2를 통해 [+grave] 자질이 쓰였으나 이는 Jakobson, Fant & Halle(1951)의 낡은 체제 속에서 쓰이던 용어로, 현재 널리 쓰이는 Chomsky & Halle(1968)의 새 체제 속에서는 [−coronal]이라 해야 옳다.

3. 각괄호를 한 개만 쓰고 쌍으로 상호 의존 관계를 보이지 않는 오류도 기초적인 것이다. 〈+nasal〉이 무슨 뜻으로 쓰인 것인지, 짝이 어디에 있는지 도무지 알 수 없다.

[vocalic]을 [syllabic]으로 바꾸는 것이 좋은 이유는 본문 1.5.1에서 상세히 보였으므로 반복하지 않는다.

4. 한편, l, ɜ, i 등의 분절음과 +, −의 표시도 없이 〈nasal〉이라고 쓴 자질이 한 규칙의 표기 속에 뒤섞여 쓰인 것은 잘못이다. 변별적 자질로 쓰려면 모두 자질로 써서 한 규칙의 표기를 마쳐야 일관성이 있는 방법이다. (다만, [−syl] 대신 C를, [+syl] 대신 V를 쓰는 경우만은 외형상 비자질적인 약호가 쓰일 수도 있다.) 음소로 손쉽게 표기하려면 특별한 이유가 없는 한 전부를 모두 음소로 일관되게 쓰는 편이 오히려 낫다.

G. 1. 우선 1의 예에 표면적으로 나타난 변화를 설명하기 전에, 드러나 있지 않은 음성적 변화 한 가지를 먼저 거론하기로 한다. 즉, 장애음이 음절말이나 다른 장애음 앞에서 불파(unreleasing)되는 현상이다 (예 : [kət˥k'i]). 그러나 이 문제 G에서는 이 변화에 대해서는 표시하지 않고 있으므로 일단 언급하지 않기로 한다.

따라서 1에서 얻어지는 첫째 규칙은 경음화(fortition) 규칙으로서 다음과 같이 형식화될 것이다.

(1 a) [−son] ⟶ [+glottalized] / [−son] ___

둘째로, 필요한 규칙은 국어에서 3자음이 중첩되는 경우 어느 한 자음을 묵음화하는 것이다. 이 규칙은 경우에 따라서 여러 가지로 세분될 수 있는데, 여기 제시된 자료가 보이는 현상은 非持續音(non-continuant) 뒤에 오는 자음의 삭제 규칙 하나로 다 설명된다.

(1 b) C ⟶ ϕ / [− cont] ___ $ C

이 규칙은 음절말에서 뒤에 다른 자음이 따를 때, 어떤 자음 x 앞에 정지음이나 비음이 오면 그 자음 x가 탈락된다는 뜻이다.

위의 두 규칙은 1 a ⟶ 1 b의 순서로 적용되어야 한다. 그 이유는 여기 주어진 자료로는 불충분하여 '봄비'로 그 도출 과정을 보이면 다음과 같다.

/pom+pi/			
pom t pi	(2)에서 보일 t(사이시옷) 삽입 규칙		
pom t p'i	(1 a)	[pom p'i]	(1 b)
[pom p'i]	(1 b)	pom pi	(1 a)
		[pom bi]	

만약, 위에서 1 b ⟶ 1 a의 순서로 적용하려면 다시 t가 삭제되고 p도 [+ son]인 m 바로 뒤에서는 경음화되지 못하므로, 결국 p의 모음간 유성화가 일어나 원하지 않는 [pombi]란 형태가 나오는 까닭에 잘못된 순서인 것이다.

2. 다음과 같은 사이시옷 삽입(t-epenthesis) 규칙이 필요하다.

$$(2)\quad \phi \longrightarrow \begin{bmatrix} -\text{del. rel.} \\ +\text{ant} \\ +\text{cor} \end{bmatrix} / [+\text{son}] \_\_\_ + \begin{bmatrix} +\text{cons} \\ -\text{glottalized} \end{bmatrix}$$

위에서 선행음을 V보다 넓게 [+son]로 잡는 이유는, 모음뿐 아니라 앞서 '봄비'나 '산불, 등불, 달밤'에서처럼 m, n, ŋ, l 등도 이 위치에 놓일 수 있다는 사실을 포함시키기 위한 것이다. 그리고 합성어(compound)의 경계 뒤에 평음이 뒤따르는 환경이다. 그러나 이 규칙은 合成語基의 어느 한 쪽 이상이 다음절일 경우는 수의적으로 적용된다.

규칙 적용 순서는 앞서 1에서 이미 보였듯이, (2)→(1 a)→(1 b)가 옳겠다.

/nɛ + ka/
nɛtka (2)
[nɛtk'a] (1 a)

3. 음성형을 유도해 내는 데 필요한 세 개의 규칙은 다음과 같다.

(3 a) [+ lateral] ⟶ [− lateral] / V __ V
(3 b) [− cont] ⟶ [+ nasal] / __ [+ nasal]

$$(3\,c)\quad \begin{bmatrix} -\text{cont} \\ -\text{glottalized} \\ -\text{aspirated} \end{bmatrix} \longrightarrow [+\text{voice}] \,/\, [+\text{voice}] \;\_\_\; [+\text{voice}]$$

(3 a)는 非舌側音化(delateralization)로 모음 간 1→r를, (3 b)는 정지음의 비음화(stop nasalization)로서 사이시옷 /t/도 [n]이 되는 것이다. 다음 (3 c)는 정지음 중 평음(lenis)만이 유성음 간에서 유성음화(voicing)되는 규칙이다.

이상 (3 a, b, c)는 상호간 적용 순서가 어떻게 되어도 무관하며, 다만 (3 b)만은 (2)의 뒤에 적용되어야 하는 관계에 있다.

끝으로, '뱃노래'와 '바닷물'의 유도 과정은 다음과 같다.

/pɛ+nolɛ/		/pata+mul/	
pɛtnolɛ	(2)	patatmul	(2)
pɛnnolɛ	(3 b)	patanmul	(3 b)
[pɛnnorɛ]	(3 a)	[padanmul]	(3 c)

H. 閉口調音原則(the principle of close articulation)에 합당한 것은 '합', 반대되는 것은 '반'으로 판정한 뒤, 그 이유와 실례를 차례로 들겠다.

1. 반 : 정지음 t의 개구도 1이 유음 r의 개구도 4로 바뀌었으므로, 폐구 조음 원칙에 역행한 예다.

*patɔr → parʌr ᄇᆞᄅᆞᆯ(海)
*katɔr → karʌr 가ᄅᆞᆯ(脚)
*hɔtɔr → hʌrʌ ᄒᆞᄅᆞ(1日)

2. 반 : 고대 북방 중국어에서 入聲韻尾가 *t→d→ð→r로 약화되었다. 이 변화는 장애음(개구도 3 이하)이 유음(개구도 4)으로 바뀐 역행의 경우다. 가령, 15세기까지도 '渴'은 '갇'으로 읽히다가 '갈'로 바뀐 것이다.
3. 반 : 음소 /p/의 異音 b(개구도 1)가 y나 r 뒤와 모음 앞에서 β(개구도 3)로 바뀌었다(예 : taybat→tayβat(대받 : 대밭)).
4. 합 : 소위 ㅂ변칙 동사들이 β(개구도 3)에서 p(개구도 1)로 교체된 경우로 폐구 조음 원칙에 맞는다(예 : 누벙 ~ 눕고).
5. 합 : β → p의 변화가 15세기에 h, k, t 뒤에서도 일어났는데, 이것은 -βɨ-란 형태소에 국한된 소수의 변화였다.

젛 + ᄫᅳ → 젛 + 브(→저프-)
깄 + ᄫᅳ → 깄 + 브 → 깃브-(→기쁘-)
믿 + ᄫᅳ → 믿 + 브(→미쁘-)

6. 반 : 마찰음 β(개구도 3)가 모음 및 y, r, z 뒤와 또 다른 모음 앞에서는 과도음 w(개구도 5)로 바뀌었다.

syəβɨr → səwur → səur 서울
*kɨrbar → kirβar → kɨrwar → kɨrwər 글월
*koba → koβa → kowa 고와(cf. 3, 4)

7. 합 : 어두 아닌 음절의 ㆍ가 ㅡ로 바뀌는 제1단계 변화는 15~16세기 말에 일어났을 것인데, 이는 저모음이 고모음으로 바뀐 것이므로 폐구 조음 원칙에 부합된다.
8. 반 : 13세기 중엽에는 음절말 파찰음 ㅈ이 아직 마찰음 ㅅ과 중화되지 않았었지만, 15세기 중엽에는 모든 음절말 ㅈ, ㅊ, ㅅ이 파열되지 않은 ㅅ으로 중화되었다(예 : 곶 → [kos] '꽃').

   이 변화는 개구도가 2에서 3으로 변해 폐구 조음 원칙에 반대가 된다. 이 ㅅ은 곧 ㄷ으로까지 변했다.
9. 반 : *k(→[g]→[ɣ])→ɦ란 일련의 변화가 y, r, z와 모음 사이에서

일어났다. 정지음(개구도 1)이 마찰음(개구도 3)으로 바뀐 것이다 (예 : *[mulgai]→[molɦay] '모래', 알 + 고→알오 /arɦo/).

10. 합 : 어말의 h가 n 앞에서 t로, 즉 마찰음이 정지음으로 변한 경우(개구도 3→1)이다(예 : 넣 + 는→넏는 /nyətnʌn/ (→넌는)).

이 변화는 h에서 t로 직접 바뀐 것이 아니라, 중간에 일단 s로 되었다가 t로 된 경우(cf. 12번 문제. 본문 p. 177)로 보는 것이 좋은 것이다.

11. 반 : 소학 언해의 동사 활용을 보면 [l]과 [ɦ]의 연쇄가 [ll]로 나타난다. 즉, 마찰음 [ɦ](개구도 3)가 유음 [l](개구도 4)로 바뀐 것이다.

[ol] + [ɦa]→[olla] 올아→올라

이 변화는 17세기 이후에는 명사에서도 빈번히 일어났다.

[nolɦay]→[nollay] 놀애→놀래(→노래)
[molɦay]→[mollay] 몰애→몰래(→모래)

12. 합 : 음절말 s가 t로 중화되는 현상은 역시 마찰음(개구도 3)이 정지음(개구도 1)으로 바뀌는 경우다(예 : 잇 + ᄂᆞ니→잇ᄂᆞ니 /itnʌni/(→인ᄂᆞ니)).

13. 반 : 17~18세기 교체기에 서울 방언에서는 구개음화가 일어나 치경음 ㄷ 또는 ㅌ이 i나 y 앞에서 경구개음 ㅈ 또는 ㅊ으로 되었다 (예 : 디새→지새(→기와)).

이 현상은 정지음(개구도 1)이 파찰음(개구도 2)으로 바뀌므로 폐구 조음 원칙에 반대되는 것이다.

14. 합 : 마찰음 ㆅ[x]은 17세기 중반까지 어두에만 나타나다가 老乞大諺解부터는 정지음 ㅋ으로 바뀌었다(예 : 혀→켜).

15. 반 : 모음간의 [l](원래 [lɦ]에서 유래한 것. 11번 참조)이 [r]로 변했는데, 이것은 파열(releasing)하는 방향으로의 변화이므로, 폐구 조음 원칙에는 상반되는 것이다(예 : nolɦay → nolay → noray).

16. 반 : 어말 자음군 ㄺ과 ㄾ 등이 자음으로 시작되는 어미 앞에서는

ㄹ만으로 되는 경향이 있다.

곬→골 + 과 [kolgwa]
핥→할 + 고 [halk'o]

이 현상은 유음이 그보다 개구도가 더 작은 음들을 위압해 버리는 경우로서 폐구 조음 원칙에 반대된다.

I. 중세 국어의 성조에 대한 설명은 본문 p. 183에 보였고, 현대 국어의 모음 조화에 대해서는 다음과 같이 새로운 모음 체계의 설정으로 자립 분절 음운론에 의한 합리적 설명을 할 수 있겠다.

	[− round]		[+ round]		
[+ high]	i	ü	ɨ	u	dark = [− low]
[− high]	e		ə		
	ε	œ	a	ɔ	light = [+ low]
	[− back]		[+ back]		

위의 도표에서 œ와 ɔ가 [+ low]에 속하도록 배치한 점이 종래의 [− low]로 보던 점과 다르다. 이러한 배치로서 비로소 현대 국어에 있어서의 모음 조화는 [± low] 자질에 의하여 결정이 나게 된다. 그 내용을 자립 분절 음운론의 도식으로 보이면 다음과 같다.

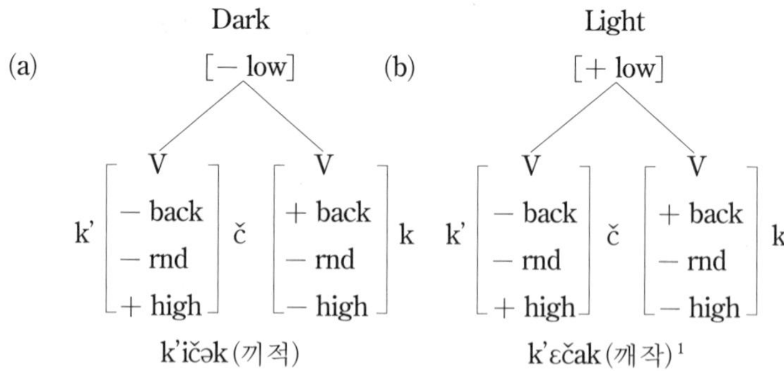

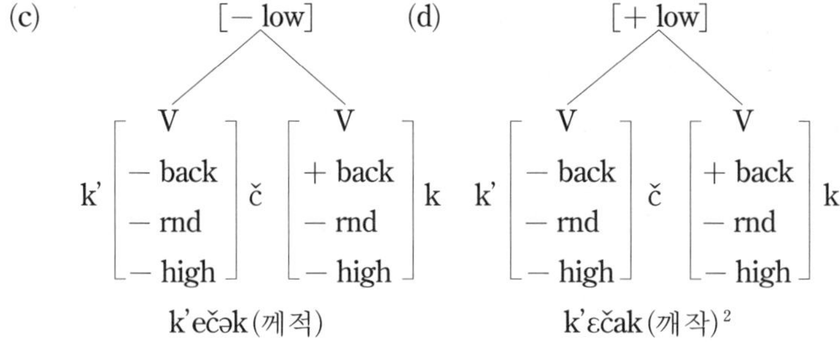

1. 깨작거리다 : 글씨를 정성들이지 아니하고 억지로 쓰다. 〈끼적거리다.
2. 깨작거리다 : = 깨지락거리다. 먹거나 하는 짓에 정성 없이, 마음에 들지 않는 것처럼 게을리하다. 〈께지럭거리다. 께적거리다.

위의 (b)에서 불가능한 조합 $\begin{bmatrix} +\text{low} \\ +\text{high} \end{bmatrix}$이 나타나는 모순은 "[low] 자질이 [high]의 ± 결정을 좌우한다."는 특별한 규정을 설정함으로써, 결국 $\begin{bmatrix} +\text{low} \\ -\text{high} \end{bmatrix}$가 실현되는 것으로 해석한다.

한편, i는 (a)에서 보였듯이 어두 음절에서는 [low] 자질에 대해 미리 지정되지 않았다가 연결선에 의해서야 [− low]로 지정되는 것이었다. 그러나 i나 ɨ 모음이 비어두 음절에서는 [− low]라고 미리 지정되어 있는 중성 모음으로서 행동한다.

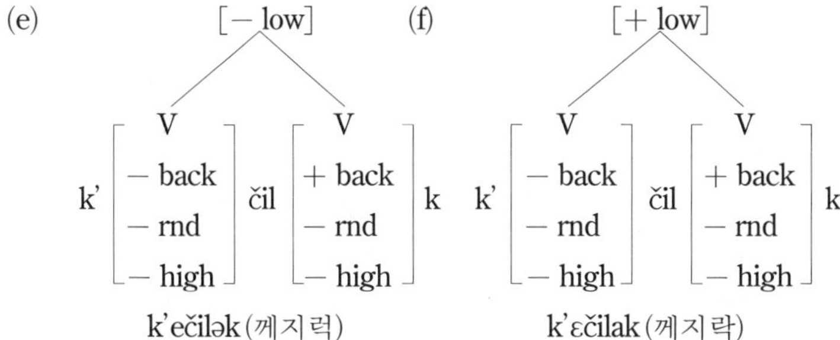

그리고 모음 조화 등의 변화 뒤에 모든 [+ round] 모음을 [− low]로 바꾸는 문맥 자유 규칙(context free rule), 즉 무조건 변화를 두어 œ

→ö, ɔ→o로 원상 복귀해야 할 것이다(이상은 John J. McCarthy(1983) Phonological Features and Morphological Structrue. CLS 19 참조).

중세 국어에서의 모음 조화는 별도의 설명이 필요할 것이다. 여기서는 지나치게 장황해지므로 생략한다.

끝으로, 보통 파찰음은 다음과 같이 구성된다고 보고 있다.

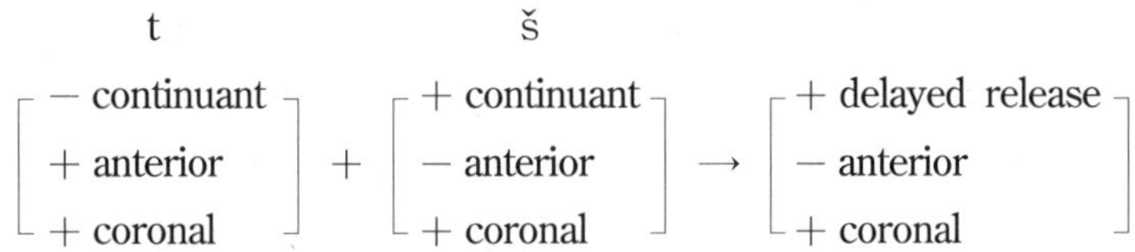

그러나 위에서 오른쪽에 [+del. rel.]라는 한 개의 자질을 쓰는 것은 문제가 있다. 왜냐하면, 위와 같이 원래의 [continuant]라는 자질이 [del. rel.]라는 자질로 실제 바뀌는 것이 아니고, t와 š가 순차적으로 조음되는 점은 여전하며, 단지 한 단위의 자격을 가지게 된 것일 뿐이다. 따라서 이런 양상을 보다 여실하게 나타내려면, 다음과 같이 자립 분절 음운론적 연결선을 이용한 도식을 도입하면 좋을 것이다.

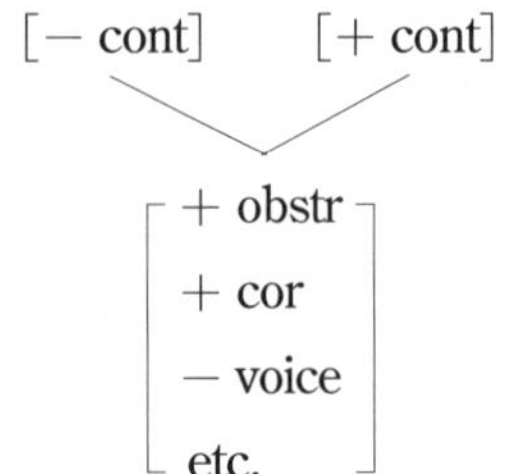

J.

	i	e	ɛ	u	o	a	ü	ö
high		−			−			−
low			+			+		
back			−				−	−
round	−	−						

K. 빈 칸(위로부터)에 넣을 자질 이름

skeleton (C-V-C)
(laryngeal)
(constricted glottis)
(stiff vocal cords)
(nasal)
(round)
(coronal)
(back)

(tt $t^{ʔ}$)
(+ spread glottis)
(ㅈ č)
(+ round)
(+ back)
(+ high)

제 8 장 (pp. 279~282)

A. 1. 무 2. 조 3. 조 4. 조 5. 무 6. 조 7. 조 8. 무 9. 조 10. 무

B. 1. 모음 조화 2. 축약 3. (경)구개음화 4. 어중음 생략 5. 움라우트 6. 어말음 생략 7. 비인접 순행 이화 8. 인접 순행 동화 9. 음운 도치

C. 1. 반모음 삽입 규칙과 모음 조화 규칙이 적용되는 순서를 뒤바꿈으로 해서 두 가지 다른 어형을 얻는 경우다.(이 때, 만약 어간 모음이 음성일 경우는 규칙의 재배열에 관계 없이 [muyyə]'뭐여'란 한 형태만 얻게 된다.)

규칙 재배열로 다른 어형을 산출하는 경우는 다음과 같다($: 음절 경계).

(1)

/ nalgay /	기저형
nal $ gay	$ 삽입
nal $ ay	g 삭제
———	l → r
[nal-ay]	날애

(2)

/ nalgay /	
/ nalay /	g 삭제
/ na $ lay /	$ 삽입
/ na $ ray /	l → r
[naray]	나래

(1)		(2)	
/ nilʌ+a /		/ nilʌ+a /	
ni $ l $ a	$ 삽입	nil+a	모음 삭제
ni $ l $ a	모음 삭제	ni $ l+a	$ 삽입
[nil'a]	닐아	[nira]	니라

2. 규칙 재배열로서 옳지 않은 소산이 생겨나는 경우(*[ošipko], 한편 다른 두 가지 어형은 동화 정도의 차이를 반영)는 다음과 같다.

기저형	/ os#nip+ko /	/ os#nip+ko /	/ os#nip+ko /
	{ # 삭제 os+nip+ko		
비음 탈락		os#ip+ko	os#ip+ko
		{ # 삭제 os+ip+ko	
파열음화	ot+nip+ko		ot#ip+ko
구개음화	ot+ňip+ko	oš+ip+ko	
			{ # 삭제 ot+ip+ko
비음화	oň+ňip+ko		
유성음화			od+ip+ko
표면형	[oňňipko]	*[ošipko]	[odipko]
	온닙고		오딥고

'온닙꼬, 오딥꼬' 같이 경음화까지 되는 현상은 여기서 잠시 논외로 해 두었다.

본 해답은 金鎭宇 · 都守熙(1980) Rule Reordering in Middle Korean Phonology. 어학 연구 16.1(pp. 75~86)을 참조.

D. 1. 상실 2. 첨가 3. 첨가 4. 간소화

E. 1. p. 256의 (24) 다음에 그림 (1)을 넣어서 ㆍ의 소멸을 나타낼 수 있다. 다음에는 잇대어서 그림 (2)도 삽입하여 그림 (1)에다가 전설 모음 2개가 보태어진 19세기 초 8모음 체계의 단계를 나타내게 된다.

2. 그림 (3)은 ㆍ의 소멸 이전에 전설 단모음화가 일어난 결과를 보이는 내용이다. 그런데 ㆍ는 그 1단계 소멸로서 15세기 중엽부터 이미 제2음절 이하에서 일반적으로 ㅡ, 특수하게는 ㅗ로 바뀌었다(예 : 나ᄀᆞ내 〉 나그내, 노ᄅᆞ 〉 노로). 특히, 非제1음절에서 ㆎ 〉 ㅢ의 변화가 일어났다(예 : 그ᄃᆡ 〉 그듸). 이 경우 ㆎ는 이중 모음 /ʌy/로서 /ɨy/로 변했으므로, ʌ 〉 ɨ의 변화 공식에 속하는 것이다. 16세기 말부터는 제1음절에 ㆍ가 있는 단어의 제2음절 ㆍ도 ㅏ, ㅡ 등으로 바뀐 예를 볼 수 있다(예 : ᄇᆞᄅᆞᆷ 〉 ᄇᆞ람, ᄆᆞᅀᆞᆯ 〉 ᄆᆞ을 등). 17세기 초부터 'ᄒᆞᆰ 〉 흙'의 예가 나타나 제1음절에서 ㆍ가 소멸하기 시작하였다. 이 제2단계 소멸은 18세기 중엽 이후 주로 ㆍ 〉 ㅏ의 합류 공식을 형성하였다.

한편, 후설 이중 모음 'ㅐ, ㅔ'의 전설 단모음화는 18세기 말에 일어난 것이었고(ay〉ɛ, əy〉e), 후설 이중 모음 'ㅚ, ㅟ'의 전설 단모음화는 아직 일어나지 않았다. oy〉ö, uy〉ü가 일어난 것은 현대 국어에 와서지만, 결코 이중 모음 ʌy(ㆎ)가 단모음 ɔ̈(Œ) 같은 것으로 된 일은 없었다. 그러니까 ʌy가 18세기 서울말에서 ㆍ 〉 ㅏ의 변화로 ay에 합류되고, 이 ay가 ɛ로 단모음화되었다고 보는 것이 옳겠다. 결코, ʌy(ㆎ)와 ay(ㅐ)가 ɛ로 동시에 합류된 것은 아니다. 'ㆎ'는 실제로 단모음 목록에 있지 않았고, 다만 개화기까지 표기에 관습적으로 나타났을 뿐이다.

따라서 ㆍ의 소멸이 단모음화보다 선행하므로 그림 (3)의 시대는 실제로 존재하지 않는다.

위의 설명을 뒷받침하는 증거로, 제주도 방언에서 1930년대까지 존재하던 'ㆎ'의 단모음이 1960년대에는 ɛ가 아니라 e와 합류한 사실을 주목해야 한다. 즉 'ㆎ'가 서울말에서도 단모음화 이후까지 존재했었다 가정해도, 결국 18세기 이후에는 ɛ와 합류되었으므로, 제주 방언의 사실에 비추어 보아 이 같은 가정이 틀렸음을 알 수 있다(이기문 1972 a, pp. 122-123 참조).

F. 현대 국어에는 존재하지 않는 [z]음을 /ㅅ/의 異音으로 기술한 것은 잘못이다. [š]음도 i 앞에서는 좋으나, e음 앞에서까지 나타난다고 볼 수 없다. 따라서 1~7, 8~14, 15~21의 세 異音別 구분은 근거가 없고, 오직 10~14에서 i 앞의 [š]음과 나머지에서 i가 뒤따르지 않는 [s]음이 상보적 분포를 이룰 뿐이다. 17의 zwe는 swæ의 잘못이거나(æ는 Gleason식이며 ε를 의미한다), 실제로 informant가 e로 중화된 발음을 했을 가능성도 있다. 9, 20, 21의 ʉ(보통 ɨ)는 ㅡ 모음이다.

z(△)가 전기 중세 국어 단계에서 모음 간이나 유성 자음과 모음 사이에서의 s(ㅅ)의 유성화 내지 약화로 발생되었다가, 후기 중세 국어에서는 사라졌다고 보는 것은 잘못이다. 국어의 ㅅ은 예나 이제나 유성적 환경에서도 유성화하지 않는 특징이 있다. 그것은 ㅅ에 대응되는 유기음이 없어 유성화되지 않아도 항상 잘 구별되기 때문이다. (그러나, 가령 ㅂ의 경우는, ㅍ이 유성음 사이에서 유기성이 약화되므로, ㅂ이 잘 구별되도록 유성화하는 것이다.)

15세기의 z는 ① v_v, ② y_y, ③ *r_v, ④ n_v, ⑤ m_v, ⑥ v_ɦ, ⑦ v_β의 어중 환경에 주로 분포되었었다. ③은 ①에 속하는 것들 중 역사적으로 *ㄹ이 재구되는 예를 따로 설정한 것이다(예 : 두ᅀᅥ〈둘+서, 二三).

위의 ②~⑤의 환경에서 15, 16세기에 z와 s형이 병존했다(예 : 두ᅀᅥ~두서, 너ᅀᅡᆷ~너삼(枚麻)). z형은 중앙, s형은 남부 방언형으로서, 마구 변하는 것이 아니라, 다음과 같이 특수한 환경에서만 변했던 것이다.

s〉z/y, r, n, m+__

그리고 뒤이어 ㄹ은 치경음(z, s, n, t 및 č) 앞에서 탈락되었던 것이다. 남부 방언의 '너삼'은 '*널삼'이 위의 s〉z규칙을 겪지 않고 바로

ㄹ탈락만 하여 얻어진 것이다.

△은 15세기 후반부터 16세기 중엽까지 사이에 소실되었으므로, 현대 국어 자료 표기에 쓰이는 일은 있을 수 없다.

국어 음성학 및 음운론 관계 논저 목록

강석근(Kang, S-K.) & Kim Chin-Wu(1992), A Moraic Account of Consonant Cluster Simplification in Korean. *FLSM* 3. 327-345.

姜信沆(1964), 十五世紀國語의 'ㅗ'에 대하여, 趙潤濟博士 回甲紀念論文集.

———(1971), 朝鮮館譯語新釋, 大東文化研究 8.

———(1972), 朝鮮館譯語의 寫音에 대하여, 語學研究 8. 1.

———(1978 a), 中國字音과의 對音으로 본 國語母音體系, 國語學 7.

———(1978 b), 鷄林類事 高麗方言의 韻母音과 15世紀中世國語의 中聲 및 終聲, 大東文化研究 12.

———(1987), 훈민정음연구, 성균관대학교 출판부.

강옥미(Kang, Okmi) (1993), *Korean Prosodic Phonology*. 태학사. 1992, Ph. D. dissertation, Univ. of Washington.

강용순(Kang, Yong-soon) (1991), *Phonology of consonant-vowel interaction: with special reference to Korean and dependency phonology*. Hanshin Publishing Co. Ph. D. dissertation, The Univ. of Illinois, Urbana-Champaign.

강창석(1982), 현대 국어의 형태소 분석과 음운현상 : 활용, 곡용에서의 '으~ϕ'를 중심으로, 국어연구 50, 서울대 국어연구회.

———(1988), 국어의 음운현상과 음운자질(1), 울산어문논집 4.

———(1992), 15세기 음운이론의 연구 : 차자표기 전통과의 관련성을 중심으로, 서울대 박사학위논문.

고도흥(Ko, Do-Heung) (1988), *Declarative Intonation in Korean*: An Acoustical Study of Fodeclination. Hanshin Pub. Co. Ph. D. dissertation, Univ. of Kansas.

———(1992), 국어음성학의 발자취와 연구현황, 국어학연구백년사, 일조각.

郭忠求(1980), 十八世紀國語의 音韻論的 研究, 國語研究 43.

———(1994), 함북 육진방언의 음운론 : 20세기 러시아의 Kazan에서 간행된

문헌자료에 의한, 태학사. 1991, 서울대 박사학위논문.

구희산(Koo, Hee-San) (1986), *An Experimental Acoustic Study of the Phonetics of Intonation in Standard Korean.* Hanshin Pub. Co. Ph. D. dissertation, Univ. of Texas.

鞠應道(Cook, Eung-Do) (1973), Double consonant base verbs in Korean, 語學硏究 9. 2.

———(1987), Sai-Sios is a Gemiunated Consonant. *Harvard Studies in Korean Linguistics* 2 : 360-366.

권인한(1987), 음운론적 기제의 심리적 실재성에 대한 연구, 국어연구 76.

김경란(Kim, Gyung-Ran) (1988), *The Pitch-Accent System of the Taegu Dialect of Korean with Emphasis on Tone Sandhi at the Phrasal Level.* Hanshin Pub. Co. Ph. D. dissertation, Univ. of Hawaii.

김경아(1990), 활용에 있어서의 기저형 설정과 음운현상, 국어연구 94.

김공언(Kim, Kong-On) (1974), Temporal Structure of Spoken Korean, *Journal of the International Phonetic Association* 2-2.

———(1975), The nature of temporal relationship between adjacent segments in spoken Korean, *Phonetica* 31, 259-273.

———(1977), Sound symbolism in Korean, *Journal of Linguistics* 13, 67-75.

———(1978), Vowel system of Korean revisited. In Chin-Wu. Kim, ed. (1982 a).

——— & Masayoshi Shibatani(1976), Syllabification phenomena in Korean, 語學硏究 12. 1.

김기호(Kim, Kee-Ho) (1987), *The Phonological Representation of Distinctive Features : Korean Consonantal Phonology.* Ph. D. dissertation, of Iowa. Published 1988, Seoul : Hanshin.

김대원(Kim, Dae-Won) (1987), Some Phonetic Aspects of Intervocalic Oral Stop Consonants in British English and Korean. Ph. D. dissertation, Univ. of Reading.

金枓奉(1916), 조선말본, 서울 : 새글집.

———(1924), 깁더조선말본, 상해 : 새글집.

金敏洙(1952), ㅎ助詞硏究, 국어국문학 1.

———(1953), 各自竝書音價論, 국어국문학 4.
———(1955), 合用竝書音價論, 국어국문학 13.
金芳漢(1964), 國語母音體系의 變動에 關한 考察, 東亞文化(서울大) 2.
———(1968), 中性母音「이」에 關하여, 李崇寧博士頌壽紀念論叢.
金錫得(1962), 형태음소론 소고, 國語學 1.
———(1964), 中世脣輕音 ㅸ音素攷, 人文科學 12.
———(1978), 구개음화와 기저모음 및 어휘소, 눈뫼 허웅박사 환갑기념논문집, 과학사.
金善琪(1938), 基準母音과 母音圖表, 한글 6.
———(1971), *Phonetics of Korean*, 明知大出版部.
김선희(Kim, Sun-hee)(1990), *phonologie des consonne en corèen*. Hanshin Pub. Co. thèse pour le doctorat en linguistique de l'Ecole des Hautes Etudes en Sciences Sociales. Paris.
김성규(1987), 어휘소설정과 음운현상, 국어연구 77.
———(1989), 활용에 있어서의 화석형, 주시경학보 3.
———(1994), 중세국어의 성조 변화에 대한 연구, 서울대 박사학위논문.
金手坤(1976 a), *Palatalization in Korean*. Tower Press. Ph. D. dissertation, Univ. of Texas at Austin.
———(1976 b), /ㄴ/의 口蓋音化 規則, 語學硏究 12. 2.
———(1977), ㅂ-變則動詞類의 音韻論的 意義, 언어 3. 1.
———(1978), 現代國語의 움라우트現象, 國語學 6.
김승곤(1983), 음성학, 정음사.
김영기(Kim-Renaud, Young-Key)(1973), Irregular verbs in Korean revisited, 語學硏究 9. 2.
———(1975 a), On *h*-deletion in Korean, 國語學 3.
———(1975 b), *Korean Consonantal Phonology*. Tower Press. 재간(1991 : Hanshin Publishing Co.) 1974, Ph. D. dissertation, Univ. of Hawaii.
———(1977), Syllable boundary phenomena in Korean, *Korean Studies* (Honolulu) 1.
———(1978), Semantic features in Phonology, *Korean Linguistics* 1.
———(1986), *Studies in Korean Linguistics*. seoul, Korea : Hanshin Publish-

ing Company.

———(ed.) (1994), *Theoretical Issues in Korean Linguistics.* Stanford University : Center for the Study of Language and Information (CSLI).

金永萬(1967), 이조 전기 한자음 운율(성조), 한글 139.

———(1991), 국어 초분절 음소의 사적 연구, 한신문화사, 1987. 고려대 박사논문.

김영배(1977), 평안방언의 음운체계 연구, 동국대학교 한국학연구소.

———(1984), 평안방언연구, 동국대출판부.

———편(1992), 남북한의 방언 연구, 경운출판사.

김영송(1975), 우리 말소리의 연구, 샘문화사. 고친판(1981 : 과학사).

———(1976), 훈민정음의 홀소리 체계, 부산대 문리과대학논문집 15.

김영석(Kim, Young-Seok) (1984), *Aspects of Korean Morphology,* Ph. D. dissertation, Univ. of Texas at Austin. (1985 : 범한서적).

——— · 이상억(1992), 현대형태론, 학연사.

金永鎭(1976), 古代國語의 母音體系, 國語研究 35.

———(1979), 국어의 모음추이에 대하여, 논문집(경남대) 6.

金完鎭(1963 a), 形態部 聲調의 動搖에 대하여, 西江大論文集 1.

———(1963 b), 國語母音體系의 新考察, 震檀學報 24.

———(1964), 中世國語 二重母音의 音韻論的 解釋에 대하여, 學術院論文集 4.

———(1965 a), 音韻論 및 音聲學, 語文學研究會編, 國語學概論(講座), 首都出版社.

———(1965 b), 原始國語 母音論에 關係된 數三의 課題, 震檀學報 28.

———(1967), 韓國語發達史 上, 音韻史, 韓國文化史大系 V. 高大民族文化研究所.

———(1970), 音韻現象과 形態論的 制約, 學術院論文集 10.

———(1971), 國語音韻體系의 研究, 一潮閣.

———(1972 a), 形態論的 懸案의 音韻論的 克服을 爲하여, 東亞文化(서울大) 11.

———(1972 b), 다시 $\beta > w$ 를 찾아서, 語學研究 8. 1.

———(1972 c), 中世國語 聲調研究, 韓國文化研究所. (1977 : 塔出版社).

———(1973), 중세국어성조의 연구, 서울대 한국문화연구소.

———(1974), 音韻變化와 音素의 分布, 震檀學報 28.

———(1975 a), 音韻論的 誘因에 의한 形態素 重加에 대하여, 國語學 3.

———(1975 b), 全羅道方言 音韻論의 硏究方向設定을 위하여, 語學(全北大) 2.

———(1978 a), 母音體系와 母音調和에 대한 反省, 語學硏究 14. 2.

———(1978 b), A tense-lax hypothesis for Middle Korean. In Chin-W. Kim, ed. (1978 a).

———(1986), 모음조화의 예외에 대한 연구, 한국문화 6.

———(1996), 음운과 문자, 신구문화사.

金允經(1938), 朝鮮文字及語學史, 震學出版協會.

金在玟(1977), 子音持續時間과 調音運動, 언어 2. 2.

김종미(Kim, Jong-mi) (1986), *Phonology and Syntax of Korean Morphology*. Hanshin Publishing Co. Ph. D. dissertation, Univ. of Southern California.

김종실(Kim, Jong-Shil) (1992), *Word Formation, the phonological word, and word level phonology in Korean*. Hanshin Publishing Co. Ph. D. dissertation, The Univ. of Texas at Austin.

김종훈(1990), 음절음운론, 한신문화사.

김주원(1993), 모음조화의 연구, 영남대학교 출판부.

김주필(1985), 구개음화에 대한 통시론적 연구, 국어연구 68.

金鎭宇(Kim, Chin-Wu) (1965) On the autonomy of the tensity feature in stop classification, *Word* 21, 339-359.

———(1967), Some phonological rules in Korean, 語文硏究(大田) 5, 153-177.

———(1968), The vowel system of Korean, *Language* 44, 516-527.

———(1970 a), A theory of aspiration, *Phonetica* 21, 107-116.

———(1970 b), Boundary phenomena in Korean, *Papers in Linguistics* 2, 1-26.

———(1971 a), 所謂 變格用言의 非變格性에 관하여, 韓國言語文學 8. 9, 1-11.

———(1971 b), 國語音韻論에 있어서의 共謀性, 語文硏究 7, 87-94.

———(1972), Two phonological notes : A-sharp and B-flat. In Brame ed. (1972 a), 155-170.

———(1973 a), Gravity in Korean phonology, 語學硏究 9. 2, 274-281.

———(1973 b), Adjustment rules in phonology. In Kenstowicz and Kisseberth ed. (1973) *Issues in Phonological Theory*, 130-144.

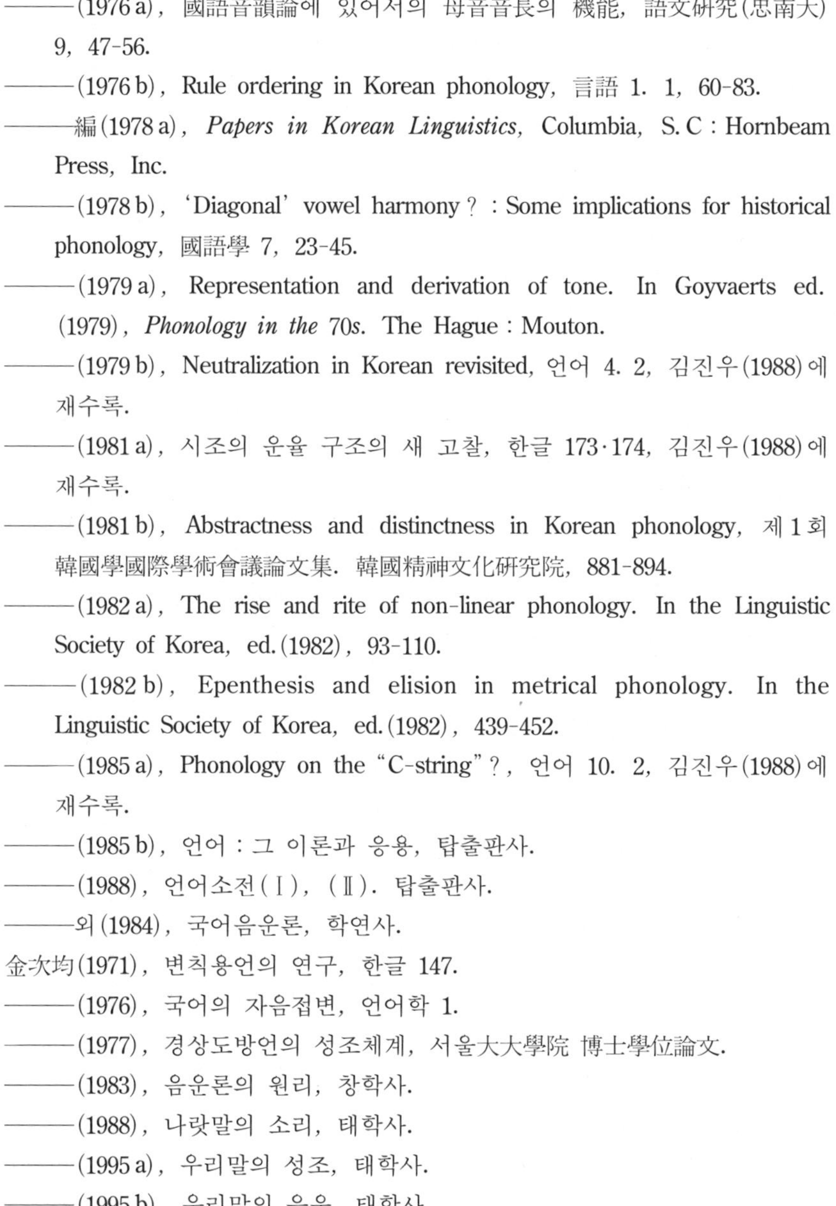

———(1976 a), 國語音韻論에 있어서의 母音音長의 機能, 語文研究(忠南大) 9, 47-56.

———(1976 b), Rule ordering in Korean phonology, 言語 1. 1, 60-83.

———編(1978 a), *Papers in Korean Linguistics*, Columbia, S. C : Hornbeam Press, Inc.

———(1978 b), 'Diagonal' vowel harmony? : Some implications for historical phonology, 國語學 7, 23-45.

———(1979 a), Representation and derivation of tone. In Goyvaerts ed. (1979), *Phonology in the* 70*s*. The Hague : Mouton.

———(1979 b), Neutralization in Korean revisited, 언어 4. 2, 김진우(1988)에 재수록.

———(1981 a), 시조의 운율 구조의 새 고찰, 한글 173·174, 김진우(1988)에 재수록.

———(1981 b), Abstractness and distinctness in Korean phonology, 제 1 회 韓國學國際學術會議論文集. 韓國精神文化研究院, 881-894.

———(1982 a), The rise and rite of non-linear phonology. In the Linguistic Society of Korea, ed.(1982), 93-110.

———(1982 b), Epenthesis and elision in metrical phonology. In the Linguistic Society of Korea, ed.(1982), 439-452.

———(1985 a), Phonology on the "C-string"?, 언어 10. 2, 김진우(1988)에 재수록.

———(1985 b), 언어 : 그 이론과 응용, 탑출판사.

———(1988), 언어소전(Ⅰ), (Ⅱ). 탑출판사.

———외(1984), 국어음운론, 학연사.

金次均(1971), 변칙용언의 연구, 한글 147.

———(1976), 국어의 자음접변, 언어학 1.

———(1977), 경상도방언의 성조체계, 서울大大學院 博士學位論文.

———(1983), 음운론의 원리, 창학사.

———(1988), 나랏말의 소리, 태학사.

———(1995 a), 우리말의 성조, 태학사.

———(1995 b), 우리말의 음운, 태학사.

김창섭(1994), 국어의 단어형성과 단어구조, 서울대 박사학위논문.
金忠培(1974), Tensification revisited, 語學硏究 10. 2.
金韓坤(1968 a), 音響音聲學的 方法에 依한 言語合成, 語學硏究 4. 1.
———(1968 b), 書評 : Peter Ladefoged, *Elements of Acoustic Phonetics,* 語學硏究 4. 2.
———(1980), An acoustic study of the Cheju dialect in Korean. 언어 5. 1.
金亨奎(1946), 子音同化硏究, 한글 97.
———(1948 a), ㆁㆆ音考, 조선교육 2. 3.
———(1948 b), ㅸ音考, 조선교육 2. 4.
———(1948 c), ㅿ音考, 조선교육 2. 5.
———(1962), 國語史硏究, 一潮閣.
———(1974), 韓國方言硏究, 서울大出版部.
김현순(Kim, Hyunsoon) (1997), *The Phonological Representation of Affricates : Evidence from Korean and Other Languages.* Ph. D. dissertation. Cornell University.
김형엽(Kim, Hyoung-Youb) (1990), *Voicing and Tensification in Korean : A multi-face approach.* Hanshin Publishing Co. Ph. D. dissertation, The Univ. of Illinois, Urbana-Champaign.
김희섭(Kim, Hee-Seob) (1990), *The Manner Features in Phonological Representation.* Ph. D. dissertation, Indiana University, Bloomington.
南廣祐(1954·5), 長短音攷, 국어국문학 12-13.
———(1959), ㅸㅿ論攷, 中央大論文集 4.
———(1960), 古語辭典, 東亞出版社.
———(1962), 國語學論文集, 一宇社.
남기심 · 이정민 · 이홍배(1979), 개정판 언어학개론, 탑출판사. 초판(1977).
南豊鉉(1964), 十五世紀國語의 音聲象徵硏究—音韻論的 有緣性을 中心으로—, 國語硏究 13.
都守熙(1970), 母音調和의 誤算問題, 국어국문학 49-50.
———(1987), 한국어 음운사 연구, 탑출판사.
文洋秀(1974), A *Phonological History of Korean,* Unpublished Doctoral dissertation, Univ. of Texas at Austin.

민현식(1999), 국어 정서법 연구, 태학사.
文孝根(1974), 韓國語聲調의 分析的 硏究, 世宗出版社.
박덕수(Park, Duk-Soo) (1987), Applicational Precedence in Mutually Bleeding Rules, In S. Kuno et. al. eds. *Harvard Studies in Korean Linguistics II*. Hanshin Publishing Co.
———(1990), *Lexicon and Syntax in Korean Phonology*. Ph. D. dissertation, University of Hawaii.
朴炳采(1971), 古代國語의 硏究, 高麗大出版部.
朴勝彬(1931), 朝鮮語學講義要旨, 朝鮮語學硏究會.
———(1935), 朝鮮語學, 창문사.
박종희(1983), 국어음운론연구, 원광대출판국.
박창원(1984), 중세국어의 음절말 자음체계, 국어학 13.
———(1996), 중세국어 자음 연구, 한국문화사.
朴昌海(1964), 한국어구조론 연구(1) 음운론, 연세대한국어학당.
박(유)혜배(Park, Hye Bae Yoo) (1992), *Experimental evidence for representations, rules, and constraints in Korean and Japanese*. Hanshin Publishing Co. Ph. D. dissertation, State Univ. of New York at Stony Brook.
朴惠淑(1978), 韓日兩國語の舌と口蓋の接觸パターン, 東京外大 大學院日本語科 修士論文.
方鍾鉉(1931), 方言에 나타나는 △音의 變遷, 新興 8.
배주채(1989), 음절말자음과 어간말자음의 음운론, 국어연구 91.
———(1994), 고흥방언의 음운론적 연구, 서울대 박사학위논문.
———(1996), 국어음운론 개설, 신구문화사.
백두현(1991), 영남 문헌어의 음운사 연구, 태학사.
백응진(Baek, Eung-Jin) (1991), Unreleasing in Korean : A Phonetic Explanation. *Harvard Studies in Korean Linguistics* Ⅳ : 29-36.
———(1999), 한국어 역사 음운론, 박이정.
서울대학교 대학원 국어연구회 편(1990), 국어연구 어디까지 왔나, 동아출판사.
徐禎穆(1981), 慶南 鎭海地域語의 움라우트現象에 관하여, 方言 5.
서정범(1975), 현실음의 국어사적 연구, 범우사.

소강춘(1989), 방언분화의 음운론적 연구, 한신문화사. 1989, 전북대 박사학위논문.

손 한(Sohn, Han)(1976), A Cineradiographic Study of Selected Korean Utterances and its Implications, Ph. D. dissertation, Univ. of Illinois at Urbana.

———(1977), On the regularization of the irregular verbs in Korean, 語學硏究, 13. 1.

———(1978), Tensification in compound boundaries in Korean. In Chin-W. Kim ed.(1978 a).

손형숙(Sohn, Hyang-Sook)(1987), *Underspecification in Korean Phonology.* Hanshin Publishing Co. Ph. D. dissertation, Univ. of Illinois.

송기중(1991), 이론적 측면에서 본 15세기 국어의 /ㆍ/음, 모음체계, 모음조화, 국어학 21.

宋 敏(1973), 18世紀前期國語의 母音體系, 聖心女大論文集 6.

———(1986), 전기근대국어 음운론 연구, 탑출판사.

———(1992), 전통, 구조음운론, 국어학연구백년사, 일조각.

宋喆儀(1977), 派生語形成과 音韻現象, 國語硏究 38.

———(1992), 국어의 파생어형성 연구, 태학사. 1990, 서울대 박사학위논문.

———(1995), 곡용과 활용의 불규칙에 대하여, 진단학보 80.

신기상(1990), 동부경남방언 용언어미의 고저장단, 국어학 20. 국어학회.

申明均(1937), 朴勝彬氏의 所謂 硬音이란 歷史上 聲音上 아무 根據가 없다. 한글 1. 8.

安秉禧(1957), 重刊杜詩諺解의 t口蓋音化에 對하여, 一石李熙昇先生 頌壽紀念論叢.

———(1960), 十五世紀國語의 活用語幹에 對한 形態論的 硏究, 國語硏究 7. (1978 : 塔出版社).

안상철(Ahn, Sang-Cheol)(1985), *The Interplay of Phonology and Morphology in Korean.* Hanshin Publishing Co. Ph. D. dissertation, Univ. of Illinois.

梁東暉(1978), Consonant influence on duration of vowels in Korean, 언어 3. 1.

양병곤(Yang, Byunggon)(1990), Development of Vowel Nominalization Procedures : English and Korean. Hanshin Pub. Co. Ph. D. dissertation, The

Univ. of Texas at Austria.
梁柱東(1942), 朝鮮古歌硏究, 博文書館.
오미라(Oh, Mira) (1994), A Reanalysis of Consonant Cluster Simplification and S-neutralization. *Theoretical Issues in Korean Linguistics,* ed. by Y-K. Kim-Renaud, 157-174.
오정란(1993), 현대 국어음운론, 개정판(1997), 형설출판사.
兪昌均(1966), 東國正韻硏究, 螢雪出版社.
———(1967), 韓國古代漢字音의 硏究, 東洋文化 9.
劉昌惇(1964 a), 李朝國語史硏究, 宣明文化社.
———(1964 b), 李朝語辭典, 延大出版部.
———(1980), 語彙史硏究, 二友出版社. 初版(1971 : 宣明文化社).
유필재(1994), 발화의 음운론적 분석에 대한 연구, 국어연구 125. 서울대 국어연구회.
李珖鎬(1978), 경남방언의 이중모음에 대하여, 國語學 6.
李圭榮(1920), 現今朝鮮文典.
李克魯(1947), 實驗圖解 朝鮮語音聲學, 서울 : 雅文閣.
이기동(1983), On the so-called s-irregular and t-irregular verbs in Korean. *Working Papers in Linguistics* (Univ. of Hawaii) 5.
李基文(1955), 語頭子音群의 生成 및 發達에 對하여, 震檀學報 17.
———(1959), 十六世紀國語의 硏究, 文理論集 4 (1978 : 塔出版社).
———(1961), 國語史槪說, 民衆書館.
———(1962), 中世國語의 特殊語幹交替에 대하여, 震檀學報 23.
———(1963 a), 十三世紀中葉의 國語資料, 東亞文化(서울大) 1.
———(1963 b), 國語表記法의 歷史的 硏究, 韓國硏究院.
———(1964), Mongolian loan-words in Middle Korean, *Ural-Altaische Jahrbücher* 35. B.
———(1968), 母音調和와 母音體系, 李崇寧博士 頌壽紀念論叢.
———(1969), 中世國語音韻論의 諸問題, 震檀學報 32.
———(1971), 母音調和의 理論, 語學硏究 7. 2.
———(1972 a), 國語音韻史硏究, 韓國文化硏究所(1977 : 塔出版社).
———(1972 b), 改訂國語史槪說, 民衆書館(1998 : 新訂版 國語史槪說).

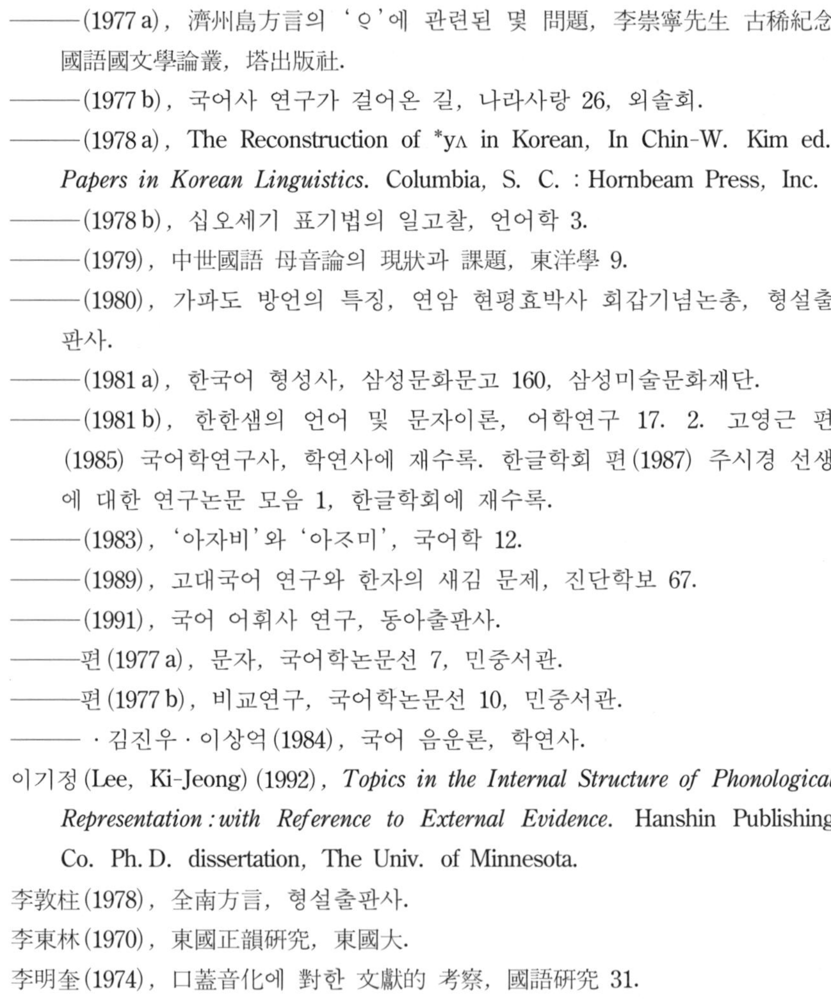

———(1972 c), 韓國의 國語學, 서울大 東亞文化硏究所編, 韓國學, 玄岩社.

———(1976), 주시경의 학문에 대한 새로운 이해, 한국학보 5, 한글학회 편(1987). 주시경 선생에 대한 연구논문 모음 1, 한글학회에 재수록.

———(1977 a), 濟州島方言의 'ᄋ'에 관련된 몇 問題, 李崇寧先生 古稀紀念 國語國文學論叢, 塔出版社.

———(1977 b), 국어사 연구가 걸어온 길, 나라사랑 26, 외솔회.

———(1978 a), The Reconstruction of *yʌ in Korean, In Chin-W. Kim ed. *Papers in Korean Linguistics*. Columbia, S. C. : Hornbeam Press, Inc.

———(1978 b), 십오세기 표기법의 일고찰, 언어학 3.

———(1979), 中世國語 母音論의 現狀과 課題, 東洋學 9.

———(1980), 가파도 방언의 특징, 연암 현평효박사 회갑기념논총, 형설출판사.

———(1981 a), 한국어 형성사, 삼성문화문고 160, 삼성미술문화재단.

———(1981 b), 한힌샘의 언어 및 문자이론, 어학연구 17. 2. 고영근 편(1985) 국어학연구사, 학연사에 재수록. 한글학회 편(1987) 주시경 선생에 대한 연구논문 모음 1, 한글학회에 재수록.

———(1983), '아자비'와 '아ᄌᆞ미', 국어학 12.

———(1989), 고대국어 연구와 한자의 새김 문제, 진단학보 67.

———(1991), 국어 어휘사 연구, 동아출판사.

———편(1977 a), 문자, 국어학논문선 7, 민중서관.

———편(1977 b), 비교연구, 국어학논문선 10, 민중서관.

——— · 김진우 · 이상억(1984), 국어 음운론, 학연사.

이기정(Lee, Ki-Jeong) (1992), *Topics in the Internal Structure of Phonological Representation : with Reference to External Evidence.* Hanshin Publishing Co. Ph. D. dissertation, The Univ. of Minnesota.

李敦柱(1978), 全南方言, 형설출판사.

李東林(1970), 東國正韻硏究, 東國大.

李明奎(1974), 口蓋音化에 對한 文獻的 考察, 國語硏究 31.

———(1991), 구개음화, 국어연구 어디까지 왔나, 동아출판사.

李秉建(1976), 현대한국어의 생성음운론, 일지사.

———(1977), 현대한국어의 구개음화 규칙, 언어 2. 1.

———(1978), 한국어의 음운변천, 언어학 3.
———(1979), 이른바 거꾸로 먹이기 순서, 언어 4. 1.
———(1981), 중세 한국어에 있어서의 하나의 음소배열 제약. 신상순교수 화갑기념논문집, 전남대 어학교육 특집호.
———(1982), A well-formedness condition on syllable structure. In the Linguistic Society of Korea, ed.(1982).
———(1995), 음운론 논문집, 한신문화사.
李秉根(1970 a), 19세기後期國語의 母音體系, 學術院論文集(人文·社會) 9.
———(1970 b), 京畿地域語의 母音體系와 非圓脣母音化, 東亞文化(서울大) 9.
———(1975), 音韻規則과 非音韻論的 制約, 國語學 3.
———(1976 a), 派生語形成과 i逆行同化規則들, 震檀學報 42.
———(1976 b), 19세기國語의 母音體系와 母音調和, 국어국문학 72·3.
———(1977), 子音同化의 制約과 方向, 李崇寧先生 古稀紀念 國語國文學論叢.
———(1978), 國語의 長母音化와 報償性, 國語學 6.
———(1979), 音韻現象에 있어서의 制約, 塔出版社.
———(1986), 발화에 있어서의 음장, 국어학 15.
李炳銑(1971), 慶南方言에서의 母音調和現象, 국어국문학 54.
李相億(1977 a), 自立分節音韻論과 國語, 李崇寧先生 古稀紀念 國語國文學論叢. 塔出版社, 265-290.
———(1977 b), Conspiracy in Korean phonology revisited, *Studies in the Linguistic Sciences* 7. 2, 1-23. Also in Chin-W. Kim ed.(1978 a), 45-57.
———(1978), *Middle Korean Tonology*, Ph.D. dissertation, Univ. of Illinois at Urbana. 翰信文化社.
———(1979 a), 音調配定規則에 關한 두어 問題, 國語學 8, 51-57.
———(1979 b), On the origin of Middle Korean tone, 語學研究 15. 1, 61-81.
———(1979 c), 국어음운론에 있어서의 공모성에 대한 재론, 한글 165, 3-30.
———(1979 d), 聲調와 音長, 語學研究 15. 2, 123-139.
———編(1981), *Metrical Phonology* I, 翰信文化社.
———編(1982), *Metrical Phonology* II, 翰信文化社.
———編(1983), Papers in Phonology and Morphology, Ⅰ, 凡韓書籍.
———編(1984 a, b), *Phonology and Morphology*, I & II, 翰信文化社.

———(1984 a), An overview of issues in the vowel system and vowel harmony of Korean, *Language Research,* 어학연구 20. 4. 국어의 모음체계와 모음조화에 대한 논의의 개관(번역), 덕성어문학 6(1989). 덕성여대.

———(1984 b), 소위 '율가(律價) 계산법'에 대하여 : 수치 이용에 의한 언어문제 해결법의 반성, 한글 186.

———(1986 a), An explanation of syllable structure in Korean, *Language Research,* 어학연구 22. 2.

———(1986 b), 모음조화 및 이중모음, 고영근 등 편, 국어학신연구, 탑출판사.

———(1987 a), Papers in Korean Phonetics, 범한서적.

———(1987 b), 현대 음운이론과 국어의 몇 문제, 언어 12. 2.

———(1988), 고대국어 이전의 성조와 유성자음의 출몰, 국어학 16.

———(1989 a), A glottometrical study of Korean lexicon, In S. Kuno et. al. eds. *Harvard Studies in Korean Linguistics III.* Hanshin Publishing Co.

———(1989 b), 이극로(1947) 실험도해 조선어음성학, 주시경학보 3, 탑출판사.

———(1989 c), 국어 어휘목록의 형태 음운론적 구조 연구 : 계량언어학적 표준 조사, 어학연구 25. 1.

———(1989 d), 음절 구조의 변화 원인에 대한 이런 설명은 어떨까요?, 이정 정연찬선생 회갑기념논총, 탑출판사.

———(1990 a), 성조, 국어연구 어디까지 왔나, 동아출판사.

———(1990 b), 음운론의 제분야와 음향학에의 접목, 한국음향학회지 9. 4.

———(1990 c), 현대국어 음변화 규칙의 기능부담량, 어학연구 26. 3.

———(1991), 운율음운론에 입각한 음성인식 : 초분절적 분해(parsing)에 덧붙여서, 국어학의 새로운 인식과 전개, 민음사.

———(1992), 생성음운론, 고영근 등 편, 국어학연구백년사, 일조각.

———(1993), 쉽게 쓴 국어음성학, 새국어생활 3. 1. 국립국어연구원.

———(1994), 인지 음운론, 장석진 편, 현대 언어학 지금 어디로, 한신문화사. 503-517.

———& Lee Becker(1981), On the universality of a tone association convention, 언어 6. 2, 17-22.

———외(1984), 국어 음운론, 학연사.
——— · 김영석(1993), 현대형태론, 학연사.
이숙향(Lee, Sook-Hyang)(1992), A Cross-Linguistic Study of the Role of the Jaw in Consonant Articulation. Hanshin Publishing Co. Ph. D. dissertation. The Ohio State Univ.
李崇寧(1931-2), 산 朝鮮語의 硏究, 中等朝鮮語講座 1-6.
———(1939), 音韻轉位現象에 對하여, 한글 7. 4.
———(1940), ㆍ音攷, 震檀學報 12.
———(1947 a), 母音調和硏究, 震檀學報 16.
———(1947 b), 朝鮮語의 히아투스와 子音發達에 對하여, 震檀學報 15.
———(1949 a), '애 · 에 · 외'의 音價變異論, 한글 106.
———(1949 b), 朝鮮語音韻論 第1輯 「ㆍ」音攷, 乙酉文化社. 修正補修版(1954).
———(1954 a), 脣音攷, 서울大論文集 1.
———(1954 b), 十五世紀의 母音體系와 二重母音의 Kontraktion的 發達에 對하여, 東方學志 1.
———(1955), 音韻論硏究, 民衆書館.
———(1956), △音攷, 서울大論文集 3.
———(1959), 現代 서울말의 Accent의 考察, 'ㆍ'音攷再論, 學術院論文集 1中 一部. 李崇寧(1960)에 再收錄.
———(1960), 國語學論攷, 東洋出版社.
———(1964), 十五世紀의 活用에서의 聲調의 考察 1, 亞細亞硏究 8. 2.
———(1971), 17世紀國語의 音韻史的 考察, 東洋學 1.
李丞宰(1980), 求禮地域語의 音韻體系, 國語硏究 45.
———(1990), 자음체계 및 중화, 국어연구 어디까지 왔나, 동아출판사.
李承煥(1967), Reconsideration for tense vs. lax feature, 語學硏究 3. 1.
이신숙(Lee, Shin-Sook)(1994), *Theoretical Issues in Korean and English Phonology.* Hanshin Publishing Co. Ph. D. dissertation, The Univ. of Wisconsin-Madison.
이용성(Lee, Yong-sung)(1993), *Topics in the Vowel Phonology of Korean.* Hanshin Publishing Co. Ph. D. dissertation, Indiana Univ.

李庸宰(1978), *Lenis Obstruent Fortition in Korean at Differing Levels of Acquisition*, Ph. D. dissertation, University of Texas at Austin, 翰信文化社.

李應百(1968), 國語母音의 音價에 대하여, 국어교육 14.

李翊燮(1972), 江陵方言의 形態音素論的 硏究, 震檀學報 34.

———(1986), 국어학개설, 학연사.

———(1992), 국어표기법연구, 서울대출판부.

李益煥(1978), Korean vowel system, *Korean Linguistics* 1.

李廷玫(1973), Boundary phenomena in Korean revisited, *Papers in Linguistics*, 5.

이정원(Lee, Jung-Won) (1993), *La structure syllabique et les consonnes du coréen*. Hanshin Publishing Co. these de doctorat, Université Paris 7.

이진성(Lee, Jin-Seong) (1992), *Phonology and Sound Symbolism of Korean Ideophones*. Hanshin Publishing Co. Ph. D. dissertation, Indiana Univ. Bloomington.

李炫馥(1968), A Remark on the Cardinal Back Vowels, *Le Maitre Phonétique* 130.

———(1971), 서울말의 母音體系, 語學硏究 7. 2.

———(1980), 전기 인공 구개도에 의한 우리말의 음성학적 연구와 언어 장애자 치료, 한글 170.

李蕙淑(1968), Lexical-feature redundancy rules of Korean, 語學硏究 4. 1.

———(1969), An attempt of reformulation of phonological features for Korean, 論叢(梨花女大) 13.

이호영(1992), 한국어의 변이음 규칙과 변이음의 결정 요인들, 말소리 21-24. 대한음성학회.

———(1996), 국어음성학, 태학사.

李熙昇(1947), 朝鮮語學論攷, 乙酉文化社.

任洪彬(1981), 사이시옷 問題의 解決을 위하여, 國語學 10.

임용기(1986), 우리말 음절 짜임새의 역사적 변천과정에 대하여, 동방학지 50.

張泰鎭(1958), 傍點의 機能, 어문학 3.

田光鉉(1967), 17世紀國語의 硏究, 國語硏究 19.

———(1971), 18世紀後期國語의 一考察, 全北大論文集 13.

———(1976), 南原地域語의 語末U型語彙에 대한 通時音韻論的 小考, 國語學 4.
———(1977), 全北益山地域語의 音韻論的 研究, 語學(全北大) 4.
田相範(1975 a), *Phonological Aspects of Late Middle Korean,* Ph. D. dissertation, Indiana Univ., 汎韓書籍株式會社.
———(1975 b), 規則再配列과 自由交替, 語學研究 11. 2.
———(1976), 現代國語에 있어서의 된소리現象, 언어 1. 1.
———(1977), 生成音韻論, 塔出版社.
전선아(Jun, Sun-Ah) (1993), *The Phonetics and Phonology of Korean Prosody.* Ph. D. dissertation, The Ohio State Univ.
전종호(Jun, Jong-Ho) (1994), Metrical Weight Consistency in Korean Partial Reduplication. *Phonology* 11 : 69-88.
鄭 光(1970), 司譯院譯書의 外國語表記法研究. 國語研究 25.
鄭 國(1980), *Neutralization in Korean : A Functional View,* Ph. D. dissertation, University of Texas at Austin, 翰信文化社.
———(1994), 생성음운론의 이해, 한신문화사.
정승철(1988), 제주도방언의 모음체계와 그에 관련된 음운현상, 국어연구 84, 서울대 국어연구회.
———(1995), 제주도 방언의 통시음운론, 태학사.
鄭然粲(1960), 15世紀國語의 Tone에 대한 研究, 國語研究 8.
———(1963), 15世紀國語의 活用語幹의 聲調에 대하여, 忠南大論文集 3.
———(1974), 慶尙道方言聲調의 研究, 西江大(1977 : 塔出版社).
———(1976), 國語聲調에 관한 研究, 一潮閣.
———(1980), 韓國語音韻論, 開文社.
———(1997), 개정 한국어 음운론, 한국문화사.
정영희(Chung, Young Hee) (1991), *The Lexical Tone System of North Kyungsang Korean,* Hanshin Publishing Co. Ph. D. dissertation, The Ohio State Univ.
정인상(1982), 통영지역어의 용언 활용에 대한 음운론적 고찰, 방언 6, 한국정신문화연구원.
鄭寅燮(1973), 국어음성학 연구, 徽文出版社.

鄭寅承(1938), i母音逆行同化, 한글 5. 1.

조승복(Cho, Seung-Bog) (1967), *A Phonological Study of Korean, with a Historical Analysis,* Uppsala : Almgvist & Wiksells.

조(유)영미(Cho, Young-mee Yu) (1990 a), *Parameters of Consonantal Assimilation.* Ph. D. dissertation, Stanford Univ. Stanford.

———(1990 b), Syntax and Phrasing in Korean. In S. Inkelas & D. Zec, eds., *The Phonology-Syntax Connection.* Stanford University : Center for the Study of Language and Information (CSLI), pp. 47-62.

———(1995), Rule Ordering, and Constraint Interaction in Optimality Theory. *Berkeley Linguistic Society* 21 : 336-350.

——— & S. Inkelas (1994), Post-obstruent Tensification in Korean and Geminate Inalterability. *Theoretical Issues In Korean Kinguistics.* 45-60.

周時經(1906), 대한국어문법.

———(1908), 國語文典音學.

———(1908), 國文硏究案.

———(1910), 國語文法.

———(1914), 말의 소리.

지민제(Zhi, Minje) (1982), Studies on the Phonetic Properties of Korean Obstruents. Univ. of Umeå. Sweden.

초미희(Cho, Mi-Hui) (1994), *Vowel harmony in Korean : A grounded phonology approach.* Hanshin Publishing Co. Ph. D. dissertation, Indiana Univ. Bloomington.

崔明玉(1974), 慶南三千浦方言의 音韻論的 硏究, 國語硏究 32.

———(1978 a), 東南方言의 세 音素, 國語學 7.

———(1978 b), ㅸ, ㅿ와 東南方言, 語學硏究 14. 2.

———(1980), 慶北東海岸方言硏究, 嶺南大出版部.

———(1982), 月城地域語의 音韻論, 嶺南大出版部.

———(1989), 국어 움라우트의 연구사적 고찰, 주시경학보 3.

———(1993), 어간의 재구조화와 교체형의 단일화 방향, 성곡논총 24, 성곡학술문화재단.

———(1998 a), 국어 음운론과 자료, 태학사.

———(1998 b), 한국어 방언 연구의 실제, 태학사.

최석규(Tcheu, Soc-Kiou) (1967), La neutralisation et le consonantisme coréen, *La Linguistique* 2.

崔世和(1977), 15世紀國語의 重母音研究, 亞細亞文化社.

최은영(Choi, Eun-Young) (1991), *Postlexical Phonology in Korean*. Hanshin Publishing Co. Ph. D. dissertation, The Univ. of Washington.

崔銓承(1975), 中世國語에서의 異化作用에 의한 圓脣性資質의 消失에 대하여, 國語研究 33.

———(1986), 19세기 후기 전라방언의 음운현상과 그 역사성, 한신문화사.

———(1995), 한국어 방언사 연구, 태학사.

———(1999), 국어학의 이해, 태학사.

崔泰榮(1978), 全州方言의 Umlaut現象, 어학(全北大) 5.

———(1981), 全州地域語의 音韻論的 研究, 全北大博士學位論文.

———(1983), 방언음운론, 형설출판사.

崔鶴根(1968), 國語方言研究, 서울大出版部.

崔鉉培(1929), 우리말본 첫째매, 소리갈, 延禧專門學校出版部.

———(1937), 우리말본, 정음사. 깁고고침(1961).

———(1941), 한글갈, 정음사.

———(1959), ､ 소리값 상고—소리뭍의 연구, 東方學志 4.

탁진영(Tak, Jin-Young) & Stuart Davis(1994), A Reanalysis of Korean Tense Consonants. *CLS* 30. 405-417.

한영균(1985), 음운변화와 어휘부의 재구조화 : 순경음 ㅸ의 경우, 관악어문연구 10, 서울대 국어국문학과.

———(1988), 비음절화규칙의 통시적 변화와 그 의미, 울산어문논집 4.

———(1990), 불규칙활용, 국어연구 어디까지 왔나, 동아출판사.

韓永熙(1976), The duration of the intervocalic obstruents in Korean, 언어 1. 1.

한은주(Han, Eunjoo) (1994), *Prosodic Structure In Compounds*. Ph. D. Dissertation. Stanford University.

한정임(Han, Jeong-Im) (1996), *The Phonetics and Phonology of "Tense" and "Plain" Consonants In Korean*. Ph. D. dissertation, Cornell University.

홍윤숙(Hong, Yunsook) (1987), The e/æ Merger in Modern Seoul Korean.

Harvard Studies in Korean Linguistics 2. 367-376.
허 웅(1952), '애·에·외·위'의 音價, 국어국문학 1.
———(1953), 竝書의 音價에 대한 反省, 국어국문학 7.
———(1954), 慶尙道方言의 聲調, 崔鉉培先生還甲紀念論文集.
———(1955), 傍點硏究, 東方學志 2.
———(1957), 國語의 音韻, 一石李熙昇先生頌壽紀念論叢.
———(1964), 齒音攷, 국어국문학 27.
———(1965), 改稿新版 國語音韻學, 正音社. 初版(1958), 國語音韻論.
———(1968), 국어의 상승적 이중모음체계에 있어서의 '빈간', 李崇寧博士頌壽紀念論叢.
———(1975), 우리옛말본(형태론), 샘문화사.
———(1983), 국어학—우리말의 오늘·어제—, 샘문화사.
———(1985), 국어 음운학 : 우리말 소리의 오늘·어제, 샘문화사.
黃希榮(1968), 韻律硏究, 大田大東亞文化比較硏究所.
———(1969), A study of Korean phonology with an acoustic analysis, 大田大論文集 3.
———(1979), 韓國語音韻論, 二友出版社.

小倉進平(1923), 國語及朝鮮語發音概說, 大阪 : 屋號書店.
———(1929), 鄕歌及び吏讀の硏究, 京城帝國大學法文學部紀要 第一, 附論 : 母音調和.
———(1944), 朝鮮語方言の硏究, 東京 : 岩波書店.
———(1953), 朝鮮語の喉頭破裂音, 言語硏究 22·23, 日本言語學會.
梅田博之(1957), Phonemic System of Modern Korean, 言語硏究 32.
———(1965), 朝鮮語のソナグラム, 名古屋大學文學部硏究論文集 37, 41-89.
———(1980), 動態口蓋圖에 의한 한국어와 일본어 調音의 양상, 第1回 韓國學國際學術會議論文集, 韓國精神文化硏究院.
——— ·梅田規子(1965), Acoustical features of Korean 'forced' consonants, 言語硏究 48, 23-34.
——— ·金東俊(1966), 韓國語の文章中の母音の分析, 朝鮮學報 37/38, 31-56.
——— & D.-J. Kim(1970), Some experiments on Korean vowel sounds,

using an acoustic model of vocal tract, *Journal of Asian and African Studies* 3.

菅野裕臣(1972), 朝鮮語慶尙道方言 アクセント 體系の諸問題. アヅアアフリカ語學院紀要 3.

河野六郎(1945), 朝鮮方言學試攷, 京城 : 東都書籍.

———(1968), 朝鮮漢字音의 硏究, 天理.

———(1979), 古代朝鮮語に於ける母音間の 'ㄷ'の變化, 河野六郎作集 1.

日本音聲學會編(1976), 音聲學大辭典, 東京 : 三修社.

服部四郎(1974), 中世韓國語의 母音調和와 母音體系, 光復20週年紀念國際學術會議論文集.

安井稔編(1975), 新言語學辭典, 初版(1971), 東京 : 硏究社.

早田輝洋(Hayata, Teruhiro) (1975), A Note on Vowel Harmony in Middle Korean, 言語硏究 68, 日本言語學會.

———(1976), An Attempt at a Family Tree for Accent in some Korean Dialects, 九州大學文學部紀要 73.

青山秀夫(1976), 朝鮮語の母音調和, 言語 5 : 6, 大修館書店.

Abberton, Evelyn(1972), Some Laryngoscopic Data for Korean Stops. *Journal of International Phonetic Association* 2, 67-78.

Abercrombie, David(1967), *Elements of General Phonetics*. Chicago : Aldine.

Abramson, Arthur S. & Leigh Lisker(1972), Voice Timing in Korean Stops. In *Proceedings of the Seventh International Congress of Phonetic Sciences*. The Hague : Mouton.

Allen, Margaret(1978), Morphological Investigations, Ph. D. dissertation, University of Connectient, Storrs.

Allen, W. S. (1953), *Phonetics in Ancient India*. London : Oxford Univ. Press.

Anderson, J. M. & C. Jones eds. (1974), *Historical Linguistics* 2. Amsterdam : North-Holland Publishing Company.

Anderson, J. M. & Ewen, C. J. (1987), *Principles of dependency phonology*. Cambridge : Cambridge University Press.

Anderson, Stephen R. (1969), *West Scandinavian Vowel Systems and the*

Ordering of Phonological Rules. Doctoral dissertation, MIT, IULC.

———(1974 a), *The Organization of Phonology.* New York : Academic Press.

———(1974 b), On the typology of phonological rules. In CLS *Natural Phonology,* 1-12.

———(1979), On the subsequent development of the 'standard theory' in phonology. In Dinnsen (1979) : 2-30.

———(1985), *Phonology in the twentieth century : theories of rules and theories of representations.* Chicago : University of Chicago Press.

Anttila, Raimo (1972), *An Introduction to Historical and Comparative Linguistics.* New York : The Macmillan Company.

Aoki, Haruo (1968), Towards a typology of vowel harmony. *International Journal of American Linguistics* 34. 142-145.

Archangeli, Diana (1984), *Underspecification in Yawelmani Phonology and Morphology.* Cambridge, Mass. : MIT Ph. D. dissertation. Published by Garland Press, New York (1988).

——— & D. Pulleyblank (1986), *The Content and Structrue of Phonological Representation.* University of Arizona and University of Southern California ms.

——— & D. Terence Langendoen. (1997), Optimality Theory : An Overview. Blackwell, Oxford.

Arlotto, Anthony (1972), *Introduction to Historical Linguistics.* Boston : Houghton Mifflin Co.

Aronoff, Mark & Mary-Louise Kean eds. (1980), *Juncture : A Collection of Original Papers.* Saratoga, Calif. : Anma Libri.

Bach, Emmon W. (1968), Two proposals concerning the simplicity metric in phonology. *Glossa* 2, 128-149.

——— & Robert T. Harms (1968), *Universals in Linguistic Theory.* New York : Holt, Rinehart and Winston.

Basbøll, H. (1988), Phonological theory. In Newmeyer 1988 (vol. 1) : 192-215.

Bell, A. & J. Hooper, eds. (1978), *Syllables and Segments.* Amsterdam : The North Holland Publishing Co.

Bloch, Bernard (1941), Phonemic overlapping. *American Speech* 16, 278-284. In Makkai (1972), 66-70.

——— (1948), A set of postulates for phonemic analysis. *Language* 24, 3-46.

——— (1953), A note on contrast. *Langauge* 29, 59-62.

——— & G. Trager (1942), *Outline of Lingusistic Analysis*. Baltimore : LSA.

Bloomfield, L. (1933), *Language*. New York : Holt, Rinehart and Winston.

——— (1938), Linguistic aspects of science. *International Encyclopedia of Unified Science*, 1. 231, Chicago.

——— (1939), Menomini morphophonemics. *TCLP* 8, 105-115. In Makkai (1972) 58-64.

Booij, G. & J. Rubach. (1987), Postcyclic versus postlexical rules in lexical phonology. *Linguistic Inquiry* 18 : 1-44.

Brame, Michael K. (1972 a), *Contributions to Generative Phonology*. Austin : University of Texas Press.

——— (1972 b), On the abstractness of phonology : Maltese ʕ. In Brame (1972 a), 22-61.

Bright, W. (ed.) (1992), *International encyclopedia of linguistics*. Oxford : Oxford University Press.

Bruck, Anthony et al., eds. (1974), *Papers from the Parasession on Natural Phonology*. Chicago : The Chicago Linguistic Society.

Brugmann, K. & B. Delbrück (1886-1900), *Grundriss der vergleichenden Grammatik der indogermanischen Sprachen*. Strassburg : K. J. Trübner.

Bynon, Theodora (1977), *Historical Linguistics*. Cambridge : Cambridge University Press. 최전승 역 (1992), 역사언어학, 한신문화사.

Campbell, Lyle (1974), Phonological features : Problems and proposals. *Language* 50, 52-65.

——— (1986), Testing phonology in the field. In Ohala and Jaeger 1986 : 163-73.

Catford, J. C. (1977), *Fundamental Problems in Phonetics*. Edinburgh Univ. Press.

——— (1988), *A Practical Introduction to Phonetics*. Oxford : Clarendon Press.

Chafe, Wallace L. (1968), The ordering of phonological rules. *IJAL* 34, 115-136.

Chao, Yuen Ren (1934), The non-uniqueness of phonemic solutions of phonetic systems. In Joos (1957), 38-54.

Chen, Mathew Y. (1974), Natural phonology from the diachronic vantage point. In Bruck et al. (1974), 43-80.

Chomsky, Noam (1957), *Syntactic Structures*. The Hague : Mouton.

——— & Morris Halle (1965), Some controversial questions in phonological theory, *Journal of Linguistics* 1, 97-138. In Makkai (1972), 457-485.

———(1966), *Cartesian linguistics : a chapter in the history of rationalist thought*. New York : Harper & Row.

———(1968), *The Sound Pattern of English*. New York : Harper and Row.

Clark, J. E. & C. Yallop (1990), *An Introduction to Phonetics and Phonology*. Oxford : Basil Blackwell.

Clements, George N. (1976 a), *Vowel Harmony in Non-linear Generative Phonology : The Autosegmental Theory* (I). Unpublished paper, Harvard Univ.

———(1976 b), The autosegmental treatment of vowel harmony. In Dressler et al. (1976).

———(1977), Neutral Vowels in Hungarian Vowel Harmony : An Autosegmental Interpretation. In Kegl et al. (1977), 49-64.

———(1981), Akan vowel harmony : a nonlinear analysis. In G. N. Clements (ed.), *Harvard Studies in Phonology* 2 : 108-77. Bloomington : Indiana University Linguistics Club.

———(1985), The geometry of phonological features. *Phonology Yearbook* 2 : 223-52.

———(1987), Phonological feature representation and description of intrusive stops. *Papers from the Twenty-third Regional Meeting*, Chicago Linguistic Society, vol. 2 : 29-50. Chicago : Chicago Linguistic Society, University of Chicago.

———(1989), A unified set of features for consonants and vowels. MS, Cornell Univ. Cf. Clements (1993).

——— & Ford, K. (1979), Kikuyu tone shift and its synchronic consequences. *Linguistic Inquiry* 10 : 179-210.

——— & Keyser, S. J. (1983), *CV-phonology : A Ginerative Theory of the Syllable*. Cambridge, Mass. : MIT Press.

——— & Hume, E. V. (1995), The internal organization of Speech Sounds. In Goldsmith (1995 : 245-306).

Cruttenden, A. (1986), *Intonation*. Cambridge Univ. Press.

Crystal, David (1980), *A First Dictionary of Linguistics and Phonetics*. London : Andre Deutsch.

Davis, S. & Lee, J-S. (1994), Infixal Reduplication in Korean Ideophones. *Japanese/Korean Linguistic* 4 : 447-461.

——— & ———(1996), Korean Partial Reduplication Reconsidered. *Lingua* 99 : 85-105.

Debrock, Mark (1997), An Acoustic Correlate of the force of Articulation, *Journal of Phonetics* 5, 61-80.

Dell, François (1970), *Les règles phonologiques tardives et la morphologie dérivationelle du français*. Doctoral dissertation, MIT.

Denes, Peter B. & Elliot N. Pinson (1963), *The Speech Chain : the Physics and Bioligy of Spoken Language*. Bell Telephone Lab. Also (1973) New York : Anchor Press.

Dingwall, Wiliam O., ed. (1971), *A Survey of Linguistic Science*. College Park : Linguistic Program, University of Maryland.

Dinnsen, Daniel A. (1974), Constraints on global rules in phonology. *Language* 50 29-51.

———ed. (1979), *Current Approaches to Phonological Theory*. Bloomington : Indiana Univ. Press.

Donegan, P. J. & Stampe, D. (1979), The study of natural phonolgy. In Dinnsen 1979 : 126-73.

Dressler, Wolfgang & O. Pfeiffer, eds. (1976), *Phonologica 1976* (=Innsbrucker Beitrage zur Sprachwissenschaft 19).

Dressler, W. U. (1985), *Morphonology : the dynamics of derivation*. Ann Arbor :

Karoma Publishers Inc.

Durand, J. (1990), *Generative and Non-linear Phonology.* London : Longman. 문양수 역(1994), 생성 · 비단선 음운론, 한신문화사.

Firth, John R. (1957), *Papers in Linguistics 1934-1951.* London : Oxford Univ. Press.

Fischer-Jørgensen, E. (1975), *Trends in phonological theory : A Historical Introduction.* Copenhagen : Akademisk Forlag.

Fodor, Jerry A. & Jerrold J. Katz eds. (1964), *The Structure of Language.* Englewood Cliffs, N. J. : Prentice-Hall, Inc.

Foley, James (1977), *Foundations of Theoretical Phonology.* Cambridge : Cambridge Univ. Press.

Francis, W. N. (1958), *The Structure of American English.* New York : Ronald Press.

Fromkin, Victoria A. (1972), The non-anomalous nature of anomalous utterances. *Language* 47, 27-52.

———(1978), *Tone : A Linguistic Survey.* New York : Academic Press.

Fujimura, Osamu (1973), *Three Dimensions in Linguistic Theory.* Tokyo : TEC.

Giegerich, H. J. (1992), *English phonology.* Cambridge Univ. Press.

Gleason, Henry Allen, Jr. (1955 a), *An Introduction to Descriptive Linguistics.* New York : Holt, Rinehart and Winston.

———(1955 b), *Workbook in Descriptive Lingustics.* New York : Holt, Rinehart and Winston.

Goldsmith, John (1974 a), *An Autosegmental tonology of a fragment of Igbo.* Unpublished paper, MIT.

———(1974 b), *English as a tone language.* Unpublished paper, MIT. Later published in *Communication and Cognition* (1977) and also in Goyvaerts (1981).

———(1975 a), An autosegmental typology of tone : and how Japanese fits in. In Kaisse et al. (1975), 172-182.

———(1975 b), Tone melodies and the autosegment. *Ohio State University Working Papers in Linguistics* 20, 135-147.

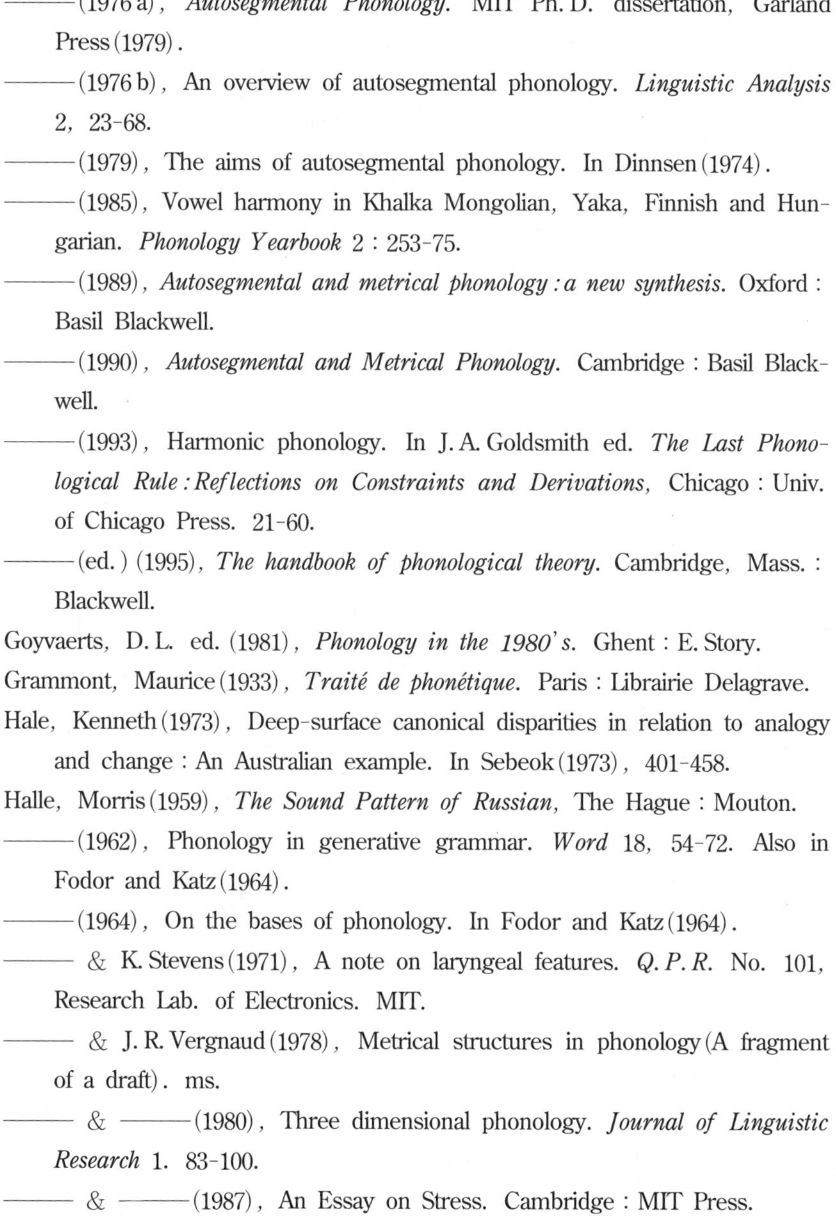

——(1976 a), *Autosegmental Phonology.* MIT Ph. D. dissertation, Garland Press(1979).

——(1976 b), An overview of autosegmental phonology. *Linguistic Analysis* 2, 23-68.

——(1979), The aims of autosegmental phonology. In Dinnsen(1974).

——(1985), Vowel harmony in Khalka Mongolian, Yaka, Finnish and Hungarian. *Phonology Yearbook* 2 : 253-75.

——(1989), *Autosegmental and metrical phonology : a new synthesis.* Oxford : Basil Blackwell.

——(1990), *Autosegmental and Metrical Phonology.* Cambridge : Basil Blackwell.

——(1993), Harmonic phonology. In J. A. Goldsmith ed. *The Last Phonological Rule : Reflections on Constraints and Derivations,* Chicago : Univ. of Chicago Press. 21-60.

——(ed.) (1995), *The handbook of phonological theory.* Cambridge, Mass. : Blackwell.

Goyvaerts, D. L. ed. (1981), *Phonology in the 1980's.* Ghent : E. Story.

Grammont, Maurice(1933), *Traité de phonétique.* Paris : Librairie Delagrave.

Hale, Kenneth(1973), Deep-surface canonical disparities in relation to analogy and change : An Australian example. In Sebeok(1973), 401-458.

Halle, Morris(1959), *The Sound Pattern of Russian,* The Hague : Mouton.

——(1962), Phonology in generative grammar. *Word* 18, 54-72. Also in Fodor and Katz(1964).

——(1964), On the bases of phonology. In Fodor and Katz(1964).

—— & K. Stevens(1971), A note on laryngeal features. *Q. P. R.* No. 101, Research Lab. of Electronics. MIT.

—— & J. R. Vergnaud(1978), Metrical structures in phonology(A fragment of a draft). ms.

—— & ——(1980), Three dimensional phonology. *Journal of Linguistic Research* 1. 83-100.

—— & ——(1987), An Essay on Stress. Cambridge : MIT Press.

———(1992), Phonological features. In Bright 1992(vol. 3) : 207-12.

———(1995), Feature geometry and feature spreading. Linguistic Inquiry 26. 1-46.

Halliday, M. A. K. (1978), *Language as social semiotic.* London : Edward Arnold.

Han, Mieko S. (1963), Acoustic Phonetics of Korean. *Studies in the Phonology of Asian Languages* I. Los Angeles : Univ. of California.

———(1964), Duration of Korean Vowels. *Studies in the Phonology of Asian Languages* II. Univ. of Southern California.

——— & Raymond S. Weitzman (1965), Acoustic characteristics of Korean stop consonants. *Studies in the Phonology of Asian Languages* III.

——— & ———(1967), Aconstic Features in the Manner-Differentiation of Korean Stop Consonants, *Studies in the Phonology of Asian Languages* V.

——— & ———(1970), Acoustic features of Korean /P, T, K/, /p, t, k/, and /p^h, t^h, k^h/. *Phonetica* 22, 112-128.

——— & S. B. Ross (1968), Korean affricates. *Studies in the Phonology of Asian Languages* VII. Univ. of Southern California.

Haraguchi, Shosuke (1977), *The Tone Pattern of Japanese : An Autosegmental Theory of Tone.* Tokyo : Kaitakusha (1975, MIT Ph. D. dissertation).

Hardcastle, W. J. (1973), Some observations on the tense-lax distinction in initial stops in Korean. *Journal of Phonetics* 1, 263-272.

——— & Laver, J. (1997), *The handbook of phonetic sciences.* Oxford : Blackwell.

Hargus, S. & Kaisse, E. (eds.) (1993), Strudies in Lexical Phonology. San Diego, Academic Press.

Harms, Robert T. (1966), The measurement of phonological economy. *Language* 42, 602-611.

———(1968), *Introduction to Phonological Theory.* Englewood Cliffs, N. J. : Prentice-Hall.

———(1973), How abstract is Nupe? *Language* 49, 439-446.

Harris. J. W. (1962), *Spanish Phonology.* Cambridge, Mass. MIT Press.

———(1983), *Syllable structure and stress in Spanish.* Cambridge, Mass. : MIT

Press.

Harris, Zellig S. (1951), *Methods in Structural Linguistics* (1947, *Structural Linguistics,* London의 修正增補版). Chicago : The Univ. of Chicago Press.

———(1960), *Structural Linguistics* (再修正增補版, Phoenix Books). Chicago : The Univ. of Chicago Press.

Hartmann, R. R. K. & F. C. Stork (1972), *Dictionary of Language and Linguistics.* London : Applied Science Publishers.

Hayata, Teruhiro (1975), A note on vowel harmony in middle Korean. *Gengo Kenkyu* 68.

Hayes, Bruce (1980), *A Metrical Theory of Stress Rules.* Unpublished MIT. Ph. D. dissertation.

———(1989), Compensatory lengthening in moraic phonology. *Lingustic Inquiry* 20 : 253-306.

Heffner, Roe-Merrill. S. (1950), *General Phonetics,* Madison : Univ. of Wisconsin Press.

Hermann, E. (1931), *Lautgesetz und Analogie.* Berlin.

Hirose, H., C. Y. Lee & T. Ushijima (1974), Laryngeal control in Korean stop production. *Journal of Phonetics* 2, 145-152. An electromyographic study of Korean stops.

Hjelmslev, Louis (1943), *Omkring sporgteoriens gruadlaeggelse.* København. (英譯 1953, *Prolegomena to a Theory of Language,* translated by Francis J. Whitfield, IJAL Memoir 7. Indiana Univ. Publications in Anthropology and Linguistics. 1963. Madison : Univ. of Wisconsin Press.

Hoard, James E. (1972), Naturalness conditions in phonology, with particular reference to English vowels. In Brame (1972), 123-154.

Hock, H. H. (1986), *Principles of Historical Linguistics.* Amsterdam : Mouton de Gruyter.

Hockett, Charles F. (1942), A system of descriptive phonology. *Language* 18, 3-21. In Makkai (1972), 99-112, and Joos (1958), 97-108.

———(1949), Two fundamental problems in phonemics *Studies in Linguistics*

7, 29-51. In Makkai(1972), 200-210.

———(1951), Review of A. Martinet, *Phonology as Functional Phonetics. Language* 27 : 333-341.

———(1955), *A Manual of Phonology.* Baltimore : Waverly.

———(1958), *A Course in Modern Linguistics.* New York : Macmillan.

Hogg, R. M. (1976), The status of rule reordering. *Journal of Linguistics* 12, 103-123.

Hogg, R. & McCully, C. B. (1987), *Metrical phonology : a coursebook.* Cambridge : Cambridge University Press.

Hombert, J-M. (1986), Word games : some implications for analysis of tone and other phonological constructs. In Ohala and Jaeger 1986 : 175-86.

Hooper, Joan B. (1976), *An Introduction to Natural Generative Phonology.* New York : Academic Press.

Householder, Fred W. (1965), On some recent claims in phonological theory. *Journal of Linguistics* 1, 13-34.

Howard, Irwin(1972), *A Directional Theory of Rule Application in Phonology.* Doctoral dissertation, MIT.

Hoenigswald, M. M. (1960), *Language Change and Linguistic Reconstruction.* Chicago : The Univ. of Chicago Press.

Hulst, Harry van der & Norval Smith(1982 a, b), *The Structure of Phonological Representations*(Part I, II). Dordrecht, Holland : Foris Publications.

Hyman, Larry M. (1970), How concrete is phonology? *Language* 46, 58-76.

———(1973), Nupe three years later. Language 49, 447-452.

———(1975), *Phonology : Theory and Analysis.* New York : Holt, Rinehart and Winston. 고병암 역(1985), 음운론의 이론과 분석, 한신문화사.

———(1985), *A Theory of Phonological Weight.* Dordrecht : Foris.

International Phonetic Association(1949), *The Principles of the International Phonetic Association, being a Description of the International Phonetic Alphabet and the Manner of using It.* London.

Iverson, Gregory(1983), Korean s, *Journnal of Phonetics* 11. 191-200.

——— & Sohn H-S. (1994), Liquid Representation in Korean. *Theoretical*

Issues in Korean Linguistics. ed. by Y-K. Kim-Renaud, 77-100.

Jakobson, Roman(1929), Remarques sur l'évolution phonologique du russe comparée à celle des autres langues Slaves. *TCLP* II.

———(1931), *Prinzipien der historischen Phonologie. TCLP* IV. 247-267. (英譯은 Keiler(1972)에 *Principle of Historical Phonology*로, 修正된 내용의 佛譯은 Trubetzkoy(1949)의 附錄에 *Principes de phonologie historiques*로)

———(1940), *Kindsprache, Aphasie, und allgemeine Laut gesetze.* 英譯(1968), *Child Language, Aphasia, and Phonological Universals.* The Hague : Mouton.

———(1962), *Selected Writings I, Phonological Studies.* The Hague : Mouton.

———, S. Karcevskij and N. S. Trubetzkoy(1928), Proposition au Premier Congrès International de Linguistes : Quelles sont les méthodes les mieux appropriées à un exposé complet et pratique de la grammaire d'une langue quelconque? *Actes du 1er Congrès International de Linguistes à la Haye, April* 10-15, 33-36. Jakobson(1962, 3-6) 再錄.

———, C. Gunnar M. Fant & Morris Halle(1951), *Preliminaries to Speech Analysis : The Distinctive Features and their Correlates.* Cambridge, Mass. : MIT Press.

——— & Morris Halle(1956), *Fundamentals of Language*(Janua Linguarum, 1) The Hague : Mouton.

Jeffers, Robert J. & Ilse Lehiste(1979), *Principles and Methods for Historical Linguistics,* Cambridge, Mass. : The MIT Press.

Jespersen, Otto(1913), *Lehrbuch der Phonetik.* Leipzig and Berlin.

Johnson, C. D. (1972), *Formal Aspects of Phonological Description.* The Hague : Mouton.

Jones, Daniel(1918), *An Outline of English Phonetics.* Leipzig and Berlin. (3d ed. 1932. Cambridge : W. Heffner & Sons, Ltd.)

———(1950), *The Phoneme. Its Nature and Use.* Cambridge, England : Heffner.

Jones, William Eric & John Laver(1973), *Phonetics in Linguistics : A Book of Readings.* London : Longman.

Joos, Martin (1948), *Acoustic Phonetics.* Language Monograph No. 23. Baltimore : LSA.

——— ed. (1957), *Readings in Linguistics I : The Developement of Descriptive Linguistics in America 1925-56.* Chicago : The Univ. of Chicago Press.

Junker, H. F. J. (1955), Zur System der koreanischen Laute. In *Koreanische Studien.* Berlin.

Kachru, Braj et al., eds. (1973), *Issues in Linguistics : Papers in Honor of Henry and Renée Kahane.* Urbana : University of Illinois Press.

Kagaya, R. (1971), Laryngeal Gestures in Korean Stop Consonants. *Annual Bulletin* 5, 15-23. Research Institute of Logopedics and Phoniatrics. University of Tokyo.

———(1974), A fiberscopic and acoustic study of the Korean stops, affricates and fricatives, *Journal of Phonetics* 2, 161-180.

Kahn, Daniel (1976), *Syllable-based Generalizations in English Phonology.* MIT Ph. D. dissertation.

Kaisse, E. et al., eds. (1975), *Proceedings of the Fifth Annual Meeting of the North Eastern Linguistic Society.*

Kaisse, E. (1985), *Connected Speech : The Interaction of Syntax and Phonology.* Orland, Fla. : Academic Press.

Kaisse, E. M. & Shaw, A. (1985), On the theory of lexical phonology. *Phonology Yearbook* 2 : 1-30.

Katz, Jerrold J. & Paul M. Postal (1964), *An Integrated Theory of Linguistic Descriptions.* Cambridge, Mass. : MIT Press.

Kegl, Judy A. et al., eds. (1977), *Proceedings of the Seventh Annual Meeting of the North Eastern Linguistic Society,* 49-64.

Keiler, Allan R. ed. (1972), *A Reader in Historical and Comparative Linguistics.* New York : Holt, Rinehart and Winston, Inc.

Kenstowicz, M. (1994), *Phonology in generative grammar.* Oxford : Basil Blackwell.

——— & C. W. Kisseberth (1970), Rule ordering and the asymmetry hypothesis. *CLS* 6, 504-519.

——— & ———(1977), *Topics in Phonological Theory*. New York : Academic Press.

——— & ———(1979), *Generative Phonology : Description and Theory*. New York : Academic Press.

Kim, B. & H. Fujisaki(1974), Measurement of mandibular control in vowels and its relevance to the articulatory description of the vowel systems of Korean and Japanese. *Annual Bulletin of Res. Inst. of Logopedics and Phoniatrics* 8.

King, J. Ross P. (1991), Russian Sources on Korean Dialects, Ph. D. dissertation, Harvard Univ.

King, Robert D. (1969), *Historical Linguistics and Generative Grammar*. Englewood Cliffs, N. J. : Prentice-Hall.

———(1972), A note in opacity and paradigm regularity. *Linguistic Inquiry* 3. 535-538.

———(1973 a), Push-chains and drag-chains. *Glossa* 3. 3-21.

———(1973 b), Rule insertion. *Language* 49, 551-578.

Kiparsky, Paul(1965), *Phonological Change*. IULC. Doctoral dissertation, MIT.

———(1968 a), How abstract is phonology? IULC. Also in Fujimura(1973).

———(1968 b), Linguistic universals and linguistic change. Bach and Harms, eds. (1968), 171-202.

———(1971), Historical linguistics. In Dingwall(1971), 577-649.

———(1972), Explanation in phonology. In Peters ed. (1972), *Goals of Linguistic Theory*. Englewood Cliffs, N. J. : Prentice-Hall, 189-227.

———(1973 a), 'Elsewhere'. In Anderson and Kiparsky, eds. (1973), *A Festschrift for Morris Halle*. New York : Holt, Rinehart and Winston, 93-106.

———(1973 b), Abstractness, opacity, and global rules. In Fujimura(1973), 57-86.

———(1974), On the evaluation measure. In Bruck et al. (1974), 328-337.

———(1977), The rhythmic structure of English verse. *Linguistic Inquiry* 8, 189-247.

———(1979), Metrical structure assignment is cyclic. *Linguistic Inquiry* 10 : 421-442.

———(1982), Lexical morphology and phonology. In the Linguistic Society of Korea ed. (1982), 3-91.

———(1982), Lexical phonology and morphology. *Linguistics in the Morning Calm,* ed. by I. S. Yang, 3-91. Seoul : Hanshin.

———(1983), Word formation and the lexicon, in F. Ingemann, ed., Proceedings of the 1982 Mid-America Linguistics Conference, 3-29. Univ. of Kansas, Lawrence.

———(1985), Some consequences of lexical phonology. *Phonology Yearbook* 2 : 85-138.

Kisseberth, Charles W. (1968), *Theoretical Implication of Yawelmani Phonology.* Doctoral dissertation, University of Illinois.

———(1969), On The abstractness of phonology : the evidence from Yawelmani, *Papers in Linguistics* 1, 248-282.

———(1970 a), The treatment of exceptions, *Papers in Linguistics* 2, 44-58.

———(1970 b), On the functional unity of phonological rules. *Linguistic Inquiry* 1, 291-306.

———(1972), On derivative properties of phonological rules. In Brame (1972), 201-228.

———(1973), Is rule ordering necessary? In Kachru, et al. (1973), 418-441.

——— & M. I. Abasheikh (1974), Vowel length in Chi-Mwi:ni—a case study of the role of grammar in phonology. In Bruck, et al. (1974), 193-209.

——— & M. Kenstowicz (1971), Unmarked bleeding order. *University of Illinois, Studies in the Linguistic Sciences* 1. 8-28.

Koutsoudas, Andreas (1973), Unordered rule hypothesis. IULC.

———, G. Sanders & C. Noll (1974), On the application of phonological rules. *Language* 50, 1-28.

Kuroda, S. Y. (1967), *Yawelmani Phonology,* Cambridge. Mass. : MIT Press.

Kuryłowicz, Jerzy. (1949), La nature des procès dits 'analogiques'. *Acta*

Linguistica 5, 15-37.

Ladefoged, Peter(1962), *Elements of Acoustic Phonetics.* Chicago : The Univ. of Chicago Press.

———(1967), *Three Areas of Experimental Phonetics.* London : Oxford Univ. Press.

———(1971), *Preliminaries to Linguistic Phonetics.* Chicago : University of Chicago Press.

———(1975), *A Course in Phonetics.* 2nd ed. (1982), New York : Harcourt, Brace & Jovanovich, Inc. 1982, 2nd ed. 1993, 3rd ed. 황귀룡 역(1986), 음성학입문, 한신문화사, 2판(1982)의 번역. 1994, 3판(1993)의 번역.

Lamb, Sydney M. (1966), Prolegomena to a theory of phonology. *Language.* 42, 536-573.

Langacker, Ronald W. (1967), *Language and its Structure.* New York : Harcourt, Brace & World.

———(1969), Mirror image rules II : lexicon and phonology. *Language* 45, 844-862.

Lass, Roger(1976), *English Phonology and Phonological Theory.* Cambridge University Press.

———(1984), *Phonology : an introduction to basic concepts.* Cambridge : Cambridge University Press.

Laver, J. (1994), *Principles of phonetics.* Cambridge Univ. Press.

Leben, William(1971), Suprasegmental and segmental representation of tone. *Studies in African Linguistics.* Supplement 2, 183-200.

———(1980), A metrical analysis of length. *Linguistic Inquiry* 11, 497-509.

Lehiste, Ilse(1970), *Suprasegmentals.* Cambridge, Mass. : The MIT Press.

Lehmann, Winfred P. (1962), *Historical Linguistic : An Introduction.* 2nd ed. (1973), Holt, Rinehart and Winston.

Liberman, Mark(1975), *The Intonational System of English.* Doctoral dissertation, MIT, IULC.

——— & A. Prince(1977), On stress and linguistic rhythm. *Linguistic Inquiry*

8. 249-335.

Lieberman, Philip (1977), *Speech Physiology and Acoustic Phonetics : An Introduction.* New York : Macmillan Pub. Co., Inc.

Lightner, T. M. (1965 a), *The Segmental Phonology of Modern Standard Russian.* Doctoral dissertation, MIT.

——— (1965 b), On the description of vowel and consonant harmony. *Word* 21, 244-250.

——— (1971), Generative phonology. In Dingwall (1971), 498-574.

——— (1972), *Problems in the Theory of Phonology.* Vol. 1. Edmonton, Canada : Linguistic Research Inc.

Lindblom, B. (1986), Phonetic universals in vowel systems. In Ohala and Jaeger 1986 : 13-44.

The Linguistic Society of Korea, ed. (1982), *Linguistics in the Morning Calm.* Han-Shin Publishing Co.

Lisker, Leigh & Arthur S. Abramson (1964), A cross-language study of voicing in initial stops : acoustical measurements. *Word* 20. 384-422.

Maddieson, Ian. (1984), *Patterns of Sounds.* Cambridge : Cambridge University Press.

Makkai, Valerie Becker ed. (1972), *Phonological Theory : Evolution and Current Practice.* New York : Holt, Rinehart and Winston.

Malmberg, Bertil (1954), *La phonétique* 〈Que Sais-je ?〉 No. 637, Paris : Presses Universitaires de France. 英文版은 (1963), Phonetics, New York : Dover Publications, Inc.

——— (1963), *Phonetics.* New York : Dover Publications Inc. 오원교 역 (1980), 음성학, 신아사.

——— ed. (1968), *Manual of Phonetics.* Amsterdam.

Mandelbaum, D. G. ed. (1949), *Selected Writings of Edward Sapir in Language, Culture, and Personality.* Berkeley : Univ. of California.

Martin, Samuel E. (1951), Korean Phonemics. *Language* 27, 519-533.

——— (1954), *Korean Morphophonemics.* W. E. Whitney Linguistic Series. Baltimore : LSA.

———(1962), Phonetic symbolism in Korean. *In American Studies in Altaic Linguistics*. Uralic and Altaic Series 3. Bloomington : Indiana Univ. Press.

———(1968), Korean Standardization. *Ural-Altaische Jahrbücher* 40, 85-114.

———(1992), *A Reference Grammar of Korean : A Complete Guide to the Grammar and History of the Korean Language*. Tokyo : Charles E. Tuttle Company.

Martinet, André (1936), Neutralisation et archiphonéme. *TCLP* 6, 46-57.

———(1952), Function, structure and sound change. *Word* 8. 1-32.

———(1955), *Économies des changements phonétiques : Traité de phonologique diachronique*. Berne : Francke.

———(1960), *Éléments de linguistique générale*. Paris : Librairie Armand Colin.

———(1962), *A Functional View of Language*. Oxford : Clarendon Press.

———(1968), Neutralisation et syncrétisme. *La Linguistique* 2. 1-18.

McCarthy, John J. (1979 a), On stress and syllabification. *Linguistic Inquiry* 10. 443-466.

———(1979 b), *Formal Problems in Semitic Phonolgy and Morphology*. Unpublished MIT Ph. D. dissertation.

———(1981), A prosodic theory of nonconcatenative morphology. *LInq* 12 : 373-418.

———(1986), OCP Effects : Gemination and Antigemination. *Linguistic Inquiry* 17 : 207-263.

———(1988), Feature geometry and dependency : a review. *Phonetica* 45 : 84-108.

——— & A. Prince (1986), *Prosodic Morphology* 1 : Constraint Interaction and Satisfaction. ms. Univ. of Massachusetts.

——— & ———(1995), Faithfulness and Reduplicative Identity. In Beckman et al eds., *Papers in Optimality Theory*. Amherst : GLSA.

McCawley, James D. (1968), *The Phonological Component of a Grammar of Japanese*. The Hague : Mouton.

———(1970), On the role of notation in generative phonology. IULC.

———(1986), Today the world, tomorrow phonology. *Phonology Yearbook* 3 :

27-43.

Meillet, Antoine (1925), *La méthode comparative en linguistique historique.* Oslo : Aschehoug & Co.

——— & Marcel Cohen (1952), *Les langues du monde,* Vols. 1 & 2. Paris : Champion.

Mohanan, K. P. (1982), *Lexical Phonology.* Cambridge, Mass. : MIT Ph. D. dissertation. Distributed by Indiana University Linguistics Club. Published by Reidel, Dordrecht (1986).

———(1983), The structure of the melody. Cambridge, Mass. : MIT ms.

———(1985), Syllable structure and lexical strata in English. *Phonology Yearbook* 2 : 139-55.

———(1987), *The theory of lexical phonology.* Dordrecht : Reidel. (Published version of doctoral dissertation, MIT 1982.)

Mol, H. (1963), *Fundamentals of Phonetics I : The Organ of Hearing.* Janua Linguarum, Series Minor nr. 26. The Hague : Mouton.

———(1970), *Fundamentals of Phonetics II : Acoustical Models Generating the Formants of the Vowel Phonemes.* Janua Linguarum, Series Minor nr. 26. The Hague : Mouton.

Moulton, W. G. (1962), Dialect geography of the concept of phonological space. *Word* 18. 23-32.

Nearey, T. M. & Hogan, J. T. (1986), Phonological contrast in experimental phonetics : relating distributions of production data to perceptual categorization curves. In Ohala and Jaeger. 1986 : 141-61.

Nespor, M. & I. Vogel. (1986), *Prosodic Phonology.* Dordrecht : Foris.

Newman, S. (1944), *Yokuts Language of California.* New York : The Viking Fund.

Odden, D. (1986), On the Obligatory Contour Principle. *Language* 62 : 353-83.

———(1987), Kimatuumbi phrasal phonology, *Phonology Yearbook* 4 : 13-26.

Ohala, J. J. (1986), Consumer's guide to evidence in phonology. *Phonology Yearbook* 3 : 3-26.

——— & Jaeger, J. J. (eds) (1986), *Experimental phonology.* Orlando : Academic

Press.

Palmatier, Robert A. (1972), *A Glossary for English Transformational Grammar*. New York : Meredith Corporation.

Palmer, Frank R. ed. (1968), *Selected Papers of J. R. Firth 1952-59*. Bloomington : Indiana Univ. Press.

——— ed. (1970), *Prosodic Analysis*. London : Oxford Univ. Press.

Passy, Paul (1890), *Etudes sur les changements phonétigues et leurs caractères généraux*. Paris.

Paul, Hermann (1880), *Prinzipien der Sprachegeschichite*. Halle. 5th ed. (1920).

Pike, Kenneth L. (1943), *Phonetics : A Critical Analysis of Phonetic Theory and a Technic for the Practical Description of Sounds*. Ann Arbor : The Univ. of Michigan Press.

——— (1947 a), *Phonemics : A Technique for Reducing Languages to Writing*. Ann Arbor : University of Michigan Press.

——— (1947 b), Grammatical prerequisites to phonemic analysis. *Word* 3, 155-172. In Makkai (1972), 153-165.

——— (1948), *Tone Languages : A Technique for Determining the Number and Type of Pitch Contrasts in a Language, with Studies in Tonemic Substitution and Fusion*. Ann Arbor.

——— (1958), Interpenetration of phonology, morphology and syntax. *Proceedings of the 8th International Congress of Linguists*. Oslo, 362-387.

Poppe, Nicholas (1960), *Vergleichende Grammatik der altaischen Sprachen*. Teil 1. Vergleichende Lautlehre, Wiesbaden : Otto Harrassowitz.

——— (1965), *Introduction to Altaic Linguistics*. Wiesbaden : Otto Harrassowitz.

Popper, K. R. (1959), *The logic of scientific discovery*. London : Hutchinson.

Postal, Paul (1968), *Aspects of Phonological Theory*. New York : Harper & Row, Publishers.

Potter, R. K., G. Kopp & H. Green (1947), *Visible Speech*. Princeton, N. J. : D. Van Nostrand Company, Inc.

Prince, Alan (1975), *The Phonology and Morphology of Tiberian Hebrew*. Unpublished MIT Ph. D. dissertation.

———(1980), A metrical theory for Estonian quantity. *Linguistic Inquiry* 11. 511-562.

———(1985), Improving tree theory. *Berkeley Linguistics Society* 11 : 471-90.

——— & Smolensky, P. (1993), *Optimality Theory : constraint interaction in generative grammar.* New Brunswick, Nj : Rutgers University and Univ. of Colorado ms.

Pulgram, E. (1970), *Syllable, Word, Nexus, Cursus.* The Hague : Mouton.

Pulleyblank, G. D. (1986), *Tone in lexical phonology.* Dordrecht : Reidel.

Ramsey, S. Robert(1974), 함경 경상 양방언의 액센트 연구, 국어학 2, 국어학회.

———(1975), Middle Korean W, z, and t/l-verb stems. *Language Research* 11. 1, 59-67.

———(1977), Velar lenition in Korean, 李崇寧先生古稀紀念國語國文學論叢, 塔出版社.

———(1978), *Accent and Morphology in Korean Dialects.* 國語學叢書 9, 塔出版社.

Ramstedt, G. J. (1916), Ein anlautender stimmloser Labial in der mongolisch-türkischen Ursprache, *Journal de la Société Finno-Ougrienne* 32. 2.

———(1957), Einführung in die altaische Sprachwissenschaft, I, Lautlehre, *MSFOu* 104. 1.

Ringen, C. (1972), On arguments for rule ordering. *Foundations of Language* 8, 266-273.

———(1973), Vacuous application, iterative application, reapplication, and the unordered rule hypothesis. IULC.

Rosén, Staffan(1974), *A Study on Tones and Tonemarks in Middle Korean.* Stockholm : Institute of Oriental Languages, Stockholm University.

Ross, John. R. (1969), A reanalyis of English word stress. In Brame(1972).

Rousselot, Jean-Pierre(1901-1908), *Principes de phonétique expérimentale.* Paris : Didier(1924, 新版).

Rubach, J. (1984), Cyclic and Lexical Phonology : The Structure of Polish. Dordrecht : Foris.

Safir, K. ed. (1979), *Papers on Syllabled Structure, Metrical Structure, and Harmony Processes* (=MIT Working Papers in Linguistics, Vol. 1).

Sagey, E. C. (1986), *The representation of features and relations in nonlinear phonology.* Ph. D. dissertation, MIT, Cambridge.

Sapir, Edward (1921), *Language, An Introduction to the Study of Speech.* New York : Harcourt, Brace & World, Inc.

———(1925), Sound patterns in language. *Language* 1, 37-51. In Makkai (1972), 13-21 & Joos (1957), 19-25.

———(1933), La réalité psychologique des phonèmes. *Journal de Psychologie Normale et Pathologique* 30, 247-265. The psychological reality of phonemes. In Makkai (1972), 22-31 & Mandelbaum (1949), 46-60.

Saussure, Ferdinand de (1916), *Cours de linguistique générale.* Paris : Payot. 英譯 (1959), *Course in General Linguistics,* trans. by Wade Baskin. New York : Philosophical Library.

Sawashima, M., H. S. Park, K. Honda & H. Hirose (1980), Fiberscopic Study on Laryngeal Adjustments for Syllable-Final Applosives in Korean. *Annual Bulletin RILP* 14. Faculty of Medicine. Univ. of Tokyo.

Schane, Sanford. A. (1968), *French Phonology and Morphology.* Cambridge, Mass. : MIT Press.

———(1971), The phoneme revisited. *Language* 47, 503-521.

———(1973), *Generative Phonology.* Englewood Cliffs, N. J. : Prentice-Hall.

Sebeok, T. S. ed. (1973), *Current Trends in Linguistics.* Vol. II : *Diachronic, Areal and Typological Linguistics.* The Hague : Mouton.

Selkirk, Elisabeth O. (1980), The role of prosodic categories in English word stress. *Linguistic Inquiry* 11, 563-605.

———(1982), *The Syntax of Words.* Cambridge, Mass. : MIT Press.

———(1982), Syllables. In Hulst and Smith (1982 : 337-83).

———(1984), *Phonology and Syntax : The Relation Between Sound and Structure.* Cambridge, Mass. : MIT Press.

Shattuck-Hufnagel, S. (1986), the representation of phonological information during speech production planning : evidence from vowel errors in spontaneous speech. *Phonology Yearbook* 3 : 117-49.

Shibatani, Masayoshi (1973), The role of surface phonetic constraints in generative phonology, *Language* 49, 87-106.

Shuy & Bailey, eds. (1974), *Toward Tomorrow's Linguistics.* Washington D. C. : Georgetown University Press.

Sievers, G. Eduard (1885), *Grundzüge der Phonetik.* Leipzig : Breitkoph & Härtel. (1876 初版 原題는 *Grundzüge der Lautphysiologie*)

Silva, D. (1992), *The Phonetics and Phonology of Stop Lenition in Korean.* Ph. D. dissertation, Cornell University, Ithaca.

Singh, Sadanand & Kala S. Singh (1976), *Phonetics : Principles and Practices.* Baltimore : University Park Press.

Skaličková, A. (1961), The Korean vowels, Archiv Orientalni (Prague), 23, 29-51.

———(1960), *The Korean Consonants,* Praha : Rozpravy Československé Akademié Věd, Sešit 3 (Ročník 70).

Skousen, R. (1975), *Substantive Evidence in Phonology : The Evidence from Finnish and French.* The Hague : Mouton.

Sloat, C., S. H. Taylor & J. E. Hoard (1978), *Introduction to Phonology.* Englewood Cliffs, N. J. : Prentice-Hall. 이현복 · 김기섭 역 (1983), 음운학 개설, 탑구당.

Sommerstein, Alan. H. (1977), *Modern Phonology.* London : Arnold.

Stampe, David (1969), The acquisition of phonetic representation. *CLS* 5, 443-454.

———(1979), *A dissertation on natural phonology.* New York : Garland. (Published version of doctoral dissertation, University of Chicago 1972.)

Stankiewicz, Edward ed. (1972), *A Baudouin de Courtenay Anthology : The Beginnings of Structural Linguistics.* Bloomington : Indiana University Press.

Stanley, R. (1967), Redundancy rules in phonology. *Language* 43, 393-436.

Steriade, D. (1987), Redundant values. *Chicago Linguistic Society 23 : Parasession on Autosegmental and Metrical Phonology,* 339-62.

Stockwell, R. P. & R. K. S. Macaulay eds. (1972), *Linguistic Change and Generative Theory*. Bloomington : Indiana University Press.

Strauss, S. L. (1982), *Lexicalist phonology of English and German*. Dordrecht : Foris.

Swadesh, M. (1934), The phonemic principle. *Language* 10, 117-139. In Makkai (1972), 32-39.

Sweet, Henry (1877), *A Handbook of Phonetics*. Oxford : Henry Frowde Press.

Trager, George L. (1958) Korean syllabics. *Studies in Linguistics* 13, 73-77.

——— & Henry Lee Smith (1951), An outline of English structure, *Studies in Linguistics Occasional Papers* 3. Norman, Oklahoma : Battenburg Press.

Trubetzkoy, Nikolaj Sergejevič (1933), La phonologie actuelle. *Journal de Psychologie Normale et Pathologique* 30, 227-246.

———(1939), *Grundzüge der Phonologie*. Travaux du Cercle linguistique de Prague VIII. 2 aufl. (1958). 佛譯(1949), *Principes de phonologie,* traduits par J. Cantineau. Paris : Librairie Klincksieck. 英譯(1969), *Principles of Phonology*. trans. Christiane A. M. Baltaxe. Berkeley : University of California Press. 國譯(1977) 音韻論, 李德浩 譯, 汎韓書籍.

Twaddell, William Freeman (1935), On defining the phoneme, Language Monograph. No. 16. In Joos (1957), 55-79.

Uldall, H. J. (1957), *Outline of Glossematics, Part I : General Theory*. TCLC 10, 1-89.

Vachek, Josef (1966), *The Linguistic School of Prague,* Bloomington.

Vago, Robert. M. (1973), Abstract vowel harmony systems in Uralic and Altaic language. *Language* 49, 579-605.

———(1976), Theoretical implications of Hungarian vowel harmony. *Linguistic Inquiry* 7. 2 : 243-263.

———(1980), *Issues in Vowel Harmony*. Amsterdam : John Benjamins B. V.

van der Hulst, H. & Smith, N. (1982 a), *The structure of phonological representations*. Dordrecht : Foris.

——— & ———(1982 c), An overview of autosegmental and metrical phonology. In van der Hulst and Smith 1982 a : 1-45.

Vennemann, Theo (1968), *German phonology.* Doctoral dissertation, UCLA.

———(1972), On the theory of syllabic phonology. *Linguistische Berichte* 18, 1-18.

———(1974 a), Phonological concreteness in natural generative grammar. In Shuy and Bailey (1974), 202-219.

———(1974 b), Words and syllables in natural generative grammar. In Bruck, et al. (1947), 364-374.

———(1988), *Preference Laws for Wyllable Structure and the Explanation of Sound Change with Special Reference to German, Germanic, Italian, and Latin.* Berlin : Mouton de Gruyter.

Vergnaud, Jean-Roger (1979), A formal theory of vowel harmony. *University of Massachusetts Occasional Papers in Linguistics* 5. Also in Vago (1980), 49-63.

Wang, William (1967), Phonological features of tone. *International journal of American linguistics* 33, 93-105.

———(1969), Competing Changes as a Cause of Residue. *Language* 45 : 9-25.

Wardhaugh, Ronald (1972), *Introduction to Linguistics.* New York : McGraw-Hill Book Co., 2nd ed. (1977).

Weinreich, U. (1963), *Languages in Contact Findings and Problems.* The Hague : Mouton.

Whitman, J. (1985), Korean Clusters. *Harvard Studies In Korean Linguistics* Ⅰ : 280-290.

Williams, Edwin S. (1976), Underlying tone in Margi and Igbo. *Linguistic Inquiry* 7, 463-484.

Winteler, Jost (1876), *Die Kerenzer Mundart des Canton Glarus.* Leipzig.

Woo, Nancy H. (1967), *Prosody and phonology.* Doctoral dissertation, MIT.

Zimmer, Karl E. (1967), A note on vowel harmony. *International Journal of American Linguistics,* 33. 2.

찾 아 보 기

- ㄱ -

- ㄴ -

- ㄷ -

- ㄹ -

- ㅁ -

- ㅂ -

- ㅅ -

- ㅈ -

– ㅊ –

- ㅋ -

- ㅌ -

- ㅍ -

-A-

-B-

-D-

-E-

-F-

-G-

-H-

-L-

-M-

-N-

-O-

-P-

-Q-

-R-

-S-

-T-

-U-

-V-

-W-

-X-

-Y-

저자 소개

이기문(李基文)

서울대학교 문리과대학 국어국문학과 졸
동 대학원(문학박사)
전 서울대학교 인문대학 교수

김진우(金鎭宇)

연세대학교 문과대학 영어영문학과 졸
미국 UCLA 대학교 언어학 박사
현 일리노이대학원 언어학과 교수

이상억(李相億)

서울대학교 문리과대학 국어국문학과 졸
미국 일리노이대학교 대학원 언어학 박사
현 서울대학교 인문대학 교수

국어음운론

1984년 1월 15일 초 판 발행
2000년 2월 20일 증보판 발행
2017년 2월 25일 증보판 8쇄

저 자 이기문·김진우·이상억
발행인 한 점 덕
발행처 學 研 社

서울시 영등포구 문래 1가 39번지
센터플러스 814호
TEL. (代)2164-3311
FAX. 2164-3314

인쇄처 (주)두산

〈등록: 1976년 12월 23일 제 12-6호〉 값 18,000원

ISBN 89-8060-055-0 93710